Educando crianças
para a aptidão física
Uma abordagem multidisciplinar

Educando crianças para a aptidão física

Uma abordagem multidisciplinar

Stephen J. Virgilio, PhD
Adelphi University, Garden City, NY

Manole

Título original em inglês: *Fitness Education for Children – A Team Approach*
Copyright © 2012 by Stephen J. Virgilio. Todos os direitos reservados.
Publicado mediante acordo com a Human Kinetics.

Este livro contempla as regras do Novo Acordo Ortográfico da Língua Portuguesa.

Editor gestor: Walter Luiz Coutinho
Editora de traduções: Denise Yumi Chinem
Produção editorial: Priscila Pereira Mota Hidaka e Cláudia Lahr Tetzlaff
Assistência editorial: Gabriela Rocha Ribeiro, Michel Arcas Bezerra e Vinicius Asevedo Vieira

Tradução: Soraya Imon de Oliveira

Revisão técnica: Camila de Moraes
　　　　Professora doutora da Escola de Educação Física e Esporte de Ribeirão Preto da Universidade de São Paulo (EEFERP-USP).
　　　　Trabalha na área de Exercício Físico e Saúde com ênfase na elaboração de programas de exercício físico para indivíduos em
　　　　condições especiais de saúde.

Colaboração na revisão técnica: Myrian Nunomura
　　　　Professora Associada da Escola de Educação Física e Esporte de Ribeirão Preto da Universidade de São Paulo
　　　　(EEFERP-USP)

Projeto gráfico: Jonathan Souza de Deus
Diagramação e revisão: Depto. editorial da Editora Manole
Fotografias: Neil Bernstein e Jason Allen, exceto quando já informado; fotos das páginas 1 e 155 © Human Kinetics;
　　　　foto da página 59 © Monkey Business.
Ilustrações: © Human Kinetics
Capa e ilustração de capa: Axel Sande/Gabinete de Artes

Dados Internacionais de Catalogação na Publicação (CIP)
(Câmara Brasileira do Livro, SP, Brasil)

Virgilio, Stephen J.
　　Educando crianças para a aptidão física :
uma abordagem multidisciplinar / Stephen J.
Virgilio ; tradução Soraya Imon de Oliveira. --
2. ed. -- Barueri, SP : Manole, 2015.

　　Título original: Fitness education for
children -- A team approach
　　Bibliografia
　　ISBN 978-85-204-3613-4

　　1. Aptidão física para crianças - Estudo e
ensino - Estados Unidos 2. Educação física para
crianças - Estudo e ensino - Estados Unidos
3. Treinamento físico I. Título.

15-01825　　　　　　　　　　　　　　　CDD-372.86044

Índices para catálogo sistemático:
1. Aptidão física para crianças : Estudo e
ensino : Estados Unidos　　372.86044

Nenhuma parte deste livro poderá ser reproduzida, por qualquer processo, sem a permissão expressa dos editores.
É proibida a reprodução por xerox.
A Editora Manole é filiada à ABDR – Associação Brasileira de Direitos Reprográficos.

Edição brasileira – 2015

Direitos em língua portuguesa adquiridos pela:
Editora Manole Ltda.
Av. Ceci, 672 – Tamboré
06460-120 – Barueri – SP – Brasil
Fone: (11) 4196-6000
Fax: (11) 4196-6021
www.manole.com.br
info@manole.com.br

Impresso no Brasil
Printed in Brazil

Nota: Foram feitos todos os esforços para que as informações contidas neste livro fossem o mais precisas possível. O autor e os editores não se responsabilizam
por quaisquer lesões ou danos decorrentes da aplicação das informações aqui apresentadas.

Para meus filhos, Stephen e Joseph

Vê-los crescer e se desenvolver de crianças em adultos é um sonho realizado.
Vocês têm superado de longe as minhas melhores expectativas.

Em memória de meu pai, Joseph.

Sobre o autor

Stephen J. Virgilio, PhD, é professor de educação física na Adelphi University, em Garden City, New York (EUA). Ele pesquisa e estuda educação física e a obesidade infantil há mais de 30 anos. Ensinou educação física no ensino fundamental por 6 anos antes de obter o título de doutor pela Florida State University.

Dr. Virgilio é autor de quatro livros, incluindo *Active Start for Healthy Kids* (Human Kinetics, 2006), cujo enfoque são as crianças na faixa etária de 2 a 6 anos. Publicou mais de 75 manuscritos e conduziu mais de 150 apresentações e *workshops*, incluindo a atuação como palestrante principal em várias conferências. É coautor do *Heart Smart Program*, um programa de intervenção em saúde cardiovascular para escolas conhecido em todos os Estados Unidos.

Dr. Virgilio foi citado em mais de 100 dos principais jornais, revistas e sites. Atuou no corpo editorial do *Teaching Elementary Physical Education: Journal of Physical Education, Recreation, and Dance*, e também no *Strategies*. Atuou ainda em diversos comitês nacionais e projetos com a National Association for Sport and Physical Education (NASPE). Em 2006, foi eleito para o conselho de diretores da NASPE. Atualmente, presta serviços de consultoria a vários distritos escolares em todo os Estados Unidos, bem como para a Dannon, Fisher-Price, Sport-Fun e Skillastics. Também atuou como escritor sênior para o *Kid-Fitness*, um programa de TV para crianças da PBS. Desde 1977, é membro da NASPE e da American Alliance for Health, Physical Education, Recreation and Dance.

O dr. Virgilio vive em East Williston e Seneca Falls, New York (EUA). Nas horas vagas, gosta de pescar robalo, andar de caiaque, passear de barco, viajar e estudar economia mundial.

Sumário

Prefácio

Se não forem adotadas medidas agressivas hoje para diminuir a obesidade infantil em todo o mundo, nós nos depararemos com a primeira geração de crianças a terem expectativas de vida menores do que a dos próprios pais ou avós.

Os professores de educação física do ensino fundamental estão profundamente preocupados com essa situação assustadora e têm o firme propósito de reverter essa tendência negativa da saúde das crianças. Revisei a primeira edição de *Educando crianças para a aptidão física: uma abordagem multidisciplinar* com o objetivo de abordar especificamente a obesidade infantil e a promoção de estilos de vida ativos e saudáveis segundo a perspectiva do professor de educação física.

Os educadores físicos precisam liderar a aproximação entre família, escola e comunidade na luta contra a obesidade infantil. Sendo assim, este livro vai além das duas aulas semanais, com duração aproximada de 30 minutos cada, que tipicamente integram o programa tradicional de educação física. Como educadores, devemos reconhecer que dizer meramente aos nossos alunos para correr, saltar, fazer flexões ou realizar manobras ao longo de um percurso com obstáculos não é suficiente para desenvolver padrões vitalícios de atividade física.

Como profissionais, podemos – e devemos – fazer mais do que isso. Escrevi esta edição para que funcione como um recurso útil ao seu programa de educação física do ensino fundamental. Este livro apresenta uma abordagem abrangente do combate à obesidade infantil, ao mesmo tempo que desenvolve nos estudantes a valorização do estilo de vida ativo e saudável – seja você um professor experiente, um professor iniciante ou um estudante em uma instituição de formação de professores de educação física.

Se você é um estudante de graduação que pretende se tornar professor de educação física, esta obra traz a filosofia necessária, estratégias de ensino, avaliações e modelos pedagógicos para auxiliá-lo a incorporar a atividade física e a educação física a um programa de ensino bem equilibrado. Caso você seja um professor experiente, verá este livro como uma mudança renovadora em relação aos livros tradicionais sobre atividades ou jogos, que normalmente apresentam uma abordagem restrita e de visão limitada para fins de criação de programas, fazendo-o procurar outras fontes numa tentativa de modificar seu atual programa de bem-estar escolar.

Além disso, este livro irá expandir sua visão acerca da educação física e mostrará como desenvolver uma abordagem multidisciplinar abrangente, baseada na escola, para tratar das questões relativas à obesidade que atualmente assola nossos jovens. Especificamente, esta obra vai além dos típicos jogos e atividades de educação física encontrados na maior parte dos livros, incluindo os seguintes elementos:

- Planos de aulas de atividade física para diversos níveis de desenvolvimento.
- Técnicas de ensino contemporâneas.
- Atividades criativas para o ensino de conceitos de educação física.
- Estratégias para envolver os pais e os membros da comunidade.
- Ideias para integrar o programa de educação física aos dos professores de sala de aula.
- Jogos de educação física.
- Atividades rítmicas.
- Exercícios adequados ao nível de desenvolvimento.
- Estratégias de educação física para crianças com condições especiais de saúde.

- Materiais de ensino que podem ser adotados na prática diária.

Nesta segunda edição, o leitor encontrará os seguintes aspectos novos e estimulantes:

- Pesquisas e estatísticas atualizadas sobre obesidade infantil.
- Abordagens para intervenção na obesidade infantil.
- Novas diretrizes de atividade física.
- Novas diretrizes de dieta.
- Uma abordagem de bem-estar escolar.
- Uma discussão sobre o professor de educação física como orientador da atividade física .
- Uma seção sobre o ensino de crianças com distúrbios incluídos no espectro do autismo.
- Atividades de exercícios adicionais.
- Aulas temáticas atualizadas sobre saúde cardiovascular para professores de sala de aula.
- Atividades para integrar seu programa ao programa da classe.
- Informações sobre intervalos de educação física na escola.
- Novos jogos de educação física.
- Atividades com pedômetro.
- Novas atividades rítmicas, como zumba.
- Indicação dos melhores sites americanos para obtenção de informações adicionais.
- Um capítulo inédito sobre yoga para crianças.

Os professores de educação física não podem combater a obesidade infantil sozinhos. Essa tarefa requer esforços conjuntos. Por muitos anos, os professores de educação física têm planejado e ensinado no isolamento, estabelecendo pouca ou nenhuma conexão com outros membros do corpo docente ou à margem da grade curricular central da escola. Este livro o ajudará a tornar a educação física uma parte integrante do foco central da escola. Os diretores de escolas, professores, pais de alunos, merendeiros, profissionais de saúde e a comunidade podem todos ajudar a criar um ambiente escolar saudável.

Será que você deveria então mudar totalmente o seu programa de educação física? Não! Você pode promover atividade física e desenvolver níveis de aptidão saudáveis com um programa de educação física equilibrado e de alta qualidade. Este livro, porém, oferece uma abordagem personalizada mostrando a você como lidar com as necessidades inerentes ao crescimento das crianças, em vez de se voltar para as habilidades atléticas ou para a habilidade

de seus alunos de competir por prêmios de aptidão física individuais. A atividade física deve ser divertida e agradável para todas as crianças – não apenas para as que possuem uma desenvoltura natural. Pensando nisso, planejei as atividades descritas neste livro para inclusão de todas as crianças, de modo a dar a cada uma delas a oportunidade de obter sucesso e desfrutar os benefícios proporcionados à saúde por um estilo de vida ativo.

O livro está dividido em três partes. A Parte I, "Desenvolvendo a Base", descreve o estado atual da obesidade infantil e o papel que os professores de educação física do ensino fundamental podem exercer para abordar esta importante epidemia da saúde. Os capítulos da Parte I tratam da abordagem multidisciplinar abrangente nas escolas e do modo como você poderia assumir o papel de orientador da atividade física junto à escola. Também são discutidas as alterações comportamentais e as estratégias motivacionais, os princípios da atividade física e a aptidão física associada à saúde, bem como a educação física para crianças que apresentam incapacitações físicas.

A Parte II, "Planejamento e Ensino de Educação Física", inclui estratégias de ensino, exemplos de planos de aula, estratégias para ensinar os conceitos de educação física, formas de colaboração com o professor de sala de aula e um plano para alcançar o envolvimento dos pais e da comunidade na educação física.

A Parte III, "Atividades para Aptidão Física", fornece diversos exercícios práticos apropriados para os níveis de desenvolvimento; atividades de dança e rítmicas; posturas de yoga para crianças; e eventos envolvendo toda a escola para serem incorporados ao seu programa de educação física.

As crianças do ensino fundamental apresentam diferentes níveis de desenvolvimento físico, mental, social e emocional. Para facilitar o planejamento de suas aulas, organizei as atividades e os conceitos de aptidão física associada à saúde em três níveis de desenvolvimento:

- Nível de desenvolvimento I (iniciante: educação infantil e primeiro ano do ensino fundamental).
- Nível de desenvolvimento II (intermediário: segundo e terceiro anos do ensino fundamental).
- Nível de desenvolvimento III (avançado: quarto a sexto anos do ensino fundamental).

Tenha em mente, contudo, que em cada nível você pode encontrar crianças com graus de desenvolvimento diferentes. Isso sustenta a lógica de um programa de educação física voltado para a escolha, a tomada de decisão e o aprendizado autodirigido.

Tendo em vista a epidemia de obesidade, a necessidade de um programa de educação física de alta qualidade nunca foi tão proeminente. Este recurso inovador de educação física foi desenvolvido para ajudar a complementar o programa de educação física vigente, acrescentando criatividade e a mudança necessária para auxiliar o combate à obesidade infantil e ao estilo de vida sedentário das crianças. Espero que este livro colabore com suas aulas do dia a dia, ajudando-o a se concentrar na difícil tarefa de interagir e orientar seus alunos ao longo dos anos mais importantes de suas vidas.

Agradecimentos

Gostaria de expressar meus mais sinceros agradecimentos à minha esposa, colega e melhor amiga, Irene. Estamos juntos desde 1972, quando nos conhecemos na Woodbridge Elementary School, em Tampa, Flórida (EUA). Agradeço especialmente por sua assistência prestada no desenvolvimento da unidade sobre saúde cardiovascular e pelo apoio, paciência e amor constantes ao longo de toda a minha carreira.

Obrigado aos estudantes com quem tenho trabalhado na Adelphi University – vocês têm sido uma fonte constante de inspiração para mim nos últimos 20 anos. Agradeço em especial aos estudantes Katy DiLapi, Joseph Virgilio, Nicole Losito e Stephanie Dunn, por terem me ajudado a pesquisar as atividades para esta edição, e à colega Connie McKnight, que revisou o capítulo sobre yoga.

Gostaria de agradecer a todas as crianças da Human Kinetics que serviram de modelos para esta edição do livro: Cecilia Allen, Nate Allen, C. J. Brown, Grace Chariya, Katie Cole, James Hall, Lillian Hall, Robert Hall, Lauren Henderson, Olivia Hicks, K. J. Logue, Alex Maloney, Kelly Maloney, Madelyn Ronk, Olivia Ronk, Ethan Ruhlig, Estella Samii, Miranda Sellers e Delaney Vallese. Todos vocês se dedicaram muito.

Gostaria de estender minha mais profunda gratidão aos profissionais da Human Kinetics. Ray Vallese, meu editor, com quem foi um prazer trabalhar. Sua competência e o olhar crítico fizeram desta edição uma fonte significativamente aprimorada para professores e estudantes. Meus agradecimentos adicionais a Cheri Scott, por ter organizado e dado seguimento a este projeto – a base que você ajudou a desenvolver para esta edição abriu um caminho nítido para o produto final. Obrigado a Derek Campbell e Kim Vecchio por suas contribuições profissionais e ideias notáveis. Agradeço pela ajuda de Scott Wikgren, diretor da divisão HPERD da Human Kinetics, cuja visão sobre uma perspectiva renovada da educação física está refletida neste livro.

Por fim, este livro não teria sido concretizado sem o amor e a confiança dos meus pais, Marianne e Joseph, que sempre apoiaram a minha paixão pela atividade física.

Parte I

Desenvolvendo a base

Uma nova perspectiva para a educação física no ensino fundamental

"Para levar a sério o combate à epidemia de obesidade infantil e a melhora da nutrição das crianças, é necessário que todos estejam envolvidos – pais, escolas e, sim, até mesmo o Congresso dos Estados Unidos."

Tom Harkin

Na primeira edição deste livro, publicada no fim da década de 1990, alertei os leitores quanto à seriedade da crise da obesidade infantil nos Estados Unidos. A mensagem era simples: se não interviéssemos e mudássemos os comportamentos alimentares e de atividade física das crianças, teríamos que enfrentar um dos problemas de saúde mais graves da história dos Estados Unidos.

Agora, decorridos mais de 10 anos, a obesidade infantil transformou-se em um sério problema de saúde nacional. Os americanos obesos estão drenando a economia. Segundo as estimativas dos especialistas, nos Estados Unidos a obesidade custou aproximadamente 147 bilhões de dólares no ano de 2008 com o pagamento de contas médicas relacionadas ao peso – o dobro dos gastos registrados há uma década. Em 2010, os gastos com obesidade corresponderam a cerca de 9,1% das despesas médicas no país. Se os americanos continuarem a ganhar peso, em 2018 a obesidade irá custar aos Estados Unidos algo em torno de 344 bilhões de dólares/ano com despesas médicas, representando até 21% dos gastos com tratamento de saúde (Finkelstein, Trogdon, Cohen e Dietz, 2009).

O percentual de crianças americanas obesas dobrou, e, entre os adolescentes, as taxas de obesidade praticamente triplicaram desde 1980 (Ogden, Carroll e Flegal, 2008). Atualmente, mais de 32% das crianças em idade escolar dos Estados Unidos apresentam sobrepeso (cerca de 15%) ou são obesas (quase 17%). Isso significa que uma em cada três crianças sofre com problemas de peso. A obesidade é classificada por um índice de massa corporal (IMC) ≥ 30 kg/m² ou por um conteúdo de gordura corporal ≥ 30%. O sobrepeso é classificado por um IMC > 25.

Escrevi esta edição porque tenho percebido uma renovação da consciência acerca da urgência dessa questão e também das esperanças de que algo possa ser feito a respeito. Os estudos demonstraram que houve estabilização dos níveis de obesidade, enquanto os níveis de atividade física entre as crianças estão aumentando. No entanto, o principal motivo que me levou a escrever esta edição é o fato de eu não poder desistir das crianças deste planeta. As crianças são nosso maior tesouro. Elas são a chave para o nosso futuro e têm todo o direito a uma vida longa, saudável e produtiva. Sendo assim, cabe a nós, como profissionais, assumir a liderança da luta contra a obesidade infantil.

Não temos escolha. Os estudos demonstram que se não tomarmos nenhuma atitude agora, os jovens da geração atual serão os primeiros a terem expectativas de vida menores do que a dos próprios pais. Você sabia que 70-80% das crianças com sobrepeso ou obesas atualmente também enfrentarão problema de peso quando forem adultas?

A obesidade aumenta o risco de desenvolvimento das seguintes condições:

- Câncer.
- Doença cardíaca coronariana.

- Diabetes tipo 2.
- Hipertensão.
- Colesterol alto.
- Acidente vascular cerebral.
- Doença hepática e da vesícula biliar.
- Problemas respiratórios.
- Osteoartrite.
- Problemas ginecológicos.
- Problemas sociais e emocionais.

A DOENÇA CARDÍACA COMEÇA NA INFÂNCIA

Apesar da diminuição significativa das taxas de mortalidade por doença cardíaca ocorrida na última década, a doença cardiovascular ainda é a principal causa de morte, deficiência e doença nos Estados Unidos. Os indivíduos adultos com estilo de vida ativo desenvolvem menos doença cardíaca coronariana (DCC) do que os indivíduos inativos. Além disso, quando esses indivíduos ativos desenvolvem DCC, isso ocorre numa idade mais avançada e a doença é menos severa.

De acordo com a American Heart Association (2010b), os principais fatores de risco para DCC são:

- Tabagismo.
- Estilo de vida sedentário.
- Hipertensão (pressão arterial elevada).
- Colesterol alto.
- Diabetes.
- Obesidade.

Estudos documentaram que quase 30% das crianças americanas já apresentam níveis altos de colesterol (> 170 mg/dL), enquanto o diabetes tipo 2, diagnosticado antes em indivíduos adultos, atualmente é observado com maior frequência em adolescentes e adultos jovens. As estimativas indicam que o número de mortes e de prejuízo à saúde que levam à incapacitação associados ao estilo de vida sedentário logo será equivalente ou maior do que o associado ao tabagismo (American Heart Association, 2010a).

A atividade física e a prática de exercícios podem exercer papel importante no controle da doença cardíaca, porque minimizam a hipertensão, a obesidade, o colesterol alto e o diabetes. Você sabia que a doença cardiovascular começa na infância?

Por mais de 30 anos, uma equipe de médicos, enfermeiros e pesquisadores liderados por Gerald S. Berenson,

MD, estudaram mais de 20 mil crianças de Bogalusa (Louisiana, EUA) e compilaram o maior banco de dados do mundo sobre fatores de risco de desenvolvimento de doença cardíaca em crianças: o *Bogalusa Heart Study* (Freedman, Mei, Srinivasan, Berenson e Dietz, 2007). Os resultados desse estudo foram os seguintes:

- Adolescentes caucasianos do sexo masculino apresentaram um expressivo aumento das proporções de LDL e HDL (proporção de colesterol ruim para colesterol bom) desde a infância até a adolescência, que pode predispô-los ao desenvolvimento precoce de doença cardíaca ao longo da vida.
- Fatores renais predispõem as crianças afro-americanas ao desenvolvimento de pressão arterial elevada.
- Os fatores de risco cardiovascular estão interligados na maioria das crianças, assim como se observa nos adultos (p. ex., obesidade e pressão arterial elevada).
- Mais de 50% das crianças consomem grande quantidade de sal, gordura e açúcar.
- As crianças com sobrepeso têm 70% de chances de se tornarem adultos com sobrepeso.
- As crianças sedentárias são mais propensas a se tornarem adultos sedentários.
- A maioria das crianças em idade escolar apresenta um ou mais fatores de risco para DCC.
- As famílias com história de doença cardíaca apresentam fatores de risco mais altos.

O *Bogalusa Heart Study* é um estudo científico longo, que forneceu evidências claras de que devemos começar a intervir já nas primeiras fases da vida, se quisermos reverter a crise da obesidade que flagela nossas crianças.

Qual é o significado de toda esta pesquisa para você? Este estudo simplesmente significa que você pode começar a identificar precocemente as crianças que tendem a desenvolver problemas de saúde sérios em fases posteriores da vida. Como professor de educação física no ensino fundamental, você exerce um impacto significativo nas escolhas de estilo de vida feitas por seus alunos. Essas escolhas afetarão toda a vida dessas crianças.

Este livro aborda os papéis e responsabilidades dos professores de educação física no ensino fundamental. Seu conteúdo, entretanto, vai muito além do currículo tradicional de educação física e foi estendido para incluir todo o ambiente escolar da criança, por meio de um modelo de abordagem doméstica, escolar e comunitária.

Como professor de educação física, você deve considerar a ampliação do seu papel e procurar reformar e complementar as metas do seu programa atual. Este livro proporciona uma perspectiva para ajudá-lo a alcançar suas metas e encaminhar as crianças em estilos de vida ativos e saudáveis. Muitos especialistas educacionais concordam que a escola representa a melhor oportunidade para reverter as tendências negativas da saúde geral dos jovens.

A ATIVIDADE FÍSICA COMO FATOR DECISIVO

Aparentemente, um dos principais fatores que contribuem para o sobrepeso infantil é a falta de atividade física. As tendências alimentares indicam que as crianças estão consumindo quase os mesmos tipos de alimentos que eram consumidos pelas crianças há 25 anos. Entretanto, as crianças de hoje não são tão ativas quanto as daquele tempo. Podemos dizer que estamos no meio de uma crise de inatividade física infantil, em vez de uma crise de obesidade na infância.

Ironicamente, as crianças representam o segmento mais ativo de nossa população. A maioria das crianças adora brincar, correr, dançar e aprender novas habilidades. Contudo, nos anos finais do ensino fundamental e no ensino médio, os níveis de atividade começam a declinar, resultando em um número demasiadamente alto de crianças com excesso de peso. O que acontece neste momento?

Por volta dos 11 anos de idade, muitas crianças permanecem sentadas em frente a algum tipo de tela por mais de 7,5 horas/dia – *smartphones*, telas de computador, TV ou *tablets*. Além disso, as crianças menores (5-10 anos de idade) estão começando a se moldar nesse tipo de comportamento. Os avanços tecnológicos ocorridos ao longo da última década foram notáveis e as crianças deveriam aproveitar as ferramentas de aprendizado modernas para desenvolver suas habilidades acadêmicas. Entretanto, precisamos impor diretrizes e restrições para impedir que o tempo passado pelas crianças na frente das telas não se reflita em prejuízos para a saúde, tanto agora como no futuro.

Aos 10, 11 ou 12 anos de idade, muitas crianças descobrem novos interesses que as afastam das brincadeiras e da atividade física em geral. Além disso, como já não querem ser consideradas crianças, podem até parar de participar das brincadeiras da infância. Durante esta fase, com muita frequência, pais e professores transmitem a mensagem de que a atividade física deve ter um propósito; eles incentivam as crianças a participar de times para competir por honrarias e prêmios ou a frequentar aulas de karatê para se tornarem faixa preta. As crianças que não são motivadas por essas metas adultas tendem a se tornar inativas, pois se sentem incompetentes e sem apoio. Devemos parar de tratar as crianças de 10 anos como se fossem "atletas adultos em miniatura" e começar a permitir que se desenvolvam, de modo natural, como crianças que precisam se mover com liberdade, brincar, se divertir e se expressar corporalmente.

Quando as crianças dos anos finais do ensino fundamental foram interrogadas sobre o motivo que as levou a parar de participar de atividades físicas e esportes, a maioria respondeu "eu não ligo para competições" e "deixou de ser divertido". Vamos ouvir com atenção o que nossas crianças estão dizendo e modificar nossa abordagem da atividade física para atender a suas necessidades.

A participação em atividades físicas regulares é uma das atitudes mais poderosas que as pessoas podem adotar em prol da saúde geral, independentemente da idade. Pense apenas em como as crianças seriam saudáveis se, desde bem novas, começassem a seguir um caminho de atividade física para a vida toda. Os benefícios da atividade física incluem:

- Controle do peso.
- Controle da pressão arterial.
- Risco reduzido de doença cardíaca.
- Risco reduzido de alguns cânceres.
- Níveis de colesterol reduzidos.
- Risco menor de diabetes tipo 2.
- Melhor qualidade de vida e bem-estar psicológico.
- Ossos e músculos mais fortes.
- Maior habilidade para a realização das atividades diárias.
- Maior chance de viver mais.

PLANO NACIONAL DE ATIVIDADE FÍSICA

Em 2010, um comitê constituído por organizações americanas à frente da saúde pública e atividade física lançou um documento inovador chamando a atenção para o problema da inatividade e também criou um plano para ajudar a intensificar a atividade física entre crianças, adultos e idosos.

A perspectiva primária do *National Physical Activity Plan* é a de que um dia todos os americanos serão físicamente ativos e viverão, trabalharão e se divertirão em ambientes que favoreçam a atividade física regular (2010). O plano inclui um conjunto abrangente de políticas e iniciativas de programas para ajudar a aumentar a atividade física em todos os segmentos da população americana. O plano consiste em um esforço colaborativo dos setores público e privado no sentido de apoiar a introdução de modificações nas comunidades em todo o país. A intenção é criar uma cultura nacional que incentive um estilo de vida ativo e saudável. Os principais objetivos são melhorar a saúde, prevenir a doença e a incapacidade, e melhorar a qualidade de vida.

O *U.S. National Physical Activity Plan* está organizado em oito setores:

- Negócios e indústria.
- Educação.
- Assistência médica.
- Meios de comunicação em massa.
- Parques, recreação, atividade física e esportes.
- Saúde pública.
- Transporte, uso da terra e planejamento da comunidade.
- Voluntariado e ONGs.

Junto a esses setores, estão as estratégias que destacam as abordagens específicas a serem utilizadas pelas comunidades, organizações, agências e indivíduos para promoção da atividade física.

Ao desenvolverem o plano, o comitê organizador baseou-se em alguns princípios orientadores, entre os quais a inclusão de todos os grupos sociodemográficos; o direcionamento da ação em nível local, estadual, federal e institucional; o incentivo ao envolvimento de diversos participantes; a fundamentação do plano em um modelo ecológico de comportamento saudável; e a apresentação do plano como um documento vivo, que seja constantemente atualizado e revisado para atender às necessidades de uma sociedade em mudança contínua.

O leitor pode encontrar informações adicionais no site www.physicalactivityplan.org (em inglês).

DIRETRIZES DE ATIVIDADE FÍSICA DA NASPE PARA CRIANÇAS

A National Association for Sport and Physical Education (NASPE) desenvolveu dois documentos muito importantes que servem de diretrizes para o planejamento de atividades físicas para crianças. O *Active Start: A Statement of Physical Activity Guidelines for Children From Birth to Age 5* (2009a) fornece recomendações destinadas aos primeiros anos da infância. O *Physical Activity for Children: A Statement of Guidelines for Children Ages 5-12* (2004b) fornece sugestões para crianças do ensino fundamental.

Active Start

A declaração sobre o posicionamento da NASPE, denominada *Active Start* (NASPE, 2009a), fornece orientação para pais, cuidadores, professores e administradores de serviços de assistência infantil referente às necessidades e capacidades de atividade física de bebês, crianças com 1-3 anos de idade e pré-escolares. Como as crianças nessas faixas etárias variam bastante quanto aos níveis de desenvolvimento, o documento descreveu a atividade física em cada estágio – bebês, crianças com 1-3 anos de idade e pré-escolares. Para os nossos propósitos, foram listadas apenas as diretrizes destinadas às crianças em idade pré-escolar.

Declaração de posicionamento geral

Todas as crianças na faixa etária de 0-5 anos devem se engajar em atividades físicas diárias que promovam destreza de movimentos e as bases da atividade física associada à saúde.

Diretrizes para pré-escolares

1. As crianças em idade pré-escolar devem acumular ao menos 60 minutos de atividade física estruturada, diariamente.

2. As crianças em idade pré-escolar devem se engajar durante pelo menos 60 minutos diários (e até por várias horas) na prática de atividade física bem estruturada e não podem permanecer sedentárias por mais de 60 minutos de uma vez só, exceto quando estiverem dormindo.

3. As crianças em idade pré-escolar devem ser incentivadas a desenvolver competência nas habilidades motoras básicas que servirão como blocos de construção para a aquisição de futuras habilidades motoras e para a realização de atividades físicas mais complexas.

4. As crianças em idade pré-escolar devem ter acesso a áreas de ambientes internos e ao ar livre que atendam ou superem os padrões de segurança recomendados para execução de atividades que envolvam grandes grupos musculares.

5. Cabe aos cuidadores e aos pais, responsáveis pela saúde e bem-estar da criança em idade pré-escolar, zelar pelo entendimento da importância da atividade física, bem como pela promoção das habilidades de movimento, proporcionando oportunidades para a prática de atividade física estruturada e não estruturada.
(Reproduzido de NASPE, 2009.)

Atividade física para crianças

A declaração do posicionamento da NASPE intitulada *Physical Activity for Children* (2004b) é uma extensão das diretrizes do *Active Start* e aborda as necessidades das crianças na faixa etária de 5 a 12 anos.

1. As crianças devem acumular de 60 minutos a várias horas de atividade física apropriada para a idade, durante todos ou na maioria dos dias da semana. Esse acúmulo diário deve incluir atividade física moderada e vigorosa, com atividade intermitente na maior parte do tempo.

2. As crianças devem participar de várias rodadas de atividade física com duração de 15 minutos ou mais, diariamente.

3. A cada dia, as crianças devem participar de uma variedade de atividades físicas que sejam apropriadas para sua idade e planejadas de modo a ajudá-las a obter o máximo de benefícios em termos de saúde, bem-estar, boa forma física e desempenho.

4. Longos períodos (i. e., 2 horas ou mais) de inatividade são desaconselháveis para as crianças, sobretudo durante o dia.
(Reproduzido de NASPE, 2004.)

FILOSOFIA DA ATIVIDADE FÍSICA

Minha filosofia de ensinar as crianças a adotarem um estilo de vida ativo e saudável prolongado baseia-se em cinco diretrizes simples:

1. Ensinar às crianças os benefícios proporcionados à saúde pela atividade física e por uma alimentação saudável.

2. Disponibilizar a atividade física a todas as crianças.

3. Reforçar a atividade física fazendo uso do desejo inato das crianças de se movimentar.

4. Tornar os bons hábitos de saúde divertidos.

5. Ensinar a crianças como se fossem crianças, e não "adultos em miniatura".

Primeiramente, as crianças deveriam ser ensinadas sobre os benefícios proporcionados pela atividade física e por hábitos alimentares corretos. O Capítulo 2, assim como as numerosas atividades descritas no livro, ajudará você nessa tarefa.

Em segundo lugar, você precisa disponibilizar a atividade física para todos. Todas as crianças têm direito a usufruir dos benefícios para a saúde proporcionados por atividade física, brincadeiras, jogos, dança e esportes. As crianças com incapacidade, incluindo as crianças obesas, frequentemente são ignoradas e não têm acesso às mesmas oportunidades de movimentação que as outras crianças.

Em terceiro lugar, a atividade física deve ser reforçada pelo próprio desejo inato das crianças de se movimentar. Toda criança nasce com uma necessidade e o desejo de brincar e se mexer. Os professores e os pais devem continuar a promover essa necessidade em um ambiente positivo e não competitivo, diariamente.

O quarto ponto consiste em tornar os bons hábitos de saúde divertidos. A atividade física e as refeições realizadas na companhia de amigos, colegas de classe e familiares devem acontecer em um ambiente de relaxamento, seguro e incentivador. As crianças devem se divertir enquanto praticam a atividade física – rindo, cantando, movimentando-se e explorando. Experiências positivas promoverão um desejo contínuo de movimento. As crianças também devem se divertir enquanto estiverem comendo. Prepare refeições coloridas, dê formato aos alimentos e faça das refeições um acontecimento familiar.

O quinto aspecto consiste em educar as crianças de maneira correta. As crianças não são "adultos em miniatura". Muitas abordagens e técnicas com as quais os adultos se identificam são inadequadas para as crianças pequenas, como a manutenção de uma rotina ou horário de treino e a mensuração de ganhos semanalmente. Durante muitos anos, ensinamos nossas crianças com base na premissa de que suas motivações para se movimentar eram semelhantes às motivações dos adultos. As crianças são fisicamente ativas porque gostam de brincar, precisam interagir com seus pares, querem desenvolver novas habilidades motoras e precisam se autoexpressar por meio da atividade física. Além disso, os hábitos alimentares das crianças são bastante diferentes dos hábitos alimentares dos adultos. Exemplificando, as crianças em idade escolar normalmente têm que comer a cada 2 horas e meia ao longo do dia e isso significa que elas precisam fazer 5 ou 6 refeições diárias.

COMPONENTES DA APTIDÃO FÍSICA ASSOCIADA À SAÚDE

As crianças necessitam de uma ampla variedade de opções de atividade física. Você deve incentivá-las a tomar decisões e apoiar seus interesses individuais, garantindo ao mesmo tempo que elas consigam equilibrar todos os componentes da atividade física associada à saúde (Fig. 1.1). Tais componentes são:

- Resistência cardiorrespiratória.
- Aptidão muscular.
- Flexibilidade.
- Composição corporal.

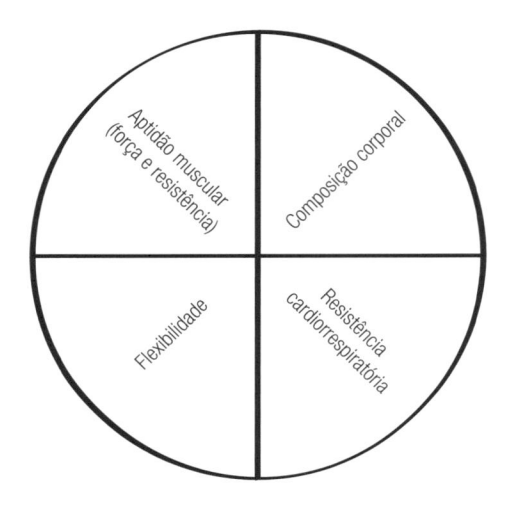

Figura 1.1 Componentes da atividade física associada à saúde.

Resistência cardiorrespiratória

A resistência cardiorrespiratória consiste na habilidade de participar de atividades físicas que envolvam grandes grupos musculares, durante períodos relativamente longos e em níveis de intensidade moderada a vigorosa. É a capacidade do coração, dos vasos sanguíneos e dos pulmões de distribuir nutrientes e oxigênio aos tecidos para fornecer a energia exigida pelo exercício de resistência aeróbica. Correr, dançar e nadar são três atividades populares que desenvolvem a resistência cardiorrespiratória (ver Fig. 1.2).

Aptidão muscular

O termo contemporâneo *aptidão muscular* é usado neste livro para abranger a combinação de força muscular e re-

Figura 1.2 Corrida para resistência cardiorrespiratória.

sistência muscular para crianças. Ao aplicar os exercícios de aptidão muscular descritos neste livro, garanta que seus alunos utilizem um nível submáximo de resistência, bem como atividades de sustentação corporal (ver Figs. 1.3 e 1.4).

Flexibilidade

A flexibilidade consiste na habilidade de mover as articulações de modo irrestrito em toda a amplitude de movimento, para inclinar, estender, torcer e girar. O alongamento correto dos músculos, ligamentos e tendões promove um alinhamento corporal satisfatório, além de diminuir o estresse sobre as áreas cervical e dorsal. O alongamento do isquiotibial em posição sentada, entre outros exercícios de alongamento, requer e desenvolve a flexibilidade (ver Fig. 1.5).

Composição corporal

A composição corporal consiste na proporção corporal de gordura em relação ao tecido magro. Ensine as crianças sobre os perigos do excesso de tecido adiposo e o papel dos exercícios no controle do peso corporal (ver Fig. 1.6). Quando falar sobre nutrição, discuta também a composição corporal.

EDUCAÇÃO FÍSICA ASSOCIADA AO ESPORTE

A educação física relacionada ao esporte (às vezes referida como educação física relacionada à habilidade) inclui agilidade, velocidade, potência, equilíbrio e coordenação.

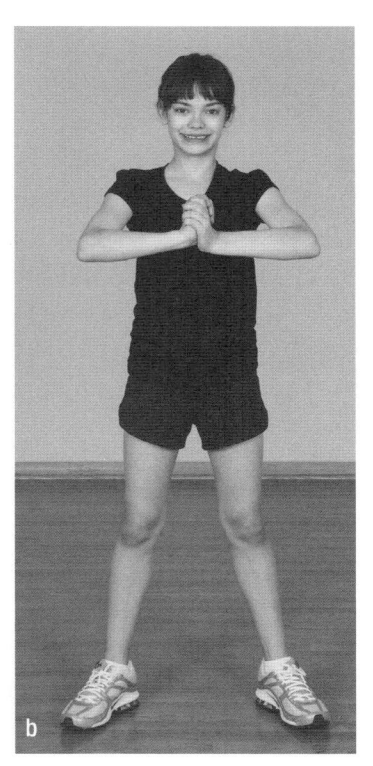

Figura 1.3 *(a)* Flexão na barra fixa para força dinâmica e *(b)* exercício isométrico para peitoral.

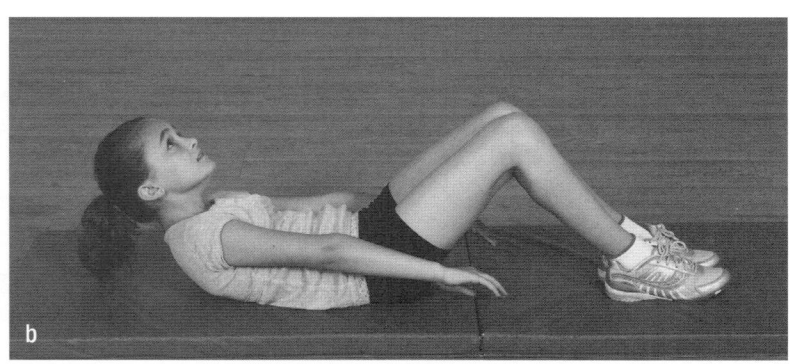

Figura 1.4 *(a)* Arremessar uma bola de softbol repetidamente ou *(b)* fazer abdominais pode ajudar a construir a resistência muscular.

Embora esses componentes não sejam absolutamente necessários à manutenção da saúde física, é importante incluí-los em seu programa de educação física para que seus alunos possam aplicá-los em jogos, esportes e atividades recreativas.

Agilidade

A agilidade, muitas vezes chamada de rapidez, é a habilidade de mudar rapidamente a direção ou a posição corporal de modo correto durante a movimentação espa-

Figura 1.5 Alongamento de isquiotibial para flexibilidade.

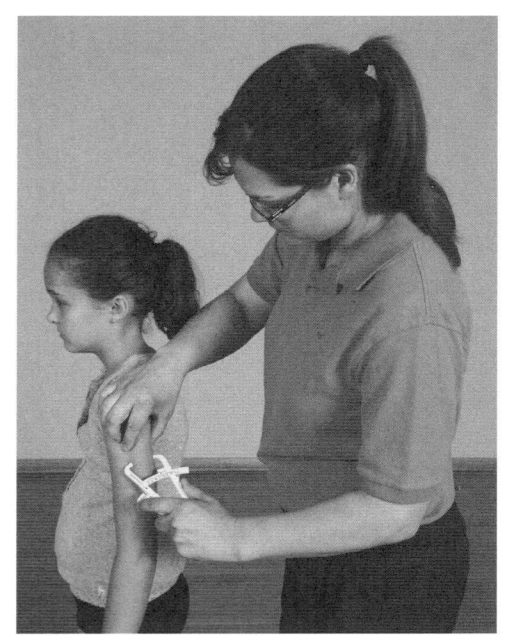

Figura 1.6 A professora mede a dobra cutânea do tríceps com auxílio de um compasso de dobras cutâneas.

cial. A agilidade é essencial nos esportes, como o basquete e o futebol.

Velocidade

A velocidade é a habilidade de executar um movimento no menor tempo possível. É essencial na maioria das atividades e nos movimentos relacionados ao esporte, incluindo trilha, basquete e futebol.

Potência

A potência é o produto da força e velocidade. As atividades que requerem potência, como salto em distância e arremesso de peso, envolvem movimentos explosivos durante intervalos curtos de tempo.

Equilíbrio

O equilíbrio consiste na habilidade de manter equilibrada a posição do corpo, seja em movimento ou em repouso. Acrobacias, ginástica, atividades na trave de equilíbrio, patinação *in-line* e esqui (na neve e aquático) demandam um alto grau de habilidade de equilíbrio.

Coordenação

A coordenação, que consiste na habilidade de integrar certo número de habilidades motoras em um padrão motor eficiente e regular, é vital na maioria das atividades ligadas ao esporte. Ao contrário da opinião popular, quase todo mundo pode desenvolver e melhorar a coordenação se receber orientação adequada e praticar corretamente. Chutar uma bola de softbol, arremessar uma bola de basquete e fazer malabarismo constituem exemplos de habilidades motoras avançadas que requerem alto grau de coordenação.

EDUCAÇÃO PARA A APTIDÃO FÍSICA

A educação para a aptidão física envolve a promoção de atividades físicas gerais, tais como caminhar com o cachorro, praticar esportes e andar de bicicleta, bem como promover exercícios que favoreçam os componentes de atividade física relacionados à saúde. Este processo educacional também deve incluir a educação nutricional, para manutenção de uma composição corporal saudável. A atividade física e os exercícios são complementares entre si e devem ser intercalados ao longo de todas as experiências da criança, tanto dentro como fora da escola e de maneira divertida e condizente com a idade.

A educação física é considerada uma abordagem abrangente e multidisciplinar, que ajuda as crianças a adquirirem conhecimento, atitudes, crenças e comportamentos para promoção de estilos de vida ativos e saudáveis em longo prazo, no contexto de um programa de educação física de qualidade. Para que essa abordagem funcione, a escola, a família e a comunidade devem compartilhar a responsabilidade de promover hábitos saudáveis entre os estudantes.

Seu programa de educação física deve ser a base sobre a qual as demais influências atuantes na vida de seus alunos possam ser construídas. Deve incluir de modo equilibrado atividade física geral, atividades que promovam aptidão física associada à saúde, habilidades motoras, conhecimento teórico, além de atividades promotoras do desenvolvimento pessoal e social. Em 2004, a NASPE estabeleceu seis padrões essenciais para o desenvolvimento de uma estrutura para a educação física de qualidade:

• **Padrão 1:** demonstra competência em habilidades motoras e padrões de movimento necessários à execução de uma variedade de atividades físicas.

• **Padrão 2:** demonstra compreensão dos conceitos, princípios, estratégias e táticas do movimento à medida que vão sendo aplicados ao aprendizado e desempenho da educação física.

• **Padrão 3:** participa regularmente de atividade física.

• **Padrão 4:** alcança e mantém um nível de atividade física que melhora a saúde.

• **Padrão 5:** exibe comportamento social e pessoal responsável, que respeita o próprio e os outros nos contextos de atividade física.

• **Padrão 6:** valoriza a atividade física para saúde, divertimento, desafio, autoexpressão e/ou interação social. (Reproduzido de NASPE, 2004.)

Este livro mostra como a educação física pode complementar e intensificar o seu programa geral de educação física no ensino fundamental.

Características de um programa de educação física de qualidade

À medida que você planeja o componente de educação física do seu programa, considere que os professores de educação física dos programas de alta qualidade geralmente adotam as seguintes ações:

• Planejam, comunicam-se e cooperam com os professores de sala de aula, administradores, profissionais do serviço médico, merendeiros da escola e pais de alunos.

• Selecionam atividades não competitivas e apropriadas ao nível de desenvolvimento, incluindo uma ampla variedade de exercícios e experiências com movimentos para o desenvolvimento geral do corpo.

• Garantem que as crianças tenham a oportunidade de permanecer fisicamente ativas durante pelo menos 60 minutos diários, em 5 dias da semana.

• Ensinam as crianças sobre os benefícios proporcionados por um estilo de vida ativo e pela permanência no estado ativo por toda a vida.

• Projetam atividades para inclusão de todas as crianças, independentemente de suas capacidades físicas.

• Enfatizam as recompensas e não os prêmios, usando incentivos, reforço positivo e valor intrínseco para motivar as crianças, em vez de premiá-las por alcançarem determinados níveis de aptidão física em particular.

• Incentivam as crianças a aceitarem a responsabilidade pela própria atividade física e pelo progresso em termos de aptidão física, ensinando-as o modo como monitorar seus avanços e concedendo-lhes oportunidades para tomar decisões relacionadas a suas próprias metas de saúde e aptidão física.

• Tornam as atividades físicas divertidas, permitindo que as crianças apreciem a prática das atividades físicas com seus amigos, familiares ou até mesmo sozinhas, em um ambiente seguro e incentivador.

• Integram a educação física ao longo de todo o ano escolar e a todas as outras áreas das disciplinas ensinadas em sala de aula.

• Ensinam atividades físicas utilizando uma ampla variedade de estratégias de ensino e reconhecendo que o modo como as crianças aprendem os aspectos relativos ao próprio corpo exercerá um impacto duradouro sobre seus valores em relação à atividade física.

• Moldam comportamentos positivos de atividade física, lembrando que as ações falam mais alto do que as palavras.

Como você inclui cada uma destas importantes ações em seu programa de educação física? Darei algumas dicas e sugestões a respeito, ao longo do livro.

Reforma da educação física

É importante proporcionar às crianças um currículo equilibrado, que inclua educação sobre movimento, habilidades motoras, ritmos, dança, acrobacias, jogos que promovam desenvolvimento, educação esportiva e educação para aptidão física. Cada componente é essencial ao desenvolvimento de um estilo de vida ativo e saudável. Por outro lado, considerando as pesquisas realizadas sobre obesidade infantil e baixos níveis de atividade, os professores de educação física passaram do modelo de currículo baseado em esportes e habilidades para um modelo que enfatiza níveis crescentes de atividade física, componentes de aptidão física associada à saúde e habilidades pessoais e sociais para incentivar os alunos a adotarem comportamentos que resultem em estilos de vida ativos e saudáveis em longo prazo (ver Fig. 1.7).

Figura 1.7 Equilíbrio na elaboração de um currículo de Educação Física no ensino fundamental.

Lembre as crianças continuamente de que o propósito geral do aprendizado das habilidades motoras e da participação nos esportes é permanecer fisicamente ativo, desenvolver habilidades vitalícias e desfrutar das brincadeiras com os amigos – e não competir nem ganhar prêmios. Para aderir ao movimento da reforma, você não precisa descartar o programa que já criou – apenas modifique seu foco para atender às demandas de uma sociedade em mudança constante.

RESUMO

Chegou a hora de modificar o currículo tradicional de educação física para promover estilos de vida ativos e saudáveis em longo prazo entre nossos alunos. O problema da obesidade na infância tornou-se uma epidemia e agora existe a necessidade de adotar uma medida séria para reverter essa tendência negativa da saúde infantil observada no mundo inteiro.

A atividade física pode exercer um papel fundamental, auxiliando nas questões relacionadas ao controle de peso e à luta contra muitas das doenças mais graves que afetam nossas vidas como adultos. Integre a educação física a todo o seu currículo. Concentre-se nos componentes da aptidão física associada à saúde, enquanto aumenta os níveis de atividade física geral dos alunos por meio de uma abordagem divertida e apropriada para o nível de desenvolvimento. Ensine conceitos relacionados a estilos de vida saudáveis, aliados ao fornecimento de um programa de educação física bem equilibrado e de alta qualidade.

Suas próprias atitudes, ações e instruções ensinarão a seus alunos que o propósito da educação física não é criar atletas de elite para futuras competições esportivas, e sim estabelecer atitudes positivas de atividade física, crenças e comportamentos que promovam um estilo de vida saudável e prazeroso.

Você não estará sozinho nessa empreitada. Desenvolva uma abordagem em equipe por meio de um programa escolar abrangente de bem-estar, com estratégias para intervenções em casa, na escola e na comunidade.

Capítulo 2

Uma abordagem multidisciplinar para educação física

"Perguntaram a dois lapidadores de pedra o que eles estavam fazendo.
O primeiro respondeu: 'Estou cortando esta pedra em blocos'.
O segundo disse: 'Faço parte de uma equipe que está construindo uma catedral'."

Autor desconhecido

Nos Estados Unidos, mais de 97% das crianças na faixa etária de 5 a 12 anos estudam em escolas de ensino fundamental particulares ou públicas. Isso cria uma grande oportunidade para as escolas atuarem como local primário para reversão das tendências negativas dos comportamentos de saúde das crianças. Infelizmente, muitas crianças não têm aulas de educação física na escola em quantidade suficiente para impulsionar alguma mudança significativa.

No ensino fundamental, as crianças frequentam em média duas aulas de educação física por semana, com duração aproximada de 30-40 minutos. É evidente que falta tempo para desenvolver comportamentos de saúde positivos nas crianças, em longo prazo. Segundo a National Association for Sport and Physical Education (NASPE, 2003), as crianças do ensino fundamental (anos iniciais) precisam acumular pelo menos 150 minutos semanais de educação física de qualidade, enquanto os estudantes do ensino fundamental (anos finais) e do ensino médio devem acumular 225 minutos por semana.

De acordo com o *School Health Policies and Programs Study (SHPPS)* (Centers for Disease Control and Prevention [CDC] 2006), apenas 3,8% das escolas de ensino fundamental (anos iniciais), 2,1% das escolas de ensino fundamental (anos finais) e 7,9% das escolas de ensino médio relataram atender ao tempo mínimo em minutos recomendado pelo NASPE para as aulas de educação física. Quando esse estudo foi conduzido, apenas dois estados cumpriram os requisitos de tempo mínimo de 150 minutos/semana recomendados pelo NASPE para o ensino fundamental (anos iniciais) – Louisiana e New Jersey. O estudo também indicou que 43,6% das escolas do ensino fundamental (anos iniciais) ofereciam intervalos regulares de atividade física e 57,1% programavam um recesso diário.

O NASPE (2003) acredita que cada estudante, desde a pré-escola até o último ano do ensino médio, deve ter a oportunidade de participar de um programa de educação física de qualidade. Os quatro componentes de um programa de educação física de alto nível são:

- Oportunidade de aprender.
- Conteúdo significativo.
- Orientação adequada.
- Avaliação do estudante e do programa.

Os programas de alta qualidade são importantes para o desenvolvimento das metas primárias da educação física:

- Aptidão física associada à saúde.
- Competência física.
- Compreensão cognitiva.
- Atitudes positivas acerca da atividade física.

O NASPE acredita que essas metas favorecerão um estilo de vida ativo entre os estudantes.

VISÃO DISTORCIDA SOBRE A EDUCAÇÃO FÍSICA

A educação física de qualidade pode não ser suficiente para reverter a mentalidade dos governantes. Durante muitos anos, pais, diretores e professores transmitiram às crianças mensagens distorcidas acerca do valor e da importância da atividade física e da educação física. Considere as mensagens recebidas por nossas crianças a partir das seguintes perspectivas:

• A educação física é uma disciplina de tempo parcial, com encontros que ocorrem apenas 2 ou 3 vezes por semana.

• Os professores de sala de aula muitas vezes permitem que os alunos frequentem as aulas de educação física somente se tiverem terminado as tarefas da aula.

• Os professores às vezes afastam os alunos da educação física por mau comportamento em sala de aula.

• Os professores de educação física muitas vezes propõem atividades sem ensinar aos alunos o conteúdo, o valor ou a importância da atividade para a saúde deles.

• Muitos diretores e professores consideram as aulas de educação física uma forma de "escape" ou de proporcionar às crianças uma pausa da aula.

• Os professores e os pais muitas vezes dão às crianças biscoitos com alto teor de gordura, açúcar e sódio.

• Os professores de educação física podem propor atividades físicas sem considerar as diferenças individuais (p. ex., fazer todos os alunos correrem 1.600 m).

• Os recursos financeiros disponibilizados para equipamentos, espaço ou professores extras de educação física são limitados.

• As campanhas da escola e de organizações para levantamento de fundos frequentemente incluem a venda de balas, *cookies* ou *cupcakes*.

• O almoço comum fornecido pelas escolas inclui alimentos ricos em gordura, sódio e açúcar.

Como professor de educação física, tenha como meta resolver a questão dessas mensagens distorcidas e ajudar a estabelecer novas diretrizes e políticas junto à escola ou ao distrito em que atua. Para tanto, é preciso criar um plano de bem-estar escolar multidisciplinar para a sua escola.

ABORDAGEM MULTIDISCIPLINAR

A responsabilidade pelo desenvolvimento de novos comportamentos de saúde positivos na escola não deve recair totalmente sobre você – o professor de educação física. Para atingir suas metas, comece pela incorporação de uma abordagem em equipe multidisciplinar, recrutando a ajuda dos pais, profissionais e recursos, tanto da escola como das comunidades locais. Por exemplo, o *Heart Smart Program* foi desenvolvido como um modelo abrangente de saúde cardiovascular e atividade física voltado para as crianças em idade escolar de New Orleans, Louisiana (Downey et al., 1987). Esse modelo modificou e acumulou componentes educacionais já existentes, como a avaliação médica, a grade curricular, o programa de merenda, os serviços de saúde, o envolvimento dos pais e da comunidade e os eventos escolares gerais. O modelo incluiu um componente de educação física intitulado *SuperKids-SuperFit*, que foi integrado a um programa de educação física tradicional (Virgilio e Berenson, 1988). Esse modelo de abordagem foi fundado pelo National Institute of Health (NIH) e serviu de ponto de partida para muitos programas e documentos nacionais dos Estados Unidos.

Em 1997, o U.S. Department of Health and Human Services (USDHHS) e o Centers for Disease Control and Prevention (CDC) publicaram as diretrizes intituladas *Guidelines for School and Community Programs to Promote Lifelong Physical Activity Among Young People*. O tema geral desse documento consistia na união entre família, escola e comunidade para abordagem da saúde das crianças pequenas. Essas diretrizes incluíam 10 recomendações:

1. **Política:** estabelecer políticas que promovam a atividade física vitalícia entre as crianças.

2. **Ambiente:** oferecer ambientes físicos e sociais que favoreçam a prática de atividade física com segurança e de maneira prazerosa.

3. **Educação física:** implementar um currículo que enfatize a aptidão física e ajude os estudantes a desenvolverem conhecimento, atitudes, habilidades motoras, habilidades comportamentais e confiança para adotar estilos de vida ativos e saudáveis.

4. **Educação em saúde:** implementar um currículo de educação em saúde para ajudar os alunos a desenvolverem conhecimento, atitudes, habilidades comportamentais e confiança necessária à adoção e manutenção de estilos de vida ativos e saudáveis.

5. **Atividades extracurriculares:** proporcionar atividades extracurriculares que atendam às necessidades de todos os alunos.

6. **Envolvimento dos pais:** incluir os pais e os responsáveis pelos alunos nos programas extracurriculares e na orientação em atividade física, bem como incentivá-los a apoiar a participação das crianças.

7. **Treinamento de funcionários:** prestar serviços de instrução aos funcionários da escola e comunidade, para promover efetivamente uma atividade física agradável e vitalícia entre os jovens.

8. **Serviços de saúde:** avaliar os padrões de atividade física entre os jovens, aconselhá-los sobre atividade física e encaminhá-los a programas e serviços adequados.

9. **Programas comunitários:** proporcionar uma gama de programas de recreação e prática de esportes em comunidade que sejam adequados em termos de nível de desenvolvimento e atraiam a população jovem.

10. **Avaliação:** avaliar regularmente a orientação, os programas e as instalações para a prática de atividade física oferecidos na escola e na comunidade.
(Fonte: USDHHS/CDC.)

Em 2004, o congresso americano admitiu que as escolas exercem papel decisivo na promoção da saúde dos alunos, bem como na prevenção à obesidade e no combate de problemas relacionados a maus hábitos nutricionais e a estilos de vida sedentários. O congresso aprovou uma legislação intitulada *Child Nutrition and Women, Infants and Children (WIC) Reauthorization Act* (Nutrição Infantil e Ato de Reautorização de Mulheres, Bebês e Crianças), de 2004, e também o PL-108-265, para tratar os aspectos referentes à saúde das crianças. O ato determinou que as escolas deveriam estabelecer políticas de bem-estar até o ano de 2006. Essa legislação delegou às localidades o controle sobre o desenvolvimento das políticas de bem-estar, para incluir os seguintes aspectos:
• Metas para educação nutricional, atividade física e outras atividades escolares.
• Diretrizes nutricionais.
• Diretrizes para refeições escolares reembolsáveis.

• Um plano para medir a implementação da política de bem-estar local.
• Envolvimento da comunidade.

Como resultado dessa legislação, as escolas passaram a adotar uma perspectiva mais séria acerca do bem-estar na infância e começaram a incorporar estratégias específicas para ajudar a melhorar os níveis de alimentação e atividade física no contexto escolar.

PROGRAMAS DE ATIVIDADE FÍSICA ESCOLAR ABRANGENTES

Para atender aos requerimentos mínimos de 60 minutos diários de atividade física, o NASPE (2008) publicou um documento contendo as diretrizes e recomendações para a implementação de um programa de atividade física escolar abrangente (CSPAP, *comprehensive school physical activity program*). Esse programa inclui diversas abordagens para aumentar o tempo de atividade física ao longo do dia escolar. As oportunidades adicionais não se destinam a substituir a educação física, e sim complementar o tempo necessário para alcançar um mínimo de 60 minutos por dia. O NASPE aprovou a realização de atividade física durante os intervalos como estratégia para aumentar o tempo de atividade física. Em relação ao ensino fundamental (anos iniciais), a posição do NASPE é a de que todas as crianças devem ter um intervalo de pelo menos 20 minutos com ampla oportunidade para a prática de atividade física geral.

Em 2009, o NASPE sustentou o uso dos intervalos *Kid Fitness* durante o horário das aulas. Essa abordagem escolar foi desenvolvida a partir dos personagens de um programa de TV americano, o *Kid Fitness*, que é transmitido por mais de 28 emissoras públicas (PBSs, *public stations*) nos Estados Unidos e em Porto Rico. Os intervalos de atividade física escolar *Kid Fitness* são apoiados e financeiramente sustentados pelo United Way. Atualmente, esses intervalos estão em uso em mais de 10.000 salas de aula americanas. O programa *Kid Fitness* é fornecido como um *kit* de materiais instrutivos, integração de assuntos (leitura, artes de linguagem, ciências), *flashcards*, um DVD e CD de intervalos de atividade, além de jogos complementares e um livreto sobre as atividades, para uso do professor no *playground*. O professor de educação física atua como um parceiro que ajuda o professor de sala de aula a implementar os intervalos de atividade física durante o ano escolar.

Para estabelecer um CSPAP, as escolas devem seguir algumas etapas:

1. Designar um comitê de CSPAP para supervisionar as oportunidades de atividade física e estabelecer políticas e procedimentos.

2. Avaliar as atuais oportunidades, necessidades, barreiras e assim por diante.

3. Criar um plano de ação para abordar cada uma das seguintes áreas componentes:
- Educação física de alta qualidade.
- Estratégias pré-escolares.
- Estratégias pós-escolares.
- Bem-estar da equipe.
- Bem-estar e envolvimento dos funcionários da escola no CSPAP.
- Envolvimento da família e da comunidade.
- Atividade física integrada em sala de aula.
- Intervalos com atividade física.
- Pausas.
- Intramurais.
- Deslocamentos ativos (a pé e de bicicleta) até a escola.

4. Implementar o plano.

Um fator decisivo para o desenvolvimento de um CS-PAP consiste em designar um professor (de preferência um professor de educação física) para atuar como diretor de atividade física. Esse diretor assume a responsabilidade pela implementação do plano e facilita cada um dos componentes mencionados.

LET'S MOVE E LET'S IN SCHOOL (MEXA-SE E MEXA-SE NA ESCOLA)

Em 2010, a primeira-dama Michelle Obama anunciou uma ambiciosa meta nacional para combater a obesidade infantil: o *Let's Move*. Essa campanha adota uma abordagem abrangente, no sentido de mobilizar os setores público e privado e incluir os diversos fatores que levam ao desenvolvimento de obesidade na infância. O *Let's Move* reúne líderes de organizações governamentais, médicas, científicas, comerciais, educacionais, atléticas e comunitárias, com o objetivo de criar estratégias para ajudar as crianças a serem mais ativas dentro e fora da escola,

a se alimentarem melhor e a desenvolverem estilos de vida mais saudáveis. Informações adicionais podem ser obtidas no site www.letsmove.gov (em inglês).

Para apoiar a campanha de Michelle Obama, o NASPE lançou a iniciativa *Let's Move in School*. Essa ação estimula pais, administradores de escolas, políticos e cidadãos conscientes a seguirem os passos para ajudar as escolas a implementarem os principais componentes do CSPAP.

O *Let's Move in School* fornece ferramentas para sustentar a educação física instrutiva e melhorar as oportunidades para a prática de atividade física. Essa iniciativa também oferece recursos financeiros; reconhecimento de professores e programas de educação física de destaque; e informações sobre as conquistas políticas federais, estaduais e locais. O livreto *Active Kids and Academic Performance: The Positive Impact of School-Based Physical Education and Physical Activity*, destinado a pais e administradores e disponível no site www.aahperd.org/letsmovein school (em inglês), detalha a importância da atividade física diária.

PLANO DE BEM-ESTAR ESCOLAR

Entendeu o cenário? Parece que a abordagem em equipe é a melhor forma de tratar a questão da obesidade na infância. Todavia, como mencionei, é impossível realizá-la sozinho. Os componentes de um plano de bem-estar escolar abrangente ganham contornos somente quando os interessados são reunidos em uma abordagem bem-organizada em torno de um tema unificado. Por exemplo, uma escola usou o tema "A saúde da criança – hoje e amanhã"; um tema pode fornecer à escola um direcionamento extra.

Este livro o ajudará a ser um integrante de equipe em uma iniciativa promotora de bem-estar escolar coordenada. Lembre-se de que a educação física e a atividade física são peças importantes do plano geral, mas outros fatores também precisam ser abordados. Vamos rever brevemente os componentes decisivos de um plano de bem-estar escolar (Fig. 2.1).
- Comitê do bem-estar.
- Avaliação médica.
- Grade curricular.
- Almoço e serviços de alimentação.
- Serviços de saúde da escola.
- Educação física de alta qualidade.
- Programas de atividade física na escola.

Figura 2.1 Componentes de um plano de bem-estar escolar.

- Desenvolvimento da equipe.
- Envolvimento dos pais e da comunidade.

Comitê do bem-estar

A primeira etapa de um plano de bem-estar abrangente consiste em criar um comitê do bem-estar. Esse comitê deve ser constituído por representantes de uma ampla variedade de áreas do conhecimento e de formações. Os administradores, como o diretor ou assistente do diretor, devem fornecer orientação ao comitê nas situações em que surgirem questões ou preocupações administrativas, ao longo de todo o ano escolar. O comitê pode ser constituído pelos seguintes membros:

- Professores de educação física e de educação em saúde.
- Enfermeiro da escola.
- Conselheiro ou psicólogo da escola.
- Pais ou responsáveis.
- Funcionários do serviço de merenda escolar.
- Diretor de educação física e educação em saúde.
- Professores de sala de aula.
- Membros da comunidade.
- Profissional de saúde de fora da escola (professor universitário, médico, fisioterapeuta, enfermeiro).
- Diretor de atividades físicas da escola.

Essa coalizão pode atuar como uma força poderosa para ajudar a estabelecer novas políticas e promover mu-

danças estimulantes no ambiente geral domiciliar, escolar e comunitário.

Avaliação médica

A triagem de aptidão física e saúde geral é de responsabilidade da escola. Entretanto, qual é a sua concepção sobre o modo como um programa de triagem abrangente deve ser conduzido? Mais uma vez, você deve adotar uma abordagem em equipe e estabelecer em sua escola um comitê de saúde escolar, que inclua professores, pais, profissionais de saúde, docentes de universidade e membros da comunidade. Você deve ser capaz de recrutar a ajuda voluntária de profissionais ou estudantes da área médica de uma instituição de ensino, universidade ou instituto promotor de bem-estar local que possam ajudá-lo a criar avaliações médicas padronizadas dos alunos da sua escola. A equipe pode optar por medir a estatura, o peso, a pressão arterial, a visão, a audição, a postura, o colesterol, a aptidão física associada à saúde e comportamentos de atividade física.

Você pode até identificar as crianças que apresentam risco de desenvolver doença cardíaca ou outros problemas relacionados à saúde. Caso falte suporte, faça apenas uma triagem anual dos alunos do 3º e 5º anos. Você pode monitorar o avanço desses alunos por meio da manutenção de um portfólio ou arquivo em um banco de dados.

Grade curricular

Recrute a ajuda dos professores de sala de aula. Primeiramente, ensine-os acerca dos benefícios da atividade física e da nutrição adequada. Para tanto:

- Distribua livretos e artigos sobre exercícios e saúde geral.
- Organize palestras com convidados nas reuniões de professores.
- Crie uma sala de bem-estar para funcionários da escola, que possua aparelho de DVD, equipamentos de exercícios, purificador de água refrigerado, livros de culinária, material de leitura e revistas.
- Dê uma aula de exercícios aos membros da equipe após o horário escolar, 1-2 vezes por semana.

Em segundo lugar, dê ideias aos professores de sala de aula para o desenvolvimento de atividades novas e criativas. Mostre a eles as formas de integrar a aptidão física associada à saúde e a nutrição a outras áreas de ensino, como matemática, ciências e leitura. Além disso, ajude a criar unidades temáticas em que os alunos estudem os vários aspectos de um tópico. Por exemplo, aborde o tema da saúde cardiovascular sob o prisma da atividade física ao mesmo tempo que os alunos estiverem aprendendo sobre o sistema cardiovascular durante a aula de ciências. (Ver no Cap. 9 mais informações sobre o trabalho com o professor de sala de aula.)

Por fim, ajude os professores a incorporar os intervalos de atividade ao dia escolar. Use programas já publicados, como o *Kid Fitness* (ver informações adicionais na p. 15), ou elabore o seu próprio intervalo. Coloque as atividades físicas do intervalo em prática na educação física, para que os alunos conheçam a rotina e saibam como executar os exercícios corretamente.

Almoço e serviços de alimentação

O programa de almoço na escola e as festas escolares dão às crianças oportunidades de praticar escolhas saudáveis. Para melhorar a refeição servida na escola, estabeleça um subcomitê do programa de bem-estar, envolvendo pais de alunos, o enfermeiro da escola, um professor de sala de aula, um membro da equipe de funcionários que cuidam do almoço da escola, um conselheiro (p. ex., professor de universidade) e você mesmo.

O comitê deve estabelecer as políticas da escola em relação ao uso e à distribuição de alimentos na escola e durante os eventos escolares. Faça a seguinte pergunta: "Como podemos reduzir as gorduras, o sódio e os açúcares das refeições da escola?". Em adição, crie e identifique no menu as opções inteligentes para o coração, de modo que os alunos possam tomar suas próprias decisões em relação ao que comem. Eduque os pais sobre a importância dos lanches saudáveis e como a escola tenta ajudar as crianças a desenvolverem hábitos alimentares positivos. Incentive os pais e professores de sala de aula a garantirem que todas as festas incluam opções inteligentes para o coração, tais como sorvete tipo *frozen yogurt*, frutas, água mineral engarrafada e vegetais com molhos de baixo teor de gordura.

Serviços escolares de saúde

Faça com que profissionais como o enfermeiro da escola, o conselheiro e o psicólogo se tornem seus aliados.

Como representante da profissão médica, o enfermeiro da escola acrescenta credibilidade ao conceito de prevenção. Um conselheiro ou psicólogo podem ajudá-lo a entender o comportamento humano ao destacarem técnicas que ajudam a modificar as atitudes relacionadas à saúde.

Educação física de alta qualidade

A educação física é um componente central da abordagem de bem-estar multidisciplinar. Elabore um planejamento curricular de 1 ano que proporcione aos alunos o conhecimento, as habilidades e os comportamentos reforçadores de estilos de vida ativos e saudáveis. Integre em cada módulo os conceitos e atividades de educação física relacionados à saúde, para lembrar aos alunos a necessidade e os numerosos benefícios promovidos pela atividade física. (Ver também o Cap. 4.)

Programas escolares de atividade física

A escola deve nomear um diretor de atividade física. Lembre-se de que a criação de oportunidades para atividade física extra não constitui nem substitui as aulas de educação física. A responsabilidade principal do diretor de atividade física é garantir que todas as crianças tenham no mínimo 60 minutos de atividade física a cada dia escolar ou durante as atividades pré e pós-escolares. O NASPE apoia essa abordagem como parte de um CSPAP.

Desenvolvimento da equipe

O desenvolvimento da equipe deve incluir todos os funcionários da unidade escolar. As duas abordagens principais são a educação e o bem-estar da equipe. Na educação da equipe, tenta-se ensinar a todos os funcionários da escola os benefícios proporcionados por um estilo de vida ativo e saudável, utilizando informativos, blogs, seminários, palestras com convidados e assim por diante. Você também lhes ensinará sobre os materiais instrutivos, currículos e atividades de aprendizado que podem ser usadas em uma abordagem de bem-estar total.

O bem-estar da equipe é dirigido ao bem-estar e saúde pessoal de cada um dos funcionários da unidade de ensino fundamental. Mostre aos membros da equipe como monitorar seus comportamentos alimentares e de atividade física. A escola também pode oferecer aulas de exercícios especiais, antes ou logo após o horário escolar. Replaneje a área de descanso dos professores, transformando-a em uma sala de bem-estar. Esses esforços ajudarão a incentivar a equipe a estabelecer um compromisso comum relacionado ao reconhecimento da importância da boa saúde.

Envolvimento dos pais e da comunidade

Como aspecto mais importante da vida de uma criança, a família deve participar do ensino, modelamento e reforço de um estilo de vida saudável. Você pode conseguir o apoio dos pais e da comunidade educando-os por meio de informativos, *workshops*, demonstrações da APM (associação de pais e mestres) e feiras de saúde; pelo envolvimento deles como voluntários, auxiliares de professor e membros de comitê; e por meio de sua inclusão em atividades domiciliares, como exercícios em família, ajuda com as tarefas de casa e programas de contrato familiar. (Ver também o Cap. 10.)

TESTE DE APTIDÃO FÍSICA ASSOCIADA À SAÚDE

Durante muitos anos, os professores de educação física consideraram a atividade física como o próprio objetivo final. A meta era simplesmente aumentar o número de abdominais e flexões que as crianças conseguiam fazer em 1 minuto. As típicas medidas pré e pós-teste usadas por muitos professores podem ter apontado uma melhora notável ao final do ano letivo, ainda que os pesquisadores estivessem convencidos de que um percentual significativo de tal melhora fosse atribuído à genética e ao crescimento e desenvolvimento físico das crianças (Bouchard, Shephard, Stephens, Sutton e McPherson, 1990). Infelizmente, quando você enfatiza o teste de aptidão física, as crianças captam a mensagem de que devem se exercitar apenas para conquistar um prêmio ou competir contra os colegas de classe.

Em contraste, um programa de educação física de alta qualidade enfatiza a educação, prevenção e intervenção, dando aos testes de aptidão física relacionados à saúde um papel minoritário, porém significativo. Incentivo-o a usar os testes de aptidão física para ajudar as crianças a monitorar o próprio progresso e a planejar suas metas individuais. Em adição, use os dados físicos para ajudar os alunos a melhorarem o desempenho nos diversos com-

ponentes da aptidão física associada à saúde (Virgilio, 1996). Um programa de educação física de alta qualidade inclui avaliações autênticas, além dos resultados do teste de aptidão física padronizado para avaliação do progresso individual de cada aluno. A participação, os esforços, o conhecimento e os sentimentos pessoais do aluno também podem indicar seu progresso.

Revise as seguintes diretrizes, enquanto planeja formas de incluir os testes de aptidão em seu programa de educação física:

1. **Teste com um propósito.** Saiba por que você está aplicando o teste. Quais são seus principais objetivos? Como você utilizará os dados obtidos?

2. **Teste para ensinar.** Aplique cada componente da avaliação associado a um conceito de educação física. Por exemplo, ensine às crianças os benefícios proporcionados pelos exercícios abdominais – uma musculatura abdominal mais forte mantém os órgãos internos intactos e diminui o estresse sobre a região lombar, além de desenvolver a estabilidade do core e a resistência muscular.

3. **Enfoque o progresso individual.** Fundamente seus padrões nas metas e melhoras pessoais de cada aluno, em vez de considerar os padrões de teste nacionais. Concentre-se nas zonas de aptidão física saudáveis.

4. **Crie um ambiente humanístico.** Mantenha o teste o mais privado e confidencial possível. Jamais anuncie nem poste os escores de aptidão física para a classe, e não cause constrangimento aos alunos. Por exemplo, jamais permita que 25 alunos se juntem em torno de um quadro de flexibilidade para ver o desempenho de cada um.

5. **Limite o tempo do teste.** Se você gasta seis períodos de aula no outono e na primavera para aplicar os testes, está desperdiçando muito tempo de aula. Se necessário, reduza o número de itens do teste de aptidão ou solicite ao diretor períodos de aula extra para completar as avaliações.

6. **Conceda aos alunos o tempo necessário para se preparar para os testes.** Forneça aulas de exercícios e tempo para praticar os itens que realmente constarão no teste. Ensine também as medidas de segurança e os princípios dos exercícios.

7. **Permita que os alunos se autoavaliem.** Monitorar o próprio progresso e aceitar a responsabilidade pelo próprio desenvolvimento pessoal ajudará seus alunos a desenvolverem valores em longo prazo.

8. **Comunique os resultados dos testes.** Ajude os alunos a interpretar o significado de seus escores de apti-

dão física. Transmita aos pais a sua filosofia de testes e os resultados obtidos. Considere a utilização de um sistema de cartão de relatórios disponível no computador, como o *Fitnessgram* ou o *Activitygram* (Cooper Institute, 2010).

9. **Outros *feedbacks*.** Depois de compartilhar os resultados dos testes com seus alunos, recomende estratégias, atividades e exercícios específicos que os ajude a melhorar. Para um aluno que alcançou o 20º percentil em flexibilidade, por exemplo, recomende um grupo de exercícios de alongamento a serem praticados durante 7 dias/semana, tanto em casa como na escola.

10. **Recompense o esforço e a conquista.** Esteja certo de que as metas são alcançáveis para todos os alunos. As crianças que melhorarem seus escores, concluírem um programa ou apresentarem aumento dos níveis de atividade física devem ser individualmente reconhecidas e elogiadas por seus esforços. Todos nós precisamos receber incentivo e apoio, os quais se transformam numa mensagem poderosa quando vêm do professor.

TESTES DE APTIDÃO FÍSICA PARA JOVENS

Agora, vamos rever os diversos itens comuns do teste de aptidão física. Os testes de aptidão física para jovens mais amplamente utilizados são o *Fitnessgram* e o *Activitygram* (Cooper Institute, 2010).

Fitnessgram

O *Fitnessgram* é uma avaliação de aptidão física abrangente destinada aos jovens. Inclui avaliações de áreas da aptidão física associada à saúde, como aptidão cardiorrespiratória, força muscular, resistência muscular, flexibilidade e composição corporal. Os testes baseiam-se em padrões estabelecidos por critérios de referência em cada um dos componentes da aptidão física associada à saúde.

Vejamos as diversas avaliações de aptidão física constantes no *Fitnessgram*:

• Para resistência cardiorrespiratória: corrida/caminhada de 1.600 m e PACER.

• Para composição corporal: medidas das dobras cutâneas do tríceps e da panturrilha, com o objetivo de determinar o percentual de gordura corporal.

• Para força e resistência muscular: testes de flexão, abdominais e flexão na barra fixa.

• Para flexibilidade: teste de sentar e alcançar e alongamento do ombro.

À medida que for lendo esta seção, pense em qual(is) teste(s) gostaria de incluir em seu programa. Tenha em mente que a mensuração dos componentes de aptidão física constitui apenas um aspecto de uma abordagem de avaliação completa em um programa de educação física de alta qualidade.

Para aprender mais sobre o *software Fitnessgram*, consulte o site www.fitnessgram.net (em inglês).

Resistência cardiorrespiratória

Os dois testes básicos discutidos nesta seção medem a resistência cardiorrespiratória, ou capacidade aeróbica. O teste da corrida/caminhada de 1.600 m normalmente é realizado ao ar livre, utilizando uma via cuidadosamente medida. O PACER pode ser realizado em ambientes internos ou ao ar livre, em uma superfície dura e plana.

Teste de corrida/caminhada de 1.600 m Faça os alunos percorrerem uma distância de 1.600 m correndo o mais rápido possível. Permita que alunos caminhem ou corram em velocidade menor, caso não consigam percorrer o trajeto correndo. Não cronometre o tempo dos alunos de educação infantil até o 3º ano do ensino fundamental.

A estatura e o peso de cada aluno devem ser registrados no *software*, além do tempo gasto na realização do teste. A inserção desses dados permite que o programa de *software* calcule a capacidade aeróbica ($\dot{V}O_2$ máx) aliada ao índice de massa corporal (IMC) de cada aluno. O cálculo da capacidade aeróbica requer um tempo de execução inferior a 13:01 no teste de corrida de 1.600 m.

Equipamento: um percurso de corrida de 1.600 m, um cronômetro (para você) e um cartão de marcação de escores com um lápis (para cada aluno).

PACER O teste PACER (*Progressive Aerobic Cardiovascular Endurance Run* – Corrida de resistência cardiovascular aeróbica progressiva) é um teste de aptidão para medida da capacidade aeróbica multiestágios integrante do *Fitnessgram*. Os alunos correm para frente e para trás passando entre duas linhas separadas por uma distância de 20 m, a um determinado ritmo especificado que vai se tornando progressivamente mais rápido (um teste de 15 m é indicado para ginásios). Os estágios iniciais do teste servem de período de aquecimento. Os alunos correm até a linha oposta no ginásio e tentam tocá-la com um pé antes de ouvirem o bipe do CD. Ao som desse bipe, os alunos se viram e correm de volta até a linha de partida. Os alunos que não alcançarem a linha oposta antes do bipe tocar devem se virar imediatamente e tentar retornar para a linha de partida. A incapacidade de chegar à linha oposta antes de o bipe tocar é considerada falta.

Os alunos prosseguem com o teste até cometerem uma falta pela segunda vez. Os resultados são calculados a partir do número de voltas completadas e do IMC do aluno. Você deve inserir as medidas de altura e peso no programa do *software*. Pesquisas indicam que as diferenças de tamanho do corpo podem influenciar a captação de oxigênio e as medidas de capacidade aeróbica tipicamente expressas em relação ao peso corporal. Os novos padrões fornecem classificações em três zonas: (1) zona de aptidão física saudável; (2) necessário melhorar – existência de algum risco à saúde; e (3) necessário melhorar – existência de alto risco à saúde. Para os jovens e seus pais, a classificação na zona de aptidão física mais baixa seria um alerta adequado para o fato de que este nível de aptidão física aumenta vários riscos à saúde.

As crianças da educação infantil até o 3º ano do ensino fundamental devem ser submetidas ao teste e praticar suas habilidades rítmicas, mas sem receber pontuação. Faça-as correr em seu próprio ritmo e se empenhar em cruzar a linha de chegada antes de o bipe tocar, como se essa atividade fosse um tipo de corrida de brincadeira.

Equipamento: CD de PACER; uma superfície segura, plana e antiderrapante (medindo pelo menos 15 ou 20 m de comprimento); fita métrica; cones de marcação; lápis; cartões de marcação de escores.

Composição corporal

As medidas das dobras cutâneas são uma forma simples e confiável de determinar a composição corporal. Você precisará de um compasso de dobras, além de um pouco de treinamento e prática para aplicar esta avaliação.

Tome a medida das dobras cutâneas do tríceps e da panturrilha para determinar o percentual de gordura corporal. Esses locais são recomendados porque podem ser facilmente medidos e apresentam alta correlação com o conteúdo de gordura corporal total. A dobra cutânea do tríceps é medida na região posterior do braço direito, sobre o músculo tríceps, a meia distância entre o cotovelo e o processo acrômio da escápula. A dobra cutânea da panturrilha é medida na região interna da perna direita, no nível da circunferência máxima. Uma avaliação alternativa é o IMC, que inclui uma medida do peso da criança em relação à estatura. Essa estimativa desconsidera o percentual de gordura corporal, que é mais útil como indicador da composição corporal. Além disso, os analisadores de impedância bioelétrica (AIB) portáteis atualmente são disponibilizados para análise da composição corporal e, nas aulas de educação física, podem ser uma ferramenta de medida menos invasiva do que o compasso de dobras.

Equipamento: compasso de dobras cutâneas; um cartão de marcação de escores e um lápis para cada aluno.

Força e resistência abdominal

O desempenho do aluno na execução dos exercícios abdominais é uma boa medida de sua força e resistência abdominal.

Faça os alunos completarem o maior número possível de abdominais no ritmo específico de 20 abdominais/minuto (até o máximo de 75). Para realizar o exercício, o aluno eleva o tronco e ao mesmo tempo desliza lentamente os dedos das mãos por uma fita métrica fixada no colchonete, abaixo dos joelhos. Quando as pontas dos dedos atingirem o outro lado da fita métrica, o aluno abaixa o tronco voltando à posição inicial. Coloque um pedaço de papel sob a cabeça, no colchonete. Quando o papel dobrar, você saberá que seu aluno voltou totalmente para a posição inicial. Organize os alunos em pares. Com auxílio de uma fita adesiva, prenda firmemente a fita métrica ao colchonete. Enquanto um dos alunos de cada dupla estiver realizando os abdominais, o outro deverá contar e anotar as faltas. O teste termina com a segunda falta (ver Fig. 2.2).

Equipamento: colchonetes de ginástica, um cartão de marcação de escores e um lápis para cada estudante, uma fita métrica de cartolina (76,2 × 11,4 cm) para cada par de alunos (para as crianças de 5-9 anos de idade, a largura da fita deve ser 7,6 cm).

Força da região superior do corpo

Use um dos seguintes testes para avaliar a força da parte superior do corpo, escolhendo o teste no qual seus alunos provavelmente serão mais bem-sucedidos.

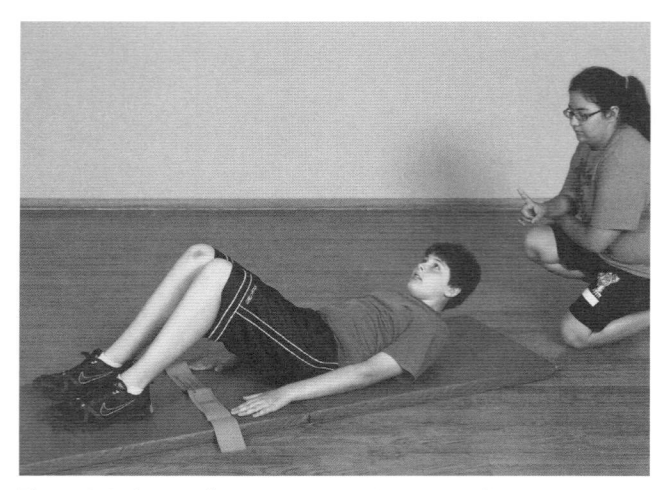

Figura 2.2 Os exercícios abdominais são uma boa ferramenta de medida da força e resistência abdominal.

Teste de flexão
Faça os alunos completarem o maior número possível de flexões (com um ângulo de cotovelo de 90º), partindo de um ritmo especificado em 20 flexões/minuto a uma cadência pré-registrada (ver Fig. 2.3, *a* e *b*).

Equipamento: CD de ritmo; tocador de CD; um cartão de marcação de escores e um lápis para cada aluno.

Teste de flexão na barra fixa
Faça os alunos completarem o maior número possível de flexões na barra fixa. (Use este teste apenas para avaliar os alunos que conseguirem realizar o exercício pelo menos uma vez.)

Equipamento: barras horizontais (posicionadas a uma altura em que os pés do aluno não toquem o chão quando seu corpo estiver pendurado com os braços estendidos); um cartão de marcação de escores e um lápis para cada aluno.

Teste de pendurar com flexão de braço
Faça os alunos pendurarem o corpo mantendo o queixo o tanto quanto possível acima da barra.

Equipamento: barras horizontais (posicionadas a uma altura em que os pés do aluno não toquem o chão quando seu corpo estiver pendurado com os braços estendidos); um cartão de marcação de escores e um lápis para cada aluno.

Flexibilidade
Use um ou ambos os testes descritos a seguir para medir a flexibilidade. Lembre-se de que a flexibilidade é específica para cada articulação. Por isso, tente incluir as duas avaliações em seu programa de testes.

Teste de sentar e alcançar
Faça com que os alunos se sentem e tentem alcançar uma distância máxima, primeiramente com a lateral direita do corpo e, em seguida, com a esquerda (ver Fig. 2.4). Estendendo um lado do corpo de cada vez, os alunos podem evitar a hiperextensão. Anote o número (em centímetros) para cada lateral, considerando a distância mínima igual a 0,5 cm e a distância máxima igual a 30,5 cm, para desestimular a hipermobilidade.

Equipamento: *banco de sentar e alcançar*; um cartão de marcação de escores e um lápis para cada aluno. Se você projetar sua própria caixa, certifique-se de usar uma caixa firme que meça 30 cm de altura. Coloque uma escala métrica no topo da caixa e faça uma marca de 23 cm alinhada à borda mais próxima da caixa. O ponto zero da régua deve ser o mais próximo do aluno.

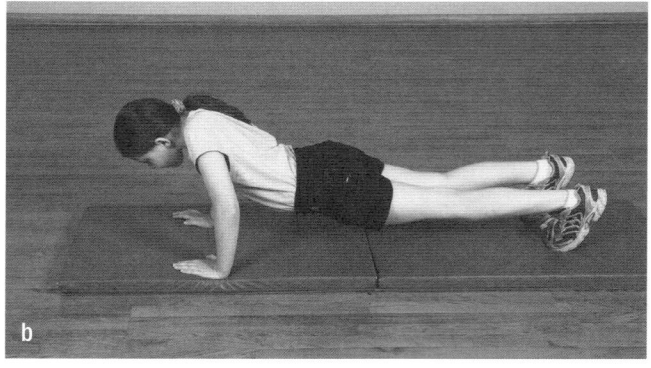

Figura 2.3 Os exercícios de flexão são úteis como ferramenta de medida da força da parte superior do corpo: *(a)* posição inicial; *(b)* posição de descida.

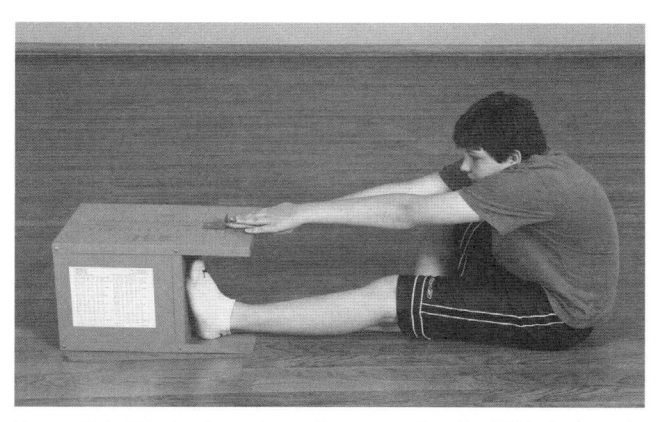

Figura 2.4 O teste *de sentar e alcançar* mede a flexibilidade da parte inferior do corpo, principalmente da musculatura isquiotibial.

Alongamento do ombro

Faça os alunos tentarem tocar as pontas dos dedos de ambas as mãos atrás das costas, estendendo os braços para trás; um sobre o ombro e o outro por baixo do cotovelo. Para testar o ombro esquerdo, os alunos devem estender a mão esquerda sobre o ombro esquerdo e descê-la pelas costas, como se fossem puxar um zíper. Ao mesmo tempo, eles colocam a mão direita atrás das costas e a estendem para cima, tentando tocar os dedos da mão esquerda. Aqueles que conseguirem tocas as pontas dos dedos são aprovados no teste. Em seguida, ao alunos testam o ombro direito revertendo as posições (ver Fig. 2.5). A zona de aptidão física saudável é alcançada quando os dedos são tocados em ambos lados.

Activitygram

O *Activitygram* é um registro específico de 3 dias dos níveis de atividade física geral. A avaliação proporciona às crianças uma compreensão geral de seus hábitos de atividade física, além de ensiná-las a incluir a atividade física ao longo de suas vidas diárias. A avaliação fornece dados sobre o tipo, a intensidade e a duração estimada da atividade física geral de cada aluno. As atividades são classificadas em atividades de estilo de vida, atividades aeróbicas, esportes aeróbicos, atividades musculares, atividades de flexibilidade e repouso. Os alunos inserem dados no *software* e avaliam sua intensidade (leve, moderada, vigorosa) e duração (uma parte do tempo ou o tempo inteiro).

Você pode desenvolver sua própria planilha de registro de atividades, que seja simples e fácil de usar. O Apêndice A fornece um exemplo. Um começo notável seria

Figura 2.5 O alongamento do ombro é um teste para avaliar a flexibilidade dos ombros.

fazer com que os alunos autorrelatassem seus comportamentos de atividade física diários.

RECOMPENSA PARA O ESFORÇO E A CONQUISTA

Historicamente, o *Fitnessgram* não defende um sistema de reconhecimento pela conquista da aptidão física, pois uma parte significativa dos escores altos é alcançada por alunos que possuem fortes fatores hereditários e níveis de amadurecimento precoce. Em 2010, o President's Council on Physical Fitness and Sports (PCPFS) e os programas *Fitnessgram/Activitygram* estabeleceram uma relação funcional para concessão do *PCPFS Presidential Active Lifestyle Award* (PALA) a alunos na faixa etária de 6 a 17 anos. Como esse prêmio é concedido pelos níveis de atividade física e não pela conquista da aptidão, foi considerado motivador e educacionalmente com boa repercussão.

O prêmio é concedido aos estudantes que praticam 60 minutos de atividade/dia, durante 5 dias/semana, ao longo de um período de 6 semanas. Os alunos também podem usar um número de passos diários específico, com base na leitura de um pedômetro (11.000 passos para meninas; 13.000 passos para meninos) realizada durante 5 dias/semana no decorrer de 6 semanas. Os alunos que completam esse nível de atividade física são reconhecidos com um emblema do PALA, um certificado ou ambos. (Informações adicionais estão disponíveis no site www.presidentschallenge.org – em inglês.)

AVALIAÇÃO COMPLETA

Se os testes padronizados forem apenas parte de uma abordagem avaliativa completa, o que você pode fazer para garantir a obtenção de dados que sejam suficientes para guiar adequadamente seus alunos e modificar suas aulas futuras? A avaliação completa requer o engajamento de professores e alunos no processo de avaliação, inclusive na autoavaliação. É preciso que você esteja tão envolvido quanto seus alunos em classe, oferecendo *feedback* e monitorando o progresso de cada um por meio de rubricas ou listas de checagem apropriadas. Simplificando, quanto melhor você conhecer o desempenho de seus alunos, mais capaz você será de planejar as instruções que os ajudarão a evoluir.

A avaliação completa constitui uma abordagem informal para reunir e interpretar informações úteis sobre os sentimentos, atitudes, conhecimento, níveis de atividade física, gostos e aversões, metas individuais, escolhas pessoais e níveis de aptidão física associada à saúde dos alunos. De modo ideal, os alunos aprenderão a considerar as avaliações como tarefas realistas e significativas que os ajudarão a melhorar seus níveis de aptidão física pessoal, resultando no desenvolvimento e na manutenção de seus próprios programas de atividade física, em decorrência da orientação recebida.

Faça com que os alunos utilizem seus portfólios pessoais de estilo de vida ativo (ver exemplo no Apêndice A) para ajudá-los a coletar, organizar e analisar o próprio avanço em termos de atividade física ao longo do ano letivo. Os portfólios são livretos individuais que servem para ajudar alunos e professores a entender os fatores que afetam a aptidão física associada à saúde. Caso queira, você também pode fazer com que seus alunos usem seus próprios portfólios para registrar atitudes, sentimentos e opiniões deles próprios em relação à atividade física. Alguns exemplos adicionais de avaliação completa que você pode desejar incluir nos portfólios dos alunos são as listas de checagem para uso dos alunos (Cap. 6), acordos de atividade física familiar (Cap. 10) e diários nutricionais (Apêndice A). Os alunos devem manter seus portfólios de estilo de vida ativo na sala de aula regular e usá-los ao longo do ano letivo para ajudar a integrar as diversas experiências de aprendizado em sala de aula, bem como nas aulas de educação física (ver Cap. 9).

RESUMO

O ambiente do ensino fundamental é ideal para estabelecer estilos de vida saudáveis entre nossos alunos. Para concretizar essa meta ambiciosa, conte com os esforços de uma equipe multidisciplinar para aumentar o bem-estar escolar. Obtenha o suporte de professores de sala de aula, funcionários do refeitório, enfermeiro da escola, professores da educação especial, administradores, pais e comunidade para ajudar as crianças a adotarem atitudes e comportamentos saudáveis que as ajudem a alcançar as metas de saúde. A avaliação deve incluir uma perspectiva mais ampla do estado de saúde de uma criança. Além disso, os testes de aptidão física relacionados à saúde devem favorecer seus esforços na realização de uma abordagem mais personalizada para ajudar as crianças a atingirem o melhor de sua condição física.

Capítulo 3

Mudança de comportamento e estratégias motivacionais

"É o exercício que exclusivamente sustenta o espírito e mantém o vigor do pensamento."
Marco Túlio Cícero

Se as crianças gostam naturalmente de se movimentar e se divertem com brincadeiras ativas, por que sua forma física está piorando? Por que as crianças estão ganhando peso e a quantidade de atividade física está diminuindo?

Uma resposta a essa questão pode estar na necessidade de se instituir um plano de modificação comportamental e novas estratégias motivacionais nas aulas de educação física. Tradicionalmente, o currículo de educação física costumava incluir algumas atividades relacionadas à aptidão física, como circuitos com obstáculos, jogos ativos, corrida, exercícios e dança aeróbica, para aumentar os níveis de atividade. Muitos professores apresentavam essas atividades para atender às necessidades em curto prazo de um período de aula, ao propósito de um esporte ou teste de aptidão física, sem nenhuma preocupação significativa quanto às mudanças comportamentais em longo prazo.

Ainda hoje, a maioria dos professores é negligente em relação à integração curricular das habilidades comportamentais que ajudarão as crianças a valorizar a atividade física por toda a vida. Em outras palavras, você tem que motivar seus alunos a preservarem o interesse pela atividade física, para que desenvolvam a valorização dessa atividade como modo de vida. Por em prática todas as atividades físicas do mundo consideradas apropriadas em termos de desenvolvimento não instilará hábitos de estilo de vida positivos em longo prazo nas crianças (ver Fig. 3.1).

O ARCO-ÍRIS DA APTIDÃO E DOS ESTILOS DE VIDA ATIVOS PARA JOVENS

Para os propósitos deste livro, desenvolvi o *Arco-íris da aptidão e dos estilos de vida ativos para jovens* (Fig. 3.2).

Figura 3.1 Plano comportamental: o elo ausente.

Esse modelo incorpora uma sequência de estágios adequada aos níveis de desenvolvimento, para estabelecer padrões de atividade física saudável entre as crianças – desde a atividade física com brincadeiras, que constitui o primeiro estágio para crianças pequenas, até o estágio final, que são os estilos de vida ativos.

As crianças, naturalmente dependentes de você para terem acesso a atividades físicas divertidas, de um dia para outro se tornam independentes e com estilos de vida ativos? É claro que não. Aumentando gradualmente as oportunidades para os alunos fazerem escolhas e se automonitorarem, você os ajudará a atingir suas metas no final do arco-íris: estilos de vida ativos e saudáveis. Use o modelo do Arco-íris da Aptidão e dos Estilos de Vida Ativos para Jovens para guiar seu planejamento, enquanto se esforça para moldar comportamentos de atividade física positivos.

Atividade física divertida

Crianças pequenas são naturalmente ativas. Elas adoram brincar e se autoexpressar por meio do movimento. Aproveite isso para promover a atividade física divertida. Tenha em mente que, quando as crianças consideram uma atividade divertida e agradável, repetem-na várias vezes. Nesse estágio, as crianças que percebem o ambiente de movimentação como um lugar seguro, encorajador, interativo e estimulante desenvolvem uma atitude positiva diante de várias atividades físicas.

Prática

As crianças são criaturas que naturalmente seguem hábitos. Para desenvolver hábitos de atividade física positivos, faça com que as crianças se engajem diariamente na prática de atividade física. Tente criar um ambiente escolar que lhes ofereça oportunidades frequentes de praticar atividade física. Intervalos, brincadeiras livres, programas de atividade física pré e pós-escolares, ambientes internos e intervalos com atividade física constituem oportunidades úteis para as crianças acumularem pelo menos 60 minutos de atividade física por dia. Incentive os pais a serem ativos com seus filhos e tente promover oportunidades junto à comunidade, em parques e centros recreativos, para intensificar a atividade física fora da escola. Contudo, não se limite a esse estágio por considerar que altos níveis de atividade física serão suficientes para alcançar as metas do seu programa. As crianças que meramente participam da atividade física sem ter conhecimento nem suporte suficientes não desenvolverão valores ou comportamentos duradouros.

Conhecimento

O conhecimento é a chave para ensinar as crianças a valorizarem a atividade física e os estilos de vida saudáveis em longo prazo. As crianças precisam entender o motivo pelo qual se exercitam e como realizar as atividades

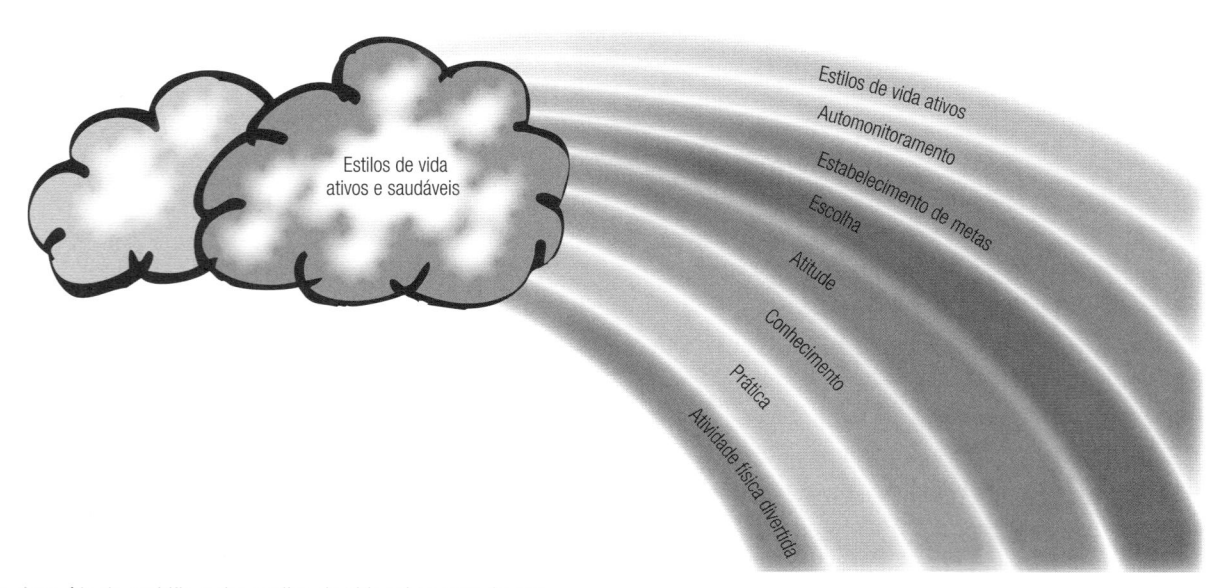

Figura 3.2 *Arco-íris da aptidão e dos estilos de vida ativos para jovens.*

de forma correta. Elas são mais propensas a participar da atividade física quando sabem como e por que seus corpos respondem ao exercício. Inclua uma sequência planejada de conceitos de aptidão física associada à saúde ao longo de toda a experiência de educação física no ensino fundamental. Trabalhe com os professores de sala de aula, pais e profissionais de serviços especiais, como o enfermeiro da escola, diretor de alimentação ou conselheiro, no sentido de reforçar esses conceitos fora do ginásio esportivo.

Atitude

Como professor, seu papel é especialmente decisivo quando se trata de desenvolver atitudes positivas. Depois que as crianças passaram pela experiência de uma atividade física divertida, realizada em um ambiente encorajador e engajada na prática, e após terem estabelecido a base do conhecimento, elas podem começar a desenvolver atitudes positivas em relação à atividade física com base nessas experiências. Nesse estágio, as crianças estão prontas para assumirem um compromisso, embora talvez não tenham tanta certeza sobre como seguir adiante e se terão sucesso. Você atua como um instrumento de suporte dos interesses delas e de transmissão de confiança para que continuem. Use as estratégias motivacionais descritas adiante, neste capítulo, com base na inclinação natural das crianças a gostar de movimento. Lembre-se de empregar uma abordagem multidisciplinar na elaboração do seu programa de educação física, de modo a proporcionar aos seus alunos uma experiência em que os ambientes domiciliar, comunitário e escolar estejam unidos para sustentar as mudanças comportamentais positivas.

Escolha

Você desejaria realizar sempre a mesma atividade, repetidamente? Tente não dificultar as atitudes naturalmente positivas das crianças com a falta de variedade de movimentos. Embora as crianças gostem de repetir as atividades preferidas, uma ampla variedade de atividades físicas irá gerar um interesse renovado diante da ameaça do tédio. A possibilidade de escolha proporciona aos alunos a chance de descobrir o que gostam mais. Com o passar do tempo, eles aprenderão a fazer suas próprias escolhas com base nas preferências pessoais e necessidades físicas individuais. Sendo assim, sempre que possível durante as aulas, permita que as crianças façam suas escolhas a partir de várias atividades e exercícios, bem como estabeleçam quanto tempo dedicarão a cada escolha.

Estabelecendo as metas

Em algum momento, a escolha do aluno vai além da variedade que você proporcionou. É quando você deve ensinar às crianças como estabelecer objetivos pessoais e fazer escolhas efetivas para alcançar tais objetivos. Ao estabelecerem metas, os alunos descobrem a necessidade de autodirecionamento e um significado em seu processo de desenvolvimento físico. Os alunos devem praticar o pensamento independente e a escolha baseada nas necessidades individuais, para eventualmente guiar vidas fisicamente ativas de maneira independente. Conceda a seus alunos o poder de assumir a responsabilidade pelo próprio físico, por meio do estabelecimento de metas.

Estabelecer as metas por escrito pode ser efetivo em qualquer idade. As metas podem ser conciliadas a um componente de aptidão física associada à saúde (AFRS) ou atividade física geral. Há vários fatores que precisam ser considerados antes de você ajudar seus alunos a planejarem as metas de atividade:

- Idade.
- Nível de desenvolvimento.
- Motivação.
- Estado emocional.
- Níveis atuais de aptidão e atividade física.
- Atividades de interesse.

Depois de ter estabelecido uma base para o estado atual de seus alunos, você estará pronto para ajudá-los a estabelecer as metas SMART. Siga essas etapas simples de estabelecimento de metas, a fim de garantir uma experiência de aprendizado bem-sucedida. O acrônimo SMART é fácil de lembrar e assegura o planejamento de metas educacionais consoantes com o nível de desenvolvimento.

As metas podem ser de curto prazo (dentro de um período de 1 semana), intermediárias (dentro de um período de 2-4 semanas) ou de longo prazo (mais de 1 mês). Como a maioria das crianças perde o interesse pelas metas de longo prazo, tente se concentrar nas metas de curto prazo e intermediárias.

S	Específica (*specific*)
M	Mensurável
A	Alcançável
R	Realista
T	Temporal

Específica

Ajude seus alunos a definir com clareza suas metas. Uma meta pode ser um componente de AFRS, como a resistência cardiorrespiratória, medida pelo teste *Fitnessgram*, ou pode ser o aumento do tempo de atividade física ao longo do dia, conforme as anotações do diário de atividades do aluno (ver Apêndice A). Em qualquer evento, a meta deve ser um comportamento específico com o qual você e seu aluno estejam de acordo.

Mensurável

Depois de ter estabelecido uma meta específica, você deve garantir que seja possível medi-la. Um exemplo seria aumentar o tempo de atividade física em 15 minutos por dia, durante pelo menos 5 dias por semana num período de 2 semanas, ou diminuir em 5% o tempo da corrida de 1.600 m.

Alcançável

Garanta que as metas de seus alunos sejam alcançáveis. Você pode edificar o sucesso e a confiança ajudando-os a cumprir metas fáceis e de curto prazo. Quando eles tiverem estabelecido um padrão desejável, você pode incentivá-los a expandir o alcance das metas. Inicialmente, por exemplo, um aluno pode se esforçar para aumentar os escores de flexões em 1 ponto. Integre suporte e atividades recomendadas para ajudar os alunos a alcançarem suas metas.

Realista

As metas devem ser realistas. As crianças podem começar a aprender a valiosa habilidade da auto-honestidade à medida que aprenderem a se autoavaliar e a avaliar suas próprias metas. Por exemplo, cumprir a meta de realizar 10 flexões num período de 2 semanas seria uma meta fantasiosa para um aluno com escores pré-teste de 2 flexões. Em vez de constranger os alunos, ajude-os a ter uma maior compreensão de si mesmos e da necessidade de ajustar as metas de acordo com a condição individual.

Temporal

As metas devem ter pontos de partida, pontos finais e durações fixas. Metas sem períodos de tempo tendem a ser perdidas em meio às experiências vivenciadas no dia a dia na escola e em casa. Os prazos podem ser flexíveis, porém os alunos que perdem de vista suas metas e períodos têm que retroceder para o início da jornada. Estabeleça pontos de checagem intermitentes para ajudar seus alunos a não perderem as metas de vista.

Exemplo de meta SMART (intermediária)

Johnny estará fisicamente ativo em pelo menos 5 dias/semana, por um período total de 60 minutos/dia ou dando 12.000 passos, durante o mês de novembro, de acordo com as medidas de seu diário de atividades pessoal e os registros do professor ou de um dos pais.

Automonitoramento

Como as crianças estão cada vez mais perto da independência, você pode ser mais flexível em sua abordagem de ensino. Faça com que os alunos de 4º a 6º anos mantenham portfólios pessoais de estilo de vida ativo (ver Apêndice A). Nesse estágio, as crianças devem planejar, autoavaliar e perseguir seus padrões de atividade. O automonitoramento permite que as crianças estabeleçam metas para darem o melhor de si, tomem decisões de acordo com suas preferências de atividade e criem programas de atividade física individuais. Esse estágio é alcançável pelos alunos de 4º a 6º anos.

Estilos de vida ativos

Os alunos que alcançam esse estágio demonstram um comprometimento genuíno com a atividade física. Eles estão motivados a participar, ávidos para melhorar, felizes em ser voluntários para ajudar os outros, abertos para aprender novas atividades, persistentes em seus esforços para alcançar as metas, capacitados para trabalhar de modo independente, contentes e relaxados no ambiente de aprendizado. Embora ainda precisem de suporte e reforço para as escolhas feitas ao longo de todo o ensino fundamental (anos finais) e médio, contam com uma base sólida que quase certamente os conduzirá a uma vida de saúde e aptidão física.

O QUE MOTIVA A CRIANÇA A SE MOVIMENTAR?

A palavra "motivação" tem origem na palavra latina *movere*, que significa "mover". Podemos pensar na motivação como algo que direciona, entusiasma ou mantém o comportamento; é isso que move os alunos e os mantêm seguindo em frente.

Por muitos anos acreditamos que as crianças tinham motivações semelhantes às motivações dos adultos para se exercitarem. Entretanto, as crianças não são adultos em miniatura. Os adultos engajam-se na atividade física para melhorar a aparência, melhorar a saúde e evitar doenças. As crianças são fisicamente ativas porque gostam de brincar, precisam interagir entre si, querem desenvolver competência física e precisam se autoexpressar por meio das diversas formas de movimento. Vamos examinar atentamente cada um desses aspectos.

Brincadeira e diversão

As crianças encaram as brincadeiras como um ingrediente importante de suas vidas. Quando uma atividade é bem orientada e estimulante, a criança tem segurança em realizá-la e sentem-se bastante motivada. A vontade de brincar é inerente a todos os seres humanos e constitui um estágio necessário do desenvolvimento na infância.

Interação social

As crianças precisam ter a oportunidade de se relacionar com outras crianças por meio da brincadeira ativa. Em um ambiente de movimentação encorajador, as crianças desenvolvem o sentido de pertencer e aceitar, que as ajuda a estabelecer um vínculo com seus pares. Os sentimentos de segurança experimentados durante as brincadeiras em grupo podem intensificar tanto a autoestima como a habilidade de estabelecer relações positivas com outros indivíduos.

Competência física

As crianças desejam fortemente desenvolver competência nas habilidades motoras. O desafio inerente ao domínio de habilidades motoras motiva as crianças a continuarem praticando a atividade física. A percepção que as crianças têm de suas próprias habilidades pode ser determinada pela quantidade de tempo, esforço e valor que elas depositam nas atividades. Quando as crianças recebem suporte e incentivo de pessoas importantes em suas vidas, adquirem a confiança necessária para desenvolver estilos de vida ativos e continuar praticando uma atividade física escolhida.

Autoexpressão

De modo não surpreendente, as crianças naturalmente se autoexpressam por meio do movimento ativo. A atividade física frequentemente serve de veículo para as crianças expressarem seus sentimentos e emoções para amigos, pais e professores. As crianças são menos capazes do que os adolescentes e adultos de verbalizar seus sentimentos ou discutir as diferenças de opinião. Como resultado, elas frequentemente expressam sentimentos como felicidade, raiva, frustração e excitação de forma física.

TIPOS DE MOTIVAÇÃO

Existem duas formas gerais de motivação. A motivação extrínseca envolve fatores externos ao indivíduo, que não estão relacionados à tarefa em execução. A motivação intrínseca consiste num desejo interno do indivíduo de realizar uma determinada tarefa em particular (Ormrod, 2009). A motivação intrínseca é mais efetiva do que a motivação extrínseca em promover a mudança comportamental em longo prazo. De fato, os alunos que aprendem a contar com a motivação intrínseca são mais propensos a desenvolver um comprometimento duradouro com um estilo de vida ativo. Para intensificar a motivação intrínseca, capacite seus alunos a desenvolver autoconfiança para acreditarem que são capazes de realizar certas tarefas, autoestima para desejarem ser saudáveis, e autoeficácia para acreditarem que controlam seus próprios destinos.

Durante muitos anos, os professores de educação física proporcionaram motivação fraca e inadequada às crianças, fazendo-as se desligar em vez de se interessar pela prática de exercícios. A seguir, são listados alguns exemplos de condições e práticas inadequadas:

- Atividades físicas entediantes, repetitivas e similares aos exercícios militares (p. ex., dar voltas correndo em cada aula).
- Exercícios em grupo.

- Padrões inflexíveis.
- Usar testes de aptidão física aliados a um sistema de premiação para os alunos com melhor desempenho.
- Competição.
- Oferta de conteúdos tradicionais ano a ano (p. ex., futebol, softbol, vôlei).
- Pouca atividade durante a aula.
- Uso contínuo de técnicas de ensino diretas.
- Equipamento precário e instalações não apropriadas e sujas.
- Professores desmotivados.

Você se sentiria motivado a se tornar fisicamente ativo nesse tipo de ambiente?

ESTRATÉGIAS MOTIVACIONAIS

O que você pode fazer para promover a motivação intrínseca ao longo de todo o programa de educação física? Vamos examinar várias estratégias motivacionais de fácil incorporação para que seu programa seja iniciado.

Habilidades de ensino básicas

Ensine aos seus alunos as habilidades básicas, como o modo correto de correr e de fazer abdominais. Quando você dedica tempo para ensinar aos seus alunos os modos e as técnicas corretas, eles admitem que você realmente está interessado em melhorar o nível de desenvolvimento físico deles. Além disso, mostre um interesse pessoal por cada aluno fornecendo *feedbacks* individuais sobre seu desempenho, de forma positiva e incentivadora.

Escolha atividades voltadas para o sucesso

Quando as crianças se sentem bem-sucedidas, repetem uma atividade e ganham confiança para avançar para atividades mais difíceis. Para motivar os alunos, projete atividades que estejam de acordo com o nível de desenvolvimento e incluam desafios que possam ser superados com a prática. Por exemplo, os alunos devem ter opções de atividade, tais como flexão regular, flexão aberta, apoio de flexão ou flexão na parede, para que suas necessidades físicas sejam atendidas e para garantir algum sucesso.

Divertir-se, divertir-se, divertir-se

É impossível enfatizar esse aspecto o suficiente: as crianças devem rir, cantar, brincar e interagir enquanto estiverem engajadas na atividade física. Observe a velocidade com que elas entram em sintonia com os objetivos da aula enquanto se divertem e aproveitam. Por exemplo, desenvolva a aptidão da musculatura do braço utilizando um pedaço de tecido para fazer ondas ou fingir estouros de pipoca (use bolas de borracha; ver Cap. 11). As crianças terão uma enorme diversão e ao mesmo tempo estarão desenvolvendo a aptidão muscular.

Adicione equipamentos criativos

Acrescente equipamentos novos e estimulantes para animar suas aulas. Muitas vezes, os professores de educação física usam o mesmo equipamento ano a ano, e as crianças ficam entediadas e cansadas de usar sempre os mesmos materiais velhos. Adicione itens como tonificadores de borracha para exercícios (Fig. 3.3), cordas de pular pesadas, monitores de frequência cardíaca e bolas de resistência, com o intuito de renovar o interesse dos alunos pela atividade física.

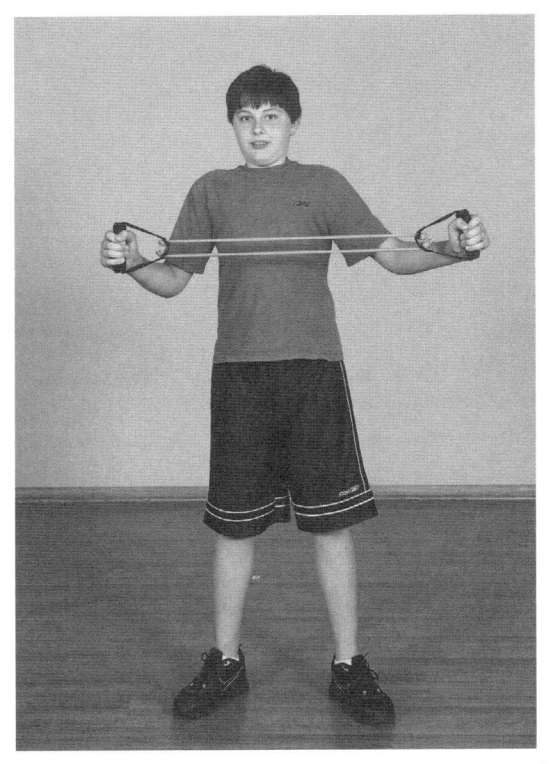

Figura 3.3 Exercício para a parte superior do corpo usando um elástico.

Figura 3.4 Incentivos de atividade física como este certificado de premiação personalizável podem ajudar a motivar os alunos.
De S.J. Virgílio, 2015, Educando crianças para a aptidão física: uma abordagem multidisciplinar (Barueri: Manole).

Prêmio de atividade física

Por concluir suas
atividades físicas e dar
100% de si para
melhorar a própria
saúde, você tem
direito a

Você conseguiu!

_____

Aluno

Escola

Professor de Educação Física

Acrescente novas atividades

Busque sempre novas atividades para introduzir em seu programa. Incorpore às aulas a dança Zumba (Cap. 13), patinação *in-line*, yoga (Cap. 14), ensino ao ar livre e novos jogos (p. ex., *Fitnopoly*) (Cap.12).

Crie um ambiente colorido

Decore o ginásio com pôsteres coloridos, quadros de exercícios e murais de notícias. Adote um tema diferente para cada mês. Fevereiro, por exemplo, pode ser o "mês do coração inteligente". Faça os alunos de diferentes anos e seus pais se revezarem na decoração mensal. Para realmente causar entusiasmo, organize um *show* de arte esportiva, no qual você exibe no ginásio os projetos de arte relacionados ao esporte de todos os alunos.

Conceda incentivos

Os alunos precisam de suporte e encorajamento para realizarem o trabalho duro durante as suas aulas. Ocasionalmente, conceda às crianças incentivos positivos e saudáveis pela participação ativa. Faixas elásticas para exercício, escolha livre de uma atividade ou certificados com direito a *frozen yogurt* são exemplos de bons incentivos para ajudar a motivar os alunos (ver Fig. 3.4).

Sirva de modelo

Propicie um modelo positivo para as suas aulas. Mantenha a disposição, faça os exercícios com os alunos, consuma alimentos saudáveis no almoço, deixe alguns lanches nutritivos em sua mesa e converse com os alunos sobre as atividades que você realiza após o horário das aulas, como jogar em um time de vôlei, correr, caminhar e assim por diante. Além disso, uma boa aparência sempre conta pontos favoráveis. Vista-se de modo profissional, com agasalhos distintos e camisetas com mensagem (p. ex., "a educação física é o melhor seguro de vida").

Destaque o positivo

Sem dúvida, o reforço positivo fortalece os hábitos existentes e incentiva o aluno a progredir. Pratique o uso dos gestos e palavras de incentivo listados na Tabela 3.1.

Tabela 3.1 Formas de incentivar os alunos

Palavras	Gestos
Uau!	Rir com o aluno
Bom trabalho!	Sorrir
Está indo bem!	Abraçar
Sim!	Erguer as sobrancelhas de alegria
Estou orgulhoso pelo seu esforço!	Acenar com a cabeça
Bom para você!	Erguer o polegar
Parabéns!	Cumprimentar batendo a mão direita na mão direita do aluno (high five)
É isso aí!	Aperto de mãos
Demais!	Tapinha nas costas
Obrigado pela cooperação!	Aceno de mão
Bem melhor!	Por a mão no ombro do aluno
Está ótimo!	Erguer os dois braços (sinal de aterrissagem)
Incrível!	Olhar fixamente, sorrindo e acenando com a cabeça
Continue assim!	Sussurrar um viva com os punhos erguidos
Maravilha!	Pular
Estou impressionado!	Apontar para o aluno com um aceno
Muito criativo!	Ficar em pé com os braços bem abertos

Organize um clube da saúde

Para organizar um clube da saúde, use o modelo de esportes em ambientes internos, mas modifique-o para se ajustar à atividade física associada à saúde. Então, estabeleça uma área de exercícios físicos para o clube. Os alunos que fizerem parte do clube poderão trabalhar em suas próprias metas individuais ou participar de uma atividade física em grupo de escolha, exercitando-se antes do período de aula, durante o intervalo ou após o horário escolar. Seu trabalho consiste em planejar atividades em grupo e ajudar os participantes a planejarem seus programas individuais. Camisetas com o nome do clube podem motivar mais alunos a participar.

Incentive o autodirecionamento

Conceder aos alunos de 4º a 6º anos a oportunidade de administrar seus próprios portfólios pessoais de estilo de vida ativo também irá motivá-los. Os portfólios devem incluir os escores de aptidão física, diários, programas individuais, acordos, gráficos e outras atividades de aprendizado (ver Apêndice A).

Empregue avaliações completas

Use avaliações completas no decorrer do ano, para fornecer aos alunos informações atualizadas sobre o progresso de cada um. Dessa forma, eles poderão ver o que precisam melhorar antes das avaliações finais, aplicadas no fim do ano letivo. Além disso, a constatação de uma melhora adicional é por si só motivadora. Isso também ajuda os alunos a estabelecer metas SMART realistas, ainda que desafiadoras.

Envolva os pais

Os alunos sentem-se adicionalmente apoiados e reforçados quando sabem que seus pais estão interessados e envolvidos com a atividade física. Crie um informativo destinado aos pais, com sugestões de atividades realizadas em casa que possam ser praticadas pela família reunida, tornando-a mais fisicamente ativa (ver também Cap. 10).

Comemore os eventos especiais

Lembre que os eventos especiais da escola ou da comunidade podem trazer a atenção necessária para as metas do seu programa. No dia da Corrida de Geografia, por exemplo, os alunos calculam a distância em quilômetros que percorreram caminhando ou correndo, tanto dentro como fora da escola, e relatam a você. Você, por sua vez, representa graficamente a quilometragem total da escola em um mapa amplo, atualizando a cada semana a corrida da sua escola, indicando a distância percorrida de uma cidade a outra do país. Incentive os funcionários que cuidam do almoço da escola e os professores de sala de aula a ajudarem a integrar as experiências de aprendizado em torno desse evento (ver também Cap. 15).

Forme grupos de aprendizado cooperativo

O aprendizado cooperativo pode intensificar a autoconfiança e a segurança na prática da atividade física. O grupo das cordas, por exemplo, consiste numa atividade em que seis alunos seguram as mãos uns dos outros para formar um círculo, passando uma corda por um par de mãos seguras. Os alunos fazem a corda passar em volta do círculo no sentido anti-horário, sem soltar as mãos. Você pode variar o tamanho da corda de acordo com o nível de desenvolvimento e o tamanho dos alunos. Encoraje-os a cooperar para concluir a tarefa – e não para correr competindo com outros grupos.

Convide palestrantes

Agende palestras de convidados da comunidade que possam ter conhecimentos a serem compartilhados com a classe (p. ex., um maratonista, um professor de Zumba, um professor de educação física ou um profissional da saúde). Inclua palestrantes de diversas etnias para que os alunos possam se identificar com esses modelos.

Organize o "grandes amigos"

Faça com que cada aluno do 1º ano tenha um "grande amigo" do 5º ou 6º ano. Para tanto, programe aulas em que os alunos ocasionalmente possam ficar juntos. Delegue aos alunos mais velhos a responsabilidade de ensinar aos alunos mais novos certos conceitos e exercícios. Os "grandes amigos" também podem ser amigos de correspondência e e-mail, bem como tutores acadêmicos dos alunos do 1º ano.

Varie suas estratégias de ensino

Como as crianças aprendem de numerosas formas distintas, faça uso de uma variedade de estratégias de ensino, tais como grupos pequenos, atividades independentes e exercícios físicos em parceria, a fim de atender às necessidades e aos interesses de seus alunos. Tente usar o espectro de estilos de ensino (Mosston e Ashworth, 2002) ao longo do ano letivo (ver Cap. 6).

RESUMO

A educação física envolve muito mais do que o oferecimento de jogos e exercícios altamente ativos. A abordagem contemporânea de um programa de educação física de alta qualidade inclui um plano de modificação comportamental em longo prazo e estratégias motivacionais para encorajar as crianças a permanecerem fisicamente ativas por toda a vida. Trabalhe com seus colegas, pais de alunos, administradores e a comunidade no sentido de criar um ambiente escolar incentivador e saudável. Planeje experiências de aprendizado que alimentem a motivação inata das crianças a se movimentar, ajudando-as a desenvolver metas SMART, e enfatize o valor intrínseco da atividade física ao conduzir as crianças pelo arco-íris até um estilo de vida ativo e saudável.

Capítulo 4

Princípios da aptidão física associada à saúde

"Nós, como uma nação, nos exercitamos pouco. Em vez disso, preferimos assistir a jogar. Passeamos de carro em vez de caminhar. Nossa existência nos priva da atividade física mínima necessária a uma vida saudável."

John F. Kennedy

Vamos rever brevemente os princípios básicos dos exercícios para que você possa planejar de forma correta a instrução da atividade física associada à saúde para o seu programa de educação física. À medida que você remodela seu currículo de educação física para ensinar as crianças e desenvolver valores e comportamentos positivos em relação a um estilo de vida ativo, siga as diretrizes descritas neste capítulo, que o ajudarão no ensino de atividades físicas seguras, eficientes e adequadas ao nível de desenvolvimento. Adapte exercícios específicos para atender a necessidades e interesses individuais das crianças. Todavia, tenha em mente que as crianças dispensam a prescrição de exercícios específicos, diferentemente dos adultos. Em vez disso, as crianças respondem melhor a períodos curtos de atividade vigorosa distribuídos ao longo do dia do que a um único exercício físico intenso de 30 minutos de duração. De fato, a atividade intensa demais pode exercer um efeito adverso sobre a motivação das crianças em continuar praticando a atividade física.

PRINCÍPIOS CENTRAIS DA APTIDÃO FÍSICA ASSOCIADA À SAÚDE

Embora os princípios centrais constituam a base do planejamento das atividades físicas relacionadas à saúde, os princípios de frequência, intensidade, tempo e tipo (FITT) de exercício também devem ser considerados durante o planejamento das rotinas de aula de atividade e aptidão física.

Esta seção fornece as informações necessárias para ajudar os alunos a obterem os benefícios proporcionados à saúde por um estilo de vida ativo. Tenha em mente que você deve considerar sempre a motivação, as metas pessoais, os comportamentos antigos (p. ex., altamente sedentário) e estágios de amadurecimento dos alunos, em vez de observar apenas a idade cronológica, ao recomendar um programa de atividades e exercícios físicos.

Para facilitar a memorização das diretrizes e dos princípios do exercício para você e seus alunos, use o acrônimo SPORT-FITT.

SPORT significa:
eSpecificidade
Progressão
sObrecarga
Regularidade
Treino e manutenção

FITT significa:
Frequência
Intensidade
Tempo
Tipo

SPORT

O acrônimo SPORT inclui os princípios essenciais da ciência do exercício e você e seus alunos podem planejar um bom programa de atividade física. As crianças consideram os acrônimos divertidos, e isto as ajudará a se lembrar dos princípios ao longo de todo o ano letivo.

Especificidade

O princípio da especificidade significa que apenas os músculos ou sistemas corporais exigidos durante o esforço físico sofrerão adaptações. Em outras palavras, você precisa exercitar apenas os músculos específicos que deseja melhorar. Por exemplo, para melhorar a resistência cardiorrespiratória, as crianças em nível III devem correr 3-4 dias por semana. Essa atividade desenvolve especificamente a resistência muscular nas pernas e o sistema cardiorrespiratório, embora atue pouco sobre os braços, tórax e ombros. Ainda, se uma criança quiser melhorar a rebatida (*swing*) no beisebol, não basta trabalhar apenas com exercícios de braço e ombro. O aluno deve trabalhar especificamente todos os músculos utilizados no movimento de *swing*.

Progressão

Segundo o princípio da progressão, a criança precisa aumentar gradualmente o volume de atividade física para a melhora dos componentes da aptidão física. Isso requer o aumento de frequência, intensidade, tempo e tipo. A velocidade da progressão depende do indivíduo. Entretanto, geralmente você pode aplicar a regra dos 10% e aumentar a duração em no máximo 10% a cada semana. Por exemplo, se uma criança consegue correr confortavelmente 10 minutos/dia durante 5 dias/semana, ela poderá correr 11 minutos/dia durante 5 dias na próxima semana. O aumento gradual é necessário à adaptação do corpo. No entanto, as crianças não se adaptam nem progridem com a mesma velocidade que os adultos. No caso das crianças até então sedentárias, um aumento de 5% será suficiente nos estágios iniciais do programa.

Sobrecarga

Para melhorar qualquer componente de aptidão física, o corpo precisa trabalhar com cargas ajustadas às adaptações fisiológicas anteriormente obtidas. Esse é o princípio da sobrecarga. Você tem que sobrecarregar qualquer atividade, aumentando a frequência, a intensidade, o tempo e o tipo de exercício ou atividade física. Porém, lembre-se de que as sessões de atividade não precisam ser exaustivas nem estressantes para alcançar a aptidão física associada à saúde. Os níveis de aptidão física podem ser melhorados aumentando lentamente a carga de trabalho, de uma forma segura e confortável. Use a progressão e a sobrecarga juntas, mas lembre-se de que existem limites para as alterações físicas que ocorrerão nas crianças. Por isso, use essa informação para guiá-lo ao ajudar as crianças a progredirem e a permanecerem motivadas.

Regularidade

A regularidade diz: "Use isto ou perca isto." Infelizmente, ninguém pode estocar os benefícios de aptidão física. Por esse motivo, a atividade física deve ser um compromisso para a vida toda. Os níveis de aptidão física são perdidos quando não são mantidos por meio da atividade contínua. Os níveis de aptidão física associada à saúde respondem de modo diferente à descontinuação da atividade. A resistência cardiorrespiratória é significativamente afetada, pois a capacidade do corpo de transportar e usar o oxigênio diminui rapidamente na ausência de esforços que demandam atividade cardiorrespiratória.

Treino e manutenção

As crianças que aplicam os princípios do exercício progridem de modo satisfatório e atingem o melhor de sua condição física. Depois que seus alunos tiverem adquirido um nível confortável de atividade física e aptidão, você deve incentivá-los a manter níveis de atividade adequados e a estabelecer metas apropriadas em curto e longo prazos baseadas em suas necessidades individuais. Tenha em mente que realizar mais e mais exercícios nem sempre é o melhor a se fazer. Incentive seus alunos a participarem de uma ampla variedade de atividades físicas, que podem incluir diferentes faixas de intensidade, bem como vários grupos musculares e movimentos corporais. Quantidades excessivas de atividade física podem ser contraprodutivas (Corbin, Welk, Corbin e Welk, 2011). Por exemplo, as crianças intensamente envolvidas na prática de apenas uma única atividade por períodos extensos tendem a desenvolver com maior frequência problemas articulares, tendinite e lesões em tecidos moles.

Diretrizes FITT

Usar o acrônimo FITT ajudará você e seus alunos a memorizar as diretrizes de atividade física associada à saúde:

F frequência
I intensidade
T tempo
T tipo

Lembre-se de que, como este livro é destinado aos professores de crianças em idade escolar, essas diretrizes foram incluídas para ajudá-lo a regular e monitorar os níveis de atividade física de seus alunos – e não para recomendar um regime de treinamento, conforme normalmente é descrito no modelo de prescrição de exercícios para adultos. Não se esqueça de que o principal propósito de um programa de educação física de qualidade no ensino fundamental é enfatizar o processo e o valor da participação na atividade física. Não perca isto de vista, dando ênfase aos escores do teste de aptidão física e à prática de exercícios para obter prêmios.

Frequência

A frequência refere-se ao número de vezes em que uma criança está fisicamente ativa. As crianças devem permanecer fisicamente ativas na maioria dos dias da semana, de preferência todos os dias, realizando atividades para grandes músculos, como caminhar, correr, pedalar, jogar, dançar e varrer as folhas das árvores caídas no chão. Para a aptidão muscular, as crianças devem participar em apenas 2-3 dias não consecutivos por semana, para que seu corpo possa se adaptar.

Intensidade

A intensidade consiste no grau de dificuldade que a criança está enfrentando para se exercitar ou brincar durante uma atividade física. Checar a frequência cardíaca é uma forma de monitorar o estresse corporal durante a prática de uma atividade para grandes grupos musculares. No 4º ano, as crianças devem ser capazes de checar a própria frequência cardíaca de repouso para monitorar seus níveis de atividade.

Os dois locais onde a frequência cardíaca pode ser mais facilmente encontrada são a artéria radial e a artéria carótida. Para encontrar a pulsação radial, incline o punho discretamente para baixo e pressione de leve com os dedos indicador e médio apontando para o polegar (ver Fig. 4.1). Para encontrar a pulsação carotídea, deslize os dedos indicador e médio para dentro do sulco que segue ao longo da garganta (ver Fig. 4.2). Conte o número de batimentos durante 10 segundos e multiplique por seis para

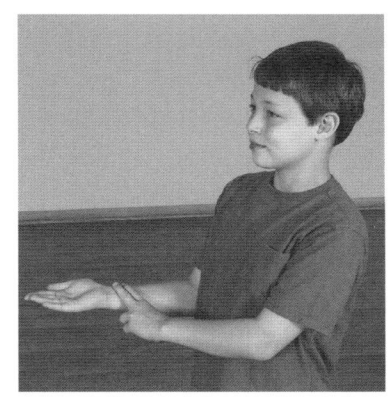

Figura 4.1 Localização da pulsação radial.

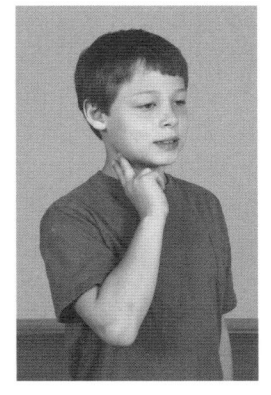

Figura 4.2 Localização da pulsação carotídea.

calcular o número de batimentos em 1 minuto, ou conte os batimentos durante 6 segundos e acrescente o número zero ao número obtido.

Peça às crianças do 3º ano para determinar seus próprios níveis, sentindo os batimentos cardíacos junto ao tórax em repouso após uma caminhada de 3 minutos e, durante um jogo intensamente ativo. Elas começarão a entender o conceito de intensidade relacionada à atividade física. Não é recomendável que as crianças em idade escolar calculem as zonas de frequência cardíaca-alvo (ZFCA) durante a atividade física. Essa abordagem está mais associada ao treinamento e não necessariamente ao nível elementar. Calcular as ZFCA é mais apropriado para os alunos do ensino médio. Entretanto, você pode ensinar as crianças a calcularem o ZFCA quando alcançarem o 6º ano, a fim de auxiliá-las a entender a intensidade e a integrar a matemática ao seu currículo de educação física. Ensine às crianças os vários níveis de atividade física, do seguinte modo:

• Atividade de baixa intensidade – alongamento, pegar brinquedos, jogar beisebol, jogo da ferradura.

• Atividade de intensidade moderada – jogar *four square*[1], caminhar rápido, jogar vôlei.

• Atividade de alta intensidade – jogar futebol ou basquete, brincar de pega-pega, correr, dançar Zumba.

Outras duas formas de medir a intensidade consistem em contar o número de repetições durante a realização de um exercício e contar os segundos, ou estabelecer o grau de dificuldade de uma atividade de aptidão muscular. Os alunos podem aumentar a intensidade trocando as faixas elásticas para exercício amarelas do nível 1 (resistência muito baixa) pelas faixas elásticas para exercício verdes do nível 2, para realizar os exercícios de flexão do antebraço. Eles também podem aumentar o tempo de permanência na posição de flexão (de 10 para 15 segundos).

Ainda, outra forma alternativa para ensinar o conceito de intensidade é usar os pedômetros. Os alunos podem registrar quantos passos dão ao longo do dia e, então, estabelecer uma meta para a semana ou para um período de 6 semanas, aumentando pouco a pouco o número de passos dados a cada dia. O nível moderado de atividade física para crianças corresponde a aproximadamente 11.000-13.000 passos/dia durante 5 dias/semana.

Tempo

O tempo indica qual deve ser a duração da prática da atividade. Nos níveis de desenvolvimento I e II, limite a duração da atividade de alta intensidade a rodadas mais curtas, com duração de apenas alguns minutos e período de descanso intermitente de 1-2 minutos. No nível III, você pode prolongar com segurança a atividade física para rodadas de 10-15 minutos. Você deve variar o tempo em função do componente de aptidão física associada à saúde que estiver sendo abordado e dos objetivos da aula. O tempo também dependerá da intensidade da atividade (baixa, moderada, alta). O tempo de atividade física pode ser estendido nos níveis baixo e moderado, e reduzido no nível de alta intensidade. Para alcançarem benefícios em termos de saúde geral, todas as crianças devem permanecer fisicamente ativas durante um período total de 60 minutos/dia.

---

1   N.R.C.2: Alguns exemplos de atividades de intensidade moderada mais comuns no Brasil: jogo de queimada, dança, natação (desde que não seja contra o tempo), *frisbee*, peteca.

Tipo

O tipo diz respeito ao modo ou gênero de atividade física com objetivo de realizar atividade física geral ou trabalhar especificamente algum componente da aptidão física associada à saúde. Para trabalhar esse componente, forneça aos alunos opções de escolha para aumentar a resistência cardiorrespiratória durante a aula (p. ex., corrida, patinação *in-line*, pular corda ou dança aeróbica). Para as atividades físicas gerais realizadas fora da escola, sugira varrer as folhas caídas na calçada, lavar o carro, subir escadas ou caminhar com o cachorro.

ESTÁGIOS DE UMA SESSÃO DE ATIVIDADE FÍSICA

Estejam os alunos correndo, desenvolvendo resistência muscular, jogando basquete ou praticando habilidades como o chute, você deve sempre ensiná-los a seguir os estágios corretos de uma sessão de atividade física: aquecimento, atividade principal e relaxamento.

Aquecimento

O principal objetivo do aquecimento é preparar o coração, a musculatura e as articulações para a atividade principal. Talvez você acredite que o alongamento deva ser feito antes; contudo, é importante aquecer os músculos antes de alongá-los. O alongamento da musculatura fria pode aumentar o risco de lesão. Dessa forma, a primeira etapa consiste em elevar a temperatura corporal e intensificar a circulação sanguínea na musculatura. Você pode, por exemplo, começar a aula com 3 minutos de caminhada moderada a rápida, marcha com movimentos de braço, corrida lenta ou exercícios aeróbicos leves realizados ao som de música.

Quando os músculos estiverem aquecidos, uma opção é fazer os alunos realizarem alguns alongamentos estáticos para os principais grupos musculares. Pesquisas demonstram que o alongamento como forma de aquecimento pode trazer benefícios mínimos ou nulos. Tenha em mente, porém, que o alongamento para aquecimento difere bastante da prática de exercícios de flexibilidade. Concentre-se em alguns alongamentos estáticos básicos para os grandes músculos, como o alongamento da panturrilha, sentar e alcançar (músculos isquiotibiais) e alongamento do quadríceps. A duração de cada alongamento deve ser de apenas 10 segundos, a fim de evitar o superalongamento de músculos não adequadamente aquecidos. Quando necessário, acrescente outros exercícios de alongamento que se ajustem à atividade específica. Se uma extensiva atividade de perna estiver sendo realizada, alongue suavemente as panturrilhas, os músculos isquiotibiais e o quadríceps. Todavia, não deixe a musculatura esfriar novamente antes de iniciar o exercício principal. Faça isso imediatamente após o período de aquecimento, entrando devagar na execução do exercício principal com uma atividade de baixo nível para grandes grupos musculares.

Muitos pesquisadores acreditam que talvez seja desnecessário realizar o alongamento antes da atividade. A recomendação geral para as suas aulas, então, pode ser aplicar uma série de atividades de baixo nível para grandes grupos musculares com duração de alguns minutos, seguida do aumento gradativo de intensidade até o início do exercício principal.

Exercício principal

Durante os primeiros 2-3 minutos da sessão do exercício principal, os alunos devem realizar atividade de nível moderado. Isto é aquilo que chamo de "ponte" entre o aquecimento e o estágio mais vigoroso da aula. Por exemplo, se os alunos forem realizar uma prática de corrida, faça-os correr em velocidade moderada durante alguns minutos antes de acelerar até a velocidade em que costumam correr. Os alunos prestes a jogar futebol ou basquete em uma quadra devem iniciar o exercício principal com um jogo de aquecimento ou atividades de habilidade específica.

Quando possível, ajuste o exercício principal em si à preferência pessoal e às necessidades de cada aluno. No que se refere ao exercício principal, concentre-se em um componente específico de aptidão física associada à saúde ou proponha atividade física geral de intensidade moderada a vigorosa. Os alunos em nível de desenvolvimento III que se empenham em melhorar a resistência cardiorrespiratória devem trabalhar em suas metas e níveis de atividade pessoais, bem como utilizar o julgo pessoal para decidir quando descansar, beber água e diminuir o ritmo. Nos níveis de desenvolvimento I e II, o exercício principal deve ser ativo e com períodos de descanso intermitente devidamente espaçados ao longo da aula.

Volta à calma

Inicie o relaxamento imediatamente após o exercício principal, por meio da diminuição gradual do ritmo. Não esqueça que os grandes grupos musculares do corpo (pernas e braços) devolvem o sangue ao coração. Se os alunos pararem de repente após a realização de um exercício vigoroso, o sangue ficará acumulado em seus músculos e possivelmente resultará em tontura ou náusea. Uma atividade física leve contínua permite que o corpo se recupere ao fazer o sangue seguir gradualmente de volta para o coração.

Após uma atividade física vigorosa, faça seus alunos permanecerem cerca de 2 minutos andando rápido, correndo devagar ou realizando outra atividade qualquer para músculos amplos em um baixo nível de intensidade. Como os músculos ainda estarão aquecidos em consequência do exercício principal, este é um bom momento para fazer seus alunos realizarem vários alongamentos estáticos também. Isso pode evitar o desenvolvimento de rigidez ou espasmos musculares, posteriormente. De fato, esse talvez seja o momento mais apropriado para desenvolver a flexibilidade, pois a temperatura corporal e a circulação sanguínea estão nos níveis ideais para maximizar o alongamento muscular.

COMPONENTES DA APTIDÃO FÍSICA ASSOCIADA À SAÚDE

Para que seus alunos sejam idealmente beneficiados pela atividade física, é preciso que você equilibre os componentes da aptidão física associada à saúde. Cada um desses componentes é igualmente importante. A resistência cardiorrespiratória fortalece o coração e os pulmões. A aptidão muscular mantém a sustentação do corpo, ajudando os alunos a realizarem as tarefas diárias e a participarem de jogos e atividades recreativas. A flexibilidade ajuda os músculos e as articulações a se moverem livremente. Por fim, a nutrição adequada e a prática diária de atividades físicas ajudam a manter uma composição corporal saudável.

Tendo em mente que é necessário enfatizar o processo e não o produto, vamos analisar de forma mais aprofundada os componentes da aptidão física associada à saúde, para que você possa planejar um programa de atividade física equilibrado junto ao seu currículo de educação física.

Resistência cardiorrespiratória

A resistência cardiorrespiratória consiste na capacidade do coração, dos vasos sanguíneos e dos pulmões de distribuir nutrientes e oxigênio para os tecidos e remover os produtos residuais (p. ex., dióxido de carbono), fornecendo assim a energia necessária à prática dos exercícios de resistência por longos períodos. Correr, andar de bicicleta, nadar e patinar são atividades que desenvolvem a resistência cardiorrespiratória. Seja qual for o tipo de atividade física que seus alunos praticam para aumentar a resistência cardiorrespiratória, todavia, a principal meta é sempre a mesma: aumentar a quantidade de sangue rico em oxigênio bombeada pelo coração para os músculos ativos. Sem oxigênio suficiente, o corpo não conseguirá trabalhar durante longos períodos.

Felizmente, a atividade física contínua exerce efeitos positivos significativos sobre o coração. À medida que o corpo começa a se exercitar, a musculatura usa o oxigênio a uma taxa significativamente maior, fazendo o coração bombear mais sangue oxigenado para atender a esta demanda aumentada (Powers e Dodd, 2011). Durante o exercício o fluxo sanguíneo permanece aumentado, uma vez que as veias, as artérias e os demais vasos sanguíneos (que conduzem sangue, oxigênio e nutrientes) estão dilatados, elásticos, livres de obstruções e funcionando em sintonia com o restante do corpo.

Você pode ajudar seus alunos a melhorarem a resistência cardiorrespiratória realizando:

- Atividade contínua.
- Atividade com intervalos.
- Treino *fartlek.*
- Percurso de circuito.

Atividade contínua

A atividade contínua pode incluir exercícios aeróbicos e anaeróbicos. O termo "aeróbico" significa "presença de oxigênio". As atividades contínuas, de maior duração e sustentadas são as atividades aeróbicas. O termo "anaeróbico" significa "ausência de oxigênio". Durante as atividades anaeróbicas, a demanda corporal de oxigênio excede a quantidade disponível. Os movimentos anaeróbicos são explosivos e de curta duração (p. ex., um tiro de 50 m; jogar basquete; correr para a primeira base no softbol; e jogar futebol). A atividade anaeróbica, quando realizada em ritmo moderado e com breves períodos de descanso, é altamente apropriada para crianças, porque estas estão mais bem preparadas para realizar segmentos curtos de atividade. As boas opções de atividade contínua são as atividades que usam continuamente os grandes grupos musculares e os movimentos de corpo todo, como

corrida, caminhada, patinação *in-line*, pular corda, andar de bicicleta, nadar, pedestrianismo, dança aeróbica, *step* aeróbico e jogos ativos.

Atividade intervalada

A atividade com intervalos inclui movimentos que alternam intensidade e tempo de recuperação ativa. Em outras palavras, os períodos de descanso ou de treino de baixa intensidade são alternados com períodos de alta intensidade. Em decorrência dos períodos de menor intensidade, a atividade com intervalos na verdade pode propiciar uma maior quantidade total de atividade intensa ao longo de um período maior, se comparada à atividade contínua, embora as pesquisas realizadas sobre este aspecto não sejam conclusivas. Varie os intervalos modificando a distância, a intensidade, o número de repetições, o número de séries e o tempo de recuperação. (Ver no Cap. 11 um exemplo de rotinas de intervalo.)

Treino *fartlek*

Fartlek é uma palavra sueca que significa "velocidade de ação", denotando variação da velocidade. A técnica de treinamento *fartlek* é similar à atividade com intervalo. Entretanto, não é o relógio e sim o terreno que controla a intensidade e a velocidade. A maioria dos percursos *fartlek* inclui corridas com subidas e descidas. Alguns percursos também incluem saltar ou passar por obstáculos, como toras de madeira, rochas e tocos de árvores. Também é benéfico desafiar e desenvolver diferentes grupos musculares empregando os exercícios físicos *fartlek*. Incorpore o treinamento *fartlek* a suas aulas de educação física para acrescentar variedade e, assim, aumentar a motivação. (Ver no Cap. 11 um exemplo de percurso *fartlek*.)

Percurso de circuito

Um percurso de circuito combina atividade contínua com atividades de flexibilidade, força e resistência muscular, conforme os alunos correm de estação para estação. Escolha as atividades de estação que empregam movimentos com grandes grupos musculares de modo contínuo, dispondo as estações separadas por uma distância mínima de 27 m. Estabeleça o percurso do seu circuito externamente, onde há espaço para intensificar os níveis de atividade física (os ginásios das escolas de ensino fundamental costumam ser pequenos, com espaço restrito). As fichas de tarefa muitas vezes são úteis para instruir os alunos em cada estação. (Ver no Cap. 11 um exemplo de percurso de circuito.)

Aptidão muscular

Neste livro, combinei os componentes de força e resistência muscular à aptidão muscular, com o intuito de descrever melhor o uso dos exercícios de resistência para crianças. A força muscular é a capacidade de um músculo ou grupo muscular exercer força máxima contra uma resistência durante um movimento ou repetição. A resistência muscular consiste na capacidade de um músculo ou grupo muscular exercer força, durante um determinado período, contra uma resistência inferior à resistência máxima que você consegue vencer. A força e a resistência musculares estão relacionadas – até certo ponto. Aumentar a força muscular, por exemplo, intensificará a resistência muscular. Entretanto, praticar exercícios de resistência muscular produzirá apenas pequenos ganhos de força muscular (Powers e Dodd, 2011).

Crianças da educação infantil até o 6º ano jamais devem levantar cargas máximas. Por outro lado, crianças de até 2 anos de idade podem realizar exercícios de resistência e atividades para intensificar a aptidão muscular (Virgilio, 2000). As antigas preocupações em relação à produção de efeitos adversos sobre as placas de crescimento ósseo ou hipertensão pela prática precoce de exercícios de resistência atualmente estão desacreditadas (Faigenbaum e Westcott, 2009). O oposto disso pode ser verdadeiro – o exercício de resistência pode intensificar o desenvolvimento musculoesquelético das crianças. Pesquisas mostraram que o aumento da densidade óssea das crianças por meio da prática de atividades de resistência e de uma nutrição adequada pode prevenir a fragilidade esquelética conforme as crianças seguem para a fase adulta (Faigenbaum e Westcott, 2009).

Podemos classificar as contrações musculares em duas categorias principais. A primeira é a categoria de contração dinâmica ou isotônica, que consiste na força exercida por um grupo muscular durante a movimentação de uma parte do corpo (p. ex., a maioria das habilidades esportivas, levantamento de peso, flexões, flexão na barra fixa e abdominais). A segunda é a categoria de contração estática ou isométrica, que consiste na força exercida contra um objeto que não se pode mover e onde não ocorre movimento (p. ex., empurrar uma parede ou unir as palmas das mãos e empurrá-las uma contra a outra o mais forte possível, durante 8-10 segundos). Uma pessoa lesionada ou com restrição de movimento pode usar os exercícios isométricos para reabilitar uma parte do corpo diante da impossibilidade de realizar uma amplitude de movimento adequada. Além disso, os exercícios de resistência isométrica requerem pouco espaço e dispensam equipamentos, e são fáceis de executar. Incentive o professor de sala de aula a fazer os alunos praticarem exercícios isométricos em suas carteiras, durante intervalos com atividade física de 5 minutos, várias vezes por semana.

Os benefícios gerais proporcionados pela aptidão muscular incluem:

• As tarefas diárias, como abrir uma garrafa, por o lixo para fora e limpar a garagem, são mais fáceis e impõem menos estresse excessivo às articulações.

• A força e a resistência musculares aumentam.

• A postura melhora, pois o pescoço e as costas obtêm a sustentação que precisam com uma musculatura forte e flexível.

• Os músculos mais fortes diminuem o estresse sobre as principais articulações, especialmente nos joelhos, ombros e quadril.

• Uma musculatura abdominal forte protege os órgãos digestivos.

• Músculos bem desenvolvidos nos ombros, no tórax e nas costas podem ajudar na eficiência cardiorrespiratória geral.

• A densidade óssea aumenta; além disso, o crescimento e o desenvolvimento ósseos são intensificados.

• O metabolismo aumenta.

• Os níveis de pressão arterial são controlados.

• Melhor desempenho nas tarefas esportivas que requerem força e resistência muscular de pernas e braços, como correr, pular, bater e dar explosões súbitas de velocidade (p. ex., nos jogos de basquete, softbol, futebol). Isso ocorre porque os músculos estão mais fortes e podem trabalhar por mais tempo. A aptidão muscular também pode proteger as articulações contra as lesões por uso excessivo, que são observadas com frequência em atletas jovens.

Duas formas comuns de se desenvolver aptidão muscular são os exercícios de resistência e os exercícios calistênicos. Os exercícios de resistência em geral envolvem a execução de um movimento com carga adicional, como halteres ou faixas elásticas de resistência, para variar a intensidade.

Séries e *repetições* são termos comumente utilizados nas recomendações desses exercícios. A *repetição* refere-se ao número de vezes que um movimento é repetido. A *série* diz respeito ao número de repetições a serem completadas antes do descanso. Por exemplo, se você fez duas séries de 8 repetições de flexão de antebraço, descanse brevemente por 1-2 minutos e, então, faça mais 8 repetições. Permita que as crianças escolham o número de repetições com que se sentem confortáveis e cheque sempre a correção do modo e da técnica de execução.

Os calistênicos são um tipo de exercício de resistência em que o peso do próprio corpo e a gravidade fornecem resistência. São exemplos as flexões, flexão em barra fixa e o movimento de foca.

Siga as diretrizes a seguir ao desenvolver exercícios e atividades de resistência para crianças. Lembre-se: as crianças não devem usar o modelo de exercícios físicos estruturados para adultos, com rotinas específicas e séries e repetições (ou *reps*), seguindo uma tabela de horários.

- Garanta que as crianças sejam o tempo todo supervisionadas por um profissional certificado.
- Garanta que as crianças façam um aquecimento adequado antes de realizarem qualquer exercício de resistência de força.
- Aumente os níveis de resistência gradualmente, em 5-10%, à medida que a força e a aptidão das crianças melhorarem.
- Certifique-se de que o grau de resistência é leve; as crianças jamais devem se superexercitar ou autoestressar ao realizarem um exercício.
- Não permita em nenhuma hipótese que uma criança tente usar pesos máximos (i. e., erguer o maior peso que puder em uma repetição).
- Enfoque o modo e a técnica de execução corretos.
- Garanta que as máquinas e equipamentos sejam do tamanho apropriado para crianças. Caso contrário, o exercício pode se tornar prejudicial.
- Muitos especialistas concordam que 1-2 séries de 5-8 repetições são suficientes para as crianças (Faigenbaum e Westcott, 2009). Se as crianças quiserem, permita que façam apenas 1-2 repetições e depois sigam para outro exercício.
- Selecione exercícios de resistência dirigidos aos principais grupos musculares: dos braços, das costas, do tronco, das pernas e do tronco.
- Incorpore os exercícios de resistência em dias não consecutivos, ao longo da semana.
- Faça as crianças executarem os exercícios devagar – uma repetição completa a cada 3-4 segundos.

- Use vários exercícios e equipamentos para tornar a prática divertida e estimulante, tais como movimentos de animais, equipamentos de *playground*, faixas elásticas de resistência, *medicine balls*, bolas estabilizadoras e pedaços de tecido.

Flexibilidade

Como você sabe, a flexibilidade consiste na habilidade de mover as articulações livremente, em toda a amplitude de movimento. De uma forma geral, as crianças pequenas possuem músculos, ligamentos e tendões flexíveis, mas ainda precisam de estímulo para fazer alongamentos diariamente. Para manter a flexibilidade, os alunos devem estar fisicamente ativos em uma ampla gama de experiências de movimento (p. ex., futebol, softbol, natação, ciclismo, corrida). No decorrer do ano letivo, é igualmente importante incluir em seu programa exercícios de flexibilidade específicos que promovam:

- Aumento da amplitude de movimento.
- Prevenção de lesões musculares.
- Diminuição da sensação dolorida nos músculos.
- Manutenção da postura correta.
- Redução do estresse sobre as articulações.
- Melhora do desempenho na movimentação.

Como você pode ver, adequada flexibilidade confere muitos benefícios relacionados à saúde que justificam o tempo e os esforços exigidos.

Tenha em mente, porém, que o grau de flexibilidade é específico para cada articulação. Por exemplo, um aluno que tenha alcançado escores dentro do 90º percentil no teste de *sentar e lançar*, apresentando músculos isquiotibiais e músculos flexores do quadril flexíveis, pode não apresentar flexibilidade em outras partes do corpo, como nos ombros ou quadríceps. Por esse motivo, inclua em seu programa de educação física uma ampla variedade de exercícios de flexibilidade para os diversos grupos musculares.

As duas técnicas mais comumente usadas para melhorar a flexibilidade das crianças são o alongamento estático e o alongamento balístico. Como sempre, faça as crianças aquecerem os músculos realizando alguns minutos de atividade física para grandes grupos musculares, antes do alongamento.

Alongamento estático

O alongamento estático alonga um grupo muscular específico de forma lenta e estável até que a posição máxima seja alcançada. Ensine as crianças a descobrirem os próprios limites alongando-se até sentirem uma leve rigidez (*e não dor*), permanecendo nesta posição durante 10-30 segundos.

Alongamento balístico

O alongamento balístico incorpora movimentos de elasticidade e contração para alongar os músculos. Infelizmente, essa força pode causar um reflexo de alongamento em que o músculo na verdade se torna rígido em vez de relaxar, por ser alongado além de seu comprimento normal. A elasticidade também pode acarretar estresse inadequado sobre as articulações ou provocar lesão muscular. Por esses efeitos indesejáveis, não recomendo a adição do alongamento balístico ao seu programa de flexibilidade. A única exceção seria a realização de movimentos lentos e controlados em torno da articulação, assim, os exercícios balísticos podem ser úteis como forma de aquecimento antes de uma atividade esportiva. Entretanto, a natureza controlada do alongamento estático nitidamente impõem menos estresse sobre as articulações e os músculos em comparação ao alongamento balístico. Sendo assim, o alongamento estático é mais seguro.

Composição corporal

A composição corporal é dada pela proporção de gordura corporal em relação à massa magra corporal (p. ex., músculos, ossos e órgãos internos). Preste atenção especial nesse componente da aptidão física associada à saúde, pois níveis aumentados de gordura corporal caracterizam a obesidade e estão estreitamente associados a outros problemas de saúde, como níveis de colesterol elevados, pressão arterial elevada, doença cardíaca, diabetes e câncer. Muitos dos estágios iniciais desses problemas médicos surgem na infância. Quanto mais cedo a criança contar com a sua ajuda para tratar de um percentual de gordura corporal elevado, melhor. Lembre as crianças de que a genética tem papel significativo na determinação da composição corporal e que as pessoas são diferentes. Contudo, podemos ser mais saudáveis se praticarmos atividade física e tivermos hábitos alimentares apropriados.

Aumentar a aptidão física, cardiorrespiratória e muscular é um fator decisivo para o controle da gordura corporal. No entanto, um programa escolar de educação física de alta qualidade também inclui orientação nutricional para auxiliar as crianças a manterem um peso corporal saudável. Existem numerosos aspectos associados às avaliações da gordura corporal, tais como privacidade, constrangimento, logística, testes e percepções das crianças em relação à gordura corporal. Muitos professores de educação física abandonaram as avaliações de gordura corporal e passaram a ensinar sobre o controle de peso, abordando as proporções de calorias ingeridas/calorias consumidas e a relação entre atividade física e gordura corporal.

O U.S. Department of Agriculture (USDA) criou um símbolo denominado *MyPlate*. Esse símbolo faz parte de uma iniciativa mais ampla, baseada no *2010 Dietary Guidelines for Americans*, cujo objetivo é ajudar as pessoas a escolherem melhor as opções de alimentos (Fig. 4.3). O símbolo, que se parece com um prato de comida, está partido em quatro fatias coloridas que ilustram os diferentes grupos alimentares (frutas, grãos, proteínas e vegetais) recomendados pelo USDA para ingestão alimentar diária. Um pequeno círculo à direita do prato representa um copo de leite (i. e., a ingesta diária de laticínios). No site www.ChooseMyPlate.gov (em inglês), os cidadãos americanos são incentivados a evitar as porções excessivas e a equilibrar as calorias. Os alimentos cuja quantidade consumida deve ser maior são as frutas e os vegetais, que devem corresponder à metade da ingesta alimentar, e também os grãos (metade na forma de grãos integrais). O USDA sugere optar pelo leite desnatado e diminuir o consumo de sódio e açúcar. O site inclui recomendações para entrevistas específicas, incluindo a população geral, mães grávidas, pré-escolares e crianças. O site oferece sete conselhos para uma alimentação mais saudável:

• Metade dos grãos consumidos deve ser de grãos integrais.

• Variar os vegetais.

• Consumir frutas.

• Comer alimentos ricos em cálcio.

• Consumir proteínas magras.

• Equilibrar alimentação e atividade física.

• Manter os alimentos em boas condições para consumo.

Visite o site www.ChooseMyPlate.gov (em inglês) para mais informações.

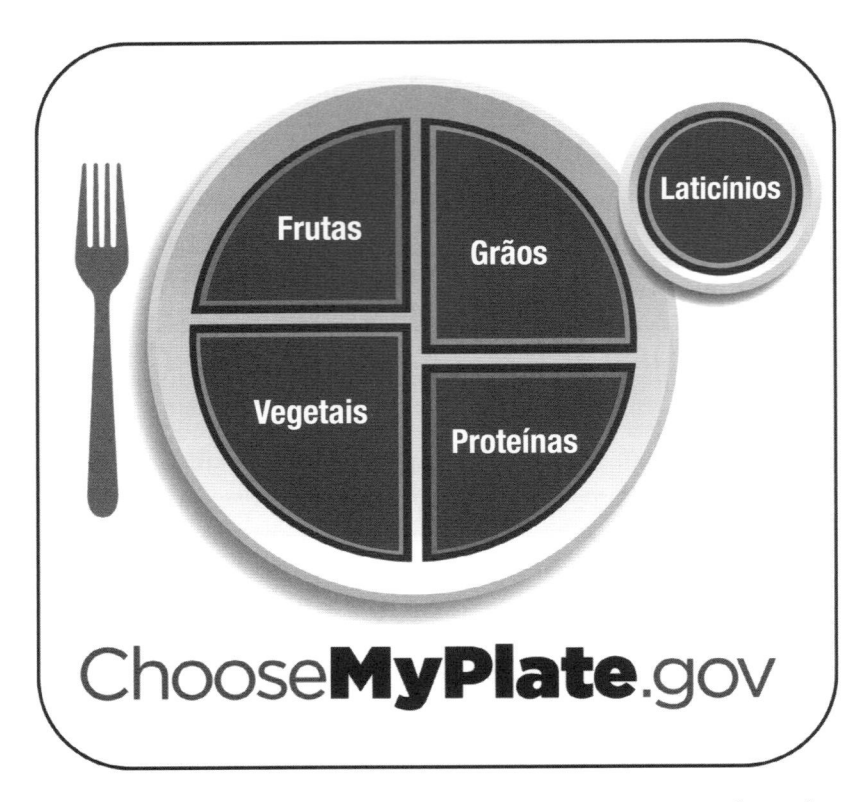

Figura 4.3 O ícone *MyPlate* é um lembrete visual das diretrizes dietéticas que ajudam as pessoas a escolher melhor os alimentos. Fonte: USDA.

RESUMO

Adote os princípios fundamentais, as diretrizes e os componentes da AFRS como base para o planejamento de um programa de educação física de alta qualidade. Durante o planejamento do conteúdo programático específico, refira-se com frequência ao acrônimo SPORT-FITT e às descrições de seus componentes, bem como às diretrizes para qualquer sessão de atividade (aquecimento, exercício principal e relaxamento). Mais importante, porém, é lembrar que as crianças não precisam aderir a uma prescrição de exercícios específica. Tente adaptar as atividades às necessidades individuais das crianças. De fato, uma abordagem excessivamente controlada de atividade física em geral as desestimula a praticar a atividade. Apenas incentive e favoreça a prática de atividade física por pelo menos 60 minutos diários e ajude as crianças a cuidarem dos componentes de AFRS na maior parte da semana, enquanto as ensina a valorizar um estilo de vida ativo.

Capítulo 5

Educação física para crianças com condições especiais de saúde

"Ninguém pode fazer você se sentir inferior sem o seu consentimento."
Eleanor Roosevelt

O desafio mais difícil atualmente enfrentado pelos professores de educação física é atender às necessidades físicas, mentais e sociais de cada aluno. No ensino fundamental, os níveis de desenvolvimento das crianças variam amplamente nas áreas de desenvolvimento físico, disposição mental e social, habilidades motoras, comportamentos de atividade física e níveis de aptidão física. Esse aspecto faz com que o planejamento do conteúdo da aula de educação física se torne bastante desafiador, muitas vezes necessitando de ajustes educacionais para garantir a participação máxima.

Algumas crianças não podem atender às demandas das atividades físicas tradicionais porque apresentam atrasos no *desenvolvimento*. Neste capítulo, discutiremos o modo de planejar as atividades para crianças com necessidades especiais. Serão abordadas condições de saúde específicas, incluindo obesidade, asma, autismo, lesões de medula espinal e atraso no desenvolvimento intelectual. Para obter informações adicionais, recomendo ao leitor as obras Educação física e esportes adaptados (Winnick, 2011) e *Adapted physical activity, recreation and sport* (Sherrill, 2004).

O *Education for All Handicapped Children Act* (Lei Pública 94-142), aprovado pelo congresso americano em 1975, foi ressancionado como Lei Pública 180-446, na forma do *Individuals With Disabilities Education Improvement Act* de 2004. Esta lei determina que todas as crianças com necessidade especial, na faixa etária de 5 a 21 anos, recebam educação apropriada em um ambiente que seja o menos restritivo possível. "Menos restritivo" simplesmente implica a participação da criança de forma bem-sucedida e segura, em um contexto que seja o mais próximo possível do normal. Essa lei conduziu à prática educacional da inclusão, que concede às crianças com necessidades especiais a oportunidade de interagir e se desenvolver com as crianças sem condições especiais de saúde, nas mesmas aulas.

PLANO DE EDUCAÇÃO INDIVIDUALIZADO

Para cumprir as ordens federais, cada distrito escolar dos Estados Unidos deve localizar, identificar e avaliar todos os alunos com condição especial de saúde. Uma equipe de especialistas deve trabalhar com o professor de sala de aula para desenvolver um plano de ensino individualizado (PEI), a fim de executar essa ordem antes da colocação da criança. Mais recentemente, os professores de educação física foram incluídos no processo de PEI, para ajudar a desenvolver, avaliar e rever o PEI de cada aluno. Os formatos variam conforme o distrito. De acordo com Winnick (2011), porém, cada PEI deve conter os sete componentes a seguir:

1. **Nível de desempenho atual:** esta seção em geral inclui os resultados dos testes básicos de habilidade mo-

tora e aptidão física. A avaliação pode ser uma mistura de testes padronizados e testes elaborados pelo professor. Os testes padronizados devem ser incluídos para determinar as necessidades especiais e justificar um caso mais significativo de colocação educacional. Veja *Strategies for inclusion* (Lieberman e Wilson, 2009).

2. **Metas anuais:** as metas anuais são instruções gerais que enfocam os pontos fracos do aluno, determinados pela avaliação do nível de desempenho atual (NDA). Se o NDA, por exemplo, relatar que o nível de flexibilidade do aluno é limitado, seria inadequado desenvolver metas anuais relacionadas às habilidades de arremesso.

3. **Objetivos em curto prazo (OCP):** os objetivos em curto prazo são instruções específicas que descrevem o resultado pretendido – por exemplo, "Ao final da unidade, Bobby deverá fazer um total de três abdominais, realizando o movimento com a técnica correta."

4. **Relatório de serviços:** neste estágio, a equipe de PEI coloca o aluno no ambiente menos restritivo. Ainda, neste ponto, recomenda o uso de meios de comunicação, equipamentos e materiais educacionais especializados. Por fim, documenta a necessidade de serviços especiais, como fisioterapia, psicoterapia e fonoaudiologia.

5. **Agendamento de serviços:** o PEI especifica quando os serviços começarão e terminarão, além de incluir um agendamento com os dias da semana, frequência e horário.

6. **Extensão da inclusão:** a equipe do PEI calcula o percentual de tempo que a criança com necessidades especiais passará tendo aulas regulares. Esta seção estabelecerá se a equipe de PEI recomenda aulas de educação física regulares.

7. **Critérios, procedimentos e cronograma de avaliação:** o PEI deve especificar como e quando os professores avaliarão o progresso do aluno. O monitoramento deve ser contínuo e a equipe do PEI deve rever o plano de cada aluno.

DIRETRIZES PARA INCLUSÃO

Durante muitos anos, as oportunidades de prática de atividade física para crianças com condição especial de saúde não têm sido oferecidas. Você, como professor de educação física, tem a responsabilidade legal e moral de mudar essa situação, fornecendo a devida instrução em saúde e atividade física às crianças com necessidades especiais. Adote esta filosofia de inclusão simples: todas as crianças têm o direito à boa saúde proporcionada pela atividade física na escola, em casa e na comunidade.

As diretrizes descritas a seguir o ajudarão a desenvolver programas de atividade física que incluam alunos com condição especial de saúde.

Análise os registros permanentes ou cumulativos

Cheque com cuidado os registros escolares do aluno. Procure quaisquer problemas médicos ou medicações tomadas. Em seguida, analise o PEI do aluno. Se o formato do PEI não incluir um componente de habilidade e aptidão física, reúna-se com o comitê de PEI para estabelecer um padrão de avaliação.

Envolva os pais

Os pais fornecerão a você a história da condição especial de saúde do filho e o ajudarão a ter ideias sobre como ajudar o filho deles. Sendo assim, estabeleça linhas de comunicação entre a escola e a casa do aluno, informando os pais sobre os seus esforços na área de desenvolvimento de aptidão física associada à saúde. Quando possível, marque uma reunião com os pais no início do ano letivo, para discutir o PEI e o modo de ajudar o aluno a progredir no decorrer do ano escolar. (Ver também o Cap. 10.)

Use o trabalho em equipe

Procure entrar no comitê do PEI, caso ainda não seja membro. Discuta regularmente o progresso do aluno com o professor de sala de aula, conselheiro de educação especial e profissionais prestadores de serviços especiais. A comunicação com outros o ajudará a planejar e desenvolver uma experiência de qualidade para o aluno.

Priorize a segurança

As crianças com condição especial de saúde podem necessitar de considerações específicas que garantam sua segurança e bem-estar. Certifique-se de que todos os alunos tenham acesso a equipamentos especializados quando necessitarem, tais como capacetes, luvas, protetores de joelho, colchonetes e óculos de segurança. Garanta que as instalações permitam a livre participação de todos.

Modifique os jogos, as habilidades e as rotinas de atividade física

Para incluir todos os alunos nas atividades da sua aula, você deve modificar alguns jogos, habilidades e rotinas de atividade física. Por exemplo, amplie o alvo ou meta, torne um equipamento mais leve (p. ex., raquetes de plástico, bolas de espuma), diminua a distância em que o aluno deve chutar ou arremessar uma bola, ou diminua o tempo de jogo e permita que o aluno caminhe em vez de correr. Veja a obra *Inclusive physical activity* (2005), de Kasser e Lytle, que lhe será útil para ter ideias.

Modifique os comportamentos de ensino

Planeje a inclusão de mais técnicas visuais e demonstrativas para explicar as habilidades e dar instruções, especialmente quando houver alunos com dificuldades intelectuais e comprometimento auditivo matriculados em suas aulas. Caminhe durante uma atividade ou por uma estação, em vez de apenas explicar as instruções. Forneça dicas verbais de passo a passo que sejam direcionadas e concisas. Sua atenção especial em transmitir com clareza o conteúdo favorecerá o aprendizado de todos os alunos.

Seja sensível

Forneça bastante reforço positivo aos alunos. Conte a eles sobre seus amigos, interesses, *hobbies* ou assuntos preferidos na escola. As crianças com condição especial de saúde desenvolverão habilidades e aumentarão os níveis de atividade física se tiverem a sensação de inclusão e de afeto em suas aulas de educação física.

Estabeleça um ambiente de sala de aula positivo e incentivador

Estabeleça um ambiente de sala de aula em que todos se ajudem e se apoiem mutuamente, seguindo um espírito de trabalho em equipe. Tente não dar atenção especial nem ser cuidadoso demais com uma criança com condição especial de saúde: isso pode interferir em sua autonomia. Trate todos os alunos como membros iguais da classe. Concentre-se nas necessidades físicas e não na limitação. Planeje atividades que possam ser realizadas pelo aluno. Não fique desnecessariamente ansioso em relação àquilo que o aluno não conseguir fazer.

Use tutores de classe

Consiga tutores de classe de várias fontes. Os alunos de cada classe podem atuar como tutores uns dos outros. Esses colegas de classe tutores podem dar atenção individual e *feedback* exclusivo para o aluno com condição especial de saúde. Os "grandes amigos" são alunos mais velhos que foram treinados para trabalhar com os alunos mais novos. Conforme a necessidade, dê instruções especiais aos alunos que trabalharão com uma criança com condição especial de saúde.

Se as necessidades do aluno forem maiores do que aquelas que o tutor ou um "grande amigo" puderem atender, encontre um auxiliar adulto para trabalhar com o aluno. A escola pode contratar um auxiliar de ensino. Escolha alguém que seja atencioso e paciente, e garanta que o auxiliar receba treinamento em educação especial. Se você não conseguir encontrar ninguém apropriado, convide os pais de alunos para ajudarem a reunir e programar dados, manusear equipamentos ou supervisionar alunos, de modo que você fique livre para se concentrar nos alunos com necessidades específicas.

OBESIDADE

A obesidade na infância é um dos problemas de saúde mais graves da atualidade. De fato, neste capítulo, a obesidade é abordada primeiro por ser a condição especial de saúde mais comum nas escolas do ensino fundamental.

Como observado no Capítulo 1, a obesidade é definida por um índice de massa corporal (IMC) acima de 30 ou por níveis de gordura corporal superiores a 30%. De acordo com as estatísticas atuais, quase 17% das crianças americanas podem ser classificadas como obesas, enquanto mais de 15% apresentam sobrepeso. E esta estimativa está subindo! Talvez seja desnecessário avaliar uma criança obesa utilizando compasso de calibre para medir as dobras cutâneas ou tomando outras medidas corporais. No entanto, você também pode fazer uma triagem visual. Quando uma criança parece obesa, de fato o é. Realizar testes e medidas que causem constrangimento pode acrescentar humilhação e gerar uma impressão negativa sobre a educação física aos olhos de uma criança obesa.

As crianças obesas podem parecer relativamente sadias durante a juventude. Entretanto, geralmente enfrentam sérias complicações médicas nas fases posteriores da vida. Essas crianças, por exemplo, apresentam risco maior de desenvolvimento de doença coronariana, comprometimentos respiratórios, diabetes, problemas ortopédicos, doença da vesícula biliar e certos tipos de câncer.

Diversas complicações psicológicas também podem se desenvolver ao longo da adolescência. As outras crianças costumam insultar, caçoar e humilhar a criança com sobrepeso. Isso tem impacto significativo sobre o autoconceito e os sentimentos da criança em relação à necessidade de atividade física.

Ações

Identificar os alunos obesos na sua escola é uma tarefa fácil. Mas como ajudá-las? Quando começar a agir, siga os passos importantes descritos a seguir.

Intervenha cedo

Quanto mais cedo você iniciar a intervenção, melhor. Preste bastante atenção nas crianças da pré-escola até o 3º ano. Depois de ter identificado os alunos obesos em sua escola, elabore um plano de ação. Intervir cedo também pode ajudar a prevenir problemas psicológicos graves.

Desenvolva uma abordagem em equipe

Organize um comitê para ajudar a elaborar um plano de ação. Esse comitê deve ser constituído pelo enfermeiro da escola, nutricionista, psicólogo e você – o professor de educação física. Tente envolver o médico que cuida da família do aluno, pois ele irá conferir credibilidade ao comitê, além de fornecer uma perspectiva clínica adicional.

Envolva os pais

Solicite ao comitê uma reunião com os pais dos alunos. Essa reunião é decisiva para a implementação apropriada do seu programa. Exponha suas preocupações em relação ao estado emocional e à saúde física dos seus alunos. Pergunte aos pais se eles estariam dispostos a colaborar. Se a resposta for afirmativa, então você estará no caminho certo! Forneça aos pais um folheto explicativo que descreva as metas do seu programa e liste as responsabilidades deles. Estabeleça reuniões de acompanhamento pelo menos a cada 3 meses. Se os pais não puderem comparecer a essas reuniões, organize conferências telefônicas e lhes envie por correio os relatórios de progresso e folhetos para o endereço residencial. Organize uma noite de promoção da saúde em família especificamente para esse

grupo, incluindo professores e profissionais de serviços. As crianças podem participar com seus pais, para aprender a fazer as refeições e a se exercitar juntos, como uma família. Se os pais não trabalharem com você, continue trabalhando com o aluno na escola e envie folhetos por correio. Os pais talvez necessitem de tempo para perceber a gravidade do problema.

Elabore um plano

O plano deve abordar três áreas principais de intervenção: o comportamento alimentar, padrões de atividade física e estratégias comportamentais. Cada profissional deve ser responsável pelo desenvolvimento de atividades e estratégias específicas em sua área de conhecimento.

Desenvolva um portfólio

Um portfólio o ajudará a organizar o progresso do aluno e irá conferir maior credibilidade aos seus esforços. O portfólio pode incluir um perfil, contratos, planilhas de registro onde são anotados os padrões de alimentação e atividade, um plano com metas em curto e longo prazo, cronogramas e atividades específicas (ver Apêndice A). Outros membros do comitê podem adicionar documentos pertinentes e materiais educacionais. Esse portfólio pertence ao aluno, mas você deve mantê-lo na sala de aula, a menos que o aluno tenha que usá-lo em tarefas de casa.

Agende horário extra

Você precisará de tempo adicional para interagir com os alunos obesos, a fim de ajudá-los a aumentar a quantidade de atividade física. Marque encontros com cada aluno individualmente ou organize reuniões em pequenos grupos de 3-4 alunos, durante a semana letiva. Encontre tempo para incluir atividade física extra durante o intervalo ou outro período livre, antes ou após o horário de aula. Mantenha uma comunicação estreita com o diretor e os professores de sala de aula, para arranjar tempo especial para os alunos obesos.

Agende sessões de discussão

Além do tempo extra para atividade física, agende sessões de discussão individuais ou em grupos pequenos para os alunos obesos. Cada reunião deve girar em torno de um tema que seja acompanhado de uma atividade de aprendizado. Entre os possíveis temas, estão fazer novas amizades, assertividade, tomar decisões saudáveis e desenvolvimento de autoconceito. Para melhorar o autoconceito, por exemplo, peça a um aluno para concluir a atividade "Minha árvore" (pp. 122-123).

Forneça *feedback*

Depois que os alunos tiverem começado a trabalhar com o comitê, tenha o cuidado de fornecer um *feedback* para manter a motivação e o progresso. Use quadros e gráficos para indicar a melhora em áreas como peso, padrões de atividade e hábitos alimentares. Dê aos alunos broches, adesivos, bonés, como formas de incentivo pela conclusão de certos aspectos do programa. À medida que o ano letivo prossegue, passe a retirar os incentivos e acentuar o valor intrínseco da perda de peso (p. ex., bom estado de saúde, autoconfiança, aumento da energia e mais sucesso nos jogos e esportes).

Diretrizes para a atividade

As diretrizes o ajudarão a projetar atividades para os alunos obesos. As atividades para grandes grupos musculares são as mais benéficas, pois são as que mais gastam calorias. Atividades como caminhada, corrida, pedestrianismo, natação, pular corda e jogos de pega-pega são apenas alguns exemplos. No entanto, comece introduzindo atividades de baixa intensidade, como a caminhada em ritmo moderado. Não exija nem espere um determinado nível de desempenho durante os estágios iniciais. Em vez disso, por exemplo, projete um minipercurso ao ar livre, em torno das instalações, e peça aos alunos para andar e correr por ele até se sentirem desconfortáveis. Faça os alunos marcarem o número de voltas dadas e compute quaisquer melhoras alcançadas.

Descubra quais são os tipos de atividade física que os seus alunos gostam. Depois de conhecer as preferências e aversões deles, você poderá planejar atividades mais estimulantes e interessantes. Por exemplo, tente individualizar a dança aeróbica escolhendo músicas com menos batidas por minuto, para manter níveis de atividade moderados. Os alunos parecem gostar dessa atividade, desde que não lhes exija demais, as músicas sejam atualizadas e o ambiente seja positivo. Quando se trata de alunos obesos, é especialmente importante enfatizar a variedade e a diversão na educação física. Introduza atividades como a patinação *in-line*, os jogos que requerem baixo nível de organização, dança e atividades rítmicas, jogos pré-desportivos e atividades recreativas, como as caminhadas em meio à natureza, para demonstrar os diversos modos de permanecer ativo. Jamais use as expectativas de desempenho e a competição para motivar alunos obesos (e nenhum aluno).

O automonitoramento é um modo satisfatório de reforçar as melhoras dos níveis de atividade dos alunos. Faça o aluno acompanhar os próprios tempos de atividade física todos os dias, ao longo de algumas semanas, registrando-os em seu portfólio. Sugira um tempo total de 20-30 minutos de atividade para grandes grupos musculares, que pode ser realizada de maneira contínua ou fracionada (p. ex., 3 segmentos de 8-10 minutos concluídos em qualquer momento ao longo do dia).

Inclua exercícios de resistência de força para aptidão muscular, empregando pesos leves e muitas repetições. Equipamentos de resistência emborrachados e halteres leves (1-1,5 kg) são ideais. Os alunos devem realizar 5 exercícios diferentes, com 1 série de 10 repetições para cada um, 2-3 vezes por semana. Após 3 semanas, aumente gradualmente para 2 séries de 10 repetições por exercício. (Ver no Cap. 11 os exercícios específicos.)

É muito grande o número de professores de educação física que negligenciam a inclusão de exercícios de flexibilidade para os programas de atividade física destinados a alunos obesos. Esses professores se preocupam com a intensificação do exercício para grandes grupos musculares. Todavia, você deve incluir os exercícios de flexibilidade, porque a amplitude de movimento nos alunos obesos costuma ser restringida pelo excesso de gordura existente ao redor das articulações. Incentive os alunos a realizarem séries de exercícios de alongamento diariamente, durante pelo menos 7-10 minutos. (Ver também o Cap. 11.)

Avalie o progresso de cada aluno a cada 2-3 semanas. Marque reuniões de curta duração com o aluno e, ocasionalmente, também com os pais, para rever o portfólio. Reforce os resultados positivos, converse sobre as atividades realizadas em casa e incentive o aluno a avaliar e monitorar o próprio progresso.

ASMA

Mais de 6 milhões de crianças americanas possuem alguma forma de asma, e esse número está aumentado. A asma causa constrição das vias aéreas, diminuindo o fluxo de ar para dentro e fora dos pulmões, provocando arquejos, sibilos ou tosse.

Há muitos anos, os professores não incentivavam as crianças que sofriam de asma a praticarem exercícios ou se engajarem nas atividades normais de educação física. Pesquisas realizadas nos últimos 15 anos comprovaram que essa abordagem estava errada. Hoje, as crianças com asma que se exercitam regularmente podem aumentar a duração da atividade física que toleram e diminuir a severidade dos ataques asmáticos (Rimmer, 1994).

Mesmo assim, é preciso ter cautela com uma condição conhecida como asma induzida por exercício (AIE). Nessa condição, o exercício de alta intensidade ou duração prolongada pode acarretar a contração dos brônquios e provocar uma crise. Os alunos asmáticos que seguem certas diretrizes, porém, podem participar das atividades físicas.

Ações

Para começar a ajudar o aluno asmático, consulte o enfermeiro da escola e revise atentamente os registros médicos desse aluno. Observe as medicações especiais atualmente em uso e quaisquer limitações de atividade física. Esteja alerta para o uso de medicação em aerossol pelo aluno. Essa medicação deve ser usada 30-60 minutos antes do exercício e deve ficar com o aluno durante toda a aula de educação física.

Diretrizes para a atividade

Os alunos propensos à AIE precisam se aquecer antes de iniciar o exercício. Uma atividade repentina e de alta intensidade os colocará numa situação de risco de crise. Proporcione mais tempo para aquecimento a estes alunos do que para o restante da classe – pelos menos 10-15 minutos de atividade de baixa intensidade, como caminhada, exercícios calistênicos e movimentos de intensidade moderada para os grandes grupos musculares. A intensidade da atividade deve aumentar gradualmente até chegar a um nível máximo equivalente a 50% da frequência cardíaca-alvo, progredindo para 60% somente quando os alunos estiverem fisicamente preparados. Você pode preferir que eles usem um monitor de frequência cardíaca, para determinar um nível conveniente para a atividade física.

A atividade intervalada, discutida no Capítulo 4, é ideal para o aluno asmático, uma vez que o nível de intensidade varia ao longo de toda sessão de exercícios. Di-

vida a rodada ou evento principal em segmentos de 5 minutos com períodos de descanso de 3-5 minutos entre eles. Nos casos mais sérios, diminua o tempo de atividade e aumente o tempo de descanso. Também é importante terminar um período de resfriamento de 10 minutos aplicando exercícios similares àqueles realizados no aquecimento. Isso permitirá que o aluno traga a frequência cardíaca gradual e confortavelmente de volta para uma faixa normal, prevenindo quaisquer alterações súbitas que possam causar estresse indevido ao corpo. Os especialistas recomendam que os alunos com asma permaneçam engajados ao longo da duração típica de uma aula de educação física, bem como se mantenham fisicamente ativos por 60 minutos na maioria dos dias da semana – no limite inferior normal da frequência, intensidade e duração.

Certos tipos de atividades relacionadas à força podem beneficiar a criança asmática. Por exemplo, o desenvolvimento da musculatura abdominal, torácica, dorsal e dos ombros pode ajudar o aluno a respirar de modo mais eficiente. Outras atividades que não devem impor dificuldades significativas à criança asmática são as estações ou circuitos de atividade, acrobacias e ginástica, exercícios de resistência e jogos de softbol e vôlei.

Por fim, como precaução extra, estabeleça um procedimento emergencial para lidar com uma crise de asma. Você pode pedir um inalador extra à família do aluno, com as instruções que o acompanham. Esteja preparado para chamar uma ambulância, caso o inalador não proporcione alívio imediato.

Apesar dos potenciais problemas, as crianças asmáticas devem participar de um programa de educação física bem equilibrado. Quando aprenderem a controlar o próprio ritmo, as crianças estarão conscientes dos numerosos benefícios que a participação na atividade física pode proporcionar. Seu apoio e orientação profissional são decisivos para que essas crianças desenvolvam uma atitude positiva em relação a suas capacidades físicas.

TRANSTORNO DO ESPECTRO DO AUTISMO

As aulas de educação física podem oferecer à criança autista várias oportunidades de desenvolvimento social, cognitivo e de habilidades motoras. A interação com os colegas em um ambiente aberto irá melhorar o processo de socialização da criança autista, que é geralmente defasado. Os especialistas acreditam que a interação com os colegas pode ser mais poderosa do que a orientação de um adulto no desenvolvimento das habilidades sociais de uma criança autista. Como professor, tente ser paciente, permita que as outras crianças da classe assumam a liderança e facilite o processo de socialização promovendo jogos e atividades na classe.

Embora algumas crianças com autismo possam ter uma inteligência normal, a maioria apresenta alguns déficits cognitivos que podem ser acompanhados de atrasos de linguagem. Forneça à criança certo número de passos simples e breves, de modo lento e ordenado, e dê *feedbacks* positivos durante a execução de cada passo. Além disso, as crianças autistas frequentemente apresentam atrasos motores. Com a prática e orientação adequadas, esses atrasos podem ser corrigidos, dando a essas crianças a confiança e o suporte de que necessitam para desenvolver ainda mais suas habilidades sociais e linguísticas.

Ações

Trabalhe estreitamente com a equipe de profissionais que está cuidando da criança autista em sua escola. Esteja alerta para as várias potenciais dificuldades ou os alertas vermelhos que possam aborrecer outras crianças da classe ou causar danos físicos à criança autista. Um aluno autista sensível ao barulho ou ao toque, por exemplo, pode se tornar bastante excitado ou exibir comportamentos anormais (p. ex., rolar ou rodopiar de forma errática) ao ser excessivamente estimulado pelo barulho ou pelo contato físico. Nos casos mais extremos, uma criança autista pode ficar tão excitada ou estressada que passa a assumir comportamentos físicos inadequados (p. ex., socar, morder, bater a cabeça e arranhar), causando lesões em si mesma. Nesse caso, o aluno deve ser retirado da sala de aula pelo professor auxiliar.

Diretrizes para a atividade

As estratégias para inclusão descritas a seguir foram recomendadas por Rouse (2009). Tenha em mente que todas as estratégias podem não funcionar e você talvez tenha que ajustar e modificar suas técnicas diariamente para atender às necessidades de um aluno.

Enfatize a interação social

Crie o máximo possível de oportunidades para a criança autista interagir com os colegas. Uma técnica eficiente consiste em designar um colega facilitador para a criança. Assegure-se de ensinar ao facilitador a condição e as características da criança autista. Além disso, forneça uma lista de medidas preventivas simples e seguras ou passos a serem seguidos caso o nível de estresse da criança autista pareça estar aumentando.

Adapte a comunicação

Como a criança autista pode ter problemas com inversão de pronome, pode ser útil falar com ela em terceira pessoa. Por exemplo, você pode dizer "A Susan pode chutar a bola" em vez de "Susan, chute a bola". Use uma linguagem consistente para dar instruções e explicar os procedimentos da aula. Tente usar expressões verbais bem curtas, pois o excesso de linguagem pode aborrecer a criança e causar estresse indesejado. Por fim, use uma linguagem de sinais simples ao transmitir comandos básicos, como "pare", "vá", "sim" ou "não". A classe toda pode aprender essas dicas para se comunicar com o aluno autista.

Conceda tempo extra para resposta

Após dar instruções verbais ou visuais para uma criança autista, conceda-lhe vários segundos para responder. Além disso, somente uma pessoa de cada vez deve interagir com a criança autista. Se não houver resposta, repita o processo. Se ainda assim a criança não responder, mostre a ela o que você quer que ela faça.

Use reforços positivos

As crianças autistas muitas vezes têm a atenção fixa ou presa a um objeto ou brinquedo, como uma estatueta pequena ou chaveiro. Use isto como fator de motivação para fazer com que elas completem uma tarefa. Depois que a tarefa for concluída e elas tiverem seguido as instruções, permita que se sentem e brinquem com o objeto por alguns minutos. Use algumas expressões de reforço positivo para mantê-las motivadas (p. ex., "Bom trabalho!", "Você se saiu muito bem, hoje!", "Hoje, você teve um dia de educação física muito bom!", ou "Gostei do modo como você chutou a bola!").

Use estratégias de linguagem por escrito

A linguagem escrita é um meio excelente para se comunicar com a criança autista. Para diminuir os níveis de estresse da criança durante a educação física, faça-a ler uma lista simples de atividades da aula, escrita em ficha de tarefa, pouco antes de começar a aula. Veja o seguinte exemplo:

5° ano

1. Aquecimento com brincadeira livre ao som de música.
2. Estações de atividade física.
3. Habilidades de manipulação de bola.
4. Fim da aula.

As fichas de tarefa, na verdade, são úteis para todas as crianças. Além disso, você pode usar figuras ou gráficos para explicar as instruções e tarefas, bem como as opções de atividade. Os alunos que necessitam de instruções mais específicas podem responder bem às histórias sociais. Estas são histórias básicas que abordam várias situações sociais de difícil compreensão para a criança autista. Cada história possui um tema geral e inclui respostas sobre diversas situações. Essa técnica foi desenvolvida por Gray (2000) para ajudar os alunos a compreenderem situações sociais e para ajudar a corrigir comportamentos inadequados ou fornecer instrução adicional. O exemplo a seguir é o de uma história social para supervisão de comportamento:

> Meu nome é Tom. Eu tenho que parar de empurrar meus amigos na aula de educação física. Se eu continuar, as pessoas poderão se machucar. E eles também deixarão de ser meus amigos.

As crianças autistas precisam do apoio e da compreensão do professor de educação física. Com um planejamento apropriado, elas conseguirão participar de um programa de educação física de alta qualidade e poderão usufruir de todos os benefícios que o programa tem a proporcionar.

LESÕES NA MEDULA ESPINAL

Lesões na medula espinal resultam de uma lesão traumática ou doença nas vértebras ou nervos da coluna vertebral (Kelly, 2011). Por exemplo, as crianças que sofrem lesões graves causadas por acidentes de carro, mergulho em águas rasas ou quedas podem sofrer danos permanentes em nervos que resultam em uma forma de paralisia. Doenças como a espinha bífida, em que uma ou mais vértebras falham em se fundir totalmente durante o desenvolvimento fetal, também podem causar paralisias semelhantes. As vértebras tornam-se bastante instáveis e causam danos severos a nervos e tecidos, com consequente perda da capacidade de movimento (Rimmer, 1994). Seja a condição decorrente de um defeito inato ou uma lesão, o aluno com lesão na medula espinal apresenta limitação do movimento da parte superior do corpo e geralmente usa cadeira de rodas.

Ações

As diretrizes descritas a seguir o ajudarão a elaborar programas de atividade física adequados para crianças com lesões de medula espinal. Tenha em mente que você deve ajustar suas recomendações de exercícios ao nível de aptidão física, história médica, habilidade física e personalidade do aluno. Você também tem que considerar certas medidas preventivas de segurança e limitações de equipamento.

Diretrizes para a atividade

Primeiramente, as crianças com lesões na medula espinal podem não ter controle sobre a bexiga. Se elas não usarem cateter, você pode sugerir ao professor de sala de aula que o aluno vá ao banheiro antes de cada aula de educação física. Para auxiliar o funcionamento renal e a regulação da temperatura durante o exercício, o aluno com lesão de medula espinal deve fazer intervalos intermitentes para beber água. Como medida de precaução, o aluno deve carregar na cadeira de rodas uma garrafa esportiva contendo água fria.

Normalmente, os alunos com lesões na medula espinal apresentam pouca resistência muscular. Por isso, nos estágios iniciais do exercício, diminua o número de repetições de exercícios de resistência, bem como o número de movimentos do braço em uma dança aeróbica de rotina, a fim de garantir o sucesso e a continuidade da atividade física. Por meio da observação atenta, avalie quais músculos o aluno consegue usar, os níveis de força e resistência desses músculos, e o modo como esta musculatura pode ser empregada na aula de educação física. Muitas vezes, o aluno com lesão de medula espinal desenvolve desequilíbrios musculares decorrentes do uso excessivo dos músculos necessários ao manuseio da cadeira de rodas. Dê a esse aluno alguns exercícios de flexibilidade para ombros, dorso e flexores do quadril. (*Atenção:* não incentive uma flexão dorsal extensiva, pois uma musculatura superalongada e não funcional pode não fornecer sustentação adequada para as costas, acarretando problemas físicos adicionais.)

Esteja especialmente alerta às restrições apresentadas pelo aluno que tem hastes metálicas na coluna ou fusão espinal. A flexão e rotação podem exercer efeito adverso sobre a condição física deste aluno, criando uma situação ainda mais perigosa durante a atividade física. Isso o ajudará a monitorar atentamente o equilíbrio e controle do tronco durante a realização do movimento. Se o aluno na cadeira de rodas precisar de suporte adicional por causa da atividade física, coloque um cinto acolchoado (medindo 5-7,6 cm) em torno da cintura dele para mantê-lo estável na cadeira rodas.

Os alunos com lesão de medula espinal devem seguir os mesmos princípios básicos do exercício e estágios de atividade física (aquecimento, exercício principal, relaxamento) seguidos pelas crianças sem essa condição (ver Cap. 4). Algumas crianças com limitação física, porém, devem manter uma intensidade moderada, para que o exercício permaneça seguro e para evitar que o excesso de exercícios cause um declínio do funcionamento normal (Miller, 1995). Os exercícios descritos adiante podem ser apropriados para alunos com lesões de medula espinal.

Exercícios de flexibilidade

A flexibilidade é tão decisiva para o aluno com lesão de medula quanto para qualquer indivíduo. Infelizmente, esse componente da aptidão física muitas vezes é negligenciado. Para os alunos que usam cadeira de rodas, o alongamento pode ajudar a manter o equilíbrio muscular e a melhora de certas habilidades funcionais.

Alongamento dorsolateral
Elevar um dos braços e estendê-lo lentamente para cima, com os dedos da mão estendidos. Manter o outro braço dobrado no cotovelo. Inclinar o dorso de leve para o lado, estendendo levemente o braço erguido (ver Fig. 5.1).

Alongamento dorsal
Manter o queixo junto da parte superior do tórax, com o dorso horizontalmente abaixado e estabilizado. O dorso deve ser inclinado para a frente, a partir do quadril. Sustentar a parte superior do corpo com as mãos segurando os tornozelos (Fig. 5.2). Ter cuidado para manter a cabeça equilibrada e, assim, evitar uma queda. (*Atenção:* as mudanças posturais podem afetar a pressão arterial e causar tontura.)

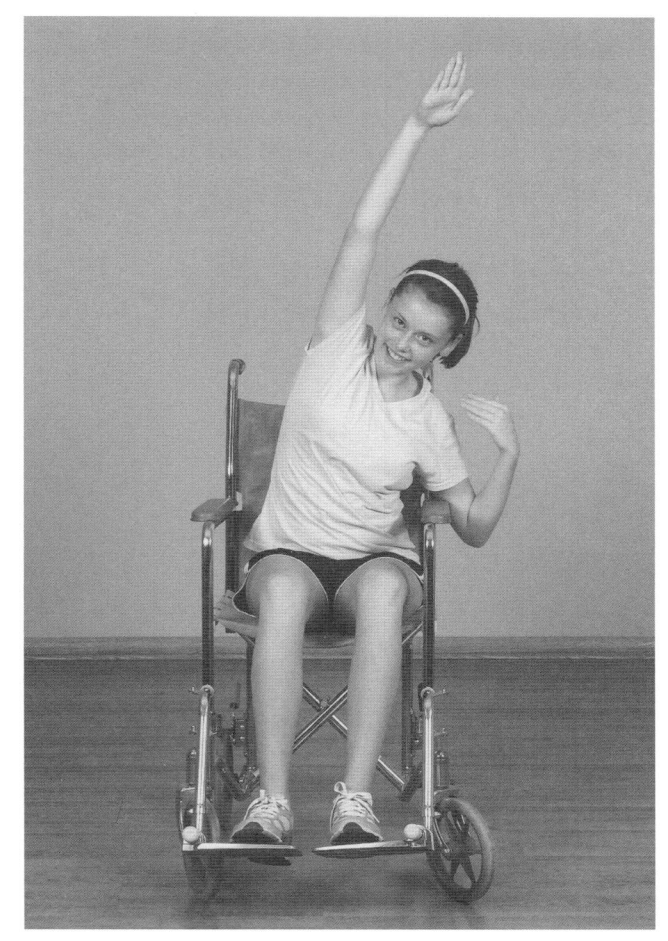

Figura 5.1 Alongamento dorsolateral.

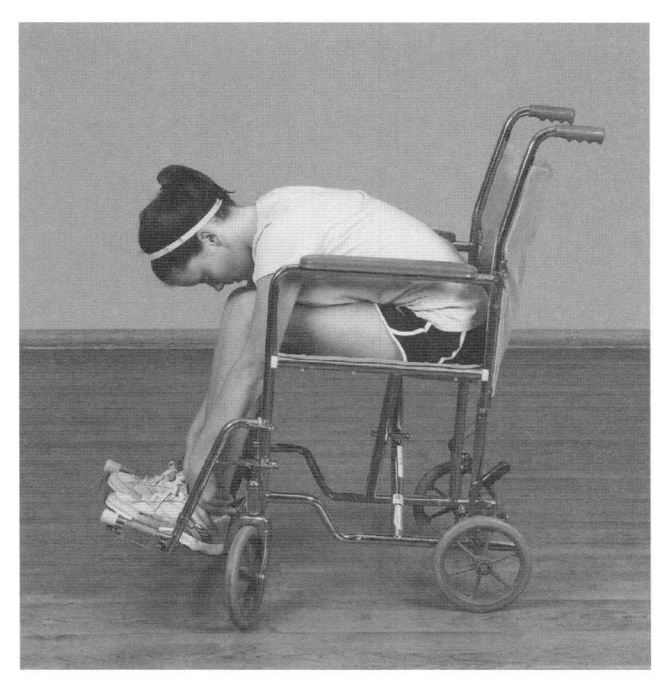

Figura 5.2 Alongamento dorsal.

Alongamento de antebraço e ombro

Entrelaçar os dedos das mãos em frente ao corpo, mais ou menos na altura dos ombros, com as palmas voltadas para fora. Estender os braços para a frente e levemente para cima (Fig. 5.3).

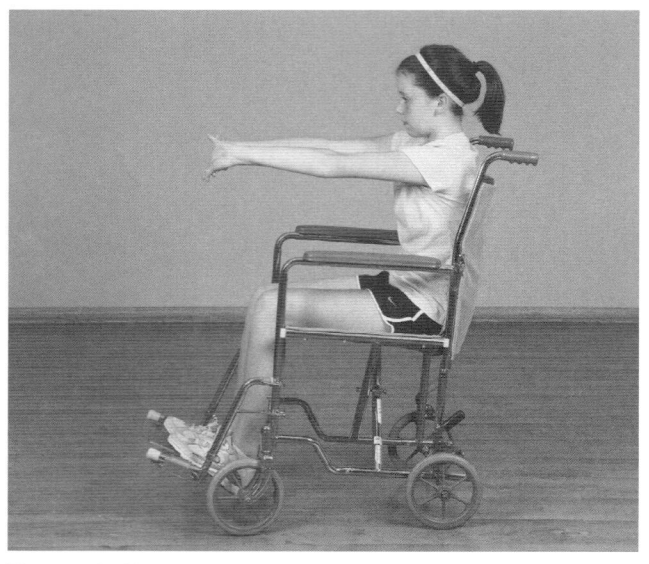

Figura 5.3 Alongamento de antebraço e ombro.

Alongamento de ombro e tórax

Estender para trás ambos os braços, atrás da área mediana do dorso, com as palmas das mãos voltadas para cima. Erguer os braços levemente, alongando os ombros e o tórax (Fig. 5.4).

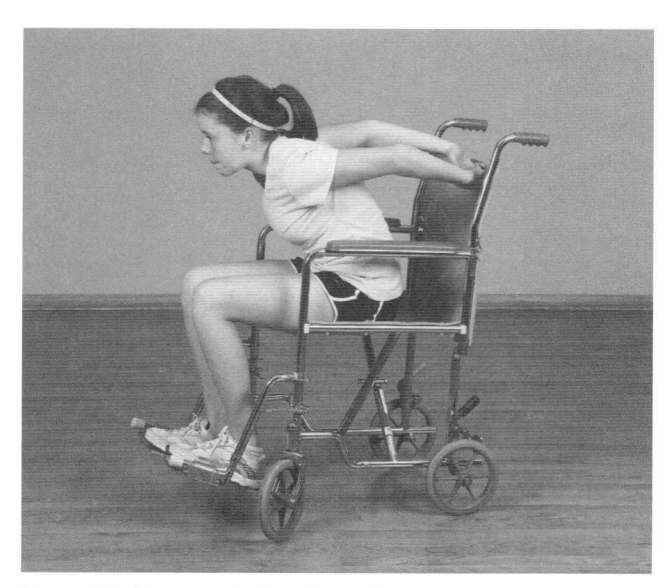

Figura 5.4 Alongamento de ombro e tórax.

Alongamento dos músculos isquiotibiais

Sentar na beirada da cadeira, levando uma perna à frente, com o dedão do pé apontando para cima. Manter o joelho levemente dobrado. Inclinar-se discretamente para a frente, mantendo o dorso estável (Fig. 5.5).

Figura 5.5 Alongamento dos músculos isquiotibiais.

Alongamento da panturrilha

Colocar uma toalha em torno de um dos pés e estender a perna, enquanto puxa a toalha na direção do tórax (Fig. 5.6).

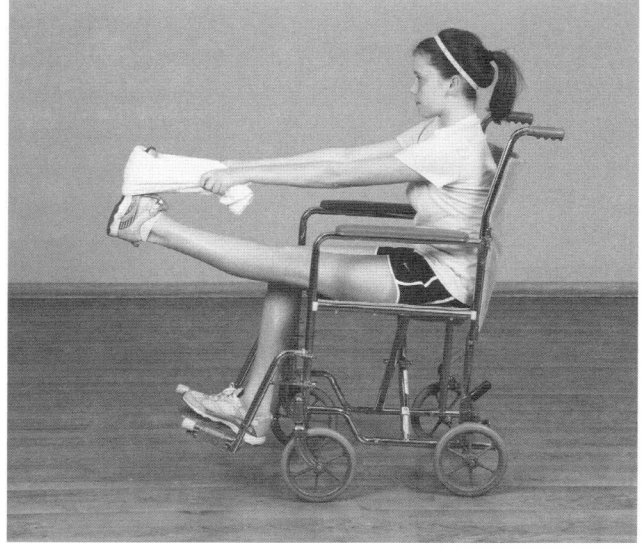

Figura 5.6 Alongamento da panturrilha.

Aptidão muscular

A próxima série de exercícios desenvolve os principais grupos musculares do corpo. Contudo, não foram listados os níveis de resistência específicos, séries ou repetições, que dependem das habilidades individuais. Lembre-se de que os alunos devem realizar o exercício de forma lenta e controlada, assim como jamais devem travar ou hiperestender uma articulação. Anote o número de repetições para ambos os lados do corpo e lembre os alunos de que devem manter o alinhamento correto na posição sentada. As fotos mostram as faixas emborrachadas de resistência e o tonificador, do programa *SPRI Quik-Fit for Kids* (ver o site no Apêndice B). Você pode usar outro equipamento de resistência em substituição.

Alongamento em arco e flecha para os ombros

Segurar o tonificador mantendo um dos braços estendido para o lado, como se estivesse segurando um arco. Puxar o tonificador pelo tórax e na direção do ombro oposto (ver Fig. 5.7). Manter a posição por 3 segundos. Trocar o lado e repetir.

Borboleta frontal para tórax e dorso

Segurar o tonificador com ambas as mãos na frente do corpo, com as palmas voltadas para dentro e os cotovelos levemente dobrados. Puxar o tonificador para fora em ambos os lados (Fig. 5.8). Manter a posição por 3 segundos e voltar lentamente à posição inicial.

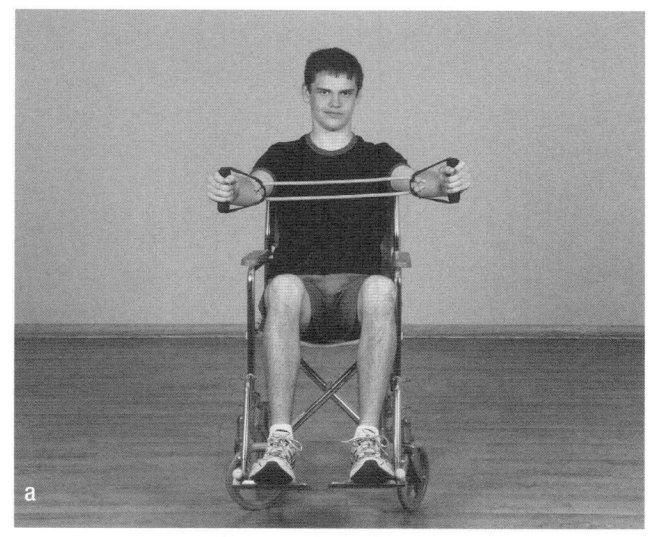

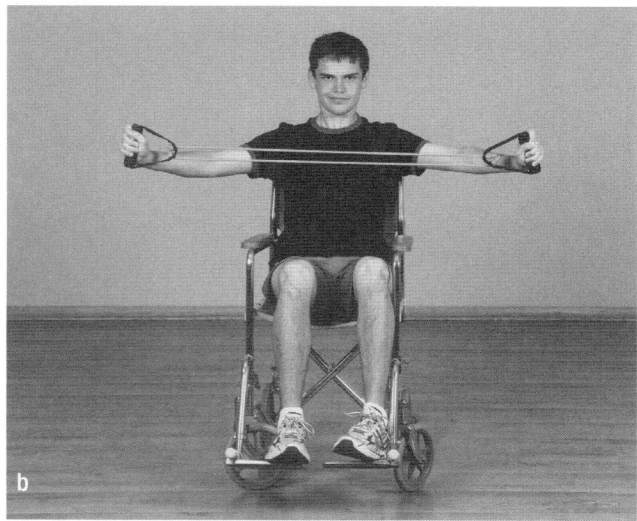

Figura 5.8 Série de borboleta frontal para tórax e dorso.

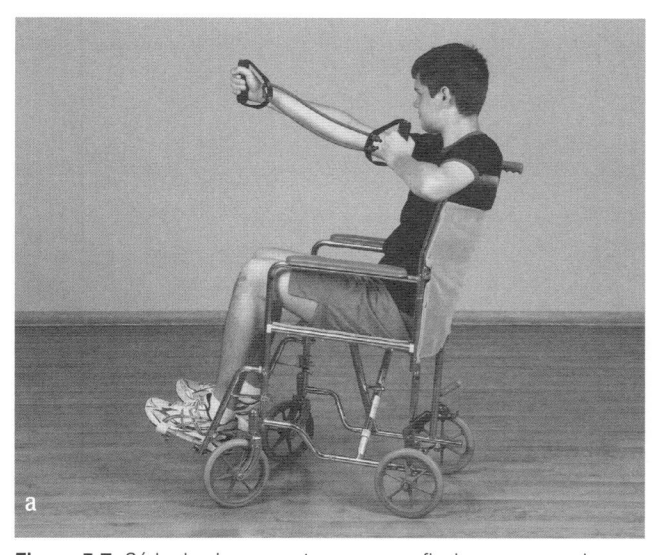

Figura 5.7 Série de alongamento em arco e flecha para os ombros.

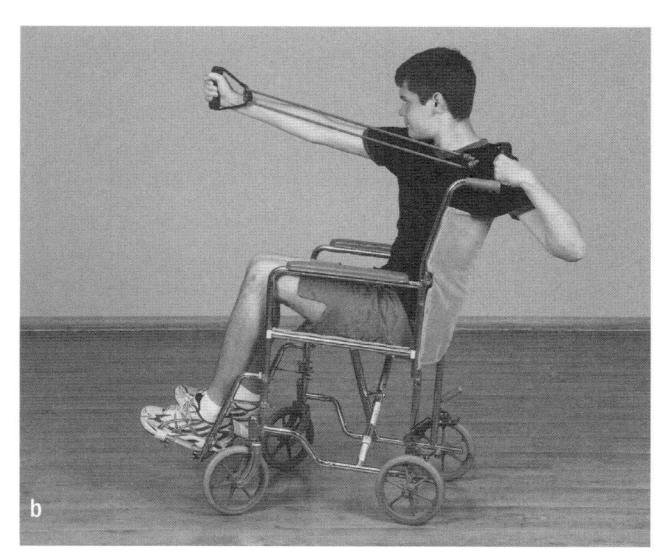

≡ Borboleta acima da cabeça para o ≡ dorso e parte posterior dos braços

Segurar as alças acima da cabeça, com as palmas das mãos voltadas para fora. Estender os braços para baixo e para os lados, fazendo o tonificador ir para trás do dorso (Fig. 5.9). Manter a posição durante 3 segundos. Voltar lentamente à posição inicial.

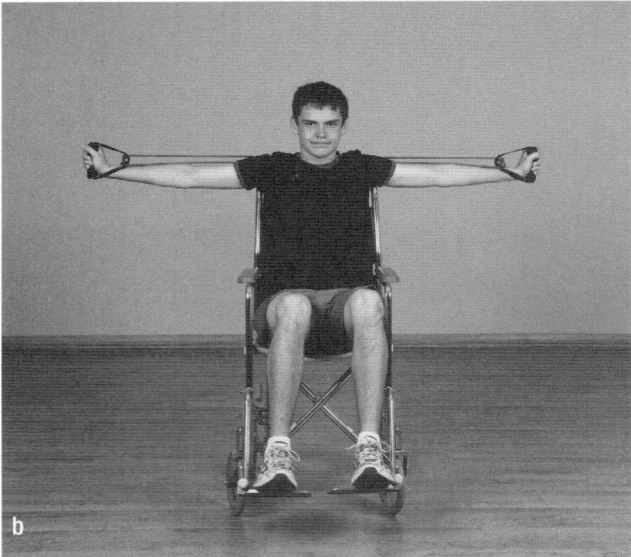

Figura 5.9 Série de borboleta sobre a cabeça para dorso e parte posterior dos braços.

≡ Supino adaptado para tórax ≡ e parte posterior dos braços

Colocar o tonificador diretamente atrás do dorso, com o coxim central logo abaixo das escápulas. Segurar as alças com as palmas das mãos voltadas para dentro. Esten-der ambos os braços em linha reta para a frente, mantendo os cotovelos levemente dobrados (Fig. 5.10). Voltar devagar para a posição inicial.

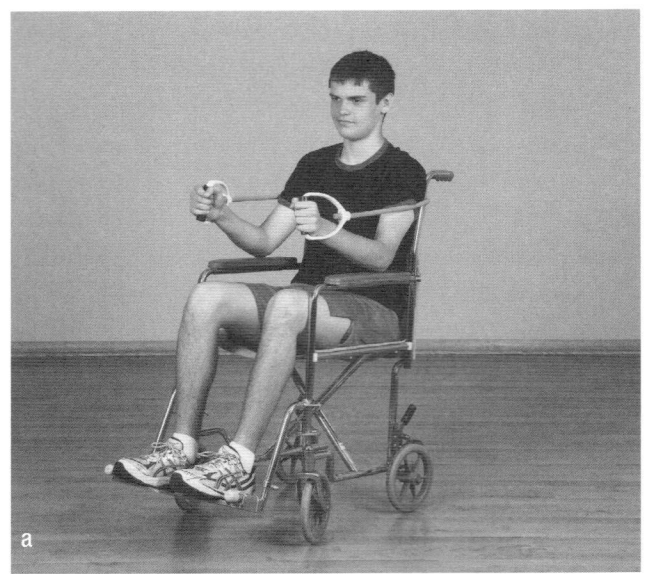

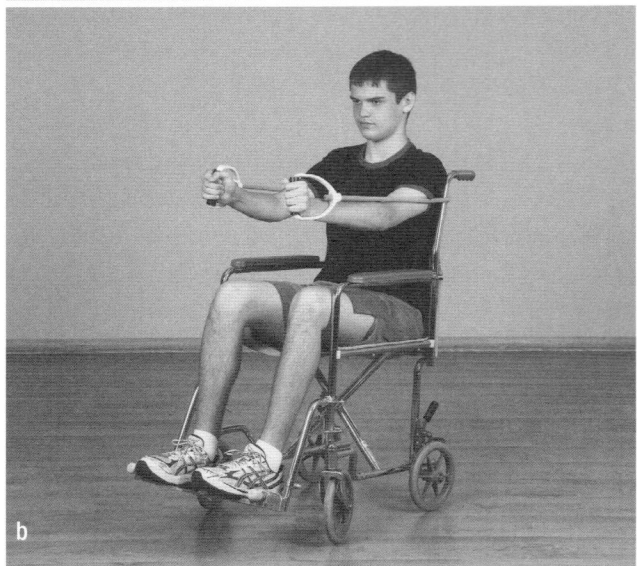

Figura 5.10 Série de supino adaptado para tórax e parte posterior dos braços.

Atividades cardiorrespiratórias

Os impedimentos físicos muitas vezes restringem os movimentos dos grandes grupos musculares na parte inferior do corpo, dificultando o desenvolvimento da resistência cardiorrespiratória. Atividades como dança aeróbica na cadeira de rodas; basquete em cadeira de rodas; ergometria da parte superior do corpo (pedalar com o braço); e ergometria na cadeira de rodas (mover a cadeira de rodas com as rodas fixas) empregam movimentos menores para obter os benefícios proporcionados pela resistência cardiorrespiratória.

ATRASO INTELECTUAL

Segundo a American Association on Intelectual and Developmental Disability (AAIDD), o atraso intelectual consiste em limitações significativas tanto do funcionamento intelectual como do comportamento adaptativo, que abrangem muitas das habilidades práticas e sociais utilizadas no dia a dia. Há muitos anos o critério adotado para medir o funcionamento intelectual é o teste de QI. Escores na faixa de 70 a 75 indicam uma limitação do funcionamento intelectual. Os testes padronizados também podem determinar as limitações de comportamento adaptativo em três categorias de habilidades: habilidades conceituais, habilidades sociais e habilidades práticas.

Nas escolas, a tendência em geral é ter crianças diagnosticadas como sendo educáveis, com escores de QI entre 50 e 75. Essas crianças são matriculadas regularmente nas aulas de educação física. Em termos de desempenho motor e aptidão física, as crianças com comprometimentos leves geralmente se atrasam em 3,5-4 anos em relação aos colegas. Muitas dessas crianças também apresentam problemas de obesidade, postura incorreta, coordenação motora grosseira e outras condições físicas.

Ações

As diretrizes a seguir o ajudarão a planejar atividades adequadas para o nível de desenvolvimento das crianças com atraso no desenvolvimento intelectual. Essas crianças podem considerar o exercício uma atividade bastante recompensadora, pois podem alcançar certo grau de sucesso e realização.

Diretrizes para a atividade

Ao ensinar as crianças com atraso intelectual, certifique-se de que elas estejam atentas às instruções e *feedbacks* com sugestões verbalmente dadas por você. Por exemplo, a maioria das crianças com essa condição não entende instruções básicas como "Mantenha seu próprio ritmo durante a corrida de 1.600 m" ou "Faça quantas flexões

puder". Transmita-lhes as instruções de forma lenta e concisa. Repita as instruções, quando necessário.

Demonstrar em vez de explicar uma habilidade ou conceito pode facilitar a compreensão da atividade pela criança. Ajude o aluno a avançar ao longo do jogo, no exercício de habilidade ou durante a atividade de aptidão física, para que ele sinta os movimentos antes de participar da atividade.

Elogie e dê reforço positivo às crianças com atraso intelectual por seus esforços e participação, e também por suas realizações. Recompense-as com adesivos, emblemas e outros incentivos similares sempre que elas tiverem sucesso em concluir uma tarefa ou alcançar uma meta do PEI. Para essas crianças, use recompensas extrínsecas de forma mais liberal ao longo de todo o ano letivo, a fim de mantê-las empenhadas nas tarefas e motivadas.

Para as crianças com atraso intelectual, é especialmente importante contar com procedimentos de aula consistentes e em um ambiente de aprendizado controlado. Um determinado número de repetições pode desenvolver um senso de segurança e confiança. A seguir, são listados exemplos de procedimentos estabelecidos que você pode usar para ajudar essas crianças:

- Faça o aluno andar em uma linha até chegar no ginásio, entrar e sentar no lugar dele, para então iniciar a aula.
- Use sempre os mesmos procedimentos de assistência e aquecimento.
- Use o apito apenas para um comando geral ("Pare, olhe e escute").
- Finalize a aula sempre no mesmo local (p. ex., no centro da quadra ou ginásio).
- Faça as crianças se darem as mãos para formarem parcerias, pequenos grupos ou círculos amplos.
- Use bambolês para indicar o espaço pessoal ou um ponto estabelecido no campo ou no pátio.

Por fim, estabeleça metas semanais pequenas na área de aptidão física associada à saúde para as crianças com atraso intelectual. Monitore o progresso alcançado por cada aluno e reforce-o para motivá-los a participar da atividade física. Sempre que você notar a melhora de um aluno, recompense-o pelo comportamento positivo e elabore um plano para continuar a movê-lo adiante. Eis um exemplo: semana 1 – 10 minutos de atividade física, 5 vezes; semana 2 – 15 minutos de atividade física, 5 vezes; semanas 3 e 4 – 30 minutos de atividade física, 5 vezes. Se os alunos apresentarem níveis mais baixos de habilidade e aptidão física, dê a eles rodadas de atividade de curta duração e com períodos de descanso maiores. Os períodos de descanso representam uma grande oportunidade de fornecer *feedback* imediato.

Para monitorar o progresso do aluno, colabore com a equipe de educação especial no desenvolvimento de planos de atividade apropriados e garanta que os alunos tenham aulas de educação física em 4-5 dias por semana.

Atividades na comunidade

As crianças com níveis moderados de atraso intelectual devem ter acesso a todas as oportunidades concedidas às outras crianças. Os acampamentos, *playgrounds*, centros culturais e esportivos, clubes de saúde, entre outros programas, devem contar com pessoal treinado e capacitado a atender às necessidades especiais dessas crianças.

Há muitos anos, o programa *Special Olympics* e o *Special Olympics International*, patrocinados pela Kennedy Foundation, têm tido uma história de sucesso ao redor do mundo. A cada ano, mais de um milhão de pessoas, desde crianças de 8 anos até adultos com QI abaixo de 75, participam destes programas. A organização do *Special Olympics* patrocina 14 eventos, incluindo natação, boliche, esqui, patinação, hóquei e eventos com cadeira de rodas. Recentemente, o *Special Olympics* desenvolveu programas de esporte e atividade física que são conduzidos ao longo do ano.

RESUMO

Aumentar os níveis de atividade física e incentivar a adoção de estilos de vida saudáveis por todas as crianças continua sendo uma das principais metas das escolas, independentemente da etnia, cor, sexo ou habilidades. Estudos indicaram que as crianças com condições especiais de saúde apresentam maior risco de desenvolvimento de doença, pois seus níveis de atividade física associada à saúde são mais baixos e elas são mais propensas à obesidade. Sendo assim, você deve dar atenção específica às crianças com condição especial de saúde, elaborando um plano de atividade física que atenda às necessidades individuais desses alunos.

Use as diretrizes, medidas preventivas de segurança e recomendações de atividade relatadas neste capítulo para os alunos com obesidade, asma, transtorno do espectro do autismo, lesões de medula espinal e atrasos intelectuais, com o intuito de personalizar e adaptar seu programa de educação física a esses alunos. Lembre-se sempre de se deixar guiar por esta filosofia simples ao tomar decisões educacionais e morais como professor, ao longo de toda a sua carreira: todas as crianças têm direito ao acesso à boa saúde por meio da atividade física e devem ter oportunidades para permanecer fisicamente ativas na escola, em casa e na comunidade.

Parte II

Planejamento e ensino de educação física

Capítulo 6

Estratégias de ensino

"A educação é o que sobrevive depois que tudo o que aprendemos foi esquecido."

B. F. Skinner

Na última década, nossa sociedade preocupou-se bastante com a questão da obesidade na infância. Para resolver esse problema, os professores de educação física aumentaram o tempo de atividade física em suas aulas e enfatizaram as abordagens atualizadas de avaliação de aptidão física. Como professores de educação física, temos debatido os aspectos relevantes, como o sistema de premiação, medida da composição corporal e quais itens específicos de teste devem ser utilizados para obter os melhores dados sobre os níveis de aptidão física de nossos alunos. Durante muitos anos, ensinamos atividades físicas para as crianças usando programas de avaliação de aptidão física nacionais, que podem ter sido exatamente o motivo que levou as gerações anteriores a se tornarem desestimuladas e desmotivadas em relação à atividade física.

Para tudo há um limite! É hora de mudar nossos métodos de ensino e gerar interesse intrínseco na atividade física empregando abordagens modernas.

MODELOS DE ENSINO TRADICIONAIS

Os modelos tradicionais de ensino de educação física não foram bem-sucedidos. Você reconhece os modelos

---

Este capítulo é dedicado à memória do amigo e colega Muska Motton.

destacados nas próximas seções? Infelizmente, é possível que esses modelos ainda vigorem em sua região.

Modelo militar

O modelo militar emprega comandos diretos para fazer as crianças se exercitarem. O professor de educação física que segue o estilo militar organiza as crianças numa formação em pelotão, para que realizem os exercícios em uníssono, e usa atividade física como instrumento de punição para a falta de conformidade com os procedimentos da aula. Esse modelo foi mal sucedido por não aceitar as diferenças individuais. Além disso, as crianças são forçadas a se exercitarem sob comando, sem compreenderem de fato o valor da atividade física. Muitas crianças realmente se sentem ameaçadas com essa abordagem. Trata-se de um modelo que sem dúvida falha em desenvolver comportamentos positivos de atividade física em longo prazo.

Modelo de pré-teste e pós-teste

Alguns professores de educação física iniciam o ano letivo com um pré-teste de aptidão física e terminam o ano letivo com um pós-teste. Para preparar as crianças para os pré-testes, esses professores geralmente dão algumas aulas sobre técnicas corretas de execução dos exercícios que constam nos testes. Por outro lado, eles raramente ensinam atividade física associada à saúde ou a incorporam em seus planos tradicionais de unidade. Esse modelo não deu certo porque faz as crianças considerarem a aptidão física como algo que é avaliado somente para distinguir aptos e inaptos. Melhorar os escores de aptidão física e receber prêmios são as únicas motivações proporcionadas por esse modelo.

Modelo do aquecimento de 5 minutos

No modelo de aquecimento de 5 minutos, a aula começa com 5 minutos de exercícios calistênicos e uma corrida curta, usualmente enquanto o professor faz a chamada. Esse modelo faz os alunos realizarem exercícios repetitivos e inadequados. As crianças exercitam-se como robôs e isso geralmente resulta em técnicas de exercício entediantes e ineficientes. Os professores que usam esse modelo raramente explicam os conceitos de aptidão física. Sendo assim, os alunos jamais aprendem por que estão se exercitando. Do mesmo modo, como esses professores usualmente dão pouquíssima atenção a essa fase da aula, os alunos acabam vendo o exercício como irrelevante.

Modelo de aptidão física

Alguns professores de educação física elaboram um programa de aptidão física com duração de 4-6 semanas e o usam como componente à parte do currículo anual. Como resultado, as crianças tendem a considerar a aptidão física um assunto isolado, em vez de uma atividade contínua importante no dia a dia de suas vidas. Dito isso, uma boa estratégia para dar um impulso inicial é apresentar uma unidade de aptidão física no início do período letivo e continuar a infundir os conceitos e atividades durante o ano inteiro.

Modelo de jogos e esportes

O modelo de jogos e esportes usa jogos coletivos para ensinar o valor do exercício e aumentar os níveis de atividade física. Em decorrência da grande quantidade de alunos nas classes, dos problemas relacionados ao tempo e das responsabilidades limitadas do jogador, os jogos costumam ser curtos e produzem apenas níveis moderados de atividade física para um número mínimo de crianças. Nas situações envolvidas em um jogo, os participantes mais ativos geralmente são as crianças mais habilidosas e

condicionadas. Desse modo, um percentual significativo é de crianças inativas – em geral, as crianças que têm maior necessidade de desenvolver suas habilidades e aumentar os níveis de atividade física. Esse modelo apresenta os jogos e esportes coletivos como finalidade em si. Uma abordagem melhor consiste em ensinar aos alunos que certas atividades, como os jogos e esportes coletivos, atuam como agentes de aptidão física associada à saúde e de estilos de vida ativos.

Modelo de conceitos de condicionamento físico

Segundo a crença de alguns professores de educação física, se as crianças souberem o modo como o próprio corpo trabalha e compreenderem os princípios básicos dos exercícios, irão se tornar crianças ativas, pois entenderão o valor e a necessidade de se exercitar. Mesmo assim, uma forte abordagem acadêmica por si só não basta. Essa abordagem é apenas um dos componentes de um programa de educação física de alta qualidade. As crianças precisam experimentar a atividade física, interagir com seus colegas por meio da atividade e aprender na prática. É por isso que defendo o modelo de educação física mais abrangente descrito ao longo deste livro.

ABORDAGEM HUMANISTA PARA O ENSINO DE EDUCAÇÃO FÍSICA

O humanismo não é somente uma teoria, mas também uma abordagem de ensino. A educação física humanista valoriza a criança e não a atividade; valoriza a atividade física e não os escores de aptidão física; e valoriza a escolha e a responsabilidade do aluno em vez do controle sobre a classe. Adotando esse modo de pensar, os professores de educação física humanistas ajudam a desenvolver nas crianças uma atitude positiva duradoura em relação ao papel da atividade física em suas vidas.

O papel do professor

De acordo com Rodgers (1994), o aprendizado significativo ocorre quando você adota três atitudes básicas em relação aos alunos e ao aprendizado deles: ser verdadeiro, valorizar o indivíduo e oferecer empatia.

Primeiro, seja verdadeiro. Compartilhe seus pensamentos e sentimentos com os alunos da forma mais aberta e honesta possível. Quando os alunos se comportarem mal, compartilhe com eles sua frustração e seu desapontamento, ao mesmo tempo que demonstra receptividade, atenção e encorajamento. Se você cometer um erro, admita, peça desculpas e siga em frente. Quando não puder responder uma pergunta sobre aptidão física, diga isso e trabalhe com a classe no sentido de encontrar a resposta.

Segundo, valorize o indivíduo. Aprenda a valorizar os alunos por quem eles são – sejam quais forem as habilidades, os pensamentos ou os sentimentos deles. Rodgers chama isso de atitude de "consideração positiva incondicional", que significa se aproximar dos outros de forma aberta, sem julgamento e sem ficar na defensiva. Se um aluno está fazendo palhaçadas durante a sua aula de movimentos aeróbicos, por exemplo, significa que ele realmente necessita de atenção e respeito. É possível que esse aluno sinta um medo genuíno de ser rejeitado se agir de modo normal. Identifique as necessidades por trás do comportamento.

Terceiro, tenha empatia. Coloque-se no lugar de seus alunos tanto quanto puder. Tente entender os sentimentos deles e trabalhe para expressar isso de uma forma concreta. Não diga apenas "eu sei como você está se sentindo". Descreva os sentimentos claramente e proponha sugestões. Isso abre caminho para o estabelecimento de uma relação de confiança entre aluno e professor. Por exemplo, se um aluno com sobrepeso está tendo dificuldade para correr durante a aula, converse com ele em particular sobre a frustração e a ansiedade que ele pode estar sentindo. Compartilhe com ele uma experiência semelhante que você possa ter tido numa aula de matemática, na época em que você frequentava a escola. Reafirme que você o aceita como pessoa e ofereça seu apoio. Com a sua assistência, esse aluno não demorará a aceitar a responsabilidade de planejar as próprias metas de aptidão física. A empatia é bastante poderosa para estabelecer a base do verdadeiro aprendizado e desenvolvimento.

Aplicações educacionais

Existem vários modos de tornar a educação física mais humanista, ou centralizada nos alunos. Comece por aquilo que os alunos consideram importante. Os alunos relacionam-se melhor com metas educativas que estejam associadas a aspectos relevantes para o desenvolvimento pessoal deles. Por exemplo, ensine dança aeróbica aos alu-

nos do 1º ano utilizando personagens de desenho animado, animações e teatro. Use DVDs estimulantes, com personagens populares, ou outros recursos de mídia atualmente disponíveis.

Forneça diversos recursos para atender as variadas necessidades de seus alunos, enriquecendo assim o ambiente de aprendizado. Use, por exemplo, livros, folhetos, vídeos de exercícios, quadros, palestrantes convidados e equipamento especial (p. ex., *medicine balls*, faixas de exercício). Faça um registro digital dos alunos durante a realização das atividades.

Além disso, não use sempre o horário da aula para dar as instruções tradicionais. Acrescente variedade ao seu programa deixando os alunos decidirem como pretendem cumprir suas próprias metas pessoais e as metas do programa. Por exemplo, aplique o *Open Gym* ocasionalmente. Estabeleça 8-10 estações de atividade física na área de jogos. Deixe os alunos escolherem qualquer estação, em qualquer sequência. Se você planejar uma variedade suficiente e enfatizar a escolha individual, os alunos evitarão o agrupamento em certas estações. Execute também aulas de Hora da Prática, dando tempo aos alunos para praticarem rotinas de atividade física em dança ou trabalharem em quaisquer aspectos da atividade física ou das habilidades de movimento que eles julgarem necessitar de atenção extra.

A variedade não deve vir apenas da utilização de recursos diversos e da modificação do modo como você usa o tempo da aula. Você também pode variar suas estratégias de ensino. E por onde começar? Vamos examinar alguns métodos de ensino práticos e fáceis de usar, baseados no espectro de estilos de ensino de Mosston e Ashworth (2002).

ESPECTRO DE ESTILOS DE ENSINO

Como o seu estilo de ensino preferido pode não alcançar todos os alunos, você precisa usar vários estilos. Esforce-se e torne a sua abordagem compatível com diferentes estilos de aprendizado em momentos distintos. Suas aulas se tornarão mais interessantes e acessíveis a todos os alunos, e, consequentemente, o aprendizado melhorará.

Antes de escolher um estilo de ensino em particular para uma determinada aula, todavia, você deve decidir qual é o objetivo do aprendizado dessa aula, identificando com clareza o conteúdo a ser aprendido pelos alunos. Seja qual for o estilo de ensino, as crianças aprendem mais quando você define claramente o propósito das atividades. O objetivo do aprendizado deve ser algo concreto, que você possa observar e avaliar para determinar se de fato houve aprendizado. Além disso, desenvolva objetivos de aula que levem em consideração as três características principais do aprendizado: cognitivas (saber), afetivas (valorizar) e psicomotoras (fazer). A seguir, são fornecidos alguns exemplos de objetivos de aprendizado para nível III:

- **Cognitivo:** os alunos serão capazes de localizar o bíceps e identificar um exercício que desenvolva esse músculo.
- **Afetivo:** os alunos permanecerão fisicamente ativos durante pelo menos 60 minutos/dia, não importa se após o horário das aulas, nos fins de semana ou durante os intervalos, e relatarão suas atividades em um portfólio pessoal de estilo de vida ativo (ver Apêndice A).
- **Psicomotor:** os alunos irão caminhar ou correr por uma distância de 1.600 m, em seus próprios ritmos, empregando o máximo de suas habilidades.

Ao selecionar um estilo de ensino, tenha em mente que um método não é melhor que outro. Na verdade, cada estilo possui vantagens e desvantagens. Escolha um estilo com base em seus objetivos. A experiência lhe permitirá escolher um estilo ou uma mistura de estilos apropriada para alcançar o resultado que você deseja. Os professores eficientes certamente possuem um amplo repertório de estilos e técnicas. Seja inovador e use várias técnicas para acrescentar estímulo à experiência de aprendizado (Mosston e Ashworth, 2002).

Estilo de comando

O estilo de comando é altamente centralizado no professor. Os alunos aprendem a fazer as tarefas de forma correta dentro de um curto espaço de tempo, controlados diretamente por você. Você dá instruções a todos os alunos, demonstrando e explicando a técnica. Nesse estilo, use sinais de comando para cada movimento a ser realizado pelos aprendizes. As vantagens proporcionadas por essa abordagem são o uso eficiente do tempo, o desenvolvimento da habilidade de ouvir, o aumento da segurança e a otimização da supervisão da classe. O estilo de comando é útil quando você introduz uma nova atividade ou ensina certos tipos de atividade, como nadar, exercícios em grupo ou dança aeróbica.

Estilo tarefa

O estilo tarefa permite aos alunos aceitar uma maior responsabilidade pessoal pelo aprendizado. Assim como no estilo de comando, você decide os objetivos do aprendizado e o conteúdo da aula. Em contraste com o estilo de comando, porém, você permite que os alunos executem a tarefa de acordo com o próprio ritmo. Acrescente variedade fazendo os alunos concluírem as tarefas individualmente, em pares ou em grupos pequenos. Faça com que cada aluno trabalhe em uma mesma tarefa de cada vez, ou tenha várias atividades diferentes sendo realizadas ao mesmo tempo.

Uma forma fácil de organizar várias atividades de uma vez consiste em incorporar a abordagem de estações com cartões de tarefa para auxiliar a instrução. Os cartões de tarefa concedem aos alunos o aprendizado da prática de maneira independente, e isso torna o estilo tarefa mais centralizado no aluno do que o estilo de comando. Cada cartão de tarefa lista as instruções e deixa o professor mais livre para dar *feedbacks* (Fig. 6.1). Escreva as tarefas em grandes cartões indexados ou em cartazes espalhados ao redor do ginásio. Use fotos, quadros e cores para tornar os cartões de tarefa visualmente mais atraentes. A principal vantagem desse estilo é permitir que você fique livre de ter que dar atenção individual aos alunos.

Estilo recíproco

No estilo recíproco, você estabelece os objetivos do aprendizado e o conteúdo da aula, mas os alunos assumem a responsabilidade de ensinar uns aos outros.

O primeiro passo, ao adotar o estilo recíproco, é desenvolver uma lista de critérios a serem usados pelos alunos para fornecer *feedback* aos colegas (Fig. 6.2). Inclua uma relação simples dos componentes de habilidade importantes. As imagens também podem ser úteis. É possível que você deseje fixar cada lista de checagem a uma prancheta. Plastifique as páginas e faça os alunos escreverem nelas com canetas de retroprojetor apagáveis, de modo que você consiga lavar os cartões e reutilizá-los nos próximos anos. As listas de checagem de critérios são especialmente efetivas quando estão sendo ensinados os movimentos específicos de certos exercícios. Você também pode fixar cartões de tarefa grandes na parede no ginásio, para ajudar a complementar e reforçar as técnicas apropriadas.

Nome _____ Data _____

Turma _____

Nível III

Força da parte superior do corpo

Execute cada exercício conforme descrito no quadro. Faça uma marcação (✓) ao lado de cada tarefa concluída. Entregue o cartão quando terminar.

Exercício	Tarefa	Concluída	Comentários
A. Flexão regular ou modificada com os joelhos dobrados	Máximo de flexões concluídas _____		
B. Flexão de braço em barra fixa	Tempo máximo pendurado _____		
C. Escada horizontal	Uma travessia ou número de degraus da escada de mão _____		
D. Escalada de rede	Uma escalada (subida e descida)		
E. Pegar a *medicine ball*	10 pegadas e lançamentos individuais		

Figura 6.1 Ficha de tarefa individual para força da parte superior do corpo.
De S.J. Virgilio, 2015, *Educando crianças para a aptidão física: uma abordagem multidisciplinar* (Barueri: Manole).

No estilo recíproco, os alunos trabalham em duplas numa parceria de ensino-aprendizado. Desse modo, o próximo passo consiste em estabelecer as duplas de alunos ao acaso, durante a aula. Converse com seus alunos sobre a importância de ser professor e sobre como você precisa da ajuda deles. Peça para cada dupla decidir quem será primeiro o executor e quem será primeiro o observador (ou professor). O executor realizará a atividade física de acordo com as suas instruções, enquanto o observador dará o *feedback* utilizando a lista de checagem como recurso educativo. Após várias tentativas, faça os alunos trocarem seus papéis. Procure não interferir na relação executor-observador e, assim, diminuir o impacto desse estilo. Como professor, seu papel consiste em

Executor 1_____ Data_____

Executor 2_____ Turma_____

Nível III

Critérios para corrida

Observador: dê ao executor algumas sugestões sobre a forma de correr. Use as dicas do quadro para obter ajuda. Procure ser amigável.

Executor: corra em ritmo moderado. Ao sinal do professor, diminua a velocidade. Em seguida, inverta os papéis.

	Executor 1		Executor 2	
	Sim	Não	Sim	Não
1. Corre de modo exagerado, curvando-se discretamente para a frente.				
2. Movimenta as pernas a partir do quadril; joelhos flexionados.				
3. Pisa com os calcanhares, com o peso oscilando ao longo da porção externa dos pés e na direção dos dedões.				
4. Aponta os dedões dos pés diretamente para a frente; pisa com o calcanhar diretamente embaixo do joelho.				
5. Oscila os braços diretamente para a frente e para trás; mãos relaxadas.				
6. Respira com um ritmo regular e controlado – inspira pelo nariz, expira pela boca, quando possível.				

Figura 6.2 Estilo recíproco: lista de checagem para a técnica de corrida.
De S.J. Virgilio, 2015, *Educando crianças para a aptidão física: uma abordagem multidisciplinar* (Barueri: Manole).

permanecer neutro e atuar como facilitador. O estilo de ensino recíproco, portanto, é altamente centralizado no aluno.

Estilo de autoavaliação

No estilo de autoavaliação, mais decisões são transferidas para o aprendiz, com o objetivo de aumentar a res-

Nome _____ Data _____

Turma _____

Nível III

Autoavaliação: flexibilidade

Instruções: siga os passos descritos no quadro a seguir. Execute cada exercício 5 vezes com cada perna. Quando terminar, faça uma marcação (✓) nas células das colunas da direita.

Alongamento dos músculos isquiotibiais	OK	Sente desconforto
1. Sente com a perna esquerda estendida; dobre o joelho da perna direita e coloque a sola do pé no chão, perto do joelho da perna estendida.		
2. Flexione o pé da perna estendida, com o dedão para cima, contra uma parede, caixa ou outro apoio.		
3. Incline o corpo para a frente a partir do quadril, mantendo a região lombar reta. O joelho que está dobrado pode girar discretamente para fora.		
4. Relaxe e respire normalmente. Você não deve sentir dor.		
5. Mantenha o alongamento durante 10 segundos. Repita com a perna oposta.		

Figura 6.3 Estilo de autoavaliação: critérios para flexibilidade.
De S.J. Virgilio, 2015, *Educando crianças para a aptidão física: uma abordagem multidisciplinar* (Barueri: Manole).

ponsabilidade. O propósito desse estilo é incentivar a autoconfiança e o autoaprimoramento, bem como mostrar aos alunos como avaliar o próprio desempenho de forma honesta e objetiva.

O estilo de autoavaliação proporciona uma considerável liberdade para você e para seus alunos. Você mesmo pode delinear os objetivos do aprendizado e as atividades de conteúdo. Faça todos os alunos trabalharem na mesma tarefa ou inclua atividades variadas. A lista de checa-

gem de critérios usada no estilo recíproco também pode ser usada aqui (ver outro exemplo na Fig. 6.3).

Certifique-se de já ter dado várias aulas relacionadas sobre a habilidade ou atividade escolhida antes de tentar pôr em prática o estilo de autoavaliação. Isso representa a base de um trabalho independente de alta qualidade e seguro. (Lembre-se de que os exercícios realizados de modo errado podem resultar em lesão.) Em seguida, faça os alunos circularem, realizando as tarefas atribuídas e parando periodicamente para rever as listas de checagem e avaliar o próprio desempenho. Os alunos podem seguir para outra tarefa ou repetir a mesma tarefa para corrigir o desempenho. Circule pela área, permitindo que os alunos se desenvolvam de maneira independente. Forneça *feedback* apenas quando os alunos estiverem agindo de modo perigoso ou necessitarem de ação disciplinar.

O estilo de autoavaliação permite que os alunos consigam estabelecer o próprio ritmo melhor do que fariam na companhia de um parceiro. Mostre respeito pelas diferenças individuais dando aos alunos um tempo amplo para concluírem as tarefas como quiserem. Com o estilo de autoavaliação, você pode aprender muitos aspectos interessantes sobre o desenvolvimento afetivo, cognitivo e psicomotor de seus alunos, a partir da observação do comportamento independente deles.

Uma extensão do estilo de autoavaliação é o contrato de aprendizado personalizado. Depois que conseguir conhecer seus alunos, você pode querer usar contratos de aprendizado para conceder-lhes maior independência e acelerar o desenvolvimento da aptidão física individualizado deles. Você cria os contratos com antecedência, baseando o número de opções incluídas nas necessidades de cada aprendiz (Fig. 6.4).

Estilo inclusivo

O estilo inclusivo baseia-se na premissa de que cada indivíduo tem o direito de participar e ser bem-sucedido nas atividades da classe. Para usar esse estilo, você estabelece vários níveis de desempenho para cada atividade física. Em seguida, os alunos escolhem os próprios níveis de entrada tendo como base as próprias preferências e habilidades físicas. Seu papel é incentivá-los a avaliar o próprio desempenho. Incentive os alunos que estão tendo problemas para permanecer no mesmo nível de dificuldade. A parte difícil – se você tiver uma inclinação natural ao estilo de ensino de comando – é permitir que os alunos escolham seus próprios níveis de atividade. Tenha em mente que o estilo inclusivo dá aos alunos o direito de desfrutar o domínio de um determinado nível em particular antes de seguir para o próximo. As fichas de tarefa colocadas em várias estações também podem ser úteis (Fig. 6.5). (Ver no Cap. 5 as formas de incluir os alunos com condições especiais de saúde.)

Descoberta orientada e solução de problemas

A descoberta orientada e a solução de problemas representam uma mudança significativa em relação às técnicas discutidas até agora. Ao usar a descoberta orientada e a solução de problemas, você solicita aos alunos que pensem de forma diferente sobre um dado assunto em questão. O processo, ou o aprendizado em si, torna-se mais importante do que o produto final ou os níveis de realização.

Descoberta orientada

Na descoberta orientada, você estabelece uma resposta predeterminada para um problema. Em seguida, você planeja uma série de questões (Q) e respostas antecipadas (RA) que conduzirão o aprendiz até a resposta final. Na lista, a sua reposta (SR) aparece depois da reposta antecipada.

Q: Quais são os maiores músculos do seu corpo?
RA: Os músculos das pernas.
SR: Certo!

Q: Quais são os músculos localizados na parte posterior das pernas?
RA: Músculos posteriores da coxa.
SR: Excelente!

Q: Suponha que seu pai pediu a você para retirar algumas caixas que estavam guardadas na garagem. Como você se aproximaria da caixa para pegá-la?
RA: Flexionaria os joelhos, mantendo a coluna ereta.
SR: OK!

Q: Que parte do corpo deve ser usada se você for se abaixar para pegar uma caixa?
RA: As pernas.
SR: Isso!

Q: Então, quais músculos são usados para realizar a maior parte do trabalho quando apanhar alguma coisa?
RA: Os músculos da perna.
SR: Muito bem! Agora, vamos praticar.

Nome _____ Data _____

Turma _____ Nível _____

Eu, _____, quero melhorar meus níveis de atividade física ou aptidão física ao concordar em realizar as atividades descritas a seguir, elaboradas por _____, meu professor de educação física.

Estou ciente de que devo executar as tarefas e concluir o programa utilizando o melhor da minha capacidade.

A vigência deste contrato terá início em _____ e terminará em _____.

Em cada período de aula, realizarei as seguintes atividades:

Aquecimento: Correr durante 2 minutos.

Aptidão muscular: 1 minuto de abdominais (no mínimo)

Pular corda durante 1 minuto

Flexões – uma série, tantas quantas eu conseguir fazer

Corrida com obstáculos – duas voltas

Atividade esportiva (escolher uma):

Basquete: Jogo 2 × 2 ou prática individual

Futebol: Prática de chutar a gol

Softbol: Correr até as bases ou jogar contra a parede

Volta à calma: Caminhar durante 2 minutos; fazer 3 minutos de alongamento estático

Se eu for bem-sucedido na conclusão deste programa, minha recompensa será _____.

Assinatura do aluno: _____

Assinatura do professor: _____

Figura 6.4 Contrato de aprendizado personalizado.
De S.J. Virgilio, 2015, *Educando crianças para a aptidão física: uma abordagem multidisciplinar* (Barueri: Manole).

Nome _____ Data _____

Turma _____

Nível III

Flexão: força da parte superior do corpo

Instruções: escolha a cor do cartão correspondente ao tipo de flexão que deseja fazer. Faça o máximo de flexões que conseguir. Anote sua pontuação na coluna à direita. Quando terminar uma cor, escolha outra.

	Repetições
A. Azul: flexão de cotovelo a 90 graus	
B. Verde: com os joelhos flexionados	
C. Vermelho: apoio com as mãos espalmadas	
D. Laranja: permanecer em flexão (segundos)	
E. Amarelo: flexão na cadeira	
F. Marrom: flexão na parede	

Figura 6.5 Estilo inclusivo – ficha de tarefa para flexão.
De S.J. Virgilio, 2015, *Educando crianças para a aptidão física: uma abordagem multidisciplinar* (Barueri: Manole).

Solução de problemas

No estilo de solução de problemas, as respostas são ilimitadas. Você ainda seleciona o conteúdo do assunto geral, expõe um pequeno problema relacionado a um movimento específico para ser resolvido por um pequeno grupo de alunos ou por alunos individuais que, por sua vez, podem fornecer centenas de respostas potencialmente corretas. Você deve ser cuidadoso ao estabelecer os procedimentos da classe e deve supervisioná-la de perto quan-

to a segurança e organização. Entretanto, depois que os alunos estiverem envolvidos com os problemas, não interfira, caso contrário você prejudicará o processo de aprendizado. Um exemplo de solução de problema por um grupo pequeno destinado ao nível II pode ser simplesmente pedir às crianças para projetarem um jogo altamente ativo usando quatro aros, duas cordas de pular e duas bolas de borracha (22 cm). As possíveis soluções são infinitas e todas estarão corretas.

Nome _____ Data _____

Turma _____ Nível _____

Eu, _____, gostaria de melhorar meus níveis de atividade física ou meu desempenho na atividade física associada à saúde. Estou ciente de que preciso realizar um trabalho adicional na área de _____ _____. Minha meta em longo prazo é _____ _____.

Estou ciente de que me será dado tempo em aula para cumprir esta meta. Prometo ainda que trabalharei em minha meta fora da escola, durante pelo menos 3 dias/semana. (Selecione três dias: S T Q Q S Sáb Dom.)

Este contrato entrará em vigor em _____ e terminará em _____.

Eu concordo em informar semanalmente ao meu professor o meu progresso e as atividades específicas que realizei para alcançar minha meta. Relatarei essa informação em meu diário de atividades físicas, todos os dias.

Se eu conseguir alcançar minha meta, minha recompensa será _____ _____.

Assinatura do aluno: _____

Assinatura do professor: _____

Assinatura dos pais ou responsáveis: _____

Figura 6.6 Contrato aberto de escolha do aluno.
De S.J. Virgilio, 2015, *Educando crianças para a aptidão física: uma abordagem multidisciplinar* (Barueri: Manole).

Acrescente uma característica da solução de problemas ao contrato de aprendizado básico personalizado, utilizando um contrato aberto que permita aos alunos desenvolverem suas próprias metas e planejarem atividades para cumprir tais metas (Fig. 6.6). (Ver também o acordo de atividade física em família, na Fig. 10.5.)

TECNOLOGIA EDUCATIVA

À luz das rápidas mudanças ocorridas na tecnologia, o NASPE (2009b) desenvolveu uma declaração de posicionamento para guiar os professores na utilização da tecnologia em educação física. Os adventos da tecnologia sem fio, sistemas de projeção computadorizados, quadros brancos interativos e dispositivos de monitoramento da atividade física possibilitaram aos professores de educação física levar as técnicas de tecnologia educativa mais modernas para o ginásio.

O desenvolvimento dos *exergames* (i. e., videogames transformados em competições fisicamente ativas) acrescentou outra possibilidade para uso no ginásio esportivo. As atividades do *Dance, Dance Revolution* (DDR) e os passos de dança, além do *software Wii Fit*, agora podem ser usados em uma ampla tela de projeções montada dentro do ginásio. Os pedômetros e monitores de frequência cardíaca (relógio de pulso ou no estilo de tira) tornaram-se ferramentas mais acuradas e disponíveis para o monitoramento dos níveis de atividade física e frequência cardíaca durante a prática de várias atividades. O *software Fitnessgram/Activitygram* (Cooper Institute, 2010) oferece outra técnica para o monitoramento dos níveis de aptidão física e de atividade física dos alunos. Você também pode ajudar seus alunos a registrar a atividade física deles, desenvolvendo um modelo e transferindo-o para um *pen-drive*, para que eles possam rastrear seus próprios níveis ao longo da semana (ver um exemplo no Apêndice A).

A posição do NASPE é a de que a tecnologia pode intensificar o ensino e o aprendizado de educação física. As diretrizes destacam quatro princípios essenciais, que garantem o uso apropriado em relação aos padrões nacionais e práticas consoantes com o nível de desenvolvimento.

- **Diretriz 1:** o uso da tecnologia educativa na educação física é destinado a fornecer uma ferramenta para intensificar a efetividade educacional.
- **Diretriz 2:** o uso da tecnologia educativa na educação física destina-se a complementar, e não a substituir, a instrução efetiva.
- **Diretriz 3:** o uso da tecnologia educativa na educação física deve proporcionar oportunidades para todos os alunos, em vez de oportunidades apenas para uma minoria.
- **Diretriz 4:** o uso da tecnologia educativa na educação física pode se mostrar uma ferramenta efetiva para a manutenção de dados do aluno sobre os objetivos curriculares baseados em padrões.

(Reproduzido de NASPE, 2009.)

ESTRUTURA DE AULA

Após determinar qual estilo de ensino é correto para um determinado conteúdo, você estará pronto para organizar esta tarefa. Estruture seus planos de aula em três partes: indução, foco da aula e encerramento.

Introdução

As crianças sentem-se mais seguras quando sabem de antemão o que irá acontecer. Por esse motivo, apresente o plano de aula. Reveja os resultados alcançados pela classe na última atividade e, então, introduza o que você planejou para essa aula. Oriente os aprendizes sobre aquilo que deverão fazer, como deverão fazer isso e porque é importante fazê-lo. Eis aqui um exemplo para o nível II: "Na semana passada, aprendemos o quanto o exercício é importante para o nosso coração. Hoje, aprenderemos como medir nossa frequência cardíaca, que chamaremos de FC, e a contar quantas vezes nosso coração bate antes e após a aula de habilidades de basquete. No fim da aula, darei uma atividade para vocês fazerem em casa, com seus pais. Não se esqueçam, vocês têm mesmo que cuidar muito bem do coração. Ele é o músculo mais importante do nosso corpo. Até LeBron James[2] precisa ter um coração forte para jogar basquete todos os dias!"

Foco da aula

Certifique-se de organizar sua aula, de tal modo que você dê prioridade número 1 ao enfoque primário da aula. Em outras palavras, não tente fazer tudo em uma única aula. Se o foco da aula for ensinar as crianças a medirem a frequência cardíaca, então direcione a maior parte do seu tempo para esta finalidade. Acrescente outros objetivos de aprendizado correlatos para ajudar a facilitar e a estender o foco primário da aula, conforme o tempo permitir.

---

2 N.E.: Jogador de basquete norte-americano que atua no Cleveland Cavaliers na NBA (National Basketball Association).

Encerramento

Para encerrar a aula de maneira efetiva, faça uma breve revisão sobre o que a aula tentou alcançar e o que foi alcançado. Quando apropriado, elogie os esforços de seus alunos, sem criticar. Reveja o que acontecerá na próxima aula de educação física, fazendo com que seus alunos anseiem por comparecer na próxima aula. Se a aula tiver sido bastante cansativa, use esse momento para deixar os alunos se acalmarem e relaxarem antes de irem embora.

Eis aqui um exemplo de encerramento para o nível II: "OK, vamos terminar a aula. Por favor, venham e sentem perto desta árvore. A meu ver, a aula de hoje foi ótima. Todos pareceram interessados em encontrar a própria FC e contar o número de batimentos cardíacos em um minuto. Na próxima semana, vamos jogar o Andando em Círculo e aprender como o coração bombeia sangue para todo o nosso corpo. À noite, quando vocês estiverem em casa, mostrem a seus pais como eles devem medir a FC deles e faça-os calcular a própria FC em um minuto, em repouso. Obrigado e não se esqueçam de estar sempre com o coração em dia!"

RESUMO

Os modelos e estratégias de ensino tradicionais de educação física fracassaram em desenvolver níveis de aptidão física e padrões de atividade física nas crianças, porque enfatizaram os resultados (i. e., os níveis de aptidão física), e não o processo de desenvolvimento de comportamentos positivos de atividade física em longo prazo. Contudo, existem alternativas às abordagens tradicionais de educação física. Vamos enfatizar o *modo* como ensinamos atividade física para as crianças, assegurando-nos de variar nossos estilos de ensino para atender aos nossos objetivos educacionais. Adote uma filosofia humanista, que coloque as necessidades pessoais e habilidades de cada aluno em primeiro lugar, antes de planejar um programa de educação física de qualidade. O espectro de estilos de ensino introduzido por Mosston e Ashworth (2002) oferece várias opções criativas, a partir das quais podemos selecionar um estilo de ensino adequado para cada conjunto de objetivos.

Capítulo 7

Planejamento para a aptidão física

"Nossos planos fracassam por falta de objetivo. Quando um homem não sabe para qual porto está seguindo, nenhum vento é o vento certo."

Sêneca

O planejamento curricular é uma das responsabilidades mais difíceis atualmente enfrentadas pelos professores de educação física. Antigamente, eles costumavam partir do princípio de que as habilidades de movimento, jogos, dança, ginástica e esportes desenvolviam níveis de aptidão física associada à saúde e mantinham os padrões de atividade física entre as crianças. Uma abordagem mais contemporânea, que é sustentada ao longo deste livro, assume que a aptidão física associada à saúde e as habilidades motoras devem ser ensinadas de forma conjunta no decorrer de todo o ano letivo.

Este capítulo fornece modelos de currículos, incluindo um exemplo de um plano anual adequado para o nível de desenvolvimento III, que integra conceitos de educação física associada à saúde com diversos temas sobre habilidades. Também veremos amostras de planos de aula de educação física e de integração da atividade física apropriados para os níveis de desenvolvimento I, II e III. Lembre que as crianças de cada ano escolar variam amplamente quanto aos níveis de desenvolvimento. Entretanto, classifiquei os níveis da seguinte forma:

- Nível de desenvolvimento I: educação infantil e 1º ano.
- Nível de desenvolvimento II: 2º e 3º anos.
- Nível de desenvolvimento III: 4º a 6º anos.

Os planos de aula de educação física enfocam apenas a transmissão de instruções de educação física associada à saúde. As lições de integração da atividade física ilustram como integrar a atividade física associada à saúde e aumentar os níveis de atividade, em uma aula sobre um tema relacionado à habilidade ou ao esporte. Neste capítulo, você aprenderá como integrar aptidão física, valores, conceitos de atividade física e temas sobre habilidades, para desenvolver um programa de educação física de alta qualidade.

EXEMPLO DE UM PLANO ANUAL PARA O NÍVEL DE DESENVOLVIMENTO III

Crie blocos de segmentos de tempo destinados aos principais componentes de seu currículo no calendário escolar. Considere o desenvolvimento corporal de forma global e se empenhe em elaborar um currículo bem equilibrado. Encontre oportunidades para combinar uma atividade de habilidade com uma atividade de aptidão física, caso as aulas relacionadas à habilidade incluam um alto percentual de atividade física vigorosa. Assim, uma unidade rítmica e de dança, por exemplo, pode incluir uma rotina de dança aeróbica.

A Tabela 7.1 mostra um plano anual para o nível de desenvolvimento III, projetado para duas aulas semanais de 30 minutos de duração. Veja no Capítulo 8 alguns planos de aula que abordam em detalhes conceitos de educação física associada à saúde (níveis I, II e III).

Mais adiante, neste capítulo, são fornecidos exemplos de planos de aula de educação física para os níveis I (*Superpump*), II (De Volta ao Básico) e III (*Smart Heart*). A esses exemplos, segue-se um modelo de plano de lição de integração de atividade física que corresponde às semanas 12 a 14 do mesmo plano anual. Essa abordagem estruturada para o planejamento curricular garantirá que o seu programa de educação física seja adequado em termos de conteúdo de educação física e continuidade.

EXEMPLOS DE PLANOS DE AULA

Esta seção inclui exemplos de planos de aula de educação física e planos de integração de atividade física. Cada exemplo inclui uma lição dos níveis de desenvolvimento I, II e III. Tenha em mente que essas lições são de período de aula único, extraídas de um plano de unidade.

Tabela 7.1 Exemplo de programa anual para o nível de desenvolvimento III

Semanas	Enfoque do programa	Atividades de aptidão física	Conceitos de aptidão física
1	Atividades introdutórias, jogos cooperativos	Alongamentos para flexibilidade	Conceitos de bem-estar
2-3	Pré-teste de aptidão física associada à saúde	Sentar e alcançar, flexões, abdominais, PACER, composição corporal	Atividade física e técnicas de exercício de bem-estar
4-6	Atividade física, atividades de estilo de vida, conceitos e componentes da aptidão física associada à saúde	Circuitos de atividade física, aptidão física muscular	Técnicas corretas de execução de exercícios de resistência e flexibilidade, exercícios a serem evitados
7-8	Conceitos e componentes da aptidão física associada à saúde, empregando o portfólio de estilo de vida ativo	Resistência cardiorrespiratória (RCR)	Princípios de condicionamento físico (componentes, diretrizes FITT [ver Cap. 4], frequência cardíaca, atividade com intervalo)
9-11	Habilidades de futebol	Habilidades de futebol ativas e jogos de liderança	Princípios de condicionamento físico (FC em repouso, recuperação da FC, prevenção de lesões)
12-14	Habilidades de basquete	Exercícios para a parte superior do corpo, exercícios para a parte inferior do corpo	Ciência do exercício: anatomia da parte superior do corpo e da parte inferior do corpo; introdução de um portfólio pessoal de estilo de vida ativo
15-17	Habilidades de vôlei	Exercícios com *medicine ball*, jogos de aptidão física	Ciência do exercício: especificidade, progressão, sobrecarga, reversibilidade, treinar e manter (SPORT) e anatomia dos ossos
18-20	Acrobacias e ginástica	Rotina de flexões, flexibilidade e jogos de aptidão física	Alimentos para aptidão física
21-22	Jogos novos	Circuitos de atividade física	Fazendo escolhas alimentares saudáveis (ensinar o consumo de substitutos de alimentos, lanches e bebidas prejudiciais à saúde)
23-27	Ritmos e dança	Dança aeróbica, *step* aeróbico	Atividade física em família: envolvimento dos pais e da comunidade
28-31	Habilidades de softbol	Atividades de aptidão física de escolha livre	Mantendo um portfólio pessoal de estilo de vida ativo
32-34	Atividade física para estilos de vida saudáveis	Contratos individuais para escolhas de atividade física	Aptidão física para sempre: escolhas e decisões
35-36	Pós-teste de aptidão física associada à saúde	(Veja pré-teste, semanas 2-3.)	Revisão dos principais princípios de educação física, atividade física de verão, oportunidades recreativas
36	Atividades do dia em campo	Desenvolvimento corporal total	Mantendo os níveis de atividade física (60 minutos/dia)

Como a duração da aula varia, sugiro destinar os seguintes percentuais aos segmentos da lição:

- Introdução   15%
- Conceitos teóricos sobre o tema da aula   30%
- Desenvolvimento das atividades físicas   45%
- Encerramento   10%

Cada professor tem sua própria abordagem para os formatos de plano de lição e o conteúdo pode ser integrado aos segmentos da aula. Certas diretrizes, porém, devem permanecer consistentes, independentemente do nível ou do conteúdo da aula.

- **Foco da aula:** trata-se do conteúdo específico para o qual você direciona a instrução da aula.
- **Objetivos:** os planos de aula ilustrados neste capítulo usam objetivos centralizados no aluno. Esses objetivos descrevem o que os alunos farão como resultado das atividades da aula, nas áreas cognitiva (conhecimento), psicomotora (movimento e desenvolvimento físico) e afetiva (valores).
- **Equipamento e instalações:** esta categoria lista todos os equipamentos, materiais de instrução e instalações de que você precisará para por a lição em prática, incluindo as proporções de equipamento por aluno.
- **Considerações sobre segurança:** um planejamento adequado o ajudará a evitar acidentes e manterá suas aulas em funcionamento.

- **Introdução:** também denominada "definição antecipatória", tem o propósito de motivar as crianças, orientando-as sobre o que irão aprender, por que esse aprendizado é importante e como conseguirão assimilar os objetivos.
- **Procedimentos:** esta seção relata detalhadamente a atividade, a estratégia educacional, o planejamento da divisão do tempo e as dicas de supervisão da aula.
- **Encerramento:** muitas vezes, as limitações de tempo dificultam a inclusão do encerramento, porém ele é necessário por algumas razões. Primeiro, é um bom momento para rever o conteúdo da aula. Segundo, ajudará a avaliar se seus alunos captaram o conceito da aula. Terceiro, pode ser uma oportunidade para mostrar aos alunos como o conteúdo da aula é relevante para o dia a dia deles. Por fim, o encerramento é um momento oportuno para preparar os alunos para a próxima atividade de aula, fornecendo-lhes uma prévia resumida das lições estimulantes que eles estão prestes a ter.

Conforme avança pelo conteúdo, pense em um modo que lhe permita atualizar seus próprios planos de aula, para incluir cada um dos componentes essenciais. Lembre-se de incorporar a aptidão física a suas aulas no decorrer de todo o ano letivo.

AULAS PARA A APTIDÃO FÍSICA

Superpump (nível I)

Foco da aula

Aumentar os níveis de atividade física por meio de exercícios e movimentos expressivos e criativos, além de aprender o papel da frequência cardíaca no exercício.

Objetivos

- Cognitivo: o estudante sabe que a atividade física aumenta a frequência cardíaca e esta, por sua vez, exercita o coração.
- Psicomotor: o aluno participa de uma ampla variedade de atividades para aumentar os níveis de atividade física.
- Afetivo: o aluno valoriza a atividade física como forma de fortalecer o coração e como forma de expressão criativa.

Equipamento e instalações

Música, aparelho de som e uma superfície para jogos ao ar livre, com linhas demarcadas.

Considerações sobre segurança

Verifique a superfície da área de jogos quanto aos perigos em potencial. Certifique-se de que os alunos estejam usando roupas adequadas para a prática de movimentos ativos.

Introdução (3 minutos)

Diga para os alunos: "Todos os músculos são importantes e precisam ser exercitados, mas os músculos do coração são os mais importantes do corpo." Com os alunos sentados formando um círculo, peça-lhes para sentirem o coração batendo no lado esquerdo do tórax. Diga-lhes para prestarem atenção no ritmo dos batimentos. Reforce que o coração, ao bater mais forte, envia combustível para os músculos. Pergunte: "Vocês já sentiram suas pernas ficarem realmente cansadas? Isso pode ter acontecido porque vocês precisam exercitar a musculatura do seu coração. Hoje, nós nos movimentaremos ativamente para fortalecer o coração. E para que a aula fique mais animada, faremos isso com música."

Procedimentos

Aquecimento (5 minutos)

Os alunos ficam de pé, formando um círculo. Dê instruções para que eles façam a seguinte série:

- Andar em círculo — 30 segundos
- Andar rápido em círculo — 30 segundos
- Pular em círculo — 30 segundos
- Andar de lado em círculo — 30 segundos
- Galopar em círculo — 30 segundos
- Andar rápido dando socos para a frente — 30 segundos
- Andar rápido fazendo flexões de antebraço — 30 segundos
- Marchar — 30 segundos

Atividade 1: Movimento criativo ao som de música (8 minutos)

Faça os alunos se moverem pela área de jogos e ocuparem seus lugares. Quando a música parar, os alunos devem mover-se como uma foca.

Fazer	Instruir
Tocar música.	Andar.
	Andar com as pernas rígidas.
	Andar com as pernas imitando "espaguete".
	Andar sobre os calcanhares.
	Andar sobre a ponta dos pés.
	Andar em linha reta.
Parar a música.	Deslocar como uma foca.
Tocar música.	Correr devagar.
	Correr devagar e bater na palma da mão do colega, no alto.
	Correr e fingir que é um pássaro.
	Correr e fingir que é um carro.
Parar a música.	Deslocar como uma foca.

Tocar música.	Pular como canguru.
	Pular como coelho.
	Saltar como sapo.
	Você pode escolher outro animal para imitar?
Parar a música.	Deslocar como uma foca.
Tocar música.	Andar como se estivesse muito feliz.
	Andar como se estivesse muito triste.
	Andar como se estivesse muito bravo.
	Andar como se o dia estivesse ensolarado e quente.
	Andar como se o dia estivesse chuvoso e sombrio.

Atividade 2: De coração para coração (7 minutos)

Divida os alunos em duplas e faça-os se dispersarem pela área. Dê-lhes uma série de desafios de movimento. Diga: "Quando eu disser 'de coração para coração', encontrem um novo parceiro e, de pé, fiquem com seu ombro esquerdo perto do ombro esquerdo do outro, colocando a mão direita sobre o próprio coração para senti-lo bater." Experimente os seguintes comandos:

- Dar três passos de gigante para a frente.
- Dar dois passos de gigante para trás.
- Equilibrar-se sobre um pé.
- Andar rápido e mudando de direção.
- De coração para coração!
- Pular ao redor do ginásio.
- Galopar como um cavalo.
- Marchar como um soldado.
- De coração para coração!
- Dar cinco passos para a frente.
- Dar cinco passos para trás.
- Dar cinco passos para os lados.
- De coração para coração!
- Pular duas vezes e, em seguida, dar um salto.
- Andar sobre uma linha pintada no chão.
- Andar para trás, sobre a linha.
- Cumprimentar qualquer colega de classe, apertando-lhe a mão.
- De coração para coração!

Volta à calma (2 minutos)

Diga: "Todos vocês devem andar em silêncio, sentindo o coração bater. Este batimento mais rápido significa que vocês estão exercitando seu coração." (Toque uma música própria para relaxamento.)

Encerramento (3 minutos)

Faça os alunos ficarem de pé, formando um círculo. Conduza a seguinte discussão:

"Quais movimentos fizeram seu coração bater mais rápido? Que outros tipos de atividade fazem o coração bater mais rápido? Todos já sentiram novamente o batimento cardíaco (coloque sua mão direita sobre o tórax). Sintam como está mais lento. Isso está acontecendo porque vocês estão descansando. O coração precisa de descanso, mas todos nós devemos exercitar nossos corações todo dia! Na semana que vem, vamos usar pedaços de tecido para fazer exercícios e praticar um jogo de aptidão física divertido."

De Volta ao Básico (nível II)

Foco da lição
Aumentar os níveis de atividade física geral e executar os exercícios corretamente, para cuidar do pescoço e da coluna dorsal.

Objetivos
- Cognitivo: o aluno sabe como executar certos exercícios para prevenir o estresse sobre a região do pescoço e da coluna dorsal.
- Psicomotor: o aluno participa das atividades de resistência cardiorrespiratória, aptidão muscular e atividades físicas em geral, específicas de cada estação.
- Afetivo: o aluno faz a escolha pessoal das atividades, com base no nível de aptidão física individual.

Equipamento e instalações
- Uma ampla área; uma escada horizontal; 4 fichas de tarefa; música; aparelho de som; 4-5 colchões para acrobacias.
- Para cada 4 alunos: um bambolê; uma corda de pular; uma fita; uma bola de futebol; uma bola de basquete.
- Para cada aluno: uma bola de borracha (22 cm); uma bola de futebol de espuma.

Considerações sobre segurança
Certifique-se de que os colchões estejam limpos. Cheque a área de jogos, verifique todos os equipamentos e também a escada horizontal.

Introdução (3 minutos)
Explique à classe que esta lição ajudará a desenvolver os seguintes componentes de aptidão física: resistência cardiorrespiratória e aptidão física muscular. Cada estação terá um objetivo de aptidão física. Diga: "Alguém conhece uma pessoa que tenha se machucado por ter se exercitado? Às vezes, o exercício pode machucar nosso corpo, se não for executado de modo correto." Demonstre o exercício abdominal com os joelhos dobrados, em vez das pernas estiradas, e também os exercícios para o pescoço – deixar a cabeça cair, olhar de cima a baixo; inclinar o pescoço (sem tombar a cabeça direto para trás). Lembre os alunos de que eles devem executar esses exercícios corretamente, para evitar impor estresse à coluna dorsal e ao pescoço. (Ver no Cap. 11 outros exercícios adicionais, que não são considerados seguros e devem ser evitados.)

Procedimentos
Aquecimento (5 minutos)
Faça os alunos se alinharem em fila única ao redor da quadra de basquete. Cada vez que completarem uma volta, eles mudam de atividade. Instrua os alunos a:
- Andar em volta da quadra de basquete, pelo lado externo.
- Driblar com uma bola pela quadra de basquete.
- Chutar uma bola de futebol de espuma pela quadra de basquete.

Atividade: circuitos (16 minutos)
Divida os alunos em grupos de quatro. Nessa atividade com grupos pequenos, codifique com cores as opções disponibilizadas em cada estação. Toque música durante a realização da atividade. Diga

aos alunos: "Quando a música parar de tocar, sigam para a próxima estação." Circule pela classe, fornecendo *feedback* individual para os alunos. As seleções devem ser fixadas em cada estação, com um lembrete dirigido aos alunos para que deem o melhor de si.

Estação 1: aptidão física dos músculos da parte superior do corpo

Amarelo	Atravessar a escada horizontal, 2 vezes.
Vermelho	Flexões com o joelho flexionado – fazer 2 séries com o número máximo de repetições.
Verde	Imitar uma foca, 1-2 vezes, para cima e para baixo, no colchonete de acrobacias.

Estação 2: resistência cardiorrespiratória

Amarelo	Correr ao redor da quadra, 3 vezes.
Vermelho	Pular corda, 3 séries de 15 pulos com intervalos entre cada uma. (Use linhas para pular, se os alunos tiverem problemas para pular corda.)
Verde	Driblar com uma bola de futebol ou basquete, em ritmo de corrida, pela área designada, até chegar o momento de ir para a próxima estação.

Estação 3: resistência abdominal

Amarelo	Abdominais – 5, 10 ou 15 repetições (o número de repetições que for mais confortável para o aluno).
Vermelho	Abdominais com rotação do tronco – 5, 10 ou 15 repetições.
Verde	Abdominal oblíquo – 5, 10 ou 15 repetições.

Estação 4: brincadeiras livres para atividade física

Os alunos escolhem os movimentos que desejam fazer e criam as atividades físicas.

Amarelo	Bambolê
Vermelho	Bolas
Verde	Fitas

Volta à calma (1 minuto)

Faça os alunos andarem em volta da área, em qualquer direção.

Encerramento

Diga: "Por que é importante executar os exercícios corretamente? Quais foram os dois exercícios perigosos que nós revisamos no início da aula? Por que esses exercícios são tão perigosos? Lembrem-se de executar os exercícios da maneira correta, pois assim vocês não irão impor nenhum estresse adicional ao pescoço nem à coluna dorsal. Na próxima semana, praticaremos um jogo ativo para aumentar a aptidão física."

Coração Saudável (nível III)

Foco da lição

Aumentar a resistência cardiorrespiratória por meio de atividades com intervalo.

Objetivos

- **Cognitivo:** o aluno conhece a técnica de atividades com intervalo para intensificação da resistência cardiorrespiratória.

- **Psicomotor:** o aluno participa das rotinas de intervalo, de acordo com o próprio nível de habilidade.
- **Afetivo:** o aluno valoriza os intervalos como forma de superar seus melhores resultados.

Equipamento e instalações

Cronômetro, música (p. ex., "*Twenty-five miles to go*", de Edwin Starr), aparelho de som, 10 cones, apito, área ao ar livre (cheque a disponibilidade das instalações).

Considerações sobre segurança

Inspecione a superfície da área de jogos quanto à presença de vidro, resíduos, buracos e outros perigos.

Indução (3 minutos)

Diga: "Alguém de vocês já refletiu sobre como certos esportes, como basquete, futebol e hóquei, requerem bastante corrida com poucos períodos de descanso? O basquete, por exemplo, é ativo até que o fluxo do jogo mude ou ocorra alguma falta. Então, toda a correria para por algum tempo. Bem, esta é uma forma de treinamento com intervalo. Hoje, vamos praticar atividades com intervalo que melhorarão o desempenho do coração e dos pulmões, de modo que vocês talvez consigam praticar alguns esportes sem se cansarem tão rápido."

Procedimentos

Aquecimento (5 minutos)

Faça os alunos formarem uma fila única em torno da área de jogos. Então, faça-os andar pela área de jogos, ao som da música "*Twenty-five miles to go*", de Edwin Starr.

Atividade 1: troca de líder (3 minutos)

Divida a classe em grupos de cinco alunos e faça os grupos permanecerem em fila única. O líder da fila começa a correr em qualquer direção, a um ritmo moderado. Diga: "Quando eu disser 'trocar', o último aluno da fila passa a ser o líder e o líder anterior se torna o segundo aluno na fila." Troque os líderes a cada 30 segundos. Se desejar, faça os líderes variarem os movimentos. Exemplificando, permita-os saltar, pular, andar de lado, imitar foca ou andar como caranguejo.

Atividade 2: intervalos de caminhada-corrida (8 minutos)

Use os cones para demarcar o perímetro de uma trajetória de corrida longa, na área externa. Disperse os alunos ao longo do trajeto, para que eles não se aglomerem. Diga: "Começaremos a atividade andando rápido pela trilha. Quando eu apitar, comecem a correr em um ritmo que seja confortável para vocês. Quando eu apitar de novo, vocês voltam a andar rápido, e assim por diante." Alterne caminhada e corrida em intervalos de 45 segundos. Continue por um período total de 7-8 minutos.

Atividade 3: escolha do destino (7 minutos)

Em pé, no meio do campo, peça aos alunos para andarem rápido até você, para que possam receber suas instruções sobre a próxima atividade. Explique que, na atividade seguinte, eles terão a chance de escolher seus destinos. Dê a eles algumas possibilidades para que possam escolher para onde irão correr. Certifique-se de que todos os destinos estejam ao alcance da sua vista, para que você possa supervisionar adequadamente seus alunos. Eis aqui alguns exemplos:

- Uma árvore grande.
- A tabela de basquete na quadra.

- A ala norte do edifício da escola.
- As barras de flexão.
- As traves do gol do campo de futebol.
- A cerca da quadra de basquete.

Diga: "Corram até o destino escolhido, em ritmo moderado, e então corram de volta até aqui em um ritmo mais rápido. Mas isto não é uma corrida!" Em seguida, permita que os alunos escolham seus próprios destinos.

Volta à calma (3 minutos)
Peça aos alunos para voltarem andando do campo até a quadra, em ritmo moderado.

Encerramento (2 minutos)
Pergunte aos seus alunos se eles gostaram da atividade com intervalos. Em seguida, diga: "Quais são as outras atividades que praticamos e que são consideradas atividades com intervalo? Que tipos de intervalo vocês fazem em casa? (Possíveis respostas: andar de bicicleta, andar de patins.) Na semana que vem, aprenderemos outro princípio do exercício: a recuperação da frequência cardíaca. Tomaremos nossa frequência cardíaca antes, durante e após o exercício, e calcularemos uma medida chamada 'índice de recuperação'."

AULAS INTEGRADAS DE APTIDÃO FÍSICA

Salto para o coração (nível I)

Foco da aula
Saltar, pular, realizar movimentos com apoio, realizar movimentos em vários níveis, identificar formas e letras para desenvolver o músculo cardíaco por meio de atividades de pular corda.

Objetivos
- **Cognitivo:** o aluno sabe que o coração é um músculo que precisa ser exercitado e se torna atento às várias formas, níveis e apoios do movimento.
- **Psicomotor:** o aluno participa de diversas atividades envolvendo habilidades de movimento, usando corda de pular e jogos altamente ativos para aumentar os níveis de atividade física.
- **Afetivo:** o aluno valoriza o uso da corda de pular e as atividades relacionadas a jogos, como forma de exercitar o coração e permanecer ativo.

Equipamentos e instalações
Música, aparelho de som, uma corda de pular para cada aluno, superfície plana.

Considerações sobre segurança
Inspecione as cordas de pular e a superfície, em busca de perigos. Certifique-se de que nenhum aluno esteja usando joias/bijuterias.

Indução (3 minutos)
Introduza o uso da corda de pular voltado para desenvolver as habilidades de movimento e permanecer fisicamente ativo. Reveja os músculos utilizados para saltar. Peça aos seus alunos para con-

traírem a musculatura das coxas, deixando a mão sobre esses músculos durante a contração. Peça aos alunos para cerrarem o punho e colocá-lo sobre o lado esquerdo do tórax. Diga: "Este é o lugar onde fica o coração, e o seu punho é do tamanho do seu coração. O coração também é um músculo e se exercita quando você salta e pula."

Procedimentos

Aquecimento (3 minutos)

Posicione os alunos formando um círculo amplo. Utilize música e sinais visuais. Faça os alunos andarem ao redor do círculo e, em seguida, andarem rápido, movimentarem os braços enquanto andam, pularem, saltarem como coelho e correrem em ritmo moderado.

Atividade 1: formas com a corda (15 minutos)

Faça os alunos se dispersarem pela área, ocupando seus lugares. Utilize o método da descoberta orientada nas seguintes atividades com a corda de pular:

- Faça um círculo com a sua corda.
- Você consegue colocar uma parte do corpo dentro do círculo? E duas? Três? Quatro?
- Você consegue entrar no círculo?
- Até que ponto você consegue se encolher?
- E até que ponto você consegue se esticar?
- Você pode correr em volta do círculo?
- Descubra os meios que você pode usar para se mover ao redor do círculo, pelo lado de fora.
- Faça um quadrado com a sua corda.
- Você consegue dar um passo de gigante sobre o quadrado?
- Mostre-me como você faz para pular para dentro e para fora do quadrado.
- Posicione a sua corda em uma linha reta.
- Você consegue andar sobre a corda, como se estivesse andando numa corda bamba de circo?
- Você consegue andar para trás?
- Você consegue mover a corda para baixo, em um nível mais baixo?
- Você consegue mover a corda para baixo, em um nível mais alto?
- Você consegue percorrer a corda de um lado ao outro?
- Faça a letra "V" com a sua corda.
- Você consegue saltar por cima da parte mais larga do "V"?

Divida os alunos em grupos de três:

- Vocês conseguem colocar as três letras juntas? Tentem compor uma palavra.
- Atravessem as letras andando, sem tocar nas cordas.
- Vocês conseguem correr ao redor das letras?
- Vocês conseguem andar dentro e fora das letras?

Atividade 2: corda salva-vidas (7 minutos)

Divida a classe em pequenos grupos de 4-5 alunos, com uma corda de pular padrão para cada grupo. Explique o jogo: "Um aluno de cada grupo segura a extremidade da corda de pular, que é a corda salva-vidas. Ao sinal 'vá!', esse aluno sai correndo pela área, arrastando e agitando a corda no chão. Os outros alunos do grupo tentam pegar a extremidade livre da corda. O aluno que conseguir pegar a ponta da corda salva-vidas passa a correr com ela." Certifique-se de que cada aluno de cada grupo corra com a corda uma vez. Lembre a classe: "O motivo pelo qual a corda é chamada de 'corda salva-vidas' é o fato de o exercício de pular corda ser bom para o coração e porque a prática de exercícios melhora a nossa saúde e nos mantêm saudáveis." Lembre os alunos de manterem a corda sempre no chão.

Volta à calma (2 minutos)

Faça os alunos encontrarem uma corda na área e andarem sobre ela como se estivessem andando em uma corda bamba. Faça-os andarem de lado, para trás, sobre a ponta do dedão do pé, sobre os calcanhares e curvando-se para a frente.

Encerramento (2 minutos)

Reforce o valor do exercício de pular corda para o desenvolvimento da aptidão física. Pergunte: "Que músculo, além dos músculos da perna, é exercitado quando vocês pulam corda ou correm? (Resposta: o coração.) Durante a aula da semana que vem, tentaremos pular corda usando uma corda longa. Nessa prática, dois alunos rodam a corda para um terceiro aluno pular."

O paraquedas funciona! (nível II)

Foco da lição

Praticar as habilidades de manipular, arremessar e receber a bola, aumentando a aptidão muscular.

Objetivos

- **Cognitivo:** o aluno sabe que a aptidão muscular é importante para a realização de várias atividades ao longo da vida.
- **Psicomotor:** o aluno participa de uma variedade de práticas de habilidades de manipulação da bola e desenvolve aptidão muscular da parte superior do corpo por meio de atividades realizadas com pedaços de tecido.
- **Afetivo:** o aluno ganha confiança nas habilidades de manipulação de bola e compreende a necessidade de desenvolver os braços e ombros.

Equipamentos e instalações

Um pedaço grande de tecido, dois pedaços de tecido de tamanho médio, uma bola de borracha (22 cm) para cada aluno, uma área de jogos ampla ou um campo gramado.

Considerações sobre segurança

Inspecione os tecidos quanto à existência de pequenos rasgos ou orifícios. Mostre para as crianças como segurar as alças agarrando-as com as mãos acima da altura dos ombros.

Indução (5 minutos)

Diga: "Hoje, vamos desenvolver nossas habilidades de manipular a bola, bem como a força e resistência da parte superior do corpo, usando bolas de borracha e pedaços de tecido. Para aproveitar a atividade, é preciso que cooperemos uns com os outros, como uma equipe."

Pergunte: "Que tipo de tarefas domésticas requerem o uso dos braços e ombros? (Resposta: lavar o carro, passar o aspirador de pó, limpar as janelas.) Quais atividades esportivas requerem braços e ombros fortes? (Resposta: lançar ou acertar a bola de softbol, dar uma cortada de vôlei, arremessar a bola de basquete.) O que mais exige braços e ombros fortes para ser feito? (Resposta: subir em árvores, pendurar-se nos brinquedos do *playground*, cavar, nadar.) Para fazer tudo isso sem se cansar, vocês têm que exercitar seus braços e ombros. Na aula de hoje, usaremos o pedaço de tecido para ajudar a fortalecer a parte superior do nosso corpo."

Procedimentos

Aquecimento (3-5 minutos)

Posicione os alunos em torno do pedaço de tecido grande. Peça-os para andar, pular ou correr em volta do pedaço de tecido. Em seguida, faça todos os alunos segurarem o tecido com as duas mãos, erguerem acima da cabeça e o abaixarem novamente até o nível da cintura, duas vezes. Depois, faça todos os alunos segurarem o pedaço de tecido com a mão esquerda e correrem em sentido anti-horário, em círculo, sem soltá-lo – pulando, saltando, galopando.

Atividade 1: controlar uma bola (12 minutos)

Faça os alunos se dispersarem pela área, ocupando seus espaços individuais, cada um com uma bola de borracha (22 cm). Apresente os seguintes desafios:

1. Segurando a bola com as duas mãos e no nível da cintura, ande pelo espaço em geral, sem deixar a bola cair.
2. Repita a atividade 1 enquanto corre com a bola.
3. Ponha a bola no chão, na sua frente. Encontre um meio de passar por cima da bola sem tocá-la.
4. Segure a bola e role-a sobre diferentes partes do corpo.
5. Jogue a bola para cima, deixe-a bater no chão uma vez e então pegue.
6. Jogue a bola para cima e pegue-a antes que bata no chão.
7. Jogue a bola para cima e conte quantas vezes você consegue bater palmas antes de pegá-la.
8. Você consegue jogar a bola para cima e pegá-la enquanto corre?
9. Jogue a bola para cima e pegue-a ainda no alto, numa altura mediana e numa altura baixa.
10. Jogue a bola para cima enquanto senta; levante-se e pegue a bola.
11. Encontre meios de manter a bola no ar sem usar as mãos.

Atividade 2: pegar o pedaço de tecido em grupo (5-7 minutos)

Divida a classe em dois grupos iguais. Faça cada grupo segurar um tecido de tamanho médio. Os alunos devem ficar de pé e os grupos devem estar separados por uma distância de 3 m. Coloque uma bola de borracha em um dos pedaços de tecido para começar o jogo.

O objetivo é fazer o grupo que está com a bola atirá-la sobre o tecido do outro grupo. Destaque o trabalho em equipe e a cooperação. Diga: "Vejam quantas vezes os dois grupos conseguem pegar a bola sem deixá-la cair. Vejam se vocês conseguem bater o próprio recorde!"

Atividade 3: pipoca (5-7 minutos)

Posicione os alunos em torno do tecido grande. Coloque vários tipos de bolas no tecido. Peça para que os alunos o segurem com as mãos erguidas acima da altura dos ombros. Explique: "Quando eu disser 'ferver', vocês agitam o tecido, criando pequenas ondulações. Quando eu disser 'cozinhar', façam as bolas se moverem rapidamente oscilando um pouco mais as ondulações. Quando eu disser 'pipoca', façam ondulações grandes e rápidas agitando os braços e saltando para cima e para baixo para atirar as bolas para cima, tentando manter a pipoca na panela. Quando eu disser 'saltar', atirem as bolas para fora do tecido."

Volta à calma (2 minutos)

Faça os alunos descerem o tecido e andarem em volta dele, enquanto realizam cruzamentos de braço e alongamentos de braço acima da cabeça.

Encerramento (1-2 minutos)

Diga: "Vocês estão sentindo os braços um pouco cansados e doloridos? Isso é bom, pois significa que vocês exercitaram os músculos dos braços e dos ombros. Mas vocês também precisam descansar. Sempre que se sentirem mal ou estiverem com dor, vocês devem parar e dizer o que sentem a um adulto. Quem pode nomear jogos e esportes que usam bolas redondas e requerem força e resistência de braços e ombros?" (Resposta: basquete, vôlei, softbol, queimada, handebol, brincar de paraquedas.)

Felinos do basquete (nível III)

Foco da aula

Praticar as habilidades de basquete (bandejas e dribles), trabalhar a aptidão física da musculatura da parte superior do corpo e aumentar os níveis de atividade física participando do jogo de basquete.

Objetivos

- **Cognitivo:** o aluno sabe as técnicas corretas de execução da bandeja, tanto à direita como à esquerda, e consegue identificar o bíceps e o tríceps, bem como os exercícios que fortalecem esses músculos.
- **Psicomotor:** o aluno pratica as habilidades de bandeja e drible, empregando a forma e a técnica corretas de execução.
- **Afetivo:** o aluno coopera com os colegas de classe durante as atividades realizadas em grupos pequenos.

Equipamentos e instalações

- 18 cones, 6 bambolês, 15 pinos plásticos de boliche, 4 fichas de tarefa, 1 rolo de fita adesiva (para marcações no chão do ginásio), apito, quadra com cestas de basquete.
- Para cada quatro alunos: 1 tubo amarelo, 1 tubo verde, 1 tubo vermelho.
- Para cada dois alunos: 1 *medicine ball* de 1 kg, 1 *medicine ball* de 1,4 kg e 1 *medicine ball* de 2,3 kg.
- Para cada aluno: 1 bola de basquete tamanho júnior, 1 ficha pautada (8 × 13 cm), 1 corda de pular, 2 pesos de 1 kg e 2 pesos de 1,4 kg.

Considerações sobre segurança

Inspecione todos os equipamentos e superfícies das instalações quanto à existência de perigos. Crie uma zona de amortecimento adequada entre a atividade da estação e a parede do ginásio. Certifique-se de que os alunos mantenham um espaçamento adequado, enquanto se movem pelo percurso com obstáculos.

Indução (1-2 minutos)

Diga: "Alguém tem uma cesta de basquete em casa ou mora perto de um local que tenha uma? Essa seria uma forma excelente de permanecer ativo e praticar as habilidades de basquete que vocês aprenderam na aula de educação física. O propósito da aula de hoje é praticar as habilidades que os ajudarão a ter melhor desempenho nos jogos e, assim, se divertir jogando basquete não só na escola como também em casa, com os amigos e a família."

Procedimentos

Aquecimento (3 minutos)

Posicione os alunos em fila ao redor do ginásio, cada um com uma bola de basquete de tamanho júnior. Faça-os darem duas voltas correndo ao redor do ginásio, driblando com a bola de basquete. Quando eles terminarem a segunda volta em torno do ginásio, faça-os entrar no percurso com obstáculos de drible de basquete (Fig. 7.1). Faça os alunos correrem devagar e driblarem em cada atividade realizada no percurso com obstáculos. Lembre-os de que devem ser mover devagar, sem disputar corrida.

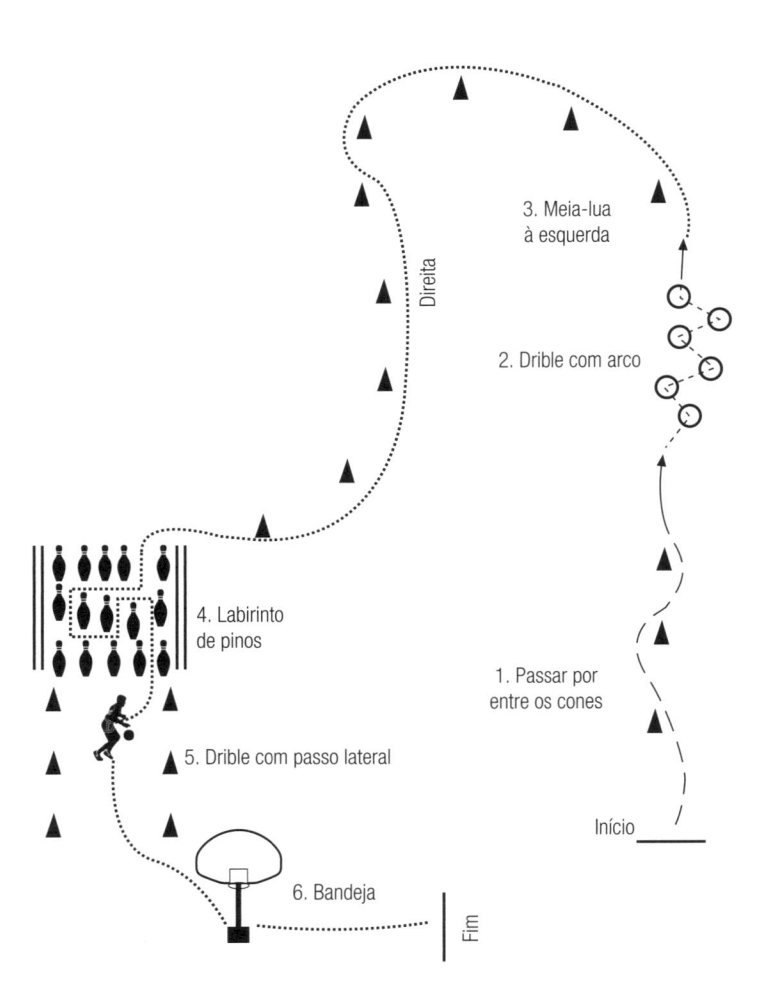

Figura 7.1 Percurso com obstáculos para drible.

Atividade 1: percurso com obstáculos de drible de basquete (7 minutos)

Área 1   **avançar entre os cones:** faça os alunos driblarem, passando pelos cones.

Área 2   **driblar arcos:** posicione os arcos separados por uma distância mínima de 1 m. Faça os alunos driblarem com a bola uma vez em cada arco, alternando as máos no drible ao trocarem de lado.

Área 3   **meia-lua à esquerda e, em seguida, à direita; meio-círculo à esquerda, meio-círculo à direita:** faça os alunos driblarem em torno dos cones posicionados em uma curva à esquerda e, em seguida, em uma curva à direita, usando a mão que está mais longe do cone.

Área 4   **labirinto de pinos:** disponha 15 pinos plásticos em uma configuração de labirinto. Faça linhas com a fita em ambos os lados, para delimitar o caminho. Faça os alunos tentarem fazer dribles passando por esse caminho e sem bater nos pinos.

Área 5   **drible com passo lateral:** disponha cones grandes em um caminho estreito, com aproximadamente 13,7 m de comprimento e 1,8 m de largura. Faça os alunos tentarem atravessar a área delimitada com passos laterais enquanto driblam com a mão dominante.

Área 6   **bandeja:** faça os alunos tentarem uma bandeja com a mão direita.

Atividade 2: estações (16 minutos)

Divida a classe em quatro grupos iguais. Para cada estação, crie fichas de tarefa contendo instruções de habilidade e atividade física. Peça aos alunos para realizarem os exercícios e habilidades da maneira correta, pelo tempo que desejarem. Faça-os anotar na ficha o número de séries e repetições, o peso e o tipo de exercício que fizeram em cada estação de aptidão física muscular.

Estação 1   **bandejas (lados direito e esquerdo):** faça os alunos formarem duas filas retas a uma distância de 6 m da cesta. Uma das filas é a fila de bandeja e a outra é a fila de rebote. Faça os alunos praticarem dribles enquanto esperam a vez.

Estação 2   **desafio da bandeja com lance rápido:** dê 30 segundos para cada aluno fazer o máximo de bandejas que conseguir. Dois alunos devem fazer lançamentos ao mesmo tempo. Permita que eles se posicionem em qualquer lado e em qualquer ângulo. Faça os alunos participarem de uma atividade de pular corda individual ao esperarem a vez.

Estação 3   **bandejas centrais com os alunos em duas filas:** os alunos de uma fila devem fazer bandejas centrais a partir da fila, na ponta da linha de lance livre. Os alunos da outra fila devem formar uma fila de rebote no lado esquerdo, em ângulo com a cesta. Lembre os alunos de que eles não devem lançar as bandejas centrais por cima da parte da frente do aro. Usar a tabela é opcional.

Estação 4   **músculos em ação:** faça os alunos escolherem um grupo de felinos e o número de repetições e séries que desejam realizar. Para cada grupo de felinos, dê uma ficha de tarefas que ilustre o bíceps e o tríceps. Identifique e sombreie os dois músculos, para destacá-los.

   Onças: use os tubos de resistência com códigos de cores para denotar os diversos níveis de resistência (amarela = fácil; verde = médio; vermelho = difícil). Os alunos devem fazer flexões de antebraço (bíceps) e extensões de braço (tríceps).

   Leopardos: faça os alunos escolherem uma das três opções de *medicine ball* pesadas (1, 1,4 ou 2,3 kg) e elegerem um colega para arremessá-la. (Ver no Cap. 11 as atividades específicas.)

   Leões: os alunos devem fazer flexões, seja com o joelho flexionado, seja com a perna estendida.

   Tigres: os alunos devem fazer flexões de antebraço (bíceps) e extensões de braço (tríceps) utilizando pesos (0,5, 1 ou 1,4 kg).

Volta à calma (2 minutos)

Faça os alunos darem duas voltas em torno da quadra, correndo devagar e alongando os posteriores da coxa, quadríceps, panturrilha e braços.

Encerramento (2 minutos)

Enfatize a importância das habilidades básicas para o jogo de basquete. Diga: "O basquete é um jogo que vocês podem jogar por muitos anos, futuramente, sobretudo se tiverem uma cesta em casa ou em um local na vizinhança. Se vocês quiserem fazer parte de um time de basquete local (time do setor público ou de um centro comunitário), tenho contatos telefônicos e fichas de inscrição. Esta seria uma ótima forma de desenvolver suas habilidades de basquete. Quem pode me dizer qual músculo é exercitado com as flexões de antebraço? (Resposta: bíceps.) E com as extensões de braço? (Resposta: tríceps.) Embora pareça o contrário, a força dos braços é um fator importante no jogo de basquete. Quem conhece o jogador de basquete profissional LeBron James? Na próxima vez em que vocês o virem jogar, reparem o tamanho dos bíceps e tríceps dele! Na próxima semana, aprenderemos sobre os músculos das pernas."

RESUMO

Você pode reformular seu programa de educação física modificando a abordagem do planejamento do currículo. Como modelo, use a amostra de plano anual para nível III fornecida neste capítulo, quando for planejar como irá incluir a atividade física associada à saúde em harmonia com as atividades de habilidades e de esporte, ao longo do ano letivo. Em seguida, use os modelos de plano de lição de educação física tradicionais, à medida que for planejando as unidades de aptidão física. Lembre--se de que uma unidade de aptidão física é uma forma excelente de dar o pontapé inicial do ano letivo, facilitando a integração da atividade física ao longo de todo o ano escolar. Feito isso, você estará pronto para seguir os planos de lição de integração de atividade física, enquanto se esforça para integrar a atividade física, as atividades de aptidão física e os conceitos nas unidades relacionadas a habilidades e esportes. Adote essa nova perspectiva sobre inclusão de atividade física e conceitos de aptidão física ao seu currículo de educação física e, assim, o seu programa geral certamente obterá ótimos benefícios. Tenha em mente que, para mudar os seus programas de educação física, é necessário priorizar um planejamento detalhado.

Capítulo 8

Ensinando conceitos de aptidão física associada à saúde

"Se você estiver fazendo planos para um ano, plante arroz; se estiver fazendo planos para uma década, plante árvores; e se estiver fazendo planos para uma vida inteira, eduque as pessoas."

Provérbio chinês

Agora, discutiremos um plano para ensinar conceitos de aptidão física associada à saúde e estilos de vida ativos em suas aulas de educação física. Para ajudá-lo no começo, darei alguns modelos de atividades de aprendizado prático para cada nível de desenvolvimento. Em seguida, no Capítulo 9, estenderemos nossa discussão sobre o ensino de conceitos de aptidão física associada à saúde introduzindo uma discussão sobre as formas de colaborar com o seu parceiro – o professor de sala de aula.

Como discutimos no Capítulo 3, o conhecimento representa a base para ensinar às crianças as habilidades e comportamentos necessários a um estilo de vida ativo. Cada um dos principais domínios do aprendizado (cognitivo, afetivo e psicomotor) é importante para um programa de educação física bem equilibrado e de alta qualidade. Tente não cair na armadilha de negligenciar o componente cognitivo de seu conteúdo para garantir uma atividade física abrangente. Em vez disso, destine uma parte do tempo para ajudar as crianças a tirarem o máximo proveito das novas atividades, ensinando-as acerca da relevância dos exercícios. De fato, os alunos precisam de conhecimentos sólidos sobre os conceitos de aptidão física associada à saúde, para que possam compreender o valor e a importância da atividade física. Essa compreensão, por sua vez, os ajudará a perseguir estilos de vida ativos ainda por um longo tempo depois que concluírem o seu programa.

Assim como planeja os componentes de atividade física do seu conteúdo para que sejam introduzidos em uma sequência adequada, você também deve planejar os componentes do conhecimento. Use o Arco-íris da Aptidão e dos Estilos de Vida Ativos para Jovens (ver Cap. 3) para guiar sua seleção de conceitos de aptidão física associada à saúde apropriados para os níveis de desenvolvimento. Comece com experiências de aprendizado simples, que estejam associadas a brincadeiras ativas e à criatividade encontrada no nível de desenvolvimento I. Avance para o nível II, que é o nível dos fatos concretos, com exemplos relevantes e atividades que se aplicam a um dado conceito. Por fim, faça seus alunos seguirem rumo à independência, dando-lhes a oportunidade de resolver problemas e tomar decisões, que são os aspectos característicos do nível de desenvolvimento III. Lembre-se de ensinar os conceitos de condicionamento físico relacionado à saúde, bem como os estilos de vida ativos no decorrer de todo o ano letivo, incorporando-os a cada unidade do seu conteúdo.

ESTRATÉGIAS PARA ENSINO DE CONCEITOS DE APTIDÃO FÍSICA E ESTILOS DE VIDA ATIVOS

Você pode incorporar os conceitos à sua aula de educação física adotando cinco estratégias básicas:

- Introdução.
- Momentos de oportunidade ao ensino.
- Atividades de classe.
- Encerramento.
- Sessões em sala de aula.

Introdução

Esta etapa envolve a introdução de um conceito de aptidão física associada à saúde e o fornecimento de um exemplo concreto para despertar o interesse no objetivo da aula. Em outras palavras, não diga apenas aos alunos o que eles irão aprender. Diga-lhes por que eles aprenderão determinado conceito, relacionando-o à unidade que você está ensinando.

Vamos analisar a introdução para o nível II. Primeiro, faça os alunos encontrarem suas frequências cardíacas em repouso. Em seguida, inicie uma atividade de futebol com 2-3 minutos de duração e faça os alunos tomarem suas frequências cardíacas mais uma vez. Explique por que as frequências agora estão elevadas. Diga: "O futebol requer muita corrida." Então, estabeleça para os alunos a conexão com o conceito. Diga: "O futebol é um ótimo exercício para o coração. Um bom desempenho em qualquer esporte requer que vocês se mantenham ativos e se exercitem regularmente. Na aula de hoje, praticaremos exercícios envolvendo várias habilidades que exigirão bastante corrida. Isso irá prepará-los para os jogos de futebol e também os ajudará a manter o coração sadio."

Você também pode usar esta etapa para a introdução de um conceito. Recursos visuais e acessórios o ajudarão em sua exposição e tornarão a aula mais interessante. Seja breve e sucinto, limitando sua minipalestra a no máximo 3 minutos para o nível I, 4 minutos para o nível II e 5 minutos para o nível III.

Momentos de oportunidade ao ensino

Um modo excelente de incorporar os conceitos de aptidão física são os momentos de receptividade ao ensino. Com a experiência, você passa a detectar oportunidades, durante a aula, em que os alunos estão prontos para aprender de verdade. Essa pode ser uma forma estimulante de ensinar os conceitos de aptidão física, pois a maioria das crianças tem dificuldade para permanecer sentada ouvindo o professor por mais de alguns minutos na aula de educação física.

Exemplificando, no nível I, você pode encontrar uma criança quieta e tímida rindo e se divertindo durante uma atividade de jogo. Reforce esse comportamento deixando esse aluno perceber como é bom vê-lo se divertir na aula de educação física. Em seguida, pergunte como ele se sente quando está jogando e se movimentando com os colegas. Esse tipo de interação começará a criar um sentimento positivo no aluno em relação à atividade física. No nível III, durante uma atividade de basquete, você pode notar uma aluna perdendo constantemente a posse da bola, que lhe é tomada das mãos. Por meio de instruções particulares, mostre a esta aluna técnicas de habilidades específicas para proteger a bola. Então, ajude-a a intensificar a força do punho e do antebraço (ver no Cap. 11 os exercícios específicos). Explique que ela precisa ter aptidão muscular para controlar a bola, obter o rebote e até fazer arremessos para a cesta. A aluna apreciará sua preocupação e se sentirá apoiada.

Atividades de aula

Incorpore os conceitos de aptidão física às próprias atividades de aula. As fichas de tarefa podem ser úteis para introduzir ou reforçar um conceito, como a identificação de músculos em uma estação de atividade física (ver Cap. 6). Uma atividade relacionada a um jogo, como a Corrida pelo Sistema Circulatório, ajudará as crianças a entenderem os benefícios cardiovasculares proporcionados pelo exercício (veja a descrição adiante, neste capítulo). Os jogos podem reforçar os conceitos de condicionamento físico, como o aprendizado sobre grupos alimentares e lanches saudáveis, por meio da participação ativa. Incorpore o conteúdo de educação física a todas as aulas que você ministrar ao longo do ano letivo.

Encerramento

Durante o encerramento da aula, não apenas resuma a atividade: use esse componente vital da aula para ensinar ou reforçar um conceito de aptidão física. Você pode revisar brevemente o conceito que introduziu durante a parte de introdução da aula. Como alternativa, você pode integrar um exemplo de conceito de atividade física associada à saúde a uma atividade de jogo ou esporte específica da aula que acabou de terminar. No nível III, você pode observar: "OK, classe, parece que todos estão progredindo no desenvolvimento das habilidades de drible.

Lembrem-se apenas de manter a cabeça erguida, para que vocês possam ver toda a quadra. Lembrem-se também de continuar a se exercitar, pois o basquete requer bastante resistência cardiorrespiratória. Que tipos de exercício para resistência cardiorrespiratória seriam úteis para praticar basquete? Quem pode identificar outros tipos de exercício que poderiam ajudar os jogadores de basquete?" Nesse exemplo, você faz referência ao objetivo da aula – desenvolver as habilidades de drible – e também a um conceito de aptidão física – a resistência cardiorrespiratória. Outra técnica é trazer para as aulas uma jogadora do time de basquete de uma instituição, para discutir a rotina de exercícios dela e os trabalhos com exercícios durante a pré e a pós-temporada de jogos, e também o modo como os exercícios a ajudaram a se tornar uma jogadora efetiva.

Sessões em sala de aula

Há momentos em que apenas alguns minutos durante as aulas regulares no ginásio são insuficientes para ensinar os conceitos de aptidão física. Desse modo, ocasionalmente, conduza uma sessão em sala de aula para preparar e motivar os alunos para as atividades que estão por vir. Aproveite a oportunidade para apresentar um conceito com profundidade adicional, empregando uma variedade de técnicas e ferramentas visuais de exposição em sala de aula. DVDs, apresentações de PowerPoint, quadros interativos, livros, folhetos, palestrantes convidados

e grupos de aprendizado cooperativo podem ajudá-lo a expandir um conceito. Entretanto, evite agendar sessões em sala de aula apenas quando as condições do tempo estiverem rigorosas ou diante de problemas nas instalações. Se você usar o ensino de um conceito de aptidão física como lição substituta, passará aos alunos a mensagem de que os conceitos são apenas assuntos que preenchem a aula quando alguma coisa dá errado – e não uma instrução valiosa. Então, em vez disso, agende e planeje esses períodos de aula com uma frequência mínima de um dia por mês – como uma forma alternativa de incorporar rotineiramente os conceitos de aptidão física a cada unidade do seu conteúdo de educação física. (Ver, nos Caps. 9 e 10, os meios de conseguir a colaboração dos pais e do professor de sala de aula para integrar os conceitos a outros assuntos e ao dia a dia.)

OBJETIVO E SEQUÊNCIA

As Tabelas 8.1, 8.2 e 8.3 representam modelos de sequência e escopo para os níveis de desenvolvimento I, II e III. As tabelas incluem amostras de títulos e potenciais conceitos relacionados. O restante do capítulo descreve muitos desses exemplos (mas não todos). A cada mês, enfoca-se um conceito de aptidão física associada à saúde diferente. Quando você tem um tema planejado sobre um conceito de condicionamento físico, é possível organizar facilmente várias atividades de aprendizado relevantes ao longo do mês, com o intuito de facilitar o concei-

Tabela 8.1 Conceitos de aptidão física de nível de desenvolvimento I: a atividade física é divertida

Título	Conceitos	Mês
Exercitar-se é divertido	Promoção de um estilo de vida ativo. Transmita a mensagem: é divertido praticar atividade física com os amigos e a família.	Março
Identificação das partes do corpo	Identificar as partes do corpo. Consciência corporal. O exercício é importante para o crescimento e desenvolvimento.	Abril
Eu sou importante – por dentro e por fora	As crianças aprendem a se sentir bem consigo mesmas e com o próprio corpo.	Maio
A atividade física é para todos	Todas as crianças devem ser incluídas na atividade física. Desenvolvimento da sensibilidade ao outro.	Junho
Superpump	Como o coração trabalha, ouvir as batidas, o valor da atividade física, tipos de exercício.	Agosto
Segurança em primeiro lugar	Repouso, exercício, medidas preventivas de segurança (p. ex., calor, intervalos para beber água, calçados adequados, segurança no trânsito).	Setembro
Combustível para atividade física	Lanches saudáveis, a escolha de bons alimentos, controle de peso.	Outubro
Atividade física de verão divertida	Natação, ideias de atividade física de verão, ciclismo, pedestrianismo. Revisão dos principais conceitos.	Novembro e dezembro

Tabela 8.2 Conceitos de aptidão física de nível de desenvolvimento II: o melhor de mim

Título	Conceitos	Mês
Superalongamento	Técnicas de alongamento estático, exercícios de flexibilidade.	Setembro
Brincadeira dos músculos	Identificação de músculos e exercícios de acompanhamento.	Outubro
Fatos sobre o coração	Anatomia básica do coração, circulação, efeitos do exercício, segurança (p. ex., praticar exercícios no calor).	Novembro
De volta à base	Cuidados com o pescoço e a coluna dorsal, anatomia, postura, técnicas de levantamento, exercícios perigosos.	Dezembro e janeiro
Hábitos saudáveis para o coração	Alimentando-se e praticando exercícios para a saúde cardíaca.	Fevereiro
Técnicas de exercício	Componentes essenciais do movimentos do exercício, alinhamento corporal adequado e posicionamento.	Março
Sistemas do corpo	Como a atividade física afeta os vários sistemas corporais: esquelético, muscular, nervoso, circulatório, digestivo, respiratório.	Abril
Minha escolha	Promovendo a escolha, tomada de decisão e responsabilidade do aluno em relação à atividade física.	Maio
Hora de lazer	Escolha de atividades recreativas para promoção de um estilo de vida ativo (p. ex., pedestrianismo, natação, ciclismo, esportes individuais e esportes coletivos, patinação in-line).	Junho

Tabela 8.3 Conceitos de aptidão física de nível de desenvolvimento III: vamos conseguir um Coração Saudável

Título	Conceitos	Mês
Bem-estar	Conceitos de bem-estar: físico, mental, social, emocional, espiritual. Técnicas de exercício. Estabelecendo um portfólio pessoal de estilo de vida ativo.	Fevereiro
Coração saudável	Fatores de risco de doença cardíaca, anatomia, colesterol bom e colesterol ruim, alimentos saudáveis para o coração, lanches. Efeitos do exercício sobre o coração.	Março
Princípios de aptidão física associada à saúde	Por que praticar atividade física? Componentes do condicionamento físico relacionado à saúde: diretrizes FITT (frequência, intensidade, tempo, tipo de exercício). Técnicas de intervalo, frequência cardíaca, frequência cardíaca de treinamento, estágios de recuperação de um treino. Identificação, prevenção e tratamento de lesões.	Abril e maio
Ciência do exercício	Anatomia e fisiologia básica. Fundamentos, especificidade, progressão, sobrecarga, regularidade, treino e manutenção do exercício.	Junho e agosto
Alimentos para aptidão física	Nutrição saudável para o coração para um estilo de vida ativo. Diretrizes *MyPlate*, ideias para lanches, alimentos-combustíveis.	Setembro
Atividade física em família e envolvimento da comunidade	Acordos de tarefa de casa para pais e alunos, atividades em família, experiências de aprendizado dos pais e da criança.	Outubro
Revisão do portfólio pessoal de estilo de vida ativo	Revisão do estabelecimento da meta, planejamento de um programa individualizado, registro dos padrões de alimentação e exercício. Monitoramento dos níveis de atividade física. Revisão dos principais conceitos do exercício.	Novembro
Atividade física para sempre	Conhecer as zonas de condicionamento físico saudável, técnicas para melhorar os escores, delineamento de planos de atividade independente, fazer escolhas responsáveis de estilo de vida, planejar a atividade física de verão.	Dezembro

to primário. À medida que as crianças avançam pelos níveis do desenvolvimento, você pode repetir os conceitos primários, acrescentando informações apropriadas para fazer com que o entendimento dos alunos acerca dos conceitos evolua.

Estude os exemplos de atividade de aprendizado descritos a seguir, para ter mais ideias sobre a incorporação dos conceitos de aptidão física em suas aulas de educação física, ao longo do ano letivo. Pense sobre qual seria a melhor forma de incluir esses conceitos em seu programa.

CONCEITOS DE APTIDÃO FÍSICA PARA NÍVEL DE DESENVOLVIMENTO I: A ATIVIDADE FÍSICA É DIVERTIDA

A atividade física é divertida

Conceito

Os alunos expressam por que gostam da atividade física na aula de educação física.

Material

Uma ampla faixa de papel colorido, câmera digital, fita adesiva, marcadores, revistas, uma tesoura para cada aluno.

Atividades

Selecione um nível para esse projeto. Tire fotografias individuais de cada aluno, enquanto se movimentam. Fixe as fotos em uma grande faixa de papel colorido, para cada classe. Na faixa, escreva o título: "A atividade física é divertida". Peça aos seus alunos para cortar de revistas imagens que mostrem pessoas ativas, para acrescentá-las à colagem. Em seguida, oriente-os a escreverem uma palavra ou desenharem uma figura embaixo da própria foto, relacionada com a atividade física. Por fim, faça os alunos escreverem sobre o que mais gostam na educação física. (Você ou os alunos mais velhos podem escrever o que os alunos mais jovens ditarem.)

Essa é uma ótima atividade para ser realizada pouco antes da abertura da escola à visitação pública, no início do ano letivo. Coloque as faixas de cada série selecionadas ao redor do ginásio ou no corredor.

Identificação das partes do corpo

Conceitos

Os alunos praticam a identificação das partes do corpo e desenvolvem consciência corporal.

Material

Giz, um rolo grande de faixa de papel colorido, marcadores.

Atividades

Antes da aula, desenhe no chão com giz colorido a figura grande de uma criança, medindo aproximadamente 5 m de comprimento. Divida a classe em dois grupos iguais, nomeando um dos grupos como "Coração" e ou outro, "Saudável". Diga suas instruções específicas em voz alta, por exemplo: "O grupo 'Coração' anda até se cansar; o grupo 'Saudável' pula até as orelhas. O grupo 'Coração' galopa até os cotovelos; o grupo 'Saudável' pula até o tornozelo." Lembre os alunos de ficarem em seus próprios espaços pessoais.

Agrupe os alunos em duplas. Para cada dupla, dê uma parte da faixa de papel e um marcador. Cada aluno deve traçar o contorno do companheiro deitado sobre o papel. Quando terminarem, faça-os então desenharem as partes do corpo que aprenderam. Em seguida, peça-lhes para identificar verbalmente as várias partes do corpo.

Eu sou importante – por dentro e por fora

Conceito

Os alunos aprendem que envelhecem, crescem e se tornam mais fortes, e que esse processo lhes permite realizar as atividades físicas mais avançadas.

Material

Uma corda (1,5 a 1,8 m), 5 pregadores de roupa, 5 meias de tamanhos diferentes (bebê a adulto), 5 fichas pautadas, marcadores.

Atividades

Prenda a corda em uma parede ou amarre-a entre duas colunas, de modo semelhante a um varal para estender roupas. Pendure na corda as 5 meias de diferentes tamanhos, começando pela meia de bebê até a meia de adulto. Prenda uma ficha pautada em cada meia, identificando a idade apropriada. Faça os alunos identificarem as diferenças existentes entre as meias. Eles perceberão que as meias se tornam maiores à medida que quem as usa é mais velho. Peça-lhes então para descreverem as mudanças que as pessoas sofrem conforme vão envelhecendo: física, mental e socialmente. Pergunte: "Que tipo de atividades físicas um bebê, uma criança de 6 anos, uma criança de 10 anos, um adolescente de 16 anos e um adulto podem fazer? Por que uma criança de 6 anos não consegue correr tão rápido nem escalar tão bem quanto uma criança de 10 anos?" Eles provavelmente observarão: "Porque a criança de 10 anos é maior." Reforce que a atividade física promove o crescimento e fortalece os ossos e músculos. Pergunte: "Que outras partes do corpo mudam de tamanho quando uma pessoa fica mais velha?"

A atividade física é para todos

Conceito

Os alunos aprendem sobre as diferenças físicas existentes entre as pessoas.

Material

Colchonetes, equipamento de *playground*, bolas de borracha.

Atividades

Peça aos alunos para pensarem nas pessoas que vivem nas redondezas. Peça-lhes para descrevê-las: baixas, altas, escuras, claras, com cabelo loiro, com cabelo escuro, magras, pesadas. Lembre a classe de que as pessoas são diferentes e isso é uma parte natural e maravilhosa da vida. Diga: "Assim como as pessoas têm aparências distintas, elas também possuem habilidades físicas diferentes. Pensem apenas em nossa turma. Alguns são fortes, rápidos ou quietos, e outros são engraçados e dotados de bastante coordenação. Nos próximos minutos, pensem no que vocês fazem melhor e pratiquem esta atividade ou exercício." Após alguns minutos, peça aos alunos para demonstrarem, um a um, e explicarem o que fazem melhor.

Cada aluno deve ser orientado para uma determinada habilidade física. Exemplificando, um aluno com problema de peso pode ser capaz de se exercitar utilizando faixas de resistência pesadas ou talvez seja forte o bastante para pegar um colchonete de acrobacias. Um aluno não habilidoso pode ser bastante flexível. Um aluno confinado a uma cadeira de rodas pode realizar exercícios para o braço. Ao final da atividade, enfatize que os exercícios, jogos e esportes são para todos. Alguns alunos possuem certas habilidades, mas todos possuem seus próprios pontos fortes pessoais.

A segurança em primeiro lugar

Conceitos

Os alunos aprendem sobre os intervalos de exercício, o consumo de água durante o exercício e a segurança no trânsito.

Material

De 15 a 20 cones, um bambolê de tamanho médio para cada aluno, sinais de parada escritos em papel.

Atividades

Esquematize o trajeto de uma rodovia simples no chão do ginásio ou do lado externo das instalações. Use os cones para criar as pistas de condução e coloque os sinais de parada em algumas intersecções. Para cada motorista, dê um bambolê de tamanho médio para usar como se fosse um volante. Faça alguns alunos descreverem para você o tipo de carro que estão dirigindo (dê a eles algumas dicas: caminhão, jipe, van e assim por diante).

Faça os alunos seguirem pelo trajeto, em número de quatro por vez. Os alunos somente podem correr devagar, e não arrancar em alta velocidade, ao ultrapassarem os outros alunos ou para seguirem o sentido oposto. Quando eles chegarem em um sinal de parada, devem parar totalmente e, então, olhar para a direita e esquerda.

Monte uma estação de água para os veículos resfriarem e descansarem. Lembre os alunos: "Todos nós precisamos de água e períodos de descanso para que o exercício seja feito com segurança, especialmente no calor." Ensine e reforce a segurança pessoal: deixe que vários alunos façam o papel de pedestres atravessando um cruzamento. Os alunos devem olhar para a direita e esquerda, para ver os veículos se aproximando.

CONCEITOS DE APTIDÃO FÍSICA PARA NÍVEL DE DESENVOLVIMENTO II: O MELHOR QUE POSSO SER

Superalongamento

Conceitos

Os alunos reconhecem que a flexibilidade é a amplitude de movimento de uma articulação. O alongamento previne lesões nos músculos e tecido conectivo, melhora a amplitude de movimento para que obtenhamos o máximo benefício do exercício, e evita a dor muscular que pode ser causada pela hiperextensão.

Material

0,5 kg de espaguete cru, 0,5 kg de espaguete cozido, 1 bola de tênis (aquecida), 1 bola de tênis (tirada do *freezer*).

Atividades

Explique a necessidade de realizar o aquecimento antes de iniciar a atividade física. Diga: "Precisamos elevar a temperatura dos nossos músculos antes de alongá-los, fazendo alguns minutos de atividade para os músculos, como corrida ou caminhada rápida. Um músculo aquecido é menos propenso a sofrer lesão, pois são necessárias uma força e uma distensão maiores para rompê-lo. Os especialistas atualmente acreditam que, para melhorar a flexibilidade, seria melhor alongarmos os músculos logo após um exercício ou sessão de atividade, pois nesse momento os músculos estarão aquecidos e a circulação, aumentada." Dê exemplos de atividades típicas, como os jogos pré-desportivos, exercícios realizados na aula de educação física e tarefa de casa. Em seguida, demonstre a diferença entre um músculo aquecido e um músculo frio. Erga 0,5 kg de espaguete cru, que representa um grupo de fibras musculares frias. Observe que as fibras musculares estão frias, rígidas e frágeis, limitando qualquer movimento. Agora, erga 0,5 kg de espaguete cozido. Mostre à classe como os músculos aquecidos e flexíveis podem se mover e flexionar mais livremente.

Demonstre o mesmo conceito utilizando as duas bolas de tênis. Primeiro, bata a bola de tênis aquecida. Peça à classe para observar a altura que a bola atingiu ao pular. Em seguida, bata a bola de tênis resfriada no *freezer*. Reforce a diferença de desempenho apresentada pelas duas bolas de tênis.

Faça os alunos praticarem um aquecimento típico:
* Andar percorrendo um círculo amplo (30 segundos).
* Andar a passos largos (30 segundos).
* Andar rápido (30 segundos).
* Saltar (30 segundos).
* Andar de lado (30 segundos).
* Correr devagar (30 segundos).

Brincadeira dos músculos

Conceitos

Os alunos praticam a identificação dos músculos, aprendem a diferença entre contração e relaxamento muscular, e aprendem exercícios específicos para os músculos dos braços.

Material

Um balão canudo, um mural para as fichas de tarefa, marcadores, vários tonificadores de exercício (equipamento de resistência emborrachado).

Atividades

Peça aos alunos para estenderem os braços com as palmas das mãos voltadas para cima. Mostre à classe onde o bíceps está localizado. Faça os alunos colocarem a mão do lado oposto sobre o músculo. Note que o músculo aparece achatado. Agora, peça aos seus alunos para "fazerem um muque", mantendo a mão sobre o bíceps. Conforme o músculo for saltando, explique que ele está sendo contraído.

Encha o balão canudo. Agarre as duas extremidades e estique. Mostre para a classe como o balão se torna alongado (esticado), do mesmo modo como ocorre quando o músculo é relaxado. Explique então o conceito de que o músculo em estado contraído sofre encurtamento e se torna mais largo. Diga aos alunos que o balão agora vai ser contraído. Empurre de leve ambas as extremidades do balão para fazê-lo voltar discretamente. Faça os alunos descreverem por que o balão se torna mais largo (Meeks e Heit, 2010).

Projete uma estação de atividade física que tenha como foco primário a aptidão muscular. Desenvolva uma ficha de tarefa contendo a figura de um braço inteiro, com o bíceps ilustrado. Pinte o bíceps de vermelho e assinale-o. Descreva um movimento de flexão do antebraço usando o tonificador de exercício (ver Cap. 11) e ilustre-o na ficha de tarefa. Peça aos alunos para realizarem a flexão de antebraço 3-5 vezes, utilizando o tonificador de resistência escolhido por cada um.

Fatos sobre o coração I

Conceito

Os alunos aprendem os benefícios resultantes de uma boa circulação: o exercício intensifica o fluxo sanguíneo pelo corpo e ajuda a manter as veias e artérias desobstruídas.

Material

Um pedaço de mangueira transparente medindo cerca de 0,6 m de comprimento, pequenos pedaços de massa de modelar, 2 copos (480 mL) de suco de frutas vermelhas ou morango, fita de ginástica, bambolês, pôsteres, marcadores, cones, duas caixas, bolas de tênis, bolas de papel.

Atividades

Segure dois pedaços de mangueira de aproximadamente 0,6 m de comprimento. Diga aos alunos: "As mangueiras representam as artérias que transportam o sangue vindo do coração." Encha um dos pedaços de mangueira transparente com alguns pedaços de massa de modelar, deixando o outro pedaço sem nada. Derrame um copo de suco de frutas vermelhas ou morango dentro da mangueira que está vazia. Pergunte: "Estão vendo como o suco passa facilmente pela mangueira?" Agora, derrame o outro copo de suco dentro da mangueira contendo massa de modelar. O suco irá gotejar. Explique: "O exercício pode ajudá-los a manter suas artérias desobstruídas e o sangue, então, poderá chegar a várias partes do corpo de vocês. Comer alimentos gordurosos (p. ex., *cheeseburgers*, sorvete) e não fazer exercícios o suficiente pode resultar no entupimento das suas artérias. Que outros alimentos gordurosos podem entupir suas artérias?"

Correndo através do sistema circulatório: faça seus alunos imitarem o sangue viajando pelo coração, pelas artérias e veias (ver Fig. 8.1). Explique: "As artérias e veias são as vias de mão única per-

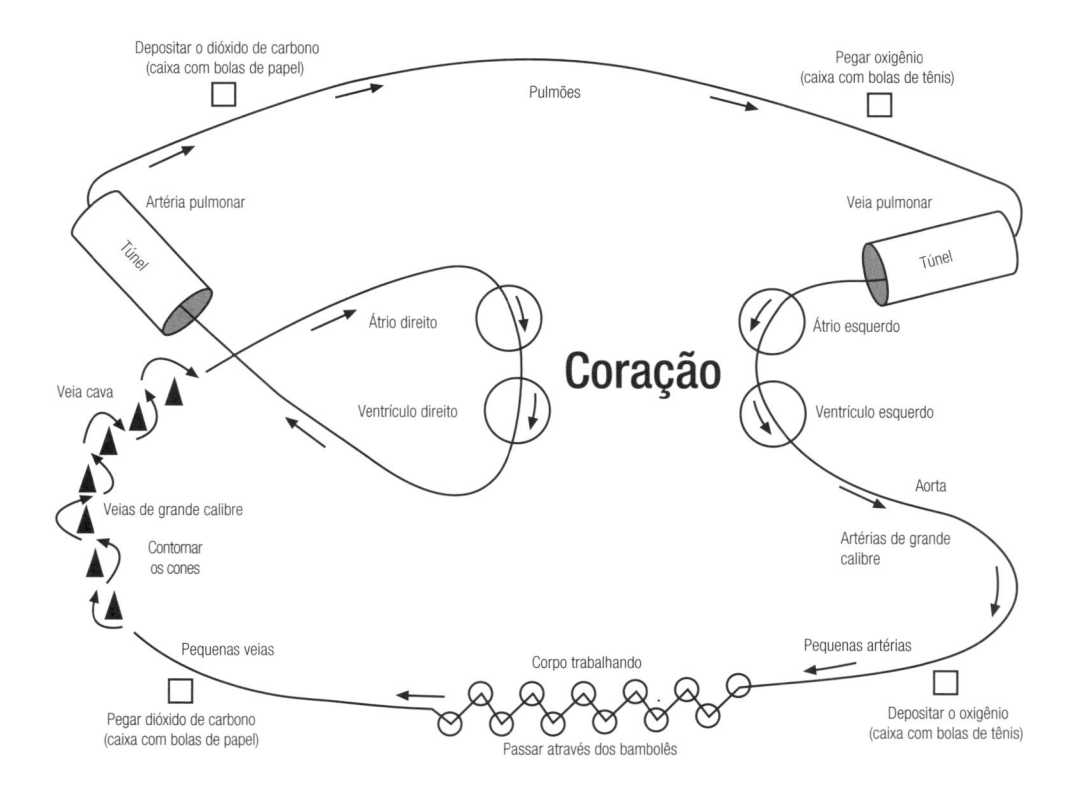

Figura 8.1 Circuito para a atividade Corrida pelo Sistema Circulatório.

corridas pelo sangue." Lembre os alunos dos seguintes conceitos: "As artérias levam o sangue para longe do coração e as veias trazem o sangue até o coração. O sangue leva oxigênio até as partes do corpo que estão trabalhando. Enquanto vocês estiverem correndo devagar pelos pulmões, peguem o oxigênio (bolas de tênis) e depositem (soltem) o dióxido de carbono (bolas de papel). Quando entrarem nas partes do corpo que estão trabalhando, depositem o oxigênio e peguem o dióxido de carbono. Corram devagar pelo sistema, seguindo as setas vermelhas colocadas no chão do ginásio. Leiam os sinais que indicam a vocês as várias áreas do sistema circulatório. Os sinais vermelho-claros marcam as partes do sistema que contêm oxigênio. Os sinais marrom-claros marcam as partes sem oxigênio." (Kern, 1987; Ratliffe e Ratliffe, 1994). A Figura 8.2 mostra a anatomia do coração.

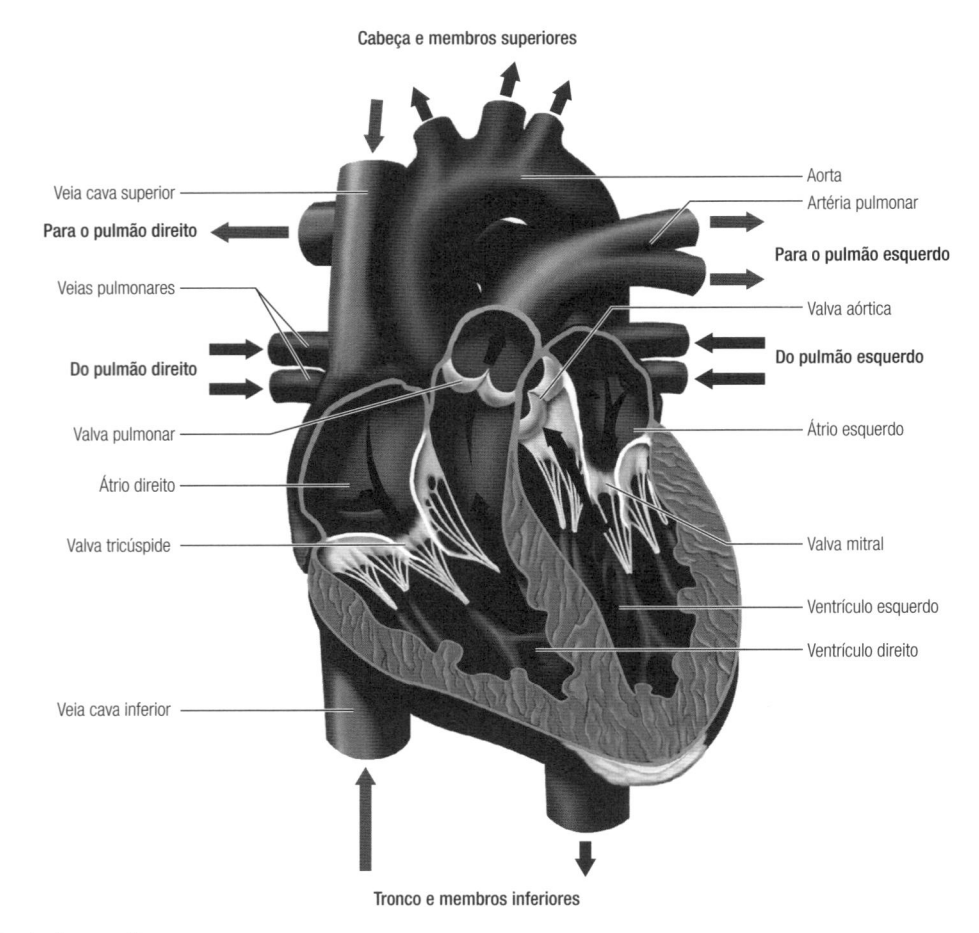

Figura 8.2 Anatomia do coração.
Reproduzido com permissão de National Strength and Conditioning Association, 2008, Structure and function of the muscular, cardiovascular, and respiratory systems, by G.R. Hunter and R.T. Harris. In *Essentials of strength training and conditioning*, edited by T.R. Baechle and R.W. Earle (Champaign IL: Human Kinetics), 14.

Fatos sobre o coração II

Conceitos

Os alunos exploram a segurança em casa, especialmente os sinais de alerta de ataque cardíaco, e aprendem que o exercício pode prevenir a doença cardíaca.

Material

6 cones.

Atividades

Discuta com seus alunos o fato de que, diante de uma emergência em casa, eles devem telefonar para o atendimento de emergência (SAMU, 192 ou Resgate, 193), permanecer ao telefone e fornecer ao operador informações específicas, como seu nome e endereço, e a descrição da situação.

Revise os sinais de alerta que nos indicam quando alguém está tendo um ataque do coração ou está gravemente doente:

- Falta de ar.
- Aperto no lado esquerdo do tórax.
- Dor que desce pelo braço esquerdo.
- Tontura.
- Perda dos sentidos.

Alerta cardíaco: reforce suas discussões com esse jogo ativo. Demarque os limites no ginásio usando os cones. Selecione dois alunos que serão os pegadores. Explique: "Ao sinal 'vá!', os pegadores tentam pegar os outros alunos. Na primeira vez que alguém for pego, este passa a correr com a mão no peito. Na segunda vez, corre com a mão direita segurando o braço esquerdo. Na terceira vez, coloca as mãos na garganta e grita 'alerta cardíaco, alerta cardíaco!' Então, outro aluno correrá em sua direção e ambos farão 10 saltos verticais (o mais alto que puderem). Depois de fazerem os saltos, o aluno que teve o alerta cardíaco estará livre do sintoma. Mas o outro aluno continuará com quaisquer sintomas que tenha tido por já ter sido pego antes. Enquanto os dois alunos estiverem se exercitando, estarão salvos de serem pegos pelos pegadores." Faça um rodízio do jogo a cada 2 minutos, adotando um processo de seleção aleatório, como sortear nomes escritos em papéis colocados dentro de um boné.

De volta à base

Conceitos

Os alunos aprendem a anatomia da região dorsal e a postura correta, especificamente que os ossos e discos vertebrais atuam como colunas de sustentação e amortecedores para toda a parte superior das costas, e também que a postura correta é importante para uma coluna dorsal sadia.

Material

4 tampas de plástico redondas, pratos descartáveis com espuma de barbear, um pedaço de tira branca medindo 1,7 m para cada grupo pequeno, um haltere pequeno (1,4-2,3 kg).

Atividades

Peça aos alunos para tocarem a coluna dorsal e sentirem os ossos localizados no dorso. Em seguida, mostre a eles uma pilha contendo quatro tampas de plástico colocada sobre uma mesa. Explique: "Quando vocês correm ou pulam, os discos (ossos) se juntam. Para evitar que os ossos comprimam (empurrem) uns aos outros, existe uma substância gelatinosa mole, chamada disco, entre cada par de ossos." Agora, coloque os pratos com espuma entre os discos. Diga: "Os pratos representam os discos. Uma forma de evitar lesões nesses discos (para que não sejam estressados pelos ossos) é manter uma postura correta. Se os discos forem estressados demais, podem enfraquecer e deixar vazar líquido (espuma) ou podem ser deslocados e impor estresse indevido aos nervos." Pressione as vértebras (tampas) e mostre aos alunos como os discos (espuma) podem vazar e sair do alinhamento correto. Explique que este é o motivo por que aprendemos a nos exercitar corretamente – assim, não impomos estresse excessivo sobre o pescoço nem sobre a coluna dorsal.

Uma postura errada pode causar dorsalgias. A flexibilidade e os músculos fortes do pescoço e da coluna dorsal são bastante importantes para a postura correta. (Ver no Cap. 11 os exercícios específicos.) Prenda um peso em um pedaço de tira branca, cujo comprimento deve corresponder à altura dos alunos. Em duplas ou em grupos pequenos (3-4 alunos), faça um aluno segurar a tira branca logo acima da cabeça do outro aluno que está em pé, ao lado dele. Alternativamente, você pode querer avaliar cada aluno, de maneira individual. Seja como for, com a tira pendurada diretamente ao longo da lateral do aluno, verifique os seguintes pontos posturais:

- A cabeça está ereta e erguida ou inclinada para a frente ou para trás?
- A parte superior da coluna dorsal e os ombros estão nivelados como a tira ou curvados para a frente ou para trás?
- O quadril está nivelado com a tira ou está pendendo para a frente ou para trás?

Relate quaisquer desequilíbrios significativos ao enfermeiro da escola e aos pais do aluno. Você talvez queira avaliar cada aluno individualmente, para evitar constrangimentos.

Sistemas do corpo

Conceito

Os alunos exploram os efeitos do exercício sobre o sistema digestivo.

Material

Um pedaço (8 m) de barbante branco.

Atividades

Desenrole o barbante contra o seu corpo, na região onde os intestinos estão localizados. Explique: "O barbante representa os intestinos. Uma seção do intestino chamada intestino delgado é o local onde a comida é absorvida da circulação sanguínea. A outra seção é chamada intestino grosso e é o local por onde a comida sai do corpo." Faça dois alunos segurarem o barbante em linha reta. Peça aos alunos para darem um palpite sobre o comprimento do intestino delgado e do intestino grosso (intestino grosso = 1,5 m de comprimento; intestino delgado = 6,4 m de comprimento).

Explique que os jogos ativos e os exercícios nos ajudam a digerir adequadamente os alimentos, pois permitem que o sangue flua regularmente e, assim, os intestinos podem trabalhar melhor. Lembre-os de que, após terminar uma refeição, é preciso esperar pelo menos 1 hora para poder praticar uma atividade física vigorosa. O sistema digestivo necessita que o sangue flua durante algum tempo, para processar o alimento. Nesse período, o exercício interromperia esse processamento e poderia causar náusea. Pergunte: "Quais exercícios ajudariam a melhorar a digestão?" (Resposta: caminhar, correr devagar, andar de bicicleta, nadar, praticar pedestrianismo, jogos ativos, qualquer atividade contínua envolvendo grandes grupos musculares.) Explique aos alunos que um dos motivos que o levou a pedir para que fizessem abdominais é o fortalecimento da musculatura abdominal, que constitui a área de sustentação dos intestinos. Músculos abdominais fortes protegem o sistema digestivo e ajudam a manter os intestinos no lugar certo, para que possam realizar a digestão adequadamente. Diga: "Se os músculos abdominais estiverem frouxos e fracos, os intestinos serão deslocados para baixo e não funcionarão bem. Além disso, o excesso de gordura entre os órgãos do corpo acarreta problemas digestivos. É por isso que alguns adultos têm dores de estômago."

CONCEITOS DE APTIDÃO FÍSICA PARA NÍVEL DE DESENVOLVIMENTO III: VAMOS FAZER O CORAÇÃO ACELERAR

Bem-estar

Conceitos

Os alunos consideram aceitar seus amigos pelo que são e não pela aparência deles, reconhecendo que os jogos e esportes são uma ótima forma de se divertir com velhos amigos e uma oportunidade para fazer novas amizades.

Material

Um rolo de barbante, um livro com capa lisa, um livro com capa colorida e páginas em branco, um pedaço de tecido grande.

Atividades

Mostre à classe os dois livros: um livro comum e outro de capa colorida e elegante. Pergunte: "De qual livro vocês gostam mais? Por quê?" (A maioria dos alunos irá preferir o livro colorido.) Agora, mostre a eles o conteúdo do livro colorido: nada além de páginas de papel em branco. Explique para seus alunos que o livro comum é um trabalho importante de um autor famoso. Explique: "Só porque alguém é um pouco pesado ou usa óculos não significa que seja inferior aos demais. Isso é apenas a aparência externa. Aquilo que realmente importa é o que a pessoa tem dentro de si." Pergunte: "Vocês já ouviram a expressão 'a beleza é apenas superficial' ou 'não se pode julgar um livro pela capa'? Estas expressões antigas valem até hoje!"

Laços de amizade

Peça para os alunos sentarem-se formando um grande círculo. Pegue o rolo de barbante, amarre o fio em volta do seu dedo indicador e diga uma característica que você admira em seus amigos – a honestidade, por exemplo. Agora, passe o barbante em torno do círculo e faça cada aluno fazer um nó com barbante em volta do dedo indicador e dizer uma característica positiva que valoriza. Quando todos tiverem feito isto, pergunte à classe o que o fio de barbante fez. (Resposta: ele nos conectou.) Explique para o grupo que as classes da escola devem trabalhar juntas, como times, ajudando-se mutuamente, e devem desenvolver relações de amizade estreitas.

Corrida com paraquedas

Faça cada aluno agarrar o pedaço de tecido com a parte interna da mão. Explique que eles terão uma aula de corrida com paraquedas, em que devem correr até a árvore grande e voltar. Diga: "Alguns alunos desta turma correm mais rápido, mas, nesta atividade, todos devem permanecer juntos, como um time." Corra com eles ao introduzir essa atividade pela primeira vez, reforçando o trabalho em equipe e algumas das características positivas mencionadas anteriormente, durante a aula.

Conceito de equipe

Segure, por exemplo, um cartaz em que a palavra TEAM (em inglês) esteja escrita. Vire o cartaz, mostre à classe que "TEAM" significa: *Together Everyone Achieves More* (juntos cada um vai mais longe). Peça aos alunos para descreverem os benefícios do trabalho em equipe quando jogam ou participam de algum time esportivo. Peça-os para nomear um time profissional popular que jogue bem e que seja um bom exemplo de comportamento esportivo. Outro exemplo de trabalho em equipe é uma família que trabalha unida para cumprir as tarefas de rotina e as responsabilidades da casa.

Componentes dos princípios de aptidão física associada à saúde

Conceitos

Os alunos aprendem que os componentes da aptidão física associada à saúde são a resistência cardiorrespiratória, a aptidão muscular, a flexibilidade e a composição corporal. Eles também aprendem que podem desenvolver cada componente incorporando certos exercícios a um plano de atividade física equilibrado.

Material

Quatro caixas, cada uma identificada com um componente de aptidão física (resistência cardiorrespiratória, aptidão muscular, flexibilidade e composição corporal) e decorada com enfeites coloridos; 20 fichas pautadas, cada uma identificada com o nome de uma atividade ou alimento (p. ex., 1-5 flexões; 1-5 abdominais; correr sem sair do lugar; *frozen yogurt*, sentar e alcançar).

Atividades

Organize uma estação de aprendizado para um pequeno grupo de alunos. Arranje as quatro caixas identificadas com componentes de aptidão física. Ofereça aos alunos as fichas de tarefa viradas para baixo, a fim de que cada um possa escolher uma. Instrua os alunos a virarem as fichas para cima, realizarem as atividades descritas e, em seguida, colocarem as fichas nas caixas identificadas com o componente de aptidão física correspondente à atividade realizada. Cada membro do grupo deve pegar pelo menos duas fichas, para que os alunos possam repetir o processo. Quando todos tiverem terminado, vá até as caixas e verifique as fichas. Se encontrar fichas em caixas erradas, não pergunte quem as colocou lá. Apenas reforce as respostas corretas.

Princípios de aptidão física associada à saúde: intensidade do exercício

Conceitos

Os alunos aprendem que a intensidade do exercício se refere a quão vigorosamente uma atividade deve ser realizada para desenvolver a área específica da aptidão física. Aprendem ainda que, às vezes, podem se exercitar em um nível alto demais para as próprias necessidades individuais e que níveis mais altos de intensidade podem se tornar perigosos, frequentemente resultando em lesão muscular.

Material

Papel e caneta para cada aluno; um monitor de frequência cardíaca para cada aluno, se possível (caso não seja possível, os alunos podem compartilhar e usar o monitor um de cada vez, durante algumas das próximas aulas).

Atividades

Diga: "Para ter uma sessão de atividade física produtiva e segura, vocês devem monitorar seus níveis de intensidade. Saber como o corpo está respondendo à atividade também pode ajudá-los a planejar seus programas de atividade física individuais. Uma forma de monitorar o esforço cardiorrespiratória é checar a frequência cardíaca." (Ver no Cap. 4 a descrição de como medir a pulsação.)

Faça os alunos calcularem a própria frequência cardíaca durante o exercício. Faça-os trabalhar em duplas, para checar e registrar as frequências cardíacas. Ainda, escolha alguns alunos para usarem monitores de frequência cardíaca ou monitores em forma de relógio de pulso (Fig. 8.3) e transfira as frequências cardíacas deles durante a realização de três segmentos de atividade.

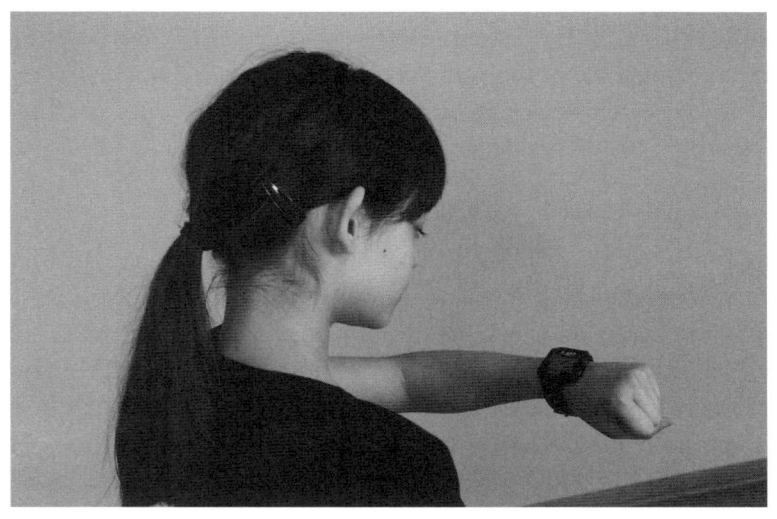

Figura 8.3 Um monitor do tipo relógio de pulso consegue monitorar a frequência cardíaca.

Proporcione aos alunos três níveis de atividade física durante a aula, cada um com duração aproximada de cinco minutos. Comece com uma atividade de baixo nível, como uma caminhada moderada, tentando alcançar o parceiro, ou exercícios calistênicos básicos. Em seguida, faça-os checar a frequência cardíaca e anotá-la.

No próximo nível, proporcione à classe uma atividade de grau moderado, como pular, correr em ritmo moderado ou uma habilidade de drible de futebol. Então, faça os alunos verificarem suas frequências cardíacas e anotá-las.

Por fim, faça seus alunos realizarem uma atividade física de alto nível, como corrida, jogar basquete 3 × 3 ou brincar de pega-pega altamente ativo. Em seguida, peça para os alunos checarem e anotarem suas frequências cardíacas.

Os estudantes devem representar os resultados em um gráfico e mostrar como diferentes atividades físicas representam diferentes níveis de intensidade, conforme indicado por seus três níveis de frequência cardíaca.

Princípios de aptidão física associada à saúde: recuperação da frequência cardíaca

Conceito

Os alunos aprendem que suas frequências cardíacas aumentarão menos durante o exercício e voltarão ao nível normal mais rapidamente após o exercício, se levarem uma vida ativa.

Material

Cronômetro, um banco (ou caixote) medindo 20,3 cm de altura a partir do nível do chão para cada aluno, uma cadeira (ou banco) para cada aluno (opcional: metrônomo).

Atividades

(*Atenção:* os alunos que tiverem problemas no joelho não devem participar dessa avaliação.) Trata-se de uma avaliação basal, para ensinar aos alunos o conceito de recuperação da frequência cardíaca. Comece com 3-5 minutos de aquecimento. Então, diga: "Ao sinal 'começar!', comecem a atividade com o pé esquerdo, subindo no caixote (ou banco) e, em seguida, descendo novamente (quatro contagens: esquerda-direita-para cima, esquerda-direita-para baixo). Continuem subindo e descendo, alternando os pés durante três minutos consecutivos a uma velocidade de 24 passos/minuto (dois passos a cada cinco segundos)." Um metrônomo pode ajudar a manter o ritmo, ou os alunos podem contar juntos, em uníssono. Pare na marca de três minutos e faça os alunos sentarem em suas cadeiras (ou bancos). Após exatamente um minuto da conclusão do teste, faça os alunos medirem suas pulsações durante 30 segundos e, então, multiplicarem os valores obtidos por dois, obtendo assim a pontuação de recuperação da frequência cardíaca de um minuto.

Os escores médios de recuperação da frequência cardíaca para garotos na faixa etária de 10 a 19 anos devem ser iguais a 72-88 batimentos por minuto. Para as garotas da mesma faixa etária, os escores devem estar entre 82 e 96 batimentos por minuto. Frequências cardíacas acima desses níveis podem significar que o(a) aluno(a) precisa intensificar a atividade física para aumentar a resistência cardiorrespiratória. Escores mais próximos do limite inferior podem indicar níveis mais altos de resistência cardiorrespiratória e recuperação da frequência cardíaca. Use esses dados para ajudar seus alunos e não para atribuir graus ou classificá-los em categorias.

Se você decidir repetir o teste periodicamente, lembre-se de realizar a avaliação sob as mesmas condições, com os mesmos equipamentos, no mesmo horário, com uma rotina de aquecimentos exatamente igual e empregando os mesmos procedimentos de teste. As frequências cardíacas variam na maioria das pessoas, por isso use essa avaliação como forma de ensinar o conceito de recuperação da frequência cardíaca. *Jamais* use os resultados para rotular as crianças nem como atividade de treinamento.

Ciência do exercício: princípio da sobrecarga

Conceitos

Os alunos aprendem sobre o princípio da sobrecarga. Segundo esse princípio, para melhorar a aptidão cardiorrespiratória e muscular, é necessário exercitar-se com cargas ajustadas às adaptações fisiológicas anteriormente obtidas. Isso envolve trabalhar com carga aumentada para progredir gradativamente no desenvolvimento físico.

Material

0,5 kg de espaguete, 0,5 kg de macarrão tipo cabelo de anjo, elástico extensor com alças para cada dois alunos (tubos emborrachados), uma faixa de resistência para cada aluno.

Atividades

Divida os alunos em duplas. Em cada dupla, um dos alunos deve ficar em pé, atrás do outro. O aluno que está na frente coloca o elástico em volta da cintura, enquanto o colega que está atrás segura as alças do tubo emborrachado e aplica uma resistência leve (ver Fig. 8.4). Diga a ambos os alunos para andarem rápido, seguindo a mesma direção. Chame a atenção para o fato de que o aluno da frente deve sentir como é bem mais difícil andar contra a resistência da faixa. Inverta os papéis e repita. A resistência impõe uma sobrecarga ao movimento de andar normal.

Segure o pacote de 0,5 kg de espaguete. Explique: "Cada fio de espaguete representa uma fibra muscular e muitas fibras constituem o músculo. Quando vocês aumentam a resistência imposta a um músculo, as fibras musculares se tornam mais espessas." Então, segure o pacote de 0,5 kg de macarrão cabe-

Figura 8.4 Caminhada com resistência.

lo de anjo. Observe: "Esta é a aparência das fibras musculares antes de vocês iniciarem o programa de resistência muscular." Agora, segure novamente o 0,5 kg de espaguete comum. Diga: "As fibras (assim como o espaguete) tornam-se maiores quando vocês aumentam progressivamente a carga nos exercícios de força." Isso irá se tornar mais evidente no início da puberdade – e ainda mais evidente nos meninos, como resultado dos níveis de testosterona aumentados.

Explique para a classe que levantar pesos ou praticar exercícios em aparelhos pode ser perigoso sem a supervisão de um instrutor treinado. Dê exemplos de como os alunos podem praticar com segurança esse princípio, aumentando discretamente a distância da corrida, acrescentando duas flexões com as mãos abertas ou usando as faixas ou tonificadores de exercício emborrachados do próximo nível de cor.

Com os alunos em pé, faça-os realizarem vários chutes para a frente, para trás e para os lados; marchar; e chutes cruzados. Em seguida, faça-os usar a faixa de resistência adequada para o nível de cada um. Faça os mesmos exercícios de movimento com a perna. (Ver as instruções no Cap. 11.) Pergunte: "Como os músculos da perna estão respondendo à resistência adicional?" (Resposta: Estão mais duros, mais pesados.) Explique: "Esta resistência irá construir a aptidão muscular do grupo de músculos em particular que vocês exercitaram."

Alimentos para aptidão física

Conceitos

Os alunos aprendem que se alimentar de acordo com o modelo *MyPlate* pode limitar a gordura, o sódio e o açúcar em suas dietas e equilibrar o conteúdo de vegetais, frutas, grãos, proteínas e laticínios. Alimentar-se de maneira adequada melhora o desempenho físico e os níveis de energia, além de ajudar a controlar o peso.

Material

Uma ilustração do *MyPlate* para cada aluno, quatro cones, quatro sacolas de mercado de papel; figuras de vários grupos alimentares em papéis de diferentes cores para cada sacola; giz ou fita de ginástica; uma ilustração grande do *MyPlate* desenhada no chão do ginásio ou em uma superfície ao ar livre, como mostra a Figura 4.3, na página 43. (Você pode imprimir a imagem do *MyPlate* a partir do site www.ChooseMyPlate.gov. – em inglês.)

Atividades

Distribua cópias da imagem do *MyPlate* para cada aluno. Explique a importância do equilíbrio em suas dietas. Discuta como podemos aumentar os níveis de energia ingerindo mais calorias a partir de pães, macarrão, frutas e vegetais em vez de consumindo alimentos com baixas calorias e com alto teor de açúcar, como bolo de chocolate, sorvete e barras de doces. Lembre os alunos de usarem seus diários nutricionais (nos portfólios pessoais de estilo de vida ativo), a fim de que possam acompanhar sua alimentação diária (ver Apêndice A).

O poder do prato: antes da aula, cole imagens de vários alimentos em papel colorido. Faça os alunos o(a) ajudarem a cortar figuras de revistas nas aulas anteriores, reforçando um conceito nutricional e, ao mesmo tempo, poupando tempo. Use papéis em quatro cores diferentes, para que cada equipe tenha sua própria cor. Para cada grupo, encha uma sacola de papel com as figuras de alimentos. Posicione a imagem grande do *MyPlate* no chão do ginásio e marque as divisões.

Divida os alunos em quatro grupos. Para cada grupo, dê uma sacola de papel. Coloque as quatro equipes alinhadas, a uma distância de 23 m da imagem do *MyPlate*. Use um cone para marcar onde cada equipe deve formar uma fila. Diga: "Ao sinal 'vá!', o primeiro aluno de cada equipe se abaixa e pega uma figura de alimento. Em seguida, corre até o local onde está o prato ao qual o alimento da figura pertence. Os alunos então voltam correndo, batem na palma da mão do próximo aluno da fila, e este aluno será o próximo." A primeira equipe a terminar não será a vencedora. (Lembre os alunos disso antes de começar a atividade.)

Vá até o prato e verifique as figuras de alimentos colocadas em cada divisão da imagem do MyPlate, estabelecendo a correspondência das cores com cada grupo. Faça toda a classe caminhar até o prato e dê um *feedback* de correção. A competição não é o propósito desse jogo. Ocasionalmente, você poderá ver quais grupos estão conseguindo fornecer as repostas mais corretas. Diga: "E vocês pensaram que este jogo seria outra típica corrida de revezamento!"

RESUMO

Devemos ensinar mais conteúdo de aptidão física associada à saúde em nossos programas de educação física, para que assim nossos alunos obtenham o conhecimento necessário para levarem uma vida saudável e ativa. Mas como encontrar tempo sem diminuir o tempo destinado à atividade física? A resposta está num plano curricular bem elaborado, que inclua conceitos importantes planejados em sequência a cada ano, ao longo de todo o ensino fundamental. Use os exemplos de um plano anual para cada nível de desenvolvimento e as amostras de atividades de aprendizado como modelos de como incorporar a educação física ao seu programa sem sacrificar o tempo precioso destinado à atividade física.

Incentivar as crianças a alcançarem suas metas pessoais de aptidão física e aumentar seus níveis de atividade física são objetivos muito importantes de um programa de educação física. Entretanto, é necessário salientar que saber por que elas fazem certas atividades é tão valioso quanto fazer as atividades em si. Todavia, o mais importante é o fato de que o conhecimento constrói a base da compreensão e da valorização da aptidão física associada à saúde. Isso, por sua vez, aumenta a probabilidade de seus alunos desenvolverem comportamentos saudáveis e ativos duradouros. Por isso, integre a educação física em seu programa no decorrer de todo o ano letivo, enquanto espera que seus alunos venham a integrar a aptidão e a atividade física em suas vidas por muitos anos, futuramente.

Capítulo 9

Colaborando com o professor de sala de aula

> "A leitura apenas fornece conhecimento bruto a nossas mentes;
> é o pensamento que nos faz assimilar o que lemos."
>
> *John Locke*

A maioria de nós simplesmente não tem tempo suficiente para cumprir os objetivos cognitivos, afetivos e psicomotores estabelecidos pelo conteúdo anual de educação física. Os professores de sala de aula do ensino fundamental podem ser aliados importantes para ajudá-lo a atingir as metas do seu programa. Se você pretende desenvolver em seus alunos atitudes positivas em longo prazo em relação à atividade física, certamente o professor de sala de aula deve fazer parte da sua equipe (Virgilio, 1996).

Este capítulo fornece estratégias práticas para o desenvolvimento de uma relação cooperativa com o professor de sala de aula, e também um exemplo de unidade temática em saúde cardiovascular com atividades educativas destinadas ao nível de desenvolvimento II. O objetivo é ajudá-lo a iniciar essa relação colaborativa. Esta unidade interdisciplinar incorpora o conteúdo relacionado a um tema central a áreas de diferentes assuntos. O capítulo também oferece exemplos de como integrar os conceitos de aptidão física às áreas das diversas matérias ensinadas em sala de aula em outros níveis.

INTERAGINDO COM O PROFESSOR DE SALA DE AULA

Os professores de sala de aula são excelentes modelos para as crianças pequenas e têm um potencial extraordinário como agentes de mudança. Com exceção dos familiares, há poucas pessoas que exercem mais influência sobre a saúde das crianças do que os professores do ensino fundamental. Como ex-professor de educação física do ensino fundamental, trabalhei com centenas de professores de sala de aula em muitas escolas públicas. Como professor-educador, tenho interagido com outros milhares de professores em conferências, seminários e *workshops* profissionais. Em geral, tenho encontrado professores de sala de aula do ensino fundamental que se preocupam com as pessoas, são sensíveis às necessidades de seus alunos e estão abertos a novas ideias. Esses professores tornam-se especialmente interessados nos objetivos da educação física quando conseguem ver nitidamente os benefícios proporcionados em termos de ensino e saúde para os alunos, na sala de aula.

Cabe a você a responsabilidade de estabelecer uma relação estreita com o professor de sala de aula. É você quem deve iniciar a interação. Os professores de sala de aula geralmente não estão familiarizados com o assunto da aptidão física associada à saúde. Como autoridade, eles esperam que você seja o líder nesta área, ensinando tanto aos alunos como ao corpo docente os benefícios proporcionados por um estilo de vida ativo e saudável.

Suporte administrativo

Para garantir o sucesso, consiga o suporte administrativo do diretor e do comitê de saúde ou bem-estar da escola. Agende uma reunião particular com o diretor para discutir seus planos de incluir os professores de sala de aula em seus esforços para cumprir as metas curriculares. Reforce a crença de que a saúde e o bem-estar dos alunos devem ser um objetivo de toda a escola, compartilhado também com a comunidade. Depois de conseguir o apoio do diretor, solicite uma reunião com o comitê de saúde ou bem-estar da escola.

Identificando seu papel

Os especialistas em educação física muitas vezes permanecem isolados do currículo escolar e distantes dos professores de sala de aula, simplesmente porque sua matéria é considerada complementar. Os professores de educação física também percebem seus papéis na escola como à parte ou diferentes, pois sua matéria é ensinada aos alunos por um meio considerado físico, e não intelectual. Esse estereótipo tradicional pode inibir a colaboração. Dessa forma, como professor de educação física, você deve ver a si mesmo como um verdadeiro profissional e membro valioso da comunidade escolar. Quando você se autopercebe dessa maneira, os outros também o veem assim.

ESTRATÉGIAS DE COMUNICAÇÃO

Assim como com os pais e a comunidade, a comunicação é a chave para estabelecer um bom relacionamento com os professores de sala de aula. Siga as estratégias descritas nas próximas seções para abrir os canais de comunicação.

Comitê de saúde

Estabeleça um comitê de saúde na escola que seja composto por vários representantes da escola e da comunidade. O comitê ideal é composto por dois professores de sala de aula (um dos anos iniciais do ensino fundamental e outro dos anos finais do ensino médio), o responsável pela merenda escolar, o conselheiro ou psicólogo da escola, um representante dos pais e um membro da comunidade (que pode ser um cidadão sênior). O comitê deve ter reuniões mensais ou com uma periodicidade que permita discutir quaisquer assuntos relacionados à saúde, planos de avaliação ou projetos especiais, como uma feira de saúde. A boa comunicação entre os membros do comitê durante as reuniões ajuda a promover uma abordagem em equipe multidisciplinar.

Informativo

O informativo da escola (discutido no Cap. 10) não deve ser destinado apenas aos pais e alunos. Os professores de sala de aula também podem ser beneficiados por informações sobre saúde e atividade física. Além disso, eles apreciarão suas matérias sobre os eventos especiais de atividade física tanto quanto qualquer outro leitor. Insira uma página extra dirigida exclusivamente aos professores de sala de aula, que descreva atividades específicas úteis para a integração de conceitos relacionados à saúde às aulas e que anuncie as atividades das quais os alunos dos diversos anos estão participando durante as aulas de educação física (Virgilio e Berenson, 1988).

Reunião com os líderes de cada turma

Peça autorização para participar de uma reunião de líderes de cada turma. Nessa reunião, discuta seu desejo de trabalhar de perto com o corpo docente. Dê a cada líder de classe uma cópia do escopo e da sequência dos conceitos de aptidão física associada à saúde que você pretende abranger ao longo do ano (ver os exemplos nas Tabs. 8.1 a 8.3). Em seguida, peça a colaboração de todos. Dê tempo para que os líderes façam um *brainstorming*. Eles sentirão mais entusiasmo por seus planos quando souberem que você valoriza as contribuições deles.

Reuniões do corpo docente

Estabeleça um relatório de educação física como segmento de cada reunião geral do corpo docente. Relate os futuros eventos e projetos especiais, e anuncie as atualizações da abordagem de integração curricular usando exemplos específicos. Essa é uma técnica certeira para manter todos informados e, ao mesmo tempo, aproveitar essa oportunidade para motivar os professores que ainda terão que participar de sua nova estratégia curricular.

E-mail

Regularmente, envie ao corpo docente as atualizações, anúncios e quaisquer outras notícias pertinentes por *e-mail*. As mensagens também podem ser enviadas aos grupos de pais, para manter a comunidade escolar informada sobre os eventos de educação física que estão por acontecer. Crie sua própria identidade visual, desenvolvendo um timbre com elementos gráficos em seu computador.

Site da escola

Desenvolva uma página no site da escola. Nela, você poderá incluir as atualizações referentes ao currículo de cada ano, divulgar as datas dos eventos da escola e até carregar fotos de alunos participando em várias de suas aulas de educação física. (Os pais devem dar permissão para divulgar as fotos de seus filhos – nesse caso, são usados os sobrenomes. Cheque isso com o diretor antes de postar quaisquer fotos.) As galerias de fotos podem ser facilmente inseridas nas páginas do site e ajudam a criar expectativa em relação ao seu programa.

Educação

Concentre seus esforços no sentido de instruir o corpo docente sobre duas áreas específicas: conteúdo sobre aptidão física associada à saúde e matérias do currículo escolar. Os professores precisam saber o que é abordado pela aptidão física associada à saúde. Você se lembra da sala de bem-estar, que discutimos no Capítulo 2? Use-a de uma forma divertida para alcançar e ensinar seus colegas. Além disso, forneça as matérias educativas e atividades de aprendizado que você deseja que eles incorporem ao conteúdo de classe.

Conteúdo de aptidão física associada à saúde

Você precisa ensinar ao corpo docente e aos funcionários da escola os benefícios proporcionados pelo exercício, os princípios básicos de aptidão física, saúde cardiovascular, conceitos de bem-estar e assim por diante. Também é útil estabelecer uma aula de exercícios para professores e funcionários, além de aumentar os conhecimentos deles sobre aptidão física. A seguir, são descritas as estratégias utilizadas para ensinar professores de sala de aula do ensino fundamental, funcionários e administradores:

- **Aula de aptidão física para professores:** essa aula deve ser dada após o horário escolar. Inclua exercícios aeróbicos, treinamento de força e flexibilidade. Para cada aula, inclua um conceito de saúde (p. ex., redução de colesterol ou como ter boa postura e evitar dores nas costas) e pelo menos 20 minutos de atividade física. Essa aula é uma excelente oportunidade para mostrar aos professores como eles podem aprender ao pôr em prática as atividades físicas – como fazem os alunos. É também uma forma extraordinária de conhecer melhor o corpo docente e estabelecer relações profissionais mais profundas.

- ***Workshops* de formação continuada:** organize *workshops* de formação continuada para o corpo docente e funcionários da escola. O município, o regional de ensino ou ainda um centro de professores podem patrocinar esse *workshop* e recompensar com créditos de formação continuada como forma de incentivar todos os professores a participarem e se tornarem mais bem informados. Angarie a ajuda de professores de educação física de alguma universidade próxima.

- **Palestrantes convidados:** convide palestrantes para falarem sobre assuntos das áreas de saúde e aptidão física durante as reuniões do corpo docente. As palestras também podem ser marcadas para as sessões antes do horário de aula, seminários realizados na hora do almoço ou reuniões da associação de pais e mestres (APM) realizadas à noite (ver Cap. 10).

- **Feira de saúde:** os professores, assim como os pais e alunos, podem ser beneficiados pelas informações e atividades apresentadas na feira de saúde da escola (ver Cap. 10). Considere a possibilidade de pedir aos alunos de cada ano para projetarem uma estação de saúde. Solicite a assistência de uma universidade local, da divisão local de associações médicas de cardiologia ou de um hospital local.

- **Área de leitura sobre saúde e aptidão física:** se você não conseguir organizar um espaço para essa finalidade na sala de bem-estar de pais e professores, estabeleça uma área junto à biblioteca da escola, cafeteria do corpo docente ou laboratório didático que proporcione aos professores a oportunidade de ler ou pesquisar informações em vários artigos, informativos e livros sobre saúde geral.

Conteúdo programático

Um *workshop* de formação continuada interativo ou uma reunião do corpo docente são cenários ideais para introduzir o conteúdo programático aos professores. Você pode elaborar suas próprias atividades de aula, usar publicações ou agrupar tudo em uma combinação de conteúdos que melhor correspondam às suas metas. Este livro seria uma referência ideal para os professores de sala de aula.

Lembre-se, porém, de sempre garantir que as atividades de aprendizado em sala de aula permaneçam simples, concisas e fáceis de acompanhar. Se o conteúdo for técnico demais, os professores não se sentirão confortáveis para usar essa nova abordagem curricular. Além disso, para estabelecer a correspondência entre o conteúdo e os conceitos ensinados em educação física e o ensino em sala de aula, você terá que estar atento às diretrizes curriculares de cada ano para as outras áreas.

Depois que os professores de sala de aula reconhecerem o valor da saúde em suas próprias vidas e o papel importante que a saúde exerce no desenvolvimento geral das crianças, eles passarão a ser aliados importantes em seu trabalho. Por isso, vamos partir para o trabalho e abordar os exemplos de unidades temáticas, atividades de sala de aula de aptidão física associada à saúde e estratégias práticas que você pode usar para ajudar, apoiar e guiar o professor de sala de aula. Lembre-se: você é o fator decisivo!

UNIDADES TEMÁTICAS: UMA ABORDAGEM AO APRENDIZADO INTEGRADO

A unidade temática sempre foi reconhecida como uma abordagem de aprendizado excitante e desafiadora para o ensino fundamental. A noção básica de unidades temáticas é a de que o aprendizado deve ser integrado, multidimensional e multidisciplinar. Dito de forma simplificada, uma abordagem temática fornece aos alunos uma série de aulas sobre um determinado tópico em particular que, por sua vez, é interessante, significativo e componente importante do currículo de qualquer ano (p. ex., dinossauros, vida no oceano, ecologia, química, nutrição, saúde cardiovascular). Essa abordagem também integra várias áreas de assuntos como língua e literatura, ciência, matemática e artes.

Ao delinear as unidades temáticas, os professores consideram as necessidades, os interesses e os níveis de desenvolvimento de seus alunos. Além disso, eles tentam incorporar uma seleção de literatura infantil e algumas fontes educativas para estabelecer conexões por meio do currículo. As unidades temáticas são planejadas para incluir algumas atividades interativas, com muitas oportunidades para tomada de decisão e pensamento crítico.

O uso das unidades temáticas também oferece ao professor de sala de aula um meio único de diferenciar o ensino de seus alunos. Os professores usam essas unidades para atender às necessidades individuais de seus alunos, proporcionando uma ampla variedade de atividades de aprendizado em diversos níveis de ensino. Dessa forma, cada aluno pode atingir determinado grau de sucesso e todos aprendem o conceito ou a ideia nova. As unidades temáticas bem planejadas permitem a realização das seguintes metas educacionais:

- Aumentar o uso efetivo da tecnologia.
- Integrar as habilidades de processamento da palavra em atividades criativas.
- Controlar o acesso seguro dos alunos à internet.
- Compactar o conteúdo.
- Demonstrar a natureza interdisciplinar do aprendizado.
- Aumentar o interesse do aluno pelo aprendizado.
- Considerar estratégias de avaliação alternativas.
- Intensificar as atividades de aprendizado colaborativas e cooperativas.

As unidades temáticas habilitam o professor de sala de aula a munir seus alunos de diversas atitudes e habilidades, bem como de níveis de conhecimento com uma ampla variedade de recursos, tanto dentro como fora da sala de aula. De acordo com Meinbach, Fredericks e Rothlein (2000), o uso das unidades temáticas proporciona numerosas vantagens. Esses autores se referem a tais vantagens como "os 7 Cs":

1. *Contact* (**contato**). As unidades temáticas quebram os limites impostos pelo relógio e pelos horários. Essa abordagem cria um sentimento de abertura ao aprendizado. Os períodos de tempo em blocos do ensino tradicional, que separam um assunto do outro, podem limitar as oportunidades e a motivação para o aprendizado.

2. *Coherence* (**coerência**). As unidades temáticas transmitem às crianças a mensagem de que o aprendizado não é uma atividade isolada – o aprendizado ocorre de forma contínua e por toda a vida do indivíduo.

3. *Context* (**contexto**). O aprendizado deve ter um propósito. Muitas vezes, as crianças estudam ou leem apenas porque disseram-lhes para fazer isso ou por ser tratar da matéria de uma prova. As unidades temáticas ajudam as crianças a identificarem o significado e o contexto da matéria, à medida que aplicam suas experiências ao mundo real.

4. *Connections* (**conexões**). As unidades temáticas ajudam as crianças a entender as relações existentes entre as áreas de diferentes assuntos, como a relação entre matemática e língua e literatura ou entre ciências e educação física. Essa abordagem proporciona oportunidades para estabelecer conexões entre os fatos de várias áreas de assunto e, assim, intensificar a compreensão e a abertura para um aprendizado mais significativo em todas as matérias.

5. *Choices* (**escolhas**). As unidades temáticas dão aos alunos o sentido de propriedade sobre o tempo dedicado ao ensino. Em vez de dizer o que os alunos devem aprender, pergunte-lhes o que eles gostariam de aprender e como eles gostariam de aprender isso. Quando os alunos acreditam que estão fazendo escolhas importantes, tornam-se aprendizes mais ativos e entusiásticos.

6. *Cognitive expansion* (**expansão cognitiva**). As crianças inerentemente aprendem no nível em que são ensinadas. Se você fizer perguntas que na maioria são de nível inferior ou do tipo memorização por repetição, os alunos abordarão o aprendizado da mesma maneira. O propósito das unidades temáticas é fazer as crianças investigarem, descobrirem e explorarem, tendo à disposição muito poucas respostas predeterminadas. De fato, você pode até pedir para as crianças desenvolverem suas próprias perguntas para que, em seguida, solucionem o problema ou pesquisem as respostas por si mesmas.

7. *Cooperation* (**cooperação**). O aprendizado pode ser intensificado pela interação entre pares. As crianças precisam passar pela experiência de trabalhar como equipe, em vez de competirem por notas. As unidades temáticas criam um propósito para a formação de grupos de aprendizado cooperativo ao enfatizarem a conquista em grupo, e não a conquista individual.

SAÚDE CARDIOVASCULAR: UMA UNIDADE TEMÁTICA

O exemplo a seguir descreve uma unidade temática para o nível de desenvolvimento II. Angarie o apoio dos professores de sala de aula, discutindo com eles o quanto o estudo da saúde cardiovascular é vital para o seu programa e como é importante que o aprendizado dos alunos sobre saúde seja uma meta de toda a escola. Explique a eles que esta unidade temática os ajudará a integrar as áreas curriculares, proporcionando aos alunos uma ampla gama de atividades e oportunidades para intensificar o aprendizado por meio da integração.

Ao introduzir a unidade sobre saúde cardiovascular, sugira que o professor de sala de aula comece avaliando o conhecimento dos alunos sobre o tópico e o que eles desejam aprender sobre esse assunto. Embora o professor de sala de aula possa ter um direcionamento nítido do conteúdo a ser planejado para a unidade, conforme ilustrado na rede curricular de saúde cardiovascular (ver. Fig. 9.1), deve ser flexível e estar disposto a usar as ideias e os interesses dos alunos para melhorar a experiência do aprendizado.

O *brainstorming* (tempestade cerebral), que consiste em listar os conhecimentos dos alunos e aquilo que eles desejam investigar, é um método efetivo. Ao fim da unidade, peça ao professor de sala de aula para fazer os alunos listarem o que aprenderam sobre o tópico. Criar e exibir essas listas em sala de aula são técnicas efetivas para reforçar os objetivos do aprendizado, capacitando as crianças ao permitir que tomem decisões no contexto do tema.

O professor de sala de aula pode planejar atividades de aprendizado para áreas de conteúdo específicas ou pode integrá-las ao longo do dia, nos blocos de tempo separados para a unidade. Embora as atividades a seguir estejam listadas nas categorias amplas de língua e literatura, matemática e ciências, artes e tecnologia, é possível integrá-las facilmente a diversas áreas de assunto. Os professores de sala de aula podem usar as atividades sem modificá-las, modificando-as para atender às necessidades dos alunos ou usando-as para suplementar suas próprias ideias criativas acerca do tópico.

Introdução geral

Nesta unidade, colabore com o professor de sala de aula na organização de uma coleção de livros para serem exibidos e usados na sala de aula. Ao introduzir uma unidade, explique que o modo como os livros são exibidos pode criar expectativa em relação ao tópico a ser abordado. Peça aos alunos para trazerem outros livros ou recursos que possam ajudá-los no estudo da saúde cardiovascu-

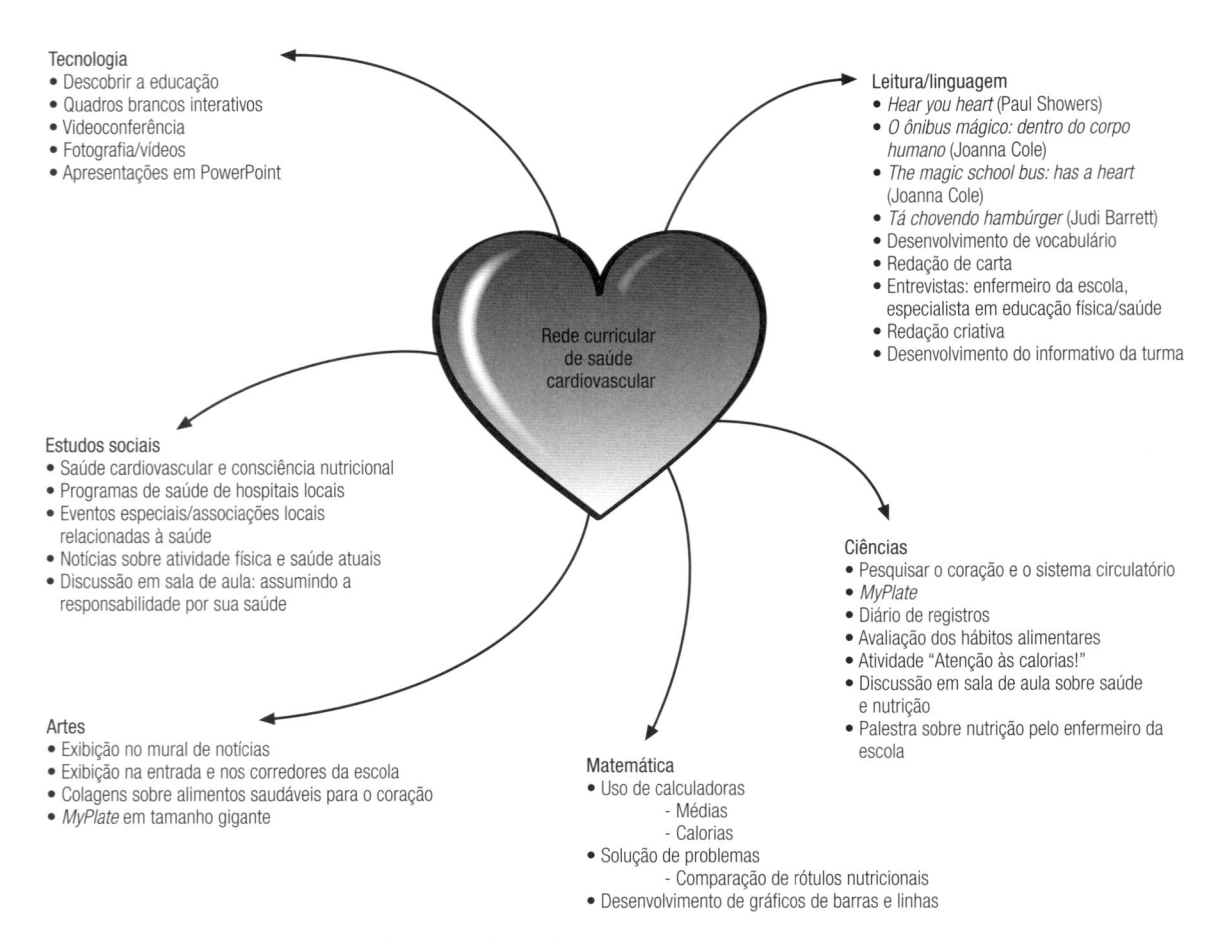

Tecnologia
• Descobrir a educação
• Quadros brancos interativos
• Videoconferência
• Fotografia/vídeos
• Apresentações em PowerPoint

Leitura/linguagem
• *Hear you heart* (Paul Showers)
• *O ônibus mágico: dentro do corpo humano* (Joanna Cole)
• *The magic school bus: has a heart* (Joanna Cole)
• *Tá chovendo hambúrger* (Judi Barrett)
• Desenvolvimento de vocabulário
• Redação de carta
• Entrevistas: enfermeiro da escola, especialista em educação física/saúde
• Redação criativa
• Desenvolvimento do informativo da turma

Rede curricular de saúde cardiovascular

Estudos sociais
• Saúde cardiovascular e consciência nutricional
• Programas de saúde de hospitais locais
• Eventos especiais/associações locais relacionadas à saúde
• Notícias sobre atividade física e saúde atuais
• Discussão em sala de aula: assumindo a responsabilidade por sua saúde

Ciências
• Pesquisar o coração e o sistema circulatório
• *MyPlate*
• Diário de registros
• Avaliação dos hábitos alimentares
• Atividade "Atenção às calorias!"
• Discussão em sala de aula sobre saúde e nutrição
• Palestra sobre nutrição pelo enfermeiro da escola

Artes
• Exibição no mural de notícias
• Exibição na entrada e nos corredores da escola
• Colagens sobre alimentos saudáveis para o coração
• *MyPlate* em tamanho gigante

Matemática
• Uso de calculadoras
  - Médias
  - Calorias
• Solução de problemas
  - Comparação de rótulos nutricionais
• Desenvolvimento de gráficos de barras e linhas

Figura 9.1 Rede curricular para unidade temática em saúde cardiovascular.

lar. Verifique a disponibilidade de mais títulos e materiais com a divisão local da SBC. Sugira que o professor da sala de aula introduza a ideia da importância do coração para o corpo, lendo um livro com os alunos (p. ex., *O ônibus mágico: dentro do corpo humano*, de Joanna Cole, 1991).

Língua e literatura

Sugira ao professor de sala que a aula integre as habilidades de linguagem ao conteúdo de saúde cardiovascular por meio da redação e produção de um informativo chamado *Coração saudável*. O processo de redigir um informativo inclui automaticamente uma variedade de habilidades essenciais às crianças que estão nesse nível de desenvolvimento. Leitura, redação, comunicação, aplicações de informática e matemática são todas integradas, de modo a conferir uma certa confluência à experiência de aprendizado.

Deixe os alunos fazerem um *brainstorming* com os múltiplos componentes desse informativo. Em seguida, divida a classe em grupos que tenham tamanho adequado para a execução de cada tarefa. Permita que os alunos trabalhem em mais de uma área, a fim de que a abrangência do informativo seja a maior possível.

As seções podem ser as seguintes:

• **Palavras cruzadas:** use termos relacionados a exercícios, aptidão física e alimentos saudáveis.

• **Caça-palavras:** inclua termos importantes relacionados ao coração, exercícios e nutrição (ver Fig. 9.2).

• **Atividades de decodificação:** embaralhe palavras-chave relacionadas ao coração, exercícios e nutrição.

• **Professores em destaque:** faça os alunos entrevistarem um professor da escola cujos hábitos alimentares sejam saudáveis ou que frequentemente seja visto praticando exercícios para manter a saúde (p. ex., caminhando ou correndo na hora do almoço).

Encontre estas palavras:

Açúcar	Bicicleta	Calorias	Caminhada	Coração	Corrida	Esporte
Exercício	Iogurte	Natação	Sódio	Saudável	Yoga	

```
Q P C L N W M A C A O M O N M H G O U Q Q E S A F
N V H B A A O K M B L Z U R K Y Á B R M E W A H K
I E S V D M T C Y N O B W U Ç T N W E Z Q U H N
P S F S P E M A U D L I K K A J Y W N R D Z D C C
V P O F H V W X Ç B N C A R K H P S Z G C L Á V Y
H O Q D O I N T E Á Z I O T D A W L P U K H V A Q
T R D K C P W L K M O C H N L D Z L Y K V X E Q B
F T I H T B X O Y F H L H O T U W K A C W V L O E
X E B Z P I O S E S X E Q D N N F C O R R I D A E
H M W S I U Q J M N U T T X A W Q Ú F I J A G Ç W
B B Z S J W B Q E Z F A A R U S X T K M C Y T Y N
E V Q D F T W P J R Q W Y C Z C X I E O M X S G U
Y X F Á Ó V H E A O U T I C A N G O K I J A J I S
J A E Z I W G G L Y D Q F W A L B G Z J I M P M L
X Í L R B R D Ç U U N F Q P U S O U P A N P V D V
N H V Á C N A Ç Ú C A R C K L O X R H H R V E O L
J N D C J Í G E G A S E D B S U U T I M F O M R Q
Q P P D O X C T A M P U W I X M K E Q A W R V M A
Y A X Y D C A I N I F A U C Y U Z X I G S X U O L
A Q T O A D V A O N D Z Y F V X F I X T D K B Z R
G B U G Z H G B N H C R U B R G I W H O S I Z D Y
M G L A X F M Q W A F X V F W X S Ó D I O E Q Q W
Z F X D I W D D O D U I U Z W O B Q S N T X D Q J
P U W L K P D T G A V U C P M L O E W X I S H A H
I Z M L I Y X N J A J K D Z Z F B H B G N Q Z P C
```

Figura 9.2 Exemplo de caça-palavras para um informativo de saúde cardiovascular. Quando os alunos criam itens como este para o informativo, estão reforçando tanto os conceitos de linguagem como os conceitos de saúde.

• **Envolvimento familiar:** incentive os alunos a realizar um *brainstorming* sobre várias atividades familiares divertidas para uma noite da semana ou fim de semana (p. ex., andar de bicicleta, trilha em um parque estadual).

• **Receitas culinárias saudáveis para o coração:** faça os alunos encontrarem 2-3 receitas culinárias (talvez, uma para o café da manhã, outra para o almoço e uma para o jantar). Uma lista de lanches saudáveis para levar à escola também seria útil para lembrar os pais de evitar colocar muitos doces na lancheira.

• **O Grupo do Almoço:** faça os alunos entrevistarem o diretor, o administrador da cantina, professores e outros alunos, com o objetivo de reunir informações sobre como melhorar a merenda da escola.

• **Alerta do Cereal:** peça aos alunos para fazerem um levantamento sobre o cereal favorito dos estudantes da escola e montarem um gráfico com os resultados, que será exibido sob a forma de pôster na entrada da escola. Perto do gráfico, os alunos devem comparar os rótulos dos cinco cereais mais populares na escola. Mostre a eles como analisar as calorias, gorduras *versus* calorias, bem como as quantidades de gordura trans, açúcar e sódio, utilizando a informação nutricional nas embalagens (ver Fig. 9.3). Inclua esses resultados no informativo também.

• **Dicas de aptidão física:** peça para os alunos entrevistarem um profissional de educação física e listarem dicas para manter a saúde por meio da prática de atividades físicas.

• **Dicas de nutrição:** oriente os alunos para entrevistarem o enfermeiro da escola ou um nutricionista, para que os ajudem a montar uma lista de dicas nutricionais a ser compartilhada no informativo (p. ex., lista de substitutos com baixo teor de gordura, como o leite desnatado, *frozen yogurt* e biscoitos isentos de gordura).

• **Destaques da escola:** ajude os alunos a listarem eventos especiais da escola já programados, como as da-

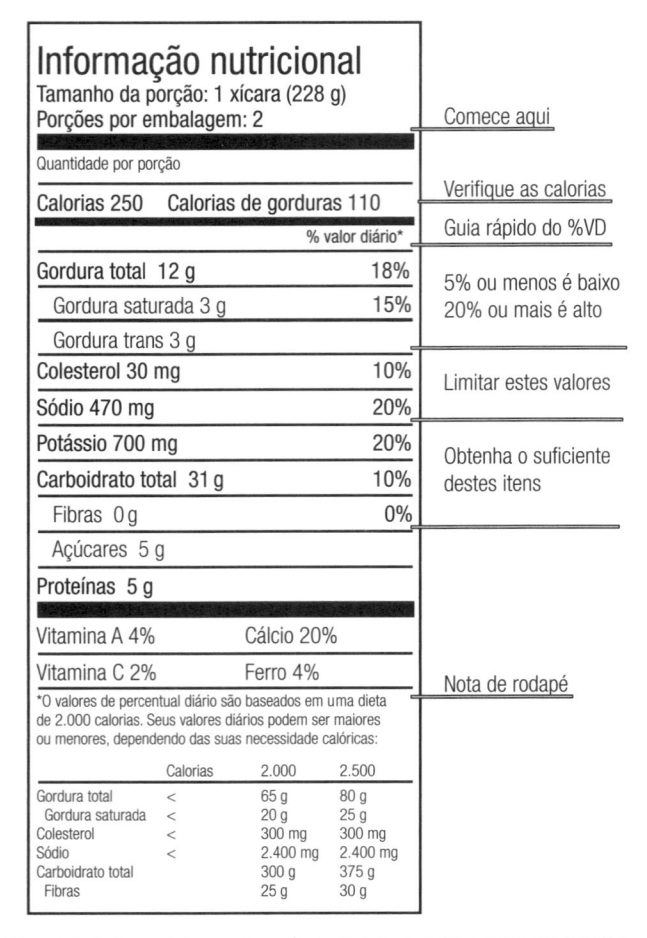

Figura 9.3 Como interpretar o rótulo de informação nutricional. De FDA, 2006.

tas da Semana de Nutrição, do *Jump Rope for Heart*[1], do Projeto ACES[2] ou da divulgação dos resultados atualizados da Corrida de Geografia (ver Cap. 15).

- **Levantamento familiar:** peça para os alunos desenvolverem um questionário para perguntar às famílias quais são suas principais atividades físicas. Reúna os resultados e liste as 10 atividades preferidas das famílias.

- **Uma mensagem do enfermeiro da escola:** faça os alunos entrevistarem o enfermeiro da escola para a redação de uma seção especial do informativo. A mensagem pode incluir informações sobre saúde geral e higiene.

---

1 N.E.: No Brasil, há um programa similar realizado pela Sociedade Brasileira de Cardiologia, o Coração de Estudante. Mais informaçós no site: http://prevencao. cardiol.br/campanhas/coracao-est.asp.

2 N.E.: Um evento similar no Brasil seria o Agita Galera. Mais informações no site: http://www.portalagita.org.br/ pt/agita-galera/quem-somos.html.

- **Triagem de notícias:** nesta atividade, peça para os alunos lerem os jornais locais à procura de artigos sobre o modo como os governos local, estadual ou nacional estão lidando com questões importantes relacionadas à saúde, como a falta de atividade física, a obesidade ou as cardiopatias. Os exemplos podem incluir programas de incentivo à criação de hortas nas escolas [ou eventos como o Agita Galera].

Incentive o professor de sala de aula a trabalhar próximo dos alunos, como editor do informativo: peça-lhe para reservar um tempo, todos os dias, para os alunos usarem o computador, discutirem o progresso das várias seções do informativo e resolverem quaisquer problemas que possam surgir. Como professor de educação física, você deve ir ao encontro dos alunos 1-2 vezes/semana para consultá-los, distribuir material, discutir as ideias deles e oferecer suporte.

Como ponto alto da atividade, ajude o professor de sala de aula a planejar uma festa de lançamento da publicação. Convide pais, administradores, o enfermeiro da escola e os demais professores para uma reunião especial na sala de aula. Distribua a cada convidado uma cópia do informativo publicado. Sirva lanches e refrescos saudáveis a todos. Você pode até considerar usar esse informativo criado pela classe como um projeto para toda a escola, ao longo do ano letivo. Não se esqueça de agradecer ao professor de sala de aula e aos alunos por terem se empenhado arduamente em todo o processo de planejamento e publicação do informativo. Lembre-se de enfatizar a parceria colaborativa entre você e o professor de sala de aula.

Matemática e ciências

A matemática e as ciências também têm seus próprios lugares na educação física. De fato, integrar a matemática e as ciências ao seu conteúdo pode tornar essas matérias mais significativas e interessantes para as crianças. Experimente por em prática essas atividades divertidas e relevantes, mas trabalhe com o professor de sala de aula para garantir que seus alunos consigam realizar as atividades que você escolher.

Atenção a estas calorias!

Divida a classe em grupos cooperativos. Forneça a cada aluno um folheto ou crie um pôster maior intitulado "Atenção a estas calorias!", que descreva várias opções de refeição (ver Fig. 9.4). Peça aos alunos para preverem qual refeição é a menos calórica. Para tanto, faça-os usar um quadro de calorias para calcular o número total de calorias contidas em cada refeição (ver Fig. 9.5). (Faça-os calcular à mão ou com auxílio de calculadoras, dependendo de qual habilidade o professor de sala de aula quer que eles pratiquem.) Compare as previsões à refeição que realmente é menos calórica. Discuta com os alunos por que as duas refeições são diferentes.

=========== Alimentos no prato ===========

Peça aos alunos para registrarem os alimentos que consumirem durante um período de 3 dias, usando a imagem do *MyPlate* como referencial (ver Fig. 9.6). Use os dados obtidos para determinar se os alunos estão consumindo refeições nutritivas e bem balanceadas. O site do *MyPlate* (www.ChooseMyPlate.gov, em inglês) é uma ótima fonte de consultas para alunos e professores. A imagem do prato e uma variedade de links, incluindo dicas nutricionais, são disponibilizadas no site e certamente acrescentarão estímulo a essa atividade. Os links existentes no site oferecem várias matérias sobre dicas nutricionais que ajudarão os alunos a planejarem refeições bem equilibradas e a permanecerem saudáveis.

Ao final da semana, planeje uma atividade avaliativa (ver Fig. 9.7). Discuta quais tipos de alimentos os alunos comem

Atenção a estas calorias!

Opções de refeição   *Total de calorias*

1. Hambúrguer, batatas fritas, refrigerante   _____

2. Pizza, refrigerante   _____

3. Três panquecas, bacon, suco de laranja   _____

4. Peru, pão integral, salada, água   _____

5. Cereais de milho, banana, leite com baixo teor de gordura   _____

6. Espaguete e almôndegas, salada, água   _____

7. Salada de atum, batatas fritas, suco de maçã   _____

8. Bife de carne bovina, brócolis, purê de batatas, água   _____

9. Camarão frito, vagem, arroz, refrigerante   _____

10. Macarrão com queijo, salada, leite desnatado   _____

11. Costeletas de frango, batata assada, espinafre   _____

12. Cachorro-quente, batatas fritas, refrigerante   _____

Figura 9.4 Quais refeições são menos calóricas?

De S.J. Virgilio, 2015, *Educando crianças para a aptidão física: uma abordagem multidisciplinar* (Barueri: Manole).

Quadro de calorias!

Alimento	Calorias	Alimento	Calorias
Maçã	25	Leite desnatado (1 copo ou 240 mL)	85
Suco de maçã (1 copo ou 240 mL)	120	Leite integral (1 copo ou 240 mL)	210
Bacon (2 fatias)	97	Suco de laranja (1 copo ou 240 mL)	120
Banana	100	Panquecas (3 unidades)	177
Brócolis (1 xícara)	55	Pizza de queijo (2 fatias)	360
Cenoura cozida (1 xícara)	44	Batata assada	97
Frango empanado frito (90 g)	160	Batatas chips (10 unidades)	115
Refrigerante (227 mL)	107	Arroz (1/2 xícara)	100
Cereais de milho (1 xícara)	88	Salada (1 xícara)	96
Ovo mexido (1 unidade)	106	Espaguete (1 xícara com 30 g de queijo)	331
Batatas fritas (8 unidades)	157	Espaguete com almôndegas (1 xícara)	260
Camarão frito (90 g)	190	Espinafre (1 xícara)	92
Vagem (1 xícara)	30	Bife de carne bovina (90 g)	330
Hambúrguer (175 g)	632	Salada de atum (1 xícara)	350
Cachorro-quente	124	Peru (2 fatias)	150
Macarrão com queijo (1 xícara)	430	Água	0
Purê de batata (1/2 xícara)	120	Pão integral (2 fatias)	130
Leite com 2% de gordura (1 copo ou 240 mL)	120		

Figura 9.5 Use este quadro de calorias para encontrar a refeição menos calórica na planilha "Atenção a estas calorias!"

com maior frequência, se eles estão seguindo as *USDA Dietary Guidelines*[3] e se precisam melhorar seus hábitos alimentares. Em seguida, peça aos grupos para fazerem cinco gráficos grandes nos quais os alimentos consumidos pelos alunos estejam listados em cada grupo alimentar. Exiba esses gráficos na sala de aula ou na entrada da escola.

---

3   N.E.: No Brasil, são recomendadas as diretrizes do Guia Alimentar do Ministério da Saúde (Disponível em: bvsms.saude.gov.br/bvs/publicacoes/guia_alimentar_alimentacao_saudavel.pdf)

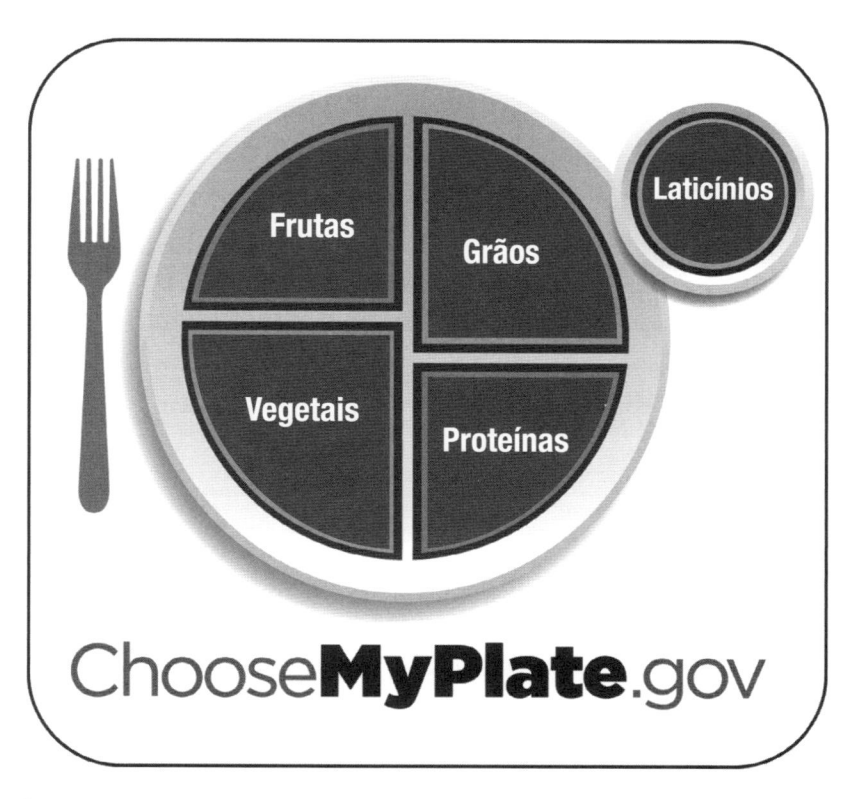

Figura 9.6 Os alunos usarão a imagem do *MyPlate* como guia ao acompanharem a própria ingesta alimentar.
Fonte: USDA.

Eu consigo contar minha pulsação!

Distribua o folheto *Eu consigo contar minha pulsação!* (Fig. 9.8). Faça os alunos registrarem suas frequências cardíacas após realizarem cada uma das quatro atividades especificadas na coluna "Eu". Garanta que seus alunos descansem por 1-2 minutos antes de iniciarem outra atividade. Depois que os alunos tiverem concluído e registrado as quatro leituras, faça-os estimar uma leitura média da turma para cada atividade e registrá-la na coluna "Média da turma". Como uma mini-aula, faça os alunos encontrarem médias e, em seguida, deixe-os usar a calculadora.

Falta espaço suficiente para realizar as atividades de contagem da pulsação na sala de aula? Use o corredor também. Modifique ou troque as atividades que estiver usando para atenderem às suas necessidades.

Gráficos

Pegue os resultados da atividade *Eu consigo contar minha pulsação!* e peça aos alunos para criarem um gráfico de barras. Faça um gráfico gigante para mostrar para a classe. Peça para os alunos compararem seus resultados

pessoais aos resultados da classe toda criando um gráfico de linhas. Os alunos devem fazer essa atividade em casa, com pelo menos um membro da família, anotando os resultados em um gráfico de linhas e usando uma cor diferente para representar cada familiar. Você também pode incorporar as atividades de elaboração de gráficos empregando as informações sobre os grupos alimentares que os alunos reuniram ao longo da semana. Por exemplo, os grupos cooperativos poderiam usar seus dados para criar gráficos de barras ou de linhas para seus lanches ou bebidas prediletas e exibir esses gráficos no corredor.

Uma excelente ferramenta para os alunos mais velhos é o site *Create A Graph* (em inglês; ver o Apêndice B). Esse site permite acrescentar todas as informações dos alunos e criar diferentes tipos de gráficos, selecionando todas as variáveis, cores, estilos de apresentação e assim por diante. Os gráficos criados por esses alunos, então, podem ser impressos e exibidos.

Procura de cereais

Faça os alunos trazerem as caixas vazias de seus cereais favoritos. Comece a atividade assim que houver caixas em

Avaliação "Alimentos no prato"

Nome _____ Data _____

Ano _____ Turma _____

Use esta planilha de avaliação para tabular e registrar o número total de alimentos de cada grupo alimentar que você consumiu em 3 dias.

Grupo alimentar	Dia 1	Dia 2	Dia 3	Total
Laticínios				
Frutas				
Grãos				
Proteínas				
Vegetais				

Figura 9.7 O número de alimentos que você consome de cada grupo alimentar corresponde às recomendações do *MyPlate*?
De S.J. Virgilio, 2015, *Educando crianças para a aptidão física: uma abordagem multidisciplinar* (Barueri: Manole).

Eu consigo contar minha pulsação!

Nome _____ Data _____

Ano _____ Turma _____

	Eu	Média da turma
Descanso (30 segundos)		
Caminhada (30 segundos)		
Corrida leve (30 segundos)		
Polichinelo (30 segundos)		

Figura 9.8 Registre sua pulsação após concluir cada atividade e, em seguida, calcule a média da turma para cada uma delas.
De S.J. Virgilio, 2015, *Educando crianças para a aptidão física: uma abordagem multidisciplinar* (Barueri: Manole).

número suficiente para cada grupo cooperativo (3-5 alunos) fazer comparações. Dê uma mini-aula sobre a importância de ler os rótulos que contêm informações sobre o conteúdo de gordura e sódio. Discuta outros itens encontrados nesses rótulos e a importância de ler os ingredientes neles descritos. Faça cópias de rótulos e distribua-as a cada aluno ou grupo, para que todos possam vê-las facilmente, ou projete os rótulos em um quadro branco interativo. Peça para os alunos escolherem três rótulos de cereais diferentes e compará-los quanto a calorias, conteúdo de gordura *versus* calorias e conteúdo de gorduras trans, sódio e açúcar. Faça os alunos discutirem seus achados com os membros do grupo e apresentarem um cereal saudável para o restante da classe, discutindo o motivo que levou o grupo a escolhê-lo. No final da semana, prepare e compartilhe um café da manhã saudável. Inclua os cereais que foram considerados mais saudáveis. (Talvez, você queira realizar essa atividade com o Alerta do Cereal e com a atividade de criação do informativo, discutidas anteriormente.)

Artes

Você pode desenvolver e intensificar a consciência de uma criança em relação a contorno, forma, textura e cor, conectando a matéria de artes de uma unidade ensinada em sala de aula à vida dessa criança. Os especialistas em currículo historicamente sugerem integrar as artes a outras áreas de assunto, a fim de atender às necessidades intelectuais (resolução de problemas), emocionais (autoexpressão) e sensoriais (experimentar o ambiente por meio dos sentidos) dos alunos. É importante incluir várias oportunidades artísticas em uma unidade temática, para reforçar a ideia de estilos de vida saudáveis.

• Desenhe um coração gigante e coloque-o no mural de notícias. Peça aos alunos para fazerem-no parecer um quebra-cabeças gigante, fazendo desenhos pequenos relacionados a um coração saudável (p. ex., andar de bicicleta, nadar, praticar exercícios, alimentos ou refeições nutritivas) e colocando-os dentro do coração gigante.

• Após a visita de um palestrante convidado, como o enfermeiro da escola, um pediatra ou um cardiologista, peça aos alunos para criarem esquemas de fluxo do coração, mostrando como o sangue circula pelo coração e pelo corpo.

• Faça os alunos construírem a representação tridimensional de uma árvore do *MyPlate* [Guia Alimentar], em tamanho gigante, usando diversos materiais. Exiba essa árvore no corredor, para que os demais alunos da escola possam vê-la.

• Convide o professor de educação artística para comparecer a sua aula e trabalhar com você e seus alunos em um projeto especial. Essa equipe beneficiará a todos e criará um ambiente positivo não só em sua aula como em toda a escola.

Tecnologia

Os alunos de hoje são antenados em tecnologia; portanto, qual seria a melhor forma de incorporar os conceitos de uma boa nutrição, hábitos saudáveis e atividade física para a vida inteira senão a própria tecnologia? Os professores podem usar computadores na sala de aula e nos laboratórios de informática ou de tecnologia da escola para intensificar o aprendizado e entusiasmar seus alunos.

Computadores

É possível usar vários sites sobre saúde e atividade física, que são acessíveis para crianças e apropriados para esse tipo de utilização, com o intuito de enriquecer a sua unidade temática. O *Discovery Education* (em inglês), por exemplo, disponibiliza poderosas ferramentas de pesquisa e capacidades de navegação dinâmicas para os professores e alunos localizarem com rapidez uma variedade de oportunidades de mídia interessantes. Usando laboratórios interativos, numerosas atividades e vídeos do site para alunos, os estudantes do ensino fundamental podem intensificar suas experiências educacionais em diversos tópicos. O *KidsHealth* (em inglês) também é um site excelente para os alunos aprenderem uma variedade de assuntos relacionados à saúde. O link "Kids Site" é adequado e relevante para o esclarecimento das questões relacionadas à saúde com que os alunos de hoje se deparam. Ambos podem ser encontrados no Apêndice B.

Quadros brancos interativos

Os quadros brancos interativos, como o SMART *Boards*, têm sido incrivelmente mais utilizados como ferramenta de ensino durante as aulas. Os alunos aprendem rápido a usar esses quadros interativos que, segundo acreditam os professores, proporcionam uma experiência adicional de aprendizado tátil e visual. O envolvimento ativo no processo de aprendizado é uma forma positiva de os alunos enriquecerem sua compreensão acerca do conceito ou ideia que é apresentada em uma aula. Os professores podem inserir vídeos, gráficos, quadros, apresentações do PowerPoint e sites em suas aulas, utilizando o SMART *Notebook*.

Videoconferência

Muitas oportunidades educacionais são disponibilizadas aos professores que têm acesso a equipamentos de videoconferência em suas salas de aula ou na escola. Trata-se de uma forma dinâmica de aprender conceitos relacionados à saúde. A comunicação com outros alunos em sua região, estado ou em todo o país pode ser uma experiência excitante para todas as partes envolvidas. Há muitas escolas que estão se tornando globalizadas com a adoção de planos de videoconferência.

Vídeos

Gravar vídeos de suas aulas enquanto os alunos trabalham em projetos ou realizam atividades específicas é uma forma excelente de enriquecer a experiência do aprendizado. Muitas empresas desenvolveram câmeras de vídeo leves, que podem registrar facilmente os alunos em ação.

ATIVIDADES DE APTIDÃO FÍSICA ASSOCIADA À SAÚDE EM SALA DE AULA

As atividades em sala de aula de aprendizado de aptidão física associada à saúde para cada nível de desenvolvimento descrito aqui estendem os conceitos discutidos no Capítulo 8. Lembre-se de manter um contato estreito com os professores da escola, para que eles estejam a par das unidades que você irá abordar ao longo do ano. Se você trabalhar de perto com professores de sala de aula, os conceitos de educação física integrados nas aulas deles poderão reforçar e complementar o conteúdo que você estiver ensinando em suas aulas.

ATIVIDADES EM SALA DE AULA DE NÍVEL DE DESENVOLVIMENTO I

Sou importante – por dentro e por fora

Conceitos

Os alunos aprendem a valorizar a si mesmos e a se preocupar com os outros à medida que se tornam mais conscientes em relação à própria saúde.

Material

Um lápis, uma cópia do folheto Minha Árvore e um marcador colorido para cada aluno; gravadores de áudio; papel-cartão; imagens de partes do corpo; cola.

Atividades

Língua e literatura

Incorpore a linguagem escrita fazendo os alunos preencherem a figura Minha Árvore (Fig. 9.9). Em seguida, faça-os escrever os nomes de seus familiares nos ramos e as qualidades próprias de cada um nas raízes (p. ex., atlético, engraçado, bom aluno). O primeiro nome deve ser escrito no tronco. Essa atividade intensifica os sentimentos de autoestima do aluno.

Para incorporar a linguagem oral, faça os alunos selecionarem a atividade física de que mais gostam. Cada aluno então deve fazer uma gravação de áudio, em que declara o motivo pelo qual gosta da atividade escolhida em particular. Em seguida, peça-lhes para incluir a atividade física que mais gostam de fazer em casa. Se quiser, peça aos alunos para entrevistarem uns aos outros, aplicando um conjunto de perguntas sobre as preferências de atividade física. (Ver a seção "Minhas preferências", do Exemplo de Portfólio Pessoal de Estilo de Vida Ativo, no Apêndice A.)

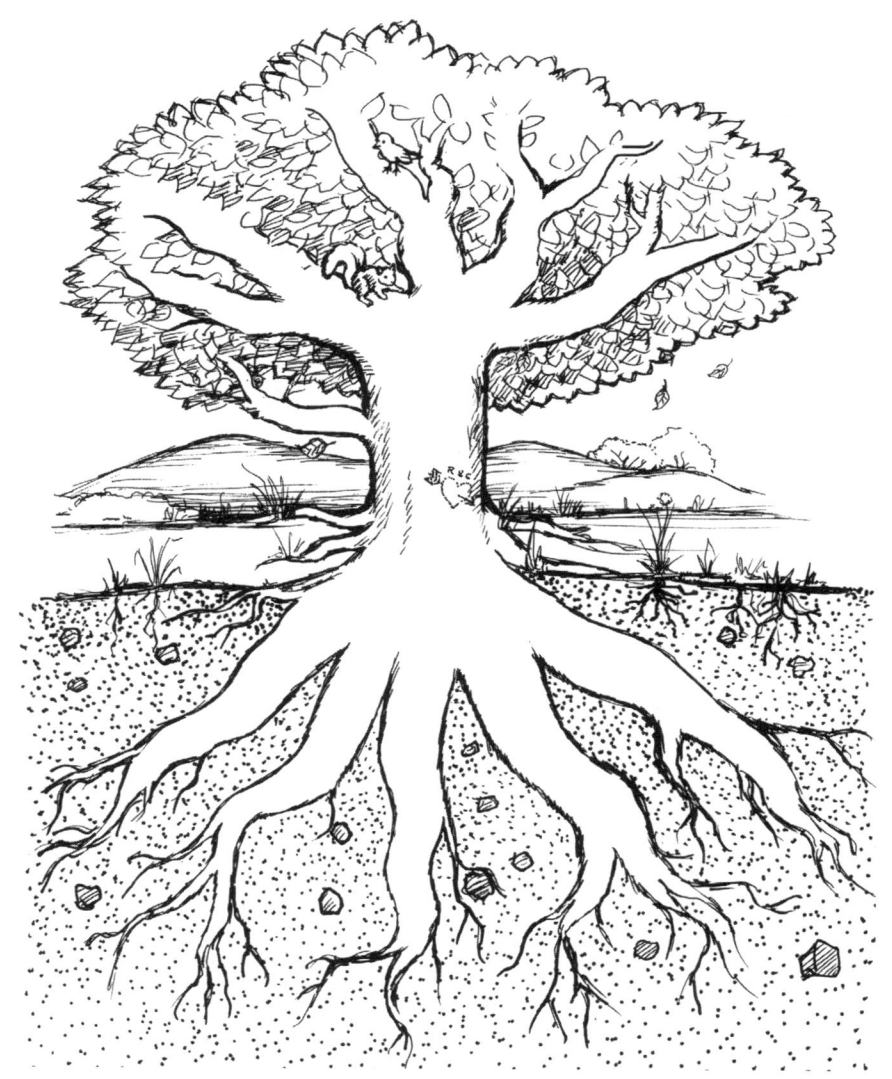

Figura 9.9 Insira os nomes de seus familiares nos ramos da árvore. Nas raízes, liste suas qualidades pessoais.
De S.J. Virgilio, 2015, *Educando crianças para a aptidão física: uma abordagem multidisciplinar* (Barueri: Manole).

Ciências

Os alunos devem criar uma lista de partes do corpo favoritas (p. ex., joelhos, mãos, dedos do pé). Peça-lhes para explicar do que eles gostam nessas partes do corpo em particular.

Matemática

Oriente seus alunos a resolver a planilha Adição de Partes do Corpo, ilustrada na Figura 9.10. Essa é uma boa atividade de aprendizado cooperativo.

Artes

Peça aos alunos para colorirem a figura Minha Árvore e também criarem um cenário de crianças brincando ao redor da árvore. Quando a classe concluir a atividade, mostre o trabalho artístico na sala de aula. Passadas 2-3 semanas, entregue a Minha Árvore para cada aluno levar para casa e oriente-os a compartilhar essa atividade com seus familiares. Oriente os alunos para não pintarem em cima das palavras escritas na árvore.

Divida a classe em grupos de quatro alunos. Para cada grupo, distribua algumas imagens de partes do corpo que você recortou de revistas. Peça-lhes para escolher diferentes partes do corpo para criar um corpo inteiro, colando as partes em uma folha grande de papel-cartão colorido. (Alunos maiores ou pais voluntários podem ajudá-lo nessa atividade.)

Adição de partes do corpo

Conte o número de partes do corpo e escreva o número nos espaços em branco à direita. Em seguida, adicione e encontre o número total de partes do corpo.

Parte do corpo   *Quantas você tem*

Orelhas   _____

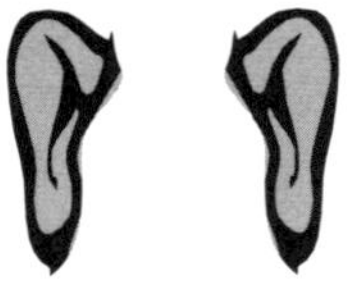

Olhos   _____

Dedos da mão   _____

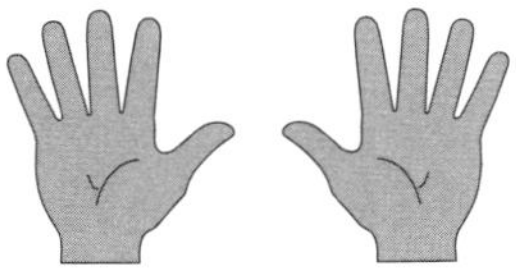

Nariz   _____

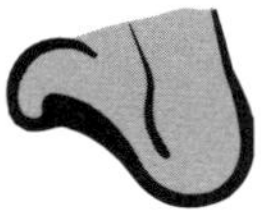

Ombros   _____

Número total de partes do corpo   _____

Figura 9.10 A atividade Adição de Partes do Corpo pode ajudar a reforçar conceitos de matemática e anatomia.
De S.J. Virgilio, 2015, *Educando crianças para a aptidão física: uma abordagem multidisciplinar* (Barueri: Manole).

Segurança em primeiro lugar: descanso e exercício

Conceitos

Os alunos aprendem que precisam descansar periodicamente durante a prática de atividade física vigorosa. Eles devem saber os sinais básicos do corpo que indicam quando é preciso ir mais devagar ou fazer uma pausa breve.

Material

Uma régua ou lápis comprido, um fitilho de arame maleável e uma tesoura para cada aluno; várias revistas.

Atividades

Língua e literatura

Revise as respostas recomendadas à fadiga ou ao excesso de esforço:
- Diminuir o ritmo.
- Descansar.
- Beber água.
- Nos dias de calor, descansar sob a sombra de uma árvore.
- Se você estiver sentindo dores agudas, pare imediatamente e diga a um adulto.

Faça os alunos descreverem uma ocasião em que estavam brincando vigorosamente e começaram a sentir desconforto (cansaço, enjoo, dor nas laterais do corpo, bastante dificuldade para respirar). Peça-lhes para descrever como se sentiram e o que fizeram para se recuperar.

Ciências

Para cada aluno, dê um fitilho de arame maleável e um lápis ou régua. Peça-lhes para dobrar o fitilho ao meio e pendurá-lo sobre o lápis ou a régua. Em seguida, os alunos devem segurar o lápis ou a régua mantendo o braço levemente flexionado (e sem apoiá-lo) sobre suas carteiras, a uma altura aproximada de 2,5 cm. Decorridos cerca de 10 segundos, o fitilho começará a se mover acompanhando a agitação muscular. Isso demonstra a fadiga muscular (Anderson e Cumbaa, 1993).

Peça aos alunos para colocarem uma mão sobre a carteira, com a palma virada para cima. Peça-lhes para abrir e fechar esta mão repetidamente, tantas vezes quanto conseguirem, durante 1 minuto. Em seguida, os alunos devem descrever a sensação na mão, no punho e no antebraço. Eles provavelmente mencionarão dor, rigidez e cansaço. Então, diga-lhes: "Isto que vocês estão sentindo também se chama fadiga muscular." Lembre-os: "Quando o corpo de vocês dá certos sinais, como a dor ou a sensação de exaustão, é hora de descansar."

Matemática

Peça aos alunos para contarem quantos segundos o fitilho demora para começar a se mover. Faça-os contar quantas vezes eles cerram o punho em 1 minuto. Anote os números de duas tentativas de cada aluno e, em seguida, faça-os calcular a média da classe para cada atividade.

Artes

Peça aos alunos para ajudá-lo a criar um pôster grande ou um quadro de informativo, intitulado "Descanso e Exercício". Inclua as respostas à fadiga. Faça os alunos recortarem imagens das revistas, mostrando pessoas praticando exercícios e pessoas descansando, bebendo líquidos saudáveis e caminhando. Exiba o pôster na sala de aula, corredor ou ginásio.

ATIVIDADES EM SALA DE AULA DE NÍVEL DE DESENVOLVIMENTO II

Coluna vertebral sadia

Conceitos

Os alunos aprendem que a postura é a forma como o corpo é sustentado quando permanecemos em pé, sentados, andando ou deitados. A boa postura previne ou alivia tensões no pescoço e na coluna vertebral. A postura é importante para a forma como vemos e nos sentimos em relação a nós mesmos. Quando a postura corporal está correta, os órgãos internos recebem o suprimento sanguíneo adequado para funcionarem corretamente.

Material

Papel e lápis, uma cadeira, uma bola de borracha (22 cm), uma cópia da Figura 9.13 e um apagador de lousa para cada aluno; apagador e giz; cartolina; quatro balões; um marcador; câmera digital.

Atividades

Língua e literatura

Peça para os alunos sentarem nas cadeiras. Em seguida, eles devem demonstrar uma postura de sentar errada. Pergunte: "Por que é prejudicial sentar de maneira errada?". Discuta os benefícios proporcionados pela boa postura, criando uma lista na lousa:
- Mantém o pescoço e a coluna vertebral sustentados e saudáveis.
- Permite que você permaneça sentado por mais tempo livre de tensões.
- Mantém os órgãos internos no lugar certo e funcionando normalmente.
- Mantém a pessoa alerta e atenta.
- Faz você sentir-se bem consigo mesmo.

Peça aos alunos para escreverem uma descrição do que a postura das pessoas diz sobre o modo como elas se sentem em relação a si mesmas.

Ciências

Explique à classe que, seja de pé ou sentado, a boa postura depende da força e da flexibilidade dos principais grupos musculares.
- **Músculos abdominais:** músculos abdominais enfraquecidos permitem que a região pélvica se incline para a frente, gerando tensão sobre a coluna lombar. Enfatize: "É por isso que as pessoas com sobrepeso frequentemente reclamam de tensão na coluna vertebral. Músculos abdominais fortes mantêm a coluna ereta." (O exercício recomendado são os abdominais.)
- **Músculos dorsais:** a musculatura dorsal sustenta o pescoço e os ombros. Esses músculos devem ser fortes e flexíveis para manter o alinhamento correto da coluna vertebral. (O exercício recomendado é a flexão na barra fixa.)
- **Músculos da perna:** músculos da perna inflexíveis – especialmente os músculos isquiotibiais (parte posterior da coxa) – podem tracionar a região pélvica e fazê-la sair do alinhamento corre-

to. A força muscular da perna ajuda a sustentar o peso enquanto estamos em pé, ao nos levantarmos a partir da posição sentada e durante as elevações. Pernas fortes aliviam o estresse que incide sobre a região lombar. (Os exercícios recomendados são o alongamento sentar e alcançar, os exercícios de força e a corrida lenta.)

Faça um aluno deitar com a coluna dorsal sobre uma cartolina grande. Utilizando o marcador, trace o contorno do corpo do aluno na cartolina. Em seguida, coloque essa cartolina sobre uma cadeira. Fixe balões pequenos na parte frontal do corpo delineado na cartolina, para representar o estômago e o coração. Na parte posterior, fixe balões para representar o pescoço e a região lombar. Feito isto, coloque a figura do corpo em diferentes posições. Pergunte: "O que acontece com o corpo quando no curvamos?" (Resposta: o estômago e o coração são prensados.) "O que acontece com o suprimento sanguíneo?" (Resposta: o sangue não consegue fluir livremente.) (Opcional: para ilustrar, você pode usar um alfinete pequeno para estourar os balões quando o corpo delineado na cartolina pressionar os órgãos.)

Desloque a cartolina para baixo da cadeira, de modo que a figura do corpo assuma posição encurvada. Então, pergunte: "E agora, que parte do corpo está sendo estressada?". (Resposta: o pescoço e a coluna vertebral.) Dê um nome para o corpo desenhado na cartolina, como "Fulano largado" (não use o nome de nenhum aluno da classe). Coloque-o em um canto da sala de aula para lembrar os alunos de seus hábitos de sentar.

Peça aos alunos para serem voluntários e servirem de modelos de boa postura. Tire fotos desses alunos enquanto estiverem sentados em frente ao computador com uma postura correta (Fig. 9.11). Forneça uma cópia das fotos para cada aluno da classe. Reveja os principais pontos sobre postura correta ao sentar:

- Orelhas, ombros e quadril alinhados.
- Ombros relaxados.
- Peso distribuído de maneira uniforme em ambos os lados do quadril.
- Cadeira próxima da carteira.
- Pés apoiados no chão.

Faça cada aluno levar a foto para casa e pedir para os pais fixá-la perto do computador ou da geladeira. Oriente os alunos para ajudarem suas mães, pais, irmãs e irmãos a se sentarem corretamente durante o jantar, ao fazerem as tarefas de casa ou enquanto estiverem assistindo TV.

Para reforçar a postura correta, faça seus alunos sentarem com os pés apoiados no chão. Peça-os para colocarem as mãos sobre a cadeira, com as palmas viradas para baixo, diretamente alinhadas com o quadril. Em seguida, os alunos devem empurrar a cadeira para baixo, mas sem erguer o corpo, e contar até cinco. Isso deve ser repetido três vezes.

Para desenvolver os músculos pélvicos e reforçar a postura correta, peça aos alunos para sentarem na ponta de uma cadeira, com o quadril e os joelhos alinhados. Dê a cada aluno uma bola de borracha (22 cm). Faça-os colocar a bola entre os joelhos (Fig. 9.12) e apertá-la, mantendo a compressão por 5 segundos, e, então, soltá-la – mantendo a postura correta o tempo todo. Faça-os repetir este exercício 10 vezes.

Dê a cada aluno um apagador de lousa para equilibrar sobre a cabeça. Em seguida, faça-os andar pelo corredor ou para fora da sala de aula. Quando todos voltarem para a sala, discuta como a manutenção da postura correta, com a cabeça permanecendo no centro de gravidade (tronco), ajudou a equilibrar o apagador.

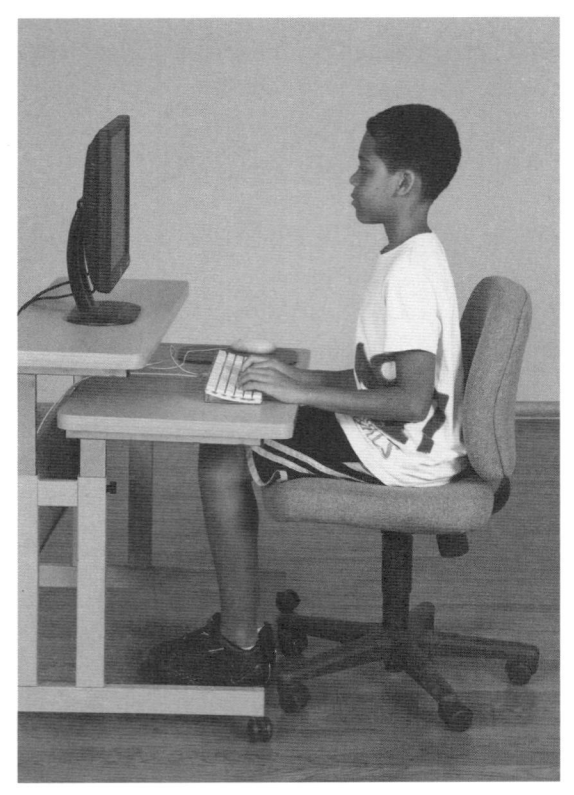

Figura 9.11 Postura correta para sentar na frente do computador.

Figura 9.12 Comprimir a bola enquanto está sentado desenvolve a boa postura.

Matemática

Distribua a planilha da atividade Medida Louca (Fig. 9.13) a cada aluno. Veja em quantas medidas eles conseguem pensar. Reveja as respostas.

Respostas da planilha da atividade Medida Louca

1. B	3. J	5. D	7. G	9. I
2. F	4. E	6. H	8. A	10. C

Artes

Peça aos alunos para ajudarem a desenvolver e decorar um mural de notícias intitulado "Postura Positiva". Tire uma foto de cada aluno sentado em sala de aula, durante a participação nas várias atividades de aprendizado (p. ex., trabalhando no computador, atuando em grupo cooperativo ou lendo sozinho). Monte as fotos em papel cartão para que pareçam emolduradas e exiba-as no mural.

Sistemas do corpo: esquelético

Conceitos

Os alunos aprendem a comer de forma correta e a praticar exercícios diariamente para produzir ossos fortes. Os ossos de um recém-nascido são compostos de cartilagem mole e vão se tornando mais duros conforme a criança se desenvolve e entra na fase final da adolescência. As opções alimentares ricas em cálcio e fósforo, bem como a atividade física vigorosa, garantem um crescimento e desenvolvimento ósseo adequado.

Medida louca

Nome _____ Data _____

Ano _____ Turma _____

Tente estabelecer a correspondência entre as quantidades listadas à esquerda e os itens listados à direita.

A. 75 vezes _____ 1. Número de hemácias novas produzidas por segundo

B. 2-3 milhões _____ 2. Percentual de peso corporal correspondente aos ossos

C. 650 _____ 3. Número de pelos no corpo

D. 4,5-6,0 L _____ 4. Volume de água perdida na transpiração a cada dia

E. 1,2 L _____ 5. Volume de sangue do corpo

F. 16% _____ 6. Ossos do corpo

G. 60% _____ 7. Percentual de peso corporal correspondente à água

H. 206 _____ 8. Número aproximado de vezes que o coração bate em

1 minuto

I. 4,6-9,1 m _____ 9. Comprimento do intestino delgado

J. 4 milhões _____ 10. Número de músculos do corpo

Figura 9.13 Quantos números relacionados ao corpo você consegue relacionar?
De S.J. Virgilio, 2015, *Educando crianças para a aptidão física: uma abordagem multidisciplinar* (Barueri: Manole).

Material

Um pôster ilustrando o sistema esquelético; dois ossos de galinha; um recipiente contendo vinagre; um recipiente contendo água; uma fita métrica; uma calculadora; lápis e folha de papel para cada aluno; giz de cera; cinco cartolinas coloridas; imagens de diferentes ossos para cada grupo.

Atividades

Língua e literatura

Exiba um pôster grande ilustrando o sistema esquelético. Identifique vários dos principais ossos do corpo (neste nível de desenvolvimento é desnecessário rever cada osso). Reveja um osso a cada semana. Durante as aulas, os alunos devem sentir no próprio corpo o osso que está sendo discutido. Depois que os alunos terminarem o estudo do sistema esquelético, peça-lhes para estabelecer a correspondência entre a parte do corpo e o nome médico de cada osso (ver Fig. 9.14). Se desejar, você pode dar aos alunos um banco de palavras a partir do qual eles possam escolher os termos médicos. As respostas são crânio (cabeça), clavícula ("saboneteira"), costelas (tórax), vértebras ou coluna vertebral (costas), crista ilíaca (quadril), tíbia (canela), fêmur (coxa), rádio e ulna (antebraço) e úmero (braço).

Ciências

Separe dois ossos da perna de uma galinha e deixe-os secar durante 2 dias. Coloque um osso dentro de um recipiente contendo vinagre, e o outro em um recipiente com água. Deixe os ossos de molho por 3-4 dias. Retire os ossos dos recipientes com vinagre e água. O osso que ficou de molho na água ainda estará rígido, mas o osso que esteve imerso em vinagre estará amolecido. Esse amolecimento ocorreu porque os minerais deste osso foram dissolvidos pelo ácido contido no vinagre. Reforce para a classe que, quando os ossos não conseguem obter um suprimento adequado de minerais, tornam-se moles e pouco desenvolvidos.

Pergunte: "Quais alimentos são boas fontes de cálcio?". (Resposta: leite com baixo teor de gordura, queijo com baixo teor de gordura, iogurte.)

"Quais exercícios ou esportes constroem ossos fortes?". (Resposta: corrida leve, basquete, futebol, pedestrianismo, exercícios de força – qualquer atividade contínua envolvendo os grandes músculos.)

Matemática

Explique para a classe que, ao longo dos próximos anos, eles começarão a crescer bem rápido. Entre os 10 e 14 anos de idade, eles poderão ficar até 15 cm mais altos. Suas mãos e pés crescerão primeiro e eles poderão se sentir desajeitados e sem coordenação por algum tempo.

Eis aqui um método que emprega medidas ósseas para calcular a altura. Utilizando uma fita métrica, meça o comprimento do braço de cada aluno, partindo da articulação do ombro até o ponto ósseo situado do lado externo do cotovelo. Essa medida é o comprimento do úmero, também conhecido como 'osso da parte superior do braço'. Use a fórmula a seguir para calcular a altura dos alunos em polegadas (Anderson e Cumbaa, 1993).

Meninas:
Comprimento do úmero = _____ polegadas
Multiplique por 3,14
Some 25,58 = _____ altura em polegadas
Meninos:
Comprimento do úmero = _____ polegadas
Multiplique por 2,97
Some 28,96 = _____ altura em polegadas

Ajude os alunos desse nível a realizarem os cálculos. Compare os cálculos finais à altura real de cada aluno.

Artes

Divida a classe em cinco grupos. Cada grupo deve escolher uma parte do corpo (p. ex., pernas, pés, dorso, ombros, braços ou mãos). Peça a cada aluno para desenhar e colorir os ossos. Para cada grupo, dê uma cartolina grande. Instrua os grupos a fazer um desenho amplo da parte do corpo que escolheram. Exponha o trabalho dos alunos ao redor da sala de aula.

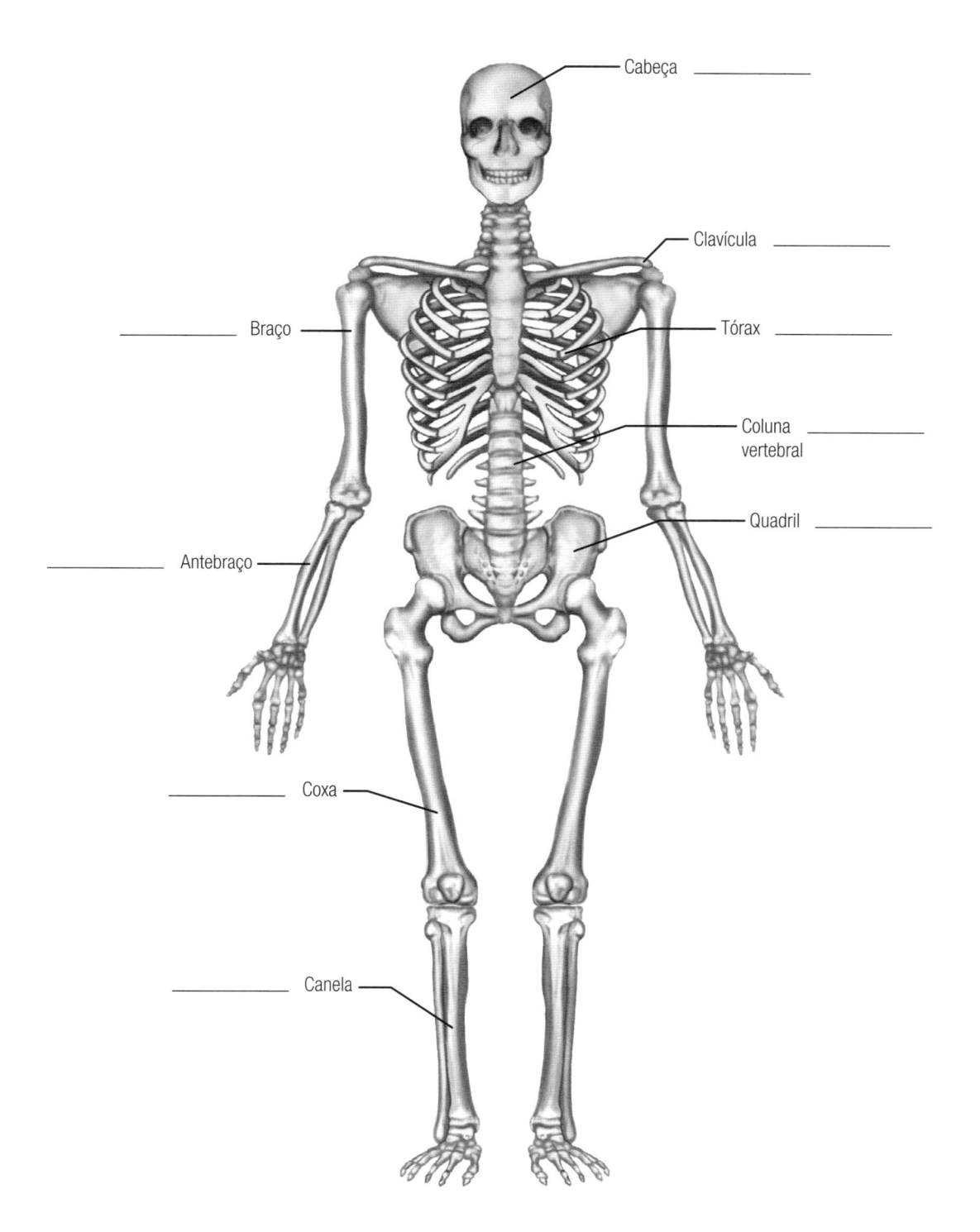

Figura 9.14 Você consegue identificar cada osso indicado na figura?

De S.J. Virgilio, 2015, *Educando crianças para a aptidão física: uma abordagem multidisciplinar* (Barueri: Manole).

ATIVIDADES EM SALA DE AULA DE NÍVEL DE DESENVOLVIMENTO III

Princípios de educação física: componentes da aptidão física associada à saúde

Conceitos

Os alunos reveem os quatro componentes da aptidão física associada à saúde: resistência cardiorrespiratória, aptidão muscular, flexibilidade e composição corporal.

Material

Uma folha de atividade, marcadores coloridos, papel, lápis, cola e tesoura para cada aluno; cinco dicionários; dez livros sobre educação física; várias revistas sobre atividade física; uma cartolina grande; 20 fichas pautadas de atividade física para cada dois alunos.

Atividades

Língua e literatura

Divida a classe em quatro grupos de aprendizado cooperativo. Escreva as palavras *aptidão muscular, resistência cardiorrespiratória, flexibilidade* e *composição corporal* na cartolina grande ou em uma parte do painel. Para cada grupo, dê dois livros sobre educação física, um dicionário e várias revistas sobre atividade física. Peça a cada aluno para escrever a definição dos componentes de atividade física em uma folha de atividade de aprendizado individual, usando os recursos disponibilizados para definir as palavras. Feito isso, peça para cada aluno procurar nas revistas e recortar imagens de pessoas praticando exercícios, com o intuito de ilustrar os componentes de atividade física por eles selecionados. Faça-os colar os recortes na parte inferior da folha de atividade. Peça aos alunos para procurarem também um item de alimento saudável e a imagem de uma pessoa com pouca gordura corporal, para representar a composição corporal.

Agrupe os alunos em duplas. Para cada dupla, dê um conjunto de 20 fichas de atividade física (10 fichas com o componente de atividade física e sua definição; 10 fichas com as figuras correspondentes). Embaralhe os conjuntos de fichas de cada par de alunos, espalhe as fichas e vire-as com a face para cima. Faça os alunos se alternarem tentando estabelecer as correspondências entre os componentes e as respectivas figuras. Quando um aluno conseguir estabelecer uma correspondência correta, deverá reter o par de fichas. Se estabelecer uma correspondência errada, deverá devolver as fichas para a mesa e passar a vez para o outro aluno tentar acertar a correspondência. O aluno que reter mais fichas é considerado vencedor. Para evitar confusão e argumentação, coloque um número correspondente no verso de cada figura para indicar a resposta correta.

Ciências

Discuta com os alunos os benefícios médicos proporcionados por cada componente da atividade física, como por exemplo, o modo como a resistência cardiorrespiratória previne o desenvolvimento de cardiopatias. Em seguida, faça os alunos criarem uma lista contendo pelo menos cinco atividades físicas para cada componente de aptidão física associada à saúde. Oriente-os a listar cinco lanches saudáveis abaixo do termo *composição corporal*.

Matemática

Peça aos alunos para anotarem seus escores de atividade física para cada componente, usando um gráfico de barras individual intitulado Pré-teste, Teste intermediário e Pós-teste. Ajude os alunos a calcularem o percentual de melhora alcançado no decorrer do ano letivo (ver Fig. 9.15).

Artes

Agrupe os alunos em duplas. Peça para um aluno deitar sobre uma cartolina colorida e assumir uma pose ativa (correndo, fazendo abdominal, lançando uma bola de basquete, chutando uma bola de futebol). O outro aluno deve traçar sobre a cartolina o contorno corporal do aluno que está posando. Em seguida, faça os alunos colorirem e enfeitarem o desenho. Peça-lhes para dar um nome ou título à figura e indicar o componente correto por ela representado (p. ex., João, o Corredor, representando a resistência cardiorrespiratória).

Alimentos para aptidão física

Conceito

Os alunos aprendem que os alimentos ricos em carboidratos fornecem ao corpo a energia necessária para atender às necessidades diárias de atividade física.

Material

Figuras de alimentos sortidos; cinco folhas de jornal; amostras de vários alimentos (queijo, biscoitos, pão de forma, mortadela); solução de iodo; cinco conta-gotas; revistas de culinária; 10 caixas (cinco marcadas com "Ir" e cinco marcadas com "Parar"); 5 cartolinas; vários rótulos de alimentos; tesoura, papel, papel milimetrado e um lápis para cada aluno.

Atividades

Língua e literatura

Divida a classe em cinco grupos. Para cada grupo, forneça algumas figuras de alimentos (p. ex., doces, carne, macarrão, queijo, cenouras e pão). Faça cada grupo decidir quais alimentos são ricos ou pobres em carboidrato, colocando as figuras dos alimentos com alto teor de carboidrato na caixa "Ir" e as figuras dos alimentos com baixo teor de carboidrato na caixa "Parar".

Ciências

Divida a classe em cinco grupos, juntando as carteiras. Para cada grupo, dê uma folha de jornal para colocar sobre as carteiras. Forneça aos grupos amostras de alimentos (queijo, biscoito, pão de forma, mortadela) e uma solução de iodo. Peça aos alunos para pingarem uma gota de iodo em cada amostra de alimento, utilizando um conta-gotas. Registre o que acontecerá com cada alimento. (Aqueles ricos em carboidrato ficam azuis.)

Matemática

Peça aos alunos para reverem os rótulos de composição de alimentos de caixas de cereais, doces, biscoitos, sopas enlatadas e assim por diante. Os alunos deverão projetar um gráfico de barras para cada rótulo, listando o conteúdo de gorduras, proteína, sódio e carboidrato. Peça aos alunos para fixarem o rótulo no gráfico de barras correspondente. Use essa análise para ensinar os percentuais de ingredientes contidos em diversas opções de alimentos.

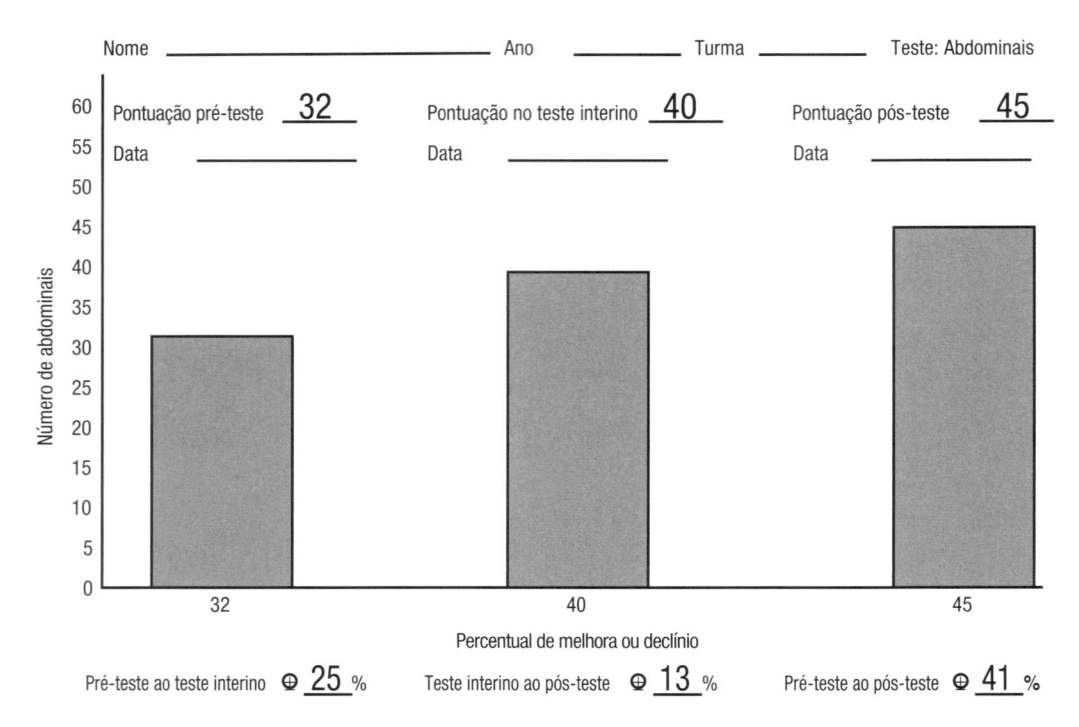

Figura 9.15 Exemplo de gráfico de barras para medida da progressão no exercício de abdominais.

Artes

Divida a classe em cinco grupos. Peça aos alunos de cada grupo para folhearem as revistas de culinária que você forneceu e recortarem figuras de alimentos ricos em carboidratos. Em seguida, explique que eles devem colar as figuras em um grande painel intitulado "Carbocolagem". Permita que cada grupo decida sobre as cores a serem utilizadas no pôster, bem como as decorações adicionais. Exponha os pôsteres na sala de aula. Você talvez queira dar um nome a cada grupo (p. ex., "Descobridores de Atividade Física" ou "Coração saudável") ou delegar essa tarefa aos alunos de cada grupo.

RESUMO

Com tão pouco tempo disponível para a educação física na maioria das escolas do ensino fundamental, parece adequado angariar a ajuda dos professores de sala de aula para atingir as metas do seu programa. Para garantir o êxito desse processo, comece conquistando apoio administrativo e a confiança do corpo docente. Estabeleça canais de comunicação aberta por toda a escola, a fim de implementar corretamente as suas inovações.

Depois de estabelecer um relacionamento profissional estreito com o corpo docente da escola, forneça-lhes a amostra de unidade temática sobre saúde cardiovascular para nível II exemplificada neste capítulo, com o objetivo de iniciar a parceria colaborativa. Em seguida, use as experiências de aprendizado em sala de aula fornecidas neste capítulo como exemplos de conceitos de aptidão física associada à saúde que os professores de sala podem integrar ao currículo, nos três níveis de desenvolvimento. Trabalhe com os professores de sala para coordenar o uso desses materiais no sentido de complementar o conteúdo que você está abordando nas aulas de educação física. Talvez você queira sugerir a sua participação em sala de aula para por em prática o ensino em equipe de algumas das atividades descritas. Seus investimentos de tempo e esforços extras valerão a pena!

Capítulo 10

Envolvendo os pais
e a comunidade

*"Enquanto tentamos ensinar aos nossos filhos tudo sobre a vida,
eles nos ensinam o que é a vida."*
Desconhecido

Durante muitos anos, estudos demonstraram que o envolvimento dos pais é decisivo para o sucesso escolar. Em outras palavras, isso significa que quando os pais se envolvem na educação de seus filhos, estes têm mais chances de ser mental, física e socialmente bem-sucedidos. Considerando o tempo limitado que você passa com seus alunos, parece lógico que a escola, os pais e a comunidade devem trabalhar juntos no sentido de estender o tempo dedicado à atividade física e à saúde, a fim de cumprir as metas de educação física (Virgilio, 2006).

A família exerce uma influência poderosa sobre a saúde e os hábitos de atividade das crianças. Entretanto, poucos professores atualmente desenvolvem um plano específico para incluir os pais e a comunidade em seus programas de educação física. Este capítulo fornece informações práticas que você pode começar a usar hoje mesmo, tais como informações sobre técnicas de comunicação, realização de reuniões de pais e professores efetivas, educação dos pais, pais voluntários, atividades para fazer em casa e envolvimento da comunidade. Os materiais educativos prontos para uso, como as cartas aos pais, um questionário dirigido aos pais, um acordo de educação física em família e as atividades realizadas em família, o direcionarão no caminho certo.

ESTABELECENDO UM PLANO DE AÇÃO

Primeiramente, é importante reconhecer que os pais podem ter atitudes negativas em relação à educação física e talvez não valorizem os benefícios proporcionados pela atividade física. É preciso que você seja sensível aos seguintes aspectos, se planejar incluir os pais em seu programa:

- Os pais podem ter tido experiências negativas com educação física, quando frequentavam a escola.
- Os pais podem acreditar que a educação física é uma futilidade e deveria ser eliminada da grade curricular.
- Alguns pais podem ver a atividade física como algo que não é realmente necessário para crianças, por acreditar que elas brincam bastante quando estão em casa.
- É possível que os pais vejam a educação física como uma oportunidade de sucesso para crianças atléticas.
- Os pais podem pensar que o exercício é importante, mas não têm tempo disponível para se envolver.

Mesmo diante dessas possibilidades, não desanime – leve seus planos adiante. Seu trabalho é iniciar um plano que ajude os pais a reconhecerem a importância do próprio envolvimento. Independentemente da atitude ou da falta de apoio dos pais, você deve levá-los a adotar atitudes positivas em relação à atividade física. E, para começar, desenvolva e siga um plano de ação específico.

Primeiro, crie as políticas e ponha-as no papel. As regras são mais confiáveis quando são escritas do que apenas verbalizadas. Além disso, as políticas escritas mostram à comunidade que você está levando a sério a possibilidade de contar com ajuda de todos. Por fim, as políticas escritas permitem que os administradores da escola registrem seus esforços, e isso pode ser importante para as revisões e avaliações anuais dos professores.

Depois de desenvolver a política, conquiste o apoio do diretor. O apoio do diretor da escola é fundamental. Peça-lhe para destinar uma pequena parte das receitas da escola ao custeio da vinda de palestrantes convidados, locais de reuniões, outros estabelecimentos, equipamento de audiovisual, cópias e gastos com postagens, a fim de ajudá-lo a conseguir o apoio dos pais e da comunidade. Tenha reuniões de *brainstorming* com o diretor para discutir outras ideias que possam ajudá-lo a conseguir apoio.

Depois de estabelecer um plano de ação e conquistar o apoio do diretor, você estará pronto para abrir as linhas de comunicação com a comunidade.

COMUNICAÇÃO

É necessário estabelecer linhas de comunicação fortes, se quiser que os pais se sintam confortáveis em trabalhar com a escola, compartilhar suas ideias e contribuir para a educação dos filhos. Em primeiro lugar, redija uma carta dirigida aos pais, introduzindo e explicando seu novo programa de atividade física e o modo como este deverá se adequar ao seu programa de educação física (Fig. 10.1). Explique por que é importante que as crianças desenvolvam hábitos de estilo de vida saudável cedo. Anexe à carta um questionário dirigido aos pais (um questionário por pai/responsável). Esse questionário o ajudará a ter uma perspectiva sobre as atitudes e hábitos dos pais em relação ao exercício, e também indicará se eles estão dispostos a ser voluntários (Fig. 10.2, pp. 138-139).

Entretanto, não pare na primeira carta. Mantenha as linhas de comunicação abertas ao longo de todo o ano letivo. Publique 3-4 informativos por ano e organize reuniões de pais e professores.

Informativos

Os informativos são uma forma simples e eficiente de se comunicar com os pais. Com auxílio do computador, desenvolva um formato visualmente atraente e escolha um título interessante (Fig. 10.3, pp. 140-141). Escolha um tema diferente para cada informativo. Em minha experiência, tenho usado com sucesso as seguintes manchetes:

- A atividade física é divertida.
- Em busca do coração saudável.
- Mês do coração saudável.
- Atividade física em família.
- Alimentos e aptidão física.
- Verão ativo.
- Treino de inverno.
- Mexa-se.
- Aptidão física para a vida toda.
- Conexões com a comunidade.

E sobre o que você escreveria? Inclua fatos sobre aptidão física, que podem dissipar alguns mitos comuns relacionados ao exercício (p. ex., muitos acreditam que a corrida leve por 1,6-3,2 km é extenuante demais para uma criança de 12 anos). Inclua dicas de segurança, como o uso correto de líquidos durante a prática de exercícios. Acrescente atividades para serem realizadas em casa, como a atividade física da noite, em que toda a família se reúne para praticar exercícios durante 15 minutos, antes de cada um ir cuidar dos próprios afazeres. Você também pode cobrir um tópico importante sobre saúde a cada mês, em um artigo de 3-4 parágrafos. Alguns exemplos são: "Quebre o hábito de usar sal" ou "Baixo teor de gordura, isento de gordura, *light* – o que cada um significa?" Por fim, inclua as datas dos eventos que estão por vir, como uma feira de saúde da primavera ou uma corrida divertida, além de alertas para lembrar aos pais quais são os dias de educação física, quais calçados são adequados para a aula de educação física e notas médicas, apenas para citar alguns exemplos.

Reuniões de pais e professores

O objetivo geral de uma reunião de pais e professores é desenvolver uma parceria entre casa e escola, em benefício dos alunos. Uma reunião bem planejada é uma

(O texto continua na p. 142.)

(Data)

Prezados pais ou responsáveis,

A doença arterial coronariana e o acidente vascular cerebral ainda são as principais causas de morte entre adultos no país. Segundo a American Heart Association, a inatividade física gera um fator de risco importante para o desenvolvimento de doença cardíaca, ao lado da obesidade, pressão arterial elevada, níveis altos de colesterol no sangue, diabetes e tabagismo. A boa notícia é que a doença cardíaca precoce pode ser evitada. Todos nós podemos mudar nossos estilos de vida e evitar que essa doença terrível destrua nossas vidas felizes e produtivas.

Estudos mostram que as crianças desenvolvem hábitos saudáveis no início da vida. Em geral, as crianças que são inativas durante o ensino fundamental serão adultos inativos; as crianças com sobrepeso tenderão a ser adultos com sobrepeso; e aquelas que crescem recebendo uma dieta rica em gordura e açúcar continuarão ingerindo alimentos prejudiciais à saúde quando forem adultas. O ensino fundamental é um ótimo momento para começar a ensinar hábitos de saúde positivos. Todas as crianças aprenderão como se alimentar de maneira sadia e equilibrar a ingesta de alimentos de acordo com as diretrizes dietéticas vigentes.

Neste ano, priorizarei a saúde e a atividade física em meu programa de educação física, por meio de um programa denominado _____, que planejei especialmente para os alunos da escola _____. A cada ano, os alunos aprenderão os princípios do exercício e da nutrição, e também o motivo pelo qual a prática intensiva de atividades físicas e a boa nutrição são importantes para a saúde deles no decorrer de suas vidas. No 4º a 6º anos, as crianças desenvolverão e manterão seus próprios portfólios pessoais de estilo de vida ativo, e todas participarão de atividades divertidas e fisicamente ativas. O programa básico de habilidades e esportes ensinados nos últimos anos durante as aulas de educação física será mantido, todavia farei com que a educação física faça parte de cada uma das unidades ao longo do ano letivo. Desenvolvi uma equipe formada por profissionais e pais de alunos, com o objetivo de ajudar a alcançar essa meta. Os professores de sala de aula, diretores, enfermeiro, psicólogo, funcionários responsáveis pela merenda escolar e pais voluntários trabalharão juntos para garantir a saúde de seus filhos agora e no futuro.

Você é importante para o sucesso desse esforço conjunto! No decorrer do ano letivo, seus filhos e eu precisaremos contar com sua ajuda e apoio. Peço-lhe encarecidamente que reserve alguns minutos em sua agenda atribulada para investir na saúde dos seus filhos. Se você deseja participar do programa de pais voluntários ou solicitar qualquer informação adicional sobre essa abordagem de educação física nova e estimulante, não hesite em me telefonar (_____).

Vamos manter a bola rolando! Peço, agora, que responda o questionário anexo e o envie de volta por correio.

Atenciosamente,

_____

(Professor de educação física)

Figura 10.1 Exemplo de uma carta dirigida aos pais, que explica o programa de educação física.
De S.J. Virgilio, 2015, _Educando crianças para a aptidão física: uma abordagem multidisciplinar_ (Barueri: Manole).

Nome da escola _____

Questionário de atividade física dos pais

Instruções

Cada um dos pais ou responsáveis deve responder o questionário individualmente. Leia cada afirmativa e circule a resposta que melhor descreve sua atitude ou hábito atual em relação à atividade física e à saúde. Seja honesto e franco – todos os questionários individuais serão mantidos em sigilo. Para os propósitos deste questionário, a atividade física é qualquer movimento envolvendo grandes grupos musculares que seja mantida por no mínimo 10 minutos, como varrer a folhagem, lavar o carro, uma corrida leve, jogar tênis, caminhar, levantar peso e realizar exercícios aeróbicos (totalizando 30 minutos/dia).

Sim   Não   Às vezes   1. Sou fisicamente ativo em pelo menos 3 dias da semana.

Sim   Não   Às vezes   2. Sou fisicamente ativo com meu(s) filho(s) em pelo menos 3 dias da semana.

Sim   Não   Às vezes   3. Incentivo minha família a permanecer ativa e não inativa.

Sim   Não   Às vezes   4. Em média, assisto à TV por mais de 3 horas/dia.

Sim   Não   Às vezes   5. Meu(s) filho(s) é(são) fisicamente ativo(s) em pelo menos 3 dias da semana, além da escola.

Sim   Não   Às vezes   6. A inclusão do ensino de saúde e atividade física para as crianças no currículo escolar é muito importante.

Sim   Não   Às vezes   7. A educação física é um momento positivo para meu(s) filho(s).

Sim   Não   Às vezes   8. Meu(s) filho(s) tem(têm) muitos interesses fora da escola e isso o(s) impede de brincar ativamente após o horário de aula.

9. Conhecimento dos pais

Tenho uma base ou conhecimentos sólidos sobre as seguintes atividades (marque, por favor):

_____ Dança aeróbica   _____ Corrida leve ou caminhada

_____ Yoga   _____ Ciclismo

_____ Levantamento de peso   _____ Alongamento

_____ Dança   _____ Natação

_____ Pedestrianismo   _____ Esportes coletivos (especificar) _____

_____ Esqui   _____ Esportes individuais (especificar) _____

_____ Patinação *in-line*   _____ Outros (especificar) _____

Figura 10.2 O questionário de atividade física para os pais pode ajudá-lo a conhecer as atitudes e os hábitos dos pais.
De S.J. Virgilio, 2015, *Educando crianças para a aptidão física: uma abordagem multidisciplinar* (Barueri: Manole).

10. Estou disposto a compartilhar meus conhecimentos com os alunos da escola _____
_____ por meio do programa de educação física.   _____ Sim _____ Não
_____ Sim, quando meus compromissos permitirem.

11. Tenho interesse em comparecer aos seminários sobre saúde e condicionamento físico para os pais patrocinados pela escola.   _____ Sim _____ Não

12. Tenho interesse em participar do comitê de pais e professores de educação física.   _____
Sim _____ Não

13. Comentários, perguntas ou sugestões.

_____

_____

_____

Circule as suas escolhas:

Posso comparecer às reuniões ou participar das atividades escolares nos seguintes dias:

| Segunda | Terça | Quarta | Quinta |
| Sexta | Sábado | Domingo | |

Gostaria de participar nos seguintes horários:

Início da manhã (7 às 8h30)   No período da manhã   No período da tarde   No período da noite

Nome do pai/mãe: _____

Endereço: _____

Telefone: _____

Nome(s) do(s) aluno(s): _____

_____

*** Por favor, devolva o questionário respondido pelo correio. ***

Obrigado por sua colaboração,

_____

(Professor de educação física)

Figura 10.2 (*continuação*) O questionário de atividade física para os pais pode ajudá-lo a conhecer as atitudes e os hábitos dos pais.
De S.J. Virgilio, 2015, *Educando crianças para a aptidão física: uma abordagem multidisciplinar* (Barueri: Manole).

FATOS SOBRE ATIVIDADE FÍSICA

Pressão alta

O que é a pressão arterial elevada?

A pressão arterial é a força exercida pelo sangue contra as paredes das artérias à medida que o coração bombeia o sangue para todas as partes do corpo. Normalmente, o sangue flui com facilidade por esses vasos.

Em algumas pessoas, as artérias se tornam estreitas ou se fecham, dificultando a passagem do sangue. O coração então precisa fazer mais força para bombear o sangue e as artérias devem transportar o sangue que está se movendo sob uma pressão maior. Às vezes, o coração começa a trabalhar de maneira excessiva, impulsionando sangue demais a cada batimento. Essa pressão arterial aumentada tem efeito aditivo sobre a carga de trabalho do coração e das artérias.

Se a pressão arterial permanecer acima do normal por tempo prolongado, as artérias e o coração podem não funcionar tão bem como deveriam e, consequentemente, outros órgãos do corpo podem ser afetados.

Quem está propenso a ter pressão alta?

Ninguém sabe ao certo o que faz a pressão arterial aumentar. Contudo, é fundamental medir regularmente a pressão arterial se você:
• estiver com sobrepeso;
• for negro(a) (indivíduos afro-americanos são 2 vezes mais propensos do que os caucasianos a sofrerem de pressão alta, e cerca de 4 vezes mais propensos a morrerem em decorrência dessa elevação);
• tiver um dos pais, irmão, irmã ou filho(a) que tenha pressão alta;
• ingere sal excessivamente;
• toma pílulas anticoncepcionais;
• tem mais de 30 anos de idade (à medida que as pessoas envelhecem, os vasos sanguíneos tornam-se menos elásticos); ou
• toma bebidas alcoólicas em excesso.

Quais são os sintomas?

Aproximadamente metade dos indivíduos que sofrem de pressão alta não sabem disso, pois não têm certeza dos sintomas que apresentam. É por isso que essa condição muitas vezes é referida como "assassino silencioso".

As pessoas com pressão arterial elevada frequentemente apresentam suor nas mãos, musculatura abdominal tensa, pulsação rápida, rubor, tontura, fadiga e tensão acompanhada de elevação da pressão. No entanto, esses sintomas também estão associados a outras condições. A única forma garantida de descobrir se a sua pressão arterial está alta é medi-la regularmente.

O que você pode fazer?

Se o risco de desenvolver pressão alta for maior em você do que em um indivíduo mediano, tome as seguintes providências:
• **Cheque a pressão arterial regularmente.** Especialmente no caso das gestantes. A pressão elevada pode causar problemas graves tanto para a mãe quanto para o bebê.
• **Livre-se do excesso de gordura.** Peça ao médico para receitar uma dieta e equilibrada e comece a desenvolver novos hábitos alimentares. A dieta pode ser a mudança mais importante que você tem a fazer. Perder peso e diminuir a ingestão de alimentos ricos em gordura e petiscos salgados geralmente ajuda a controlar a pressão alta – e, às vezes, até sem medicação.

Teste – fatos sobre o açúcar

1. O mel é melhor do que o açúcar para você.
Verdadeiro   Falso

2. O açúcar é um carboidrato.
Verdadeiro   Falso

3. O açúcar é uma fonte de obtenção rápida de energia.
Verdadeiro   Falso

4. Quantas colheres de chá de açúcar estão contidas em 360 mL de refrigerante?
2   8   14

5. Qual dos seguintes ingredientes significa "açúcar"?
Dextrose   Sucrose   Xarope de milho

6. Qual destes itens contém mais açúcar?
Ketchup   Suco de laranja   Molho francês

Figura 10.3 Exemplo de informativo.
Adaptado de *Heart Smart Gazette*.

• **Corte o sal.** O sal contém sódio e este retém a água e provoca o inchaço dos tecidos do seu corpo. Evite alimentos ricos em sal, como os produtos industrializados, condimentos, carnes defumadas ou curadas, alcaçuz, refeições preparadas no micro-ondas, alimentos enlatados e bicarbonato de sódio. Prefira alimentos com baixo teor de sal, como frutas frescas e desidratadas, vegetais frescos, aves, peixes, carne magra, arroz e espaguete.

• **Se for fumante, diminua ou pare de fumar.** O tabagismo não só aumenta o risco de danos respiratórios como também lesa as paredes dos vasos sanguíneos e acelera o endurecimento das artérias. Fumar demais aumenta a carga de trabalho do coração, eleva a frequência de pulsação e aumenta a pressão arterial. Se você sofre de pressão alta, o tabagismo aumenta em mais de 2 vezes o risco de desenvolver doença arterial coronariana.

• **Pratique exercícios regularmente.** Exercícios regulares apropriados para o condicionamento cardiorrespiratório, tais como caminhar, andar de bicicleta e nadar, podem fortalecer seu coração, ajudar a aliviar a tensão e sustentar seus esforços para reduzir o peso.

• **Reduza a tensão com atividades como yoga, leitura e caminhada.** Isso pode ajudar a diminuir temporariamente a sua pressão arterial. Entretanto, não conte apenas com técnicas de relaxamento para diminuir a pressão de modo permanente.

• **Limite o consumo de álcool.** Existem pesquisas que associam o consumo pesado de bebidas alcoólicas a elevações na pressão arterial.

• Se você tem pressão alta, **consulte um médico antes de começar a tomar pílulas anticoncepcionais.** Se você já toma pílulas anticoncepcionais, deve medir a pressão arterial regularmente.

Se apenas as mudanças de estilo de vida não forem suficientes para diminuir sua pressão arterial, seu médico pode prescrever uma medicação que ajude o seu corpo a se livrar do excesso de água e sódio ou a ampliar seus vasos sanguíneos. Espere algum tempo para que a medicação produza o efeito esperado. Se você parar de tomá-la de uma vez por todas, não haverá nenhum efeito de controle sobre a sua pressão.

O tratamento funciona somente quando você o segue fielmente. Mesmo que você se sinta bem, em geral é necessário continuar o tratamento pelo resto da vida. Em resposta, é provável que você viva muito mais e de forma bem mais saudável.

Respostas

1. Falso

O mel contém frutose, que é um açúcar mais doce cuja digestão é diferente da digestão do açúcar de mesa. Essa diferença, porém, produz um efeito real pouco significativo, uma vez que a frutose, assim como o açúcar de mesa, ao final da digestão vira glicose – a substância contida no alimento que o seu corpo precisa para conseguir energia. Os açúcares não refinados, como o mel, açúcar bruto e "turbinado" (açúcar bruto "lavado") não proporcionam nenhum benefício especial. Seu conteúdo mineral é tão baixo que você teria que consumir todas as calorias obtidas em 1 dia ingerindo somente açúcares para conseguir obter uma concentração significativa. Esses açúcares servem apenas para adoçar e fornecer calorias, do mesmo modo como o açúcar refinado (de mesa).

2. Verdadeiro

Os açúcares são chamados de carboidratos simples e os amidos, de carboidratos complexos. Em comparação com os amidos, os açúcares possuem uma estrutura química mais simples. Os alimentos ricos em açúcares e amidos são nossas fontes básicas de carboidrato.

3. Verdadeiro... mas...

Usar o açúcar como forma de recuperação rápida – assim como comer uma barra de doce – produzirá o efeito contrário. O seu corpo usa o açúcar de maneira muito rápida. Você conseguirá obter uma recuperação rápida, mas o enfraquecimento virá logo em seguida. E, muitas vezes, você pode sentir uma fome ainda maior.

4. Oito colheres de chá.

Lembre que a maioria do açúcar consumido em nossas dietas é proveniente de alimentos processados, como refrigerantes ou produtos cozidos, e não de fontes naturalmente doces, como as frutas.

5. Todos os três

Além da dextrose, sucrose e xarope de milho, outros termos comumente presentes nos rótulos são *açúcar, açúcar invertido, mel, melaço, sucrose, frutose, lactose, maltose e galactose.*

6. *Ketchup*, molho francês.

Procure por açúcar (e suas diversas variantes) no rótulo de ingredientes. Antes de adicionar açúcar de mesa aos alimentos, atente-se ao fato de que muitos alimentos, como as frutas, vegetais, laticínios e grãos, já contêm açúcar naturalmente.

Figura 10.3 (*continuação*) Exemplo de informativo.
Adaptado de *Heart Smart Gazette.*

excelente oportunidade para você compartilhar sua preocupação em relação aos alunos e, ao mesmo tempo, desenvolver uma relação positiva com os pais.

Os professores de educação física do ensino fundamental chegam a dar aulas para até 500 alunos ao longo de todo o ano letivo. Pode ser difícil e demorado agendar uma reunião de pais e professores até mesmo com apenas metade dos pais dos alunos para os quais você leciona na escola. Você pode poupar tempo se fizer menos uso dos métodos formais de reunião com pais. Use o telefone ou e-mail para ter reuniões breves, porém significativas com os pais, quando julgar mais conveniente tanto para você quanto para eles. Alternativamente, tenha conversas rápidas com os pais sobre o progresso apresentado pelos filhos deles quando se encontrarem na escola, após as reuniões da APM (associação de pais e mestres) ou durante os eventos esportivos. Todavia, certifique-se de incluir comentários positivos e manter a privacidade da família. Você pode ficar surpreso ao notar como as reuniões informais funcionam bem como relações com o público para o seu programa.

Inicialmente, tente contatar os pais dos alunos de alto risco, como aqueles com baixa pontuação de aptidão física, os que levam estilo de vida sedentário, os alunos obesos, alunos com níveis altos de colesterol, aqueles com história familiar de cardiopatia ou diabetes, ou ainda os alunos com necessidades especiais. Desenvolva um programa especial para esses alunos, agende horários extras de aula e organize noites de promoção da saúde em família, com o intuito de motivar os pais e envolvê-los no processo de melhora da condição de saúde dos filhos. Dessa forma, você conseguirá alcançar várias famílias ao mesmo tempo e, assim, dinamizar seus esforços.

Em certos casos, porém, uma determinada situação acaba exigindo uma reunião tradicional mais formal, mas sem causar intimidação. Se você, como a maioria, tem pouca disponibilidade de tempo, concentre-se nos pais dos alunos menores (educação infantil até o 3º ano do ensino fundamental). Esses pais de alunos costumam estar altamente motivados e o entusiasmo deles pode permear a escola. Talvez, de modo mais significativo, até o 3º ano, tanto as crianças como seus pais geralmente estão mais abertos para considerar a adoção de mudanças em seus hábitos de prática de exercícios, nutrição e estilo de vida.

Antes da reunião

Algumas semanas antes da reunião, envie os informativos de educação física para as casas dos alunos, a fim de que os pais possam ter uma ideia do desempenho dos filhos nas aulas de educação física (Fig. 10.4). O informativo de educação física nada mais é do que um relato acerca do progresso da pontuação de aptidão física associada à saúde, contendo alguns comentários anexos. Insira um asterisco próximo a cada escore indicativo de que o aluno está na zona saudável. Os escores indicativos de que o aluno precisa melhorar devem permanecer sem asterisco. Ensine exercícios específicos e faça recomendações a cada aluno sempre que um escore estiver fora da zona saudável. O informativo de educação física deve ser acompanhado de uma carta, na qual é explicado que os testes de aptidão física constituem apenas um aspecto do programa de educação física. Enfatize que a participação, o esforço e os níveis de atividade física são igualmente importantes, e progresso e a melhora são suas principais metas.

Ao agendar uma reunião, seja sensível ao fato de os pais de seus alunos estarem ocupados com seus próprios trabalhos e se adapte aos horários deles. Se depois do horário de aula não for conveniente, então pode ser necessário marcar as reuniões de manhã cedo ou à noite. Se você for flexível, mostrará que realmente se importa com seus alunos.

Saiba aproveitar também os dias de reunião regular na escola. Certifique-se de ter sido incluído pela administração, ao fazer os agendamentos e reservas de sala, bem como ao registrar os pais. Explique que você precisa de um ambiente para a reunião que seja mais apropriado às discussões individuais entre pais e professor do que uma sala barulhenta no ginásio. Solicite um local ao departamento administrativo, uma sala de conferências ou uma sala de aula vazia. Depois de agendar uma reunião, envie uma carta simples, contudo profissional, confirmando o local da reunião e demonstrando que está disposto a trabalhar com os pais ao longo do ano letivo.

Prepare-se para a reunião atualizando o portfólio pessoal de estilo de vida ativo do aluno, para ser revisto pelos pais. Faça anotações sobre as necessidades específicas do aluno, com base em suas avaliações e observações.

Não faça planos de permanecer sentado atrás de uma mesa ou de dispor as cadeiras nos moldes de uma aula ex-

 **Comunicado de educação física**

Para os pais ou responsáveis por _____,

A condição de atividade física de seu(sua) filho(a) foi recentemente avaliada como parte do programa de educação física. Abaixo, estão listados os resultados por ele(a) alcançados no teste Fitnessgram e a data da avaliação.

O asterisco (*) próximo à pontuação denota uma zona de atividade física saudável (ZAFS) para um determinado componente. Os escores sem asterisco precisam ser melhorados. Ensinarei exercícios específicos que irão ajudar a desenvolver os componentes de atividade física específicos que devem ser melhorados.

Componente de atividade física	Data: _____ Pontuação:	Data: _____ Pontuação:	Comentários
Flexibilidade • Sentar e alcançar • Ombros			
Resistência cardiorrespiratória • Corrida de 1,6 km • PACER			
Aptidão muscular • Flexões • Abdominais			
Composição corporal • Percentual de gordura • IMC			
Comentários adicionais:			

Figura 10.4 Um comunicado de educação física mantém os pais atualizados sobre o progresso dos filhos em educação física.
De S.J. Virgilio, 2015, *Educando crianças para a aptidão física: uma abordagem multidisciplinar* (Barueri: Manole).

positiva dada pelo professor aos alunos. Disponha as cadeiras em um semicírculo, a fim de projetar a mensagem de que todos estão na mesma posição de igualdade como membros de uma equipe, e de que as informações devem ser compartilhadas para ajudar a dar suporte às crianças.

Durante a reunião

Inicie a reunião tentando relaxar os pais, com uma voz calma e não intimidante. Cumprimente os pais dizendo "É maravilhoso ter a chance de conversar com vocês sobre o progresso feito pelo [Joseph] nas últimas semanas."

Use uma linguagem direta, simples, e evite os jargões usados na área de ensino. Por exemplo, os pais talvez não entendam a diferença entre alongamento estático e alongamento balístico, mas podem se sentir constrangidos demais para pedir que lhes explique.

Conduza – mas sem dominar – a conversação. Se a criança for obesa, faça algumas perguntas direcionadas, em vez de dar uma aula sobre as doenças que uma criança com sobrepeso pode desenvolver. Por exemplo, "O que o [Joseph] costuma fazer depois do jantar, toda as noites?", ou "Que tipos de lanches vocês costumam ter em casa?". Tranquilize os pais admitindo que muitos hábitos precários são bastante comuns.

Use exemplos concretos oriundos do portfólio de estilo de vida ativo do aluno. Discuta, por exemplo, que o diário de atividades do aluno mostra que os únicos exercícios que ele tem praticado são aqueles dados nas aulas de educação física, 2 vezes/semana. Em seguida, pergunte aos pais do aluno como eles poderiam ajudar a aumentar os níveis de atividade do(a) filho(a) após o horário de aula e durante os finais de semana. Em seguida, revise o comunicado de educação física que você deve ter enviado para a casa deles há algumas semanas. Pergunte aos pais se eles têm alguma pergunta a fazer sobre os escores ou em relação a suas recomendações.

Fazer perguntas direcionadas e discutir o portfólio do aluno são formas não intimidadoras de guiar os pais adiante, no sentido de fazê-los tirar suas próprias conclusões acerca das necessidade de saúde e atividade física de seu(sua) filho(a). A essa altura, é possível que eles estejam mais interessados em ouvir suas sugestões sobre como melhorar do que estavam antes da reunião.

Seja honesto, verdadeiro e conciso na discussão sobre a criança e ao dar suas sugestões. Os pais podem ouvir mais atentamente quando as sugestões começam por "Pode ser bom para o [Joseph]...", do que por "Vocês têm que...".

No entanto, tente não oprimir os pais com o excesso de informações em uma única reunião.

Para encerrar a reunião, resuma a discussão e pergunte se eles têm mais alguma pergunta a fazer. Mencione mais alguns tópicos sobre ações para ajudar no acompanhamento e reafirme aquilo que foi discutido. Por exemplo, peça aos pais para rever e assinar o diário de atividades físicas semanalmente durante as próximas 4 semanas.

Após a reunião

É muito importante fazer o registro da reunião. Desenvolva um arquivo de reuniões para cada aluno e mantenha-o em sua sala. Inclua a data, a hora e o comparecimento/falta dos pais à reunião. Adicione cópias de quaisquer materiais que tiverem sido revistos. Faça anotações sobre os principais pontos abordados na conversação e as ações de acompanhamento que você recomendou. Mantenha um arquivo de formulários de reuniões de pais e professores no escritório da diretoria da escola, caso isso seja uma exigência local. Manter um controle acurado do que aconteceu pode ajudá-lo a poupar tempo e evitar problemas futuros.

Enfim, envie uma nota de acompanhamento ou telefone para os pais quando o aluno mostrar sinais de melhora. Isso indicará que a reunião valeu a pena e que você continua interessado.

EDUCAÇÃO DOS PAIS

A educação dos pais é uma extensão natural da comunicação entre pais e professores. Os pais devem entender as metas que você está tentando alcançar e o motivo pelo qual isso é tão importante. Se você instruir os pais transmitindo-lhes informações atualizadas sobre saúde e atividade física, eles tenderão a participar mais com você e os filhos deles ao longo do ano letivo. E o que mais você pode fazer além dos informativos? Organizar seminários para os pais, realizar uma demonstração da APM, criar uma sala de bem-estar de pais e professores e organizar uma feira de saúde e atividade física são formas descontraídas e práticas de educar os pais.

Seminários para os pais

Agende um seminário de curta duração como parte das reuniões mensais da APM. Alternativamente, agende seminários mais longos antes do horário de aula, na hora do almoço, logo após o horário de aula ou à noite. Agende esses seminários em horários diferentes ao longo do ano letivo, para que diversos pais consigam comparecer. Você até pode repetir o mesmo seminário em horários diferentes. Quando possível, convide palestrantes para darem aulas expositivas sobre vários tópicos relacionados à saúde e à atividade física. Entre em contato com a universidade local, associações médicas de cardiologia, faculdades de medicina e academias, em busca de possíveis palestrantes. Não esqueça de incluir nos informativos alertas dirigidos aos pais sobre as palestras que irão acontecer – seja específico e conciso: assunto, palestrante, local, hora e data.

Mostra durante evento da APM

A cada ano, organize uma mostra do seu programa em uma das reuniões da APM. Escolha um tema, como "A nossa escola é adepta do programa Coração Saudável". Aqui estão algumas sugestões para ajudá-lo a planejar a sua noite da APM:

• Decore o ginásio ou a cantina com os trabalhos realizados pelos alunos, tais como pôsteres sobre atividade física, trabalhos de educação artística, murais, diários de exercícios, a imagem do *MyPlate* e fotos das crianças realizando atividades físicas.

• Apresente-se. Descreva os objetivos básicos e a filosofia do seu novo programa de atividade física.

• Conte com a participação de um palestrante convidado, que pode ser um professor, médico ou educador da área de saúde. Peça ao convidado para ser breve (8-10 minutos, em geral, é o suficiente) e bastante direto.

• Selecione cerca de 25 alunos para darem uma demonstração de atividade física. A música irá ajudar a manter o ritmo da atividade (p. ex., aeróbica, atividade física de pular corda, faixas e bastões de exercício, atividade com paraquedas, Zumba).

• Exiba uma apresentação em PowerPoint. Os *slides* devem mostrar seus alunos se exercitando, divertindo-se, fazendo atividades físicas em família ou comendo alimentos saudáveis. Para finalizar, toque uma música animada enquanto continua a exibir os *slides* das crianças se exercitando e cooperando umas com as outras.

• Grave em vídeo cenas de alunos de vários anos praticando exercícios e participando do programa de educação física. Instale três monitores de vídeo em diferentes pontos do recinto, para que todos possam assistir ao vídeo. Você também pode incluir alguns videoclipes em sua apresentação de PowerPoint.

Sala de bem-estar de pais e professores

Lembra-se da sala de bem-estar de funcionários, que discutimos no Capítulo 2? Por que não expandi-la para incluir os pais? Converta uma sala de aula vazia ou transforme a área de descanso de funcionários em uma combinação de sala de bem-estar e área de descanso. Nesse local, inclua uma área reservada para leitura com um pequeno espaço para guardar livros, DVDs, revistas, apostilas e livros de culinária. Use outra parte da sala para os exercícios. Neste espaço, coloque um colchonete e uma bicicleta ergométrica ou esteira de frente para uma televisão, bem como uma prateleira contendo alguns halteres e bastões de exercício. E por que não adicionar um aparelho de DVD e DVDs sobre exercícios? Decore o recinto com pôsteres da SBC e coloque um pequeno aparelho de som em uma prateleira, para que fique tocando música leve o dia inteiro. Sem tempo para desenvolver essa ideia? Delegue a responsabilidade aos pais que estiverem interessados. A APM pode fornecer verbas e requisitar o espaço ao diretor. Garanta que os horários disponíveis para uso da sala de bem-estar sejam flexíveis para aqueles pais e professores ocupados. Uma sala de bem-estar que inclua os pais cria excelentes relações com o público.

Feira de saúde da escola

Programe um dia de feira de saúde da escola, que aconteça em um fim de semana ou à noite. Monte barracas individuais que abordem assuntos interessantes para a escola – por exemplo, análise postural, teste de composição corporal, dicas e amostras de lanches saudáveis, triagem da pressão arterial e do colesterol, medidas de flexibilidade e força de preensão. Faça com que cada estação se torne uma experiência de aprendizado prático para toda a família. Planeje esse evento em parceria com uma universidade, o hospital local e a comunidade do comércio. (Ver também o Cap. 15.)

A PARTICIPAÇÃO DOS PAIS DURANTE O HORÁRIO ESCOLAR

Os pais e avós (que podem ter mais tempo disponível) podem ajudar a sustentar seu programa ao longo do dia na escola. O questionário que você aplicou aos pais lhe permitirá ter uma noção da disposição deles para o envolvimento durante o horário escolar. Você pode usar as seguintes abordagens para trazer os pais à escola:

- **Ajuda dos pais:** os pais podem ajudá-lo a controlar a presença, marcação de campo, registro dos escores de aptidão física e organização de classes maiores.
- **Palestrantes convidados:** agende visitas de pais que sejam especialistas em assuntos específicos para dar palestras ou fazer demonstrações para a classe.
- **Voluntários e monitores:** peça aos pais para supervisionarem as atividades físicas durante os períodos de recesso, gravarem as aulas em vídeo, registrarem os escores de aptidão física no computador ou servirem de motoristas ou acompanhantes em eventos especiais.
- **Instalações e equipamentos:** peça para os pais acessíveis ajudarem a construir ou consertar os equipamentos de educação física. Pintar linhas em sua quadra ou colocar prateleiras em uma sala são atividades que alguns pais poderiam gostar de fazer. Organize uma "fábrica de educação física", em que os pais se encontrem em um sábado de manhã a cada 3 meses para ajudá-lo com reparos, construções e manutenção das instalações e equipamentos.
- **Controle escolar:** crie um comitê especial da APM para ajudá-lo em relações com o público, eventos especiais, levantamento de verbas e decisões curriculares. Esse comitê também pode atuar como um grupo de defesa, fornecendo-lhe suporte nos momentos de incerteza financeira.
- **Convidados e observadores:** escolha alguns dias de cada mês em que você deverá abrir suas aulas a alguns pais visitantes, sem horário previamente reservado. Além disso, convide-os a comparecer nos dias que houver eventos especiais, bem como durante os períodos de aula típicos. Os pais apreciarão a sua abertura e se tornarão mais propensos ao envolvimento. Além disso, eles o observarão em ação e começarão a desenvolver uma avaliação acerca dos benefícios proporcionados pela educação física.

ATIVIDADES PARA FAZER EM CASA

O lar é o ambiente que exerce maior influência sobre a vida de uma criança. Faça disso uma vantagem sugerindo a prática de atividades físicas criativas em família. (*Cuidado:* muitos pais não estão acostumados a brincar ou praticar exercícios físicos em família. Comece devagar e não espere um progresso significativo logo no início. Se você for persistente e seguir algumas recomendações fornecidas neste capítulo, com certeza será bem-sucedido.) Use o informativo para transmitir as possibilidades de atividade física praticada em casa, descritas a seguir.

Jogos em família: atividade física da fortuna

Pais e filhos acumulam notas de atividade física ao se engajarem na prática de atividades físicas moderadas a vigorosas. Para cada atividade física, atribua um valor em dinheiro (reais). Veja o exemplo:

- Corrida leve a uma distância de 1,6 km = R$ 1.000,00
- Caminhada por 30 minutos = R$ 500,00
- *Step* aeróbico por 30 minutos = R$ 1.500,00
- Treinamento de resistência por 30 minutos = R$ 1.500,00
- Varrer folhas por 15 minutos = R$ 500,00
- Passar aspirador de pó na casa por 15 minutos = R$ 500,00
- Andar de bicicleta por 30 minutos = R$ 1.500,00

Ao final de cada semana, a família deve computar quantos reais cada membro ganhou no total. Cada membro da família deve descrever como gastaria o dinheiro hipotético. O pai, por exemplo, poderia comprar um novo sistema de entretenimento. Essa atividade pode ser registrada no portfólio de estilo de vida ativo e compartilhada com o restante da classe durante uma discussão breve.

Representação teatral em família

A família passa uma noite escrevendo e encenando uma minipeça teatral, cujo tema é a saúde e a atividade física. Por exemplo, a minipeça primeiro pode mostrar uma família de saúde precária, cansada e preguiçosa vivendo um dia típico. Na segunda parte da encenação, mostra-se então como uma família saudável e ativa enfrenta o dia, praticando exercícios e ingerindo alimentos nutritivos. Em outra noite, a família pode encenar sua peça para os vizinhos ou gravá-la em vídeo para mostrar depois aos avós, amigos ou professores.

Acordo de aptidão física em família

Um acordo de aptidão física em família solicita aos membros de uma família que se comprometam a praticar exercícios ou a se engajarem em atividades físicas juntos. Crie um contrato impresso, que permita à família decidir que tipo de exercício gostaria de praticar e quando gostaria de fazer isso (Fig. 10.5). Se a família concluir o contrato, receberá uma recompensa do departamento de educação física, como ingressos para eventos, cupons de *frozen yogurt*, visitas a *spas* ou camisetas.

Ajudantes de tarefa de casa

As tarefas de lição de casa de educação física que envolvam os pais podem promover uma experiência de aprendizado estimulante para toda a família. Escolha atividades que sustentem as metas do seu módulo, mas sem duplicar as atividades da classe. Por exemplo, envie uma lição de casa da atividade Batida do Coração (nível II; Fig. 10.6). As crianças e seus pais podem representar suas frequências cardíacas em gráficos, usando um "X" para os pais e pontos para as crianças. Faça as crianças explicarem aos pais como o exercício faz o coração bater mais rápido e o torna mais forte, e como a frequência cardíaca diminui após o descanso.

Trilha de atividade física na vizinhança

Nesta tarefa, as crianças e seus pais projetam estações de atividade física por toda a vizinhança. Eles traçam um mapa e planejam exercícios para cada estação (Fig. 10.7). Peça aos pais para calcularem a distância total do percurso utilizando o odômetro do carro. Por questões de segurança, enfatize que os participantes devem correr e se exercitar sempre na calçada (nível III).

Atividade física matinal ou noturna

Uma atividade física matinal ou noturna consiste em um exercício de rotina, com duração de 10 minutos, que os pais e seus filhos projetam e executam antes do horário de aula ou depois do jantar. Peça à família para registrar suas atividades físicas em um calendário grande colocado na porta da geladeira.

Hora da TV

Peça aos pais e às crianças para assistirem juntos a um evento esportivo transmitido na TV. Depois do jogo, a família deve responder perguntas como:

- Que exercícios específicos seriam importantes para esse esporte?
- Os jogadores apresentaram um bom comportamento esportivo?
- O condicionamento físico teve papel importante sobre o resultado final do jogo?
- Nomeie dois jogadores que usaram força, resistência ou velocidade para ganhar vantagem no jogo.

Minuto da aptidão física

Toda vez que passar um comercial durante um dos principais programas do horário nobre, a família deve se exercitar por 1-2 minutos. Cada membro da família tem a própria vez de liderar e escolher o exercício que todos deverão fazer.

ENVOLVIMENTO DA COMUNIDADE

A comunidade pode ser uma mina de ouro para o seu programa de educação física. Primeiro, estabeleça um bom relacionamento e organize um comitê de bem-estar da escola e da comunidade. (Esse comitê pode ser um subcomitê do comitê de bem-estar da escola, discutido no Cap. 2.) Convide líderes do comércio local, pais e idosos a aderirem ao seu programa. Cada um deles representará uma ligação com um segmento diferente da comunidade. A seguir, são descritas as diretrizes para seleção do comitê:

- Selecione indivíduos de diferentes origens sociais e culturais, de modo a refletir a constituição étnica e religiosa da sua comunidade.
- Incentive um equilíbrio entre os gêneros.
- Envolva indivíduos de diferentes faixas etárias.
- Escolha voluntários que valorizem a saúde e o condicionamento físico – por exemplo, corredores, *personal trainers* e donos de academias.
- Convide líderes de comunidade para participar.

O comitê deve realizar uma reunião mensal para discutir tópicos diversos, incluindo meios de promover a educação da comunidade sobre os estilos de vida saudáveis e formas de ajudar o programa de condicionamento físico no planejamento de eventos especiais, como uma feira de saúde da comunidade ou uma corrida divertida. Também pode ser útil identificar sua abordagem atribuindo-lhe um nome, como "Programa Comunitário

(O texto continua na p. 151.)

Acordo de atividade física em família

Nós, da família _____, prometemos que a partir de hoje, _____ (data), adotaremos um estilo de vida ativo e nos tornaremos mais fisicamente ativos.

Reconhecemos que a atividade física em geral é bastante importante para a saúde de todos os membros da família. Prometemos dedicar _____ minutos todas as segundas, terças, quartas, quintas, sextas, sábados e domingos (circule pelo menos 3 dias da semana) à adoção de mudanças positivas em nossos níveis de atividade física. O melhor horário do dia para trabalharmos nessa mudança é às _____ horas.

Nos esforçaremos ao máximo para cumprir este contrato de 1 mês, à medida que formos desenvolvendo as metas de atividade física da nossa família. Entendemos que o cumprimento deste contrato nos dará como recompensa _____.

Membros da família: (assinaturas)

_____

_____

_____

_____

_____

_____

Este compromisso foi testemunhado por

_____

Figura 10.5 O acordo de atividade física em família, em que os familiares se comprometem a praticar atividades físicas juntos.
De S.J. Virgilio, 2015, *Educando crianças para a aptidão física: uma abordagem multidisciplinar* (Barueri: Manole).

 # Batida do coração

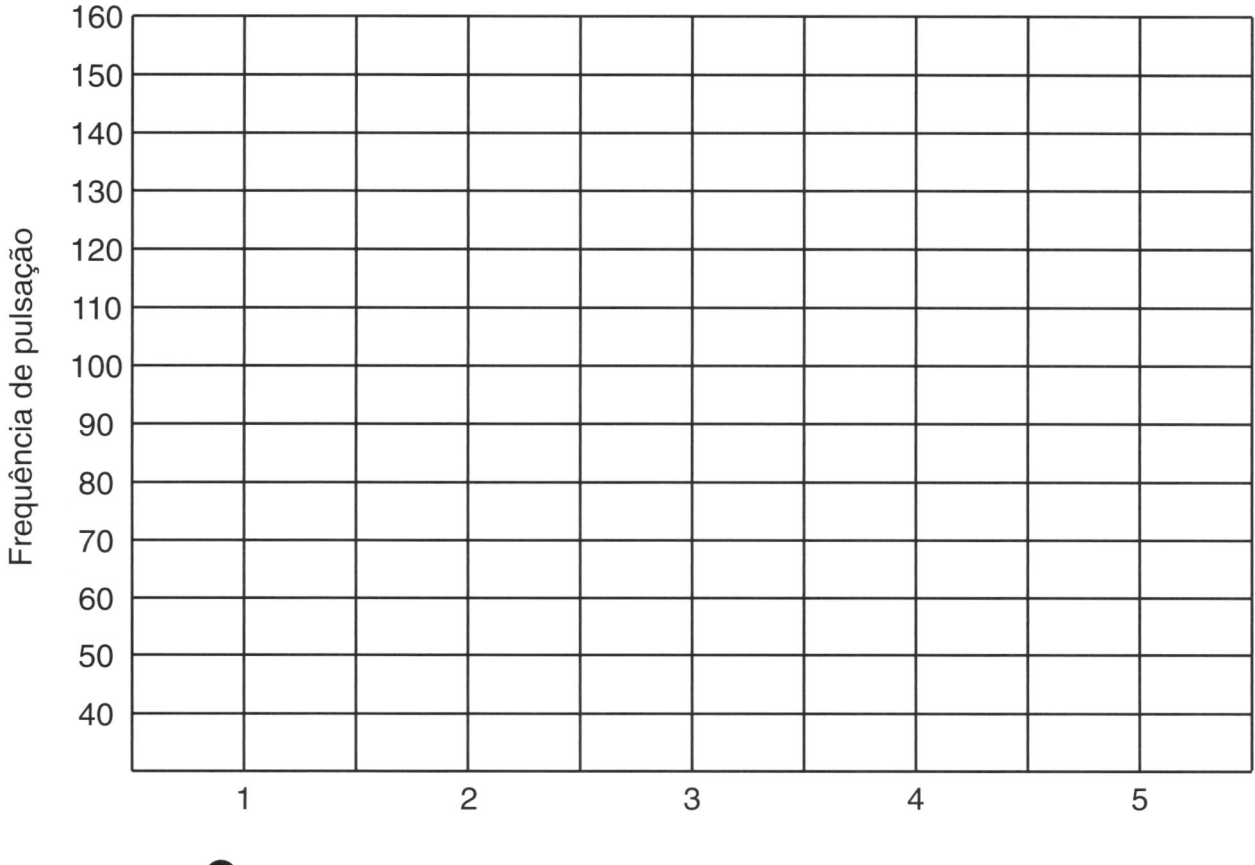

● Aluno

X Pai/mãe

1 Pulsação em repouso

2 Pulsação após 30 segundos de corrida sem sair do lugar

3 Pulsação após 30 segundos fazendo polichinelos

4 Pulsação após 1 minuto de repouso

5 Pulsação após 2 minutos de repouso

Figura 10.6 Use a atividade da tarefa de casa Batida do Coração para representar graficamente as frequências cardíacas dos membros de sua família.

De S.J. Virgilio, 2015, *Educando crianças para a aptidão física: uma abordagem multidisciplinar* (Barueri: Manole).

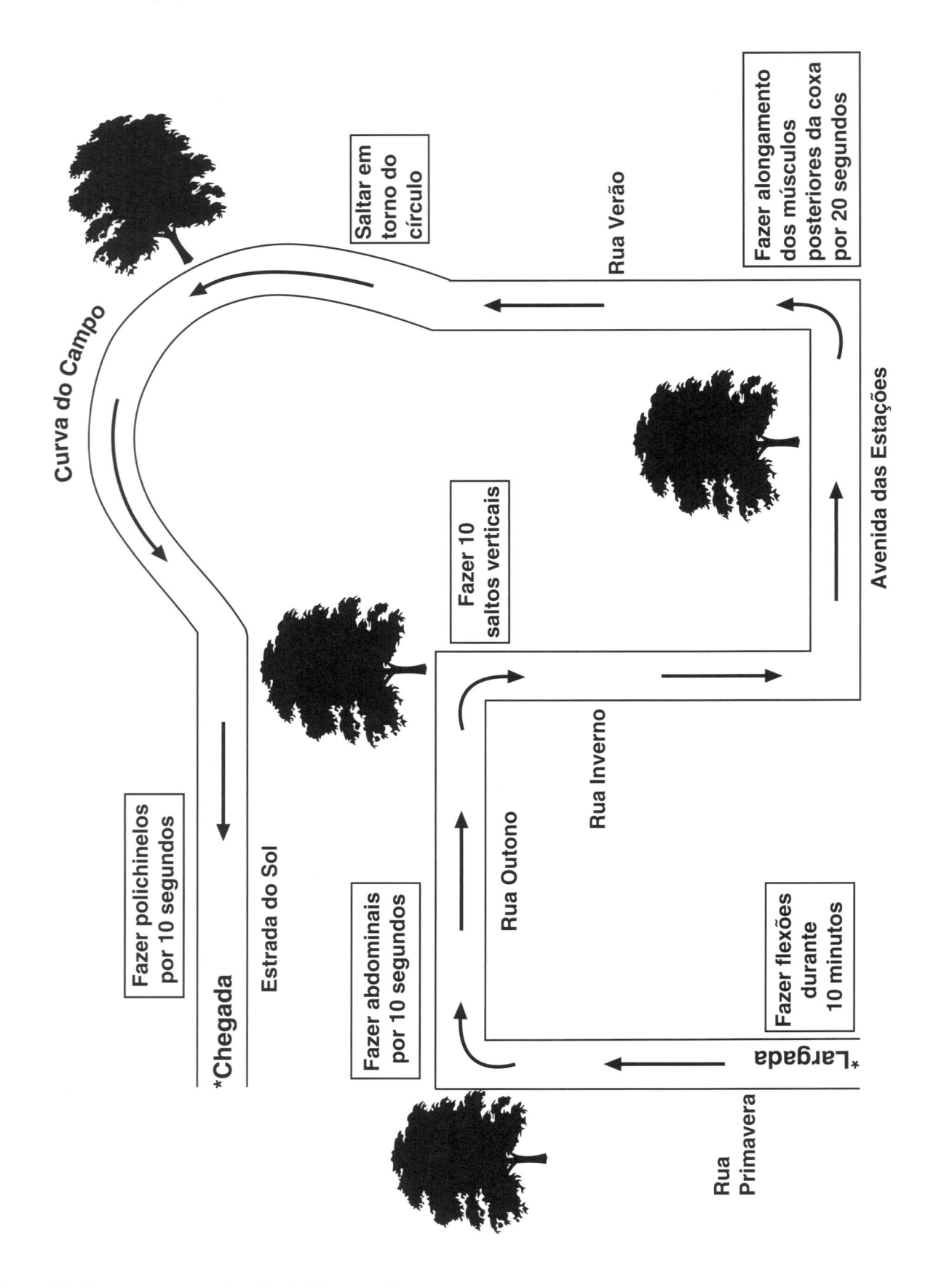

Figura 10.7 Exemplo de percurso de atividade física pela vizinhança.

para um Coração Saudável da Escola Rumo Certo". Um evento especial durante o outono e outro durante a primavera manterão o comitê ativo ao longo de todo o ano letivo.

Com a ajuda de um comitê forte, você conseguirá estabelecer uma rede de contatos em toda a comunidade. O apoio da comunidade conquistado fortalecerá seu programa e proporcionará muitas vantagens, entre as quais:

• A cidade ou outra organização podem permitir que você use a piscina de natação deles em suas aulas ou em programas pós-horário de aula.

• As lojas de artigos esportivos podem doar equipamentos esportivos e de atividade física.

• Uma academia local ou um clube podem fornecer passes livres para que você use como forma de incentivo aos seus alunos.

• As casas de boliche podem ceder horas gratuitas ou a preços reduzidos para suas aulas, ou podem conceder a oportunidade de desenvolver um programa interno pós-horário de aula.

• Os restaurantes podem oferecer opções de cardápio saudáveis para o coração e dar descontos especiais aos seus alunos.

• Divisões locais de associações médicas de cardiologia e oncologia podem promover *workshops* e fornecer folhetos, vídeos ou *kits* educativos para a escola.

• As lojas de *frozen yogurt* podem doar cupons de "compre 1 e ganhe outro" para você usar como forma de incentivo.

• Os jornais ou estações de rádio locais podem divulgar seu programa e os eventos especiais.

Recompense a comunidade

A relação escola-comunidade é como uma via de duas mãos. É muito importante proporcionar à comunidade alguns benefícios e serviços em resposta ao apoio recebido. Considere as seguintes sugestões:

• Anualmente, organize 2-3 seminários para apresentar para a comunidade. Esses seminários devem ocorrer na cantina da escola, das 19 às 21 horas. Os possíveis assuntos a serem abordados incluem "O coração doente: fatos e exercícios para a saúde dele" e "Coma para satisfazer seu coração." Programe palestras de médicos, professores universitários ou nutricionistas.

• Conceda espaço para as academias ou organizações locais se reunirem durante a noite.

• Ajude a limpar e manter os *espaços para atividade física* e da liga de juniores da escola ou dos parques públicos da cidade.

• Crie uma aula de exercícios para a terceira idade de sua comunidade.

• Faça seus alunos manterem o terreno da escola e as ruas da vizinhança limpos. Plante flores durante a primavera para mostrar o orgulho da sua comunidade.

• Seja cliente dos negócios locais que apoiarem a escola.

• Distribua aos seus alunos panfletos sobre os programas da comunidade, como acampamentos de verão, times da liga de juniores, centros recreativos, aulas de exercícios, ligas de boliche e atividades de natação.

• Crie um clube de caminhadas matinais aos sábados. O clube deve se encontrar na escola e sair para caminhar pela vizinhança. Dê um nome ao seu clube (p. ex., Caminhada do *fitness*).

• Ofereça sua ajuda e seus conhecimentos aos times esportivos de jovens locais.

Feira de saúde de outono da comunidade

Reúna um subcomitê para planejar e realizar uma feira de saúde de outono da comunidade. Planeje realizá-la na escola, em um sábado ou domingo. Antes de tudo, começar pelo estabelecimento de um orçamento é vital para o sucesso do evento. Busque o patrocínio de empresas locais, como bancos e mercados. Em troca do patrocínio, coloque o nome dos patrocinadores nos folhetos que serão distribuídos no dia do evento. Para custear quaisquer despesas inesperadas, venda refrescos saudáveis para o coração durante a feira. Doe uma parte das arrecadações obtidas com essas vendas a fundações ou organizações não governamentais, em restituição à comunidade.

Garanta que os membros do comitê sejam informados sobre o evento. Os membros do comitê podem abordar os jornais locais e regionais, bem como as emissoras de TV e estações de rádio que disponibilizam serviços de anúncio públicos. Outras duas ferramentas de divulgação efetivas são: a distribuição de panfletos em toda a escola e na comunidade; criação de um cartaz de divulgação da feira, pedindo aos comerciantes locais para exibi-lo em suas vitrines. Os alunos também podem criar e confeccionar pôsteres para serem exibidos na biblioteca pública e em negócios locais.

Crie um estande de bem-estar, que deve ser o foco da sua feira, e monte-o no centro do evento. Deixe esse estande servir de área administrativa para questões, problemas ou emergências. Você também pode desejar incluir um conjunto de informações sobre alguns tópicos de saúde, talvez em forma de folhetos que expliquem com clareza os princípios básicos de saúde. Além disso, considere a inclusão de uma pequena livraria, onde os membros da comunidade podem comprar livros mais significativos e materiais relacionados a estilos de vida saudáveis. As livrarias de proprietários locais podem organizar isso e dar uma parcela dos lucros para a escola.

Por fim, certifique-se de ter planejado todos os aspectos relativos à organização, limpeza, segurança e supervisão de vias de acesso. Contate a polícia local com uma antecedência de várias semanas em relação ao dia do evento, a fim de obter informações sobre trânsito e segurança.

A seguir, são listados os possíveis participantes e algumas ideias para a feira de saúde de outono:

Restaurante local	Alimentos saudáveis para o coração
Fisioterapeutas	Análise postural
Proprietário de academia	Demonstração de equipamentos
Estúdio de dança	Zumba
Enfermeiros	Mensuração da pressão arterial
Nutricionista	Lanches saudáveis
Médico da escola	Triagem de colesterol
Departamento de saúde e educação física de uma universidade	Teste de composição corporal
Loja de artigos esportivos	Escolha do calçado adequado para a atividade física
Fisiologista do exercício	Mitos sobre o exercício
Pais	Programas de atividade física em família
APM	Higiene pessoal

Consulte o Capítulo 15 para saber as formas de incluir crianças em idade de desenvolvimento em uma feira de saúde.

Corrida divertida da primavera

Do mesmo modo como para a feira de saúde de outono, crie um subcomitê para organizar a corrida divertida da primavera. Se possível, trace o percurso da corrida passando pelos arredores da escola. Entre em contato com a polícia local, para conseguir supervisão e controle do trânsito no local.

Eis um exemplo de esquema de horários para a corrida (que deve ser impresso nos panfletos):

- 8 h: Aquecimento em grupo com o professor de educação física
- 8h30: Corrida/caminhada divertida da comunidade (5 km) (a partir de 7 anos de idade) (Todos ganham uma fita!)
- 9h30: Corrida dos traquinas (2 a 6 anos de idade; 183 m) (Todos são vencedores! Cada criança ganha uma fita!)
- 11h: Premiação por faixa etária
- 12h: Piquenique da comunidade
- 13h30: Jogo esportivo entre pais e filhos

Passeio pelo mercado

Programe uma visita a um mercado local, pouco antes do horário de funcionamento, pela manhã. Essa é uma ótima aula de campo para os alunos do 5º e 6º anos. Dê 50 notas de dinheiro de mentira a cada aluno, para serem gastas com alimentos que eles comprariam para dar à família, se estivessem no lugar de seus pais. Reúna todos formando um grupo e apresente-lhes o gerente do mercado, que pode falar durante alguns minutos sobre esse ramo de negócios, o modo como são feitos os pedidos de alimentos e as operações básicas da loja. Em seguida, faça os alunos pegarem carrinhos e começarem a fazer suas compras, durante 20 minutos. Peça aos alunos para comprarem alimentos em quantidade suficiente para um dia: café da manhã, almoço, jantar e um lanche. Depois de passarem pelo caixa, os alunos têm acesso às leituras de computador daquilo que compraram. Mais tarde, ainda no mesmo dia, faça os alunos analisarem e compararem suas compras às escolhas saudáveis recomendadas pelo *MyPlate*. Peça a seus alunos para anotarem quaisquer discrepâncias significativas encontradas em suas escolhas. Você pode dizer a eles para levarem suas listas de compras para casa e discutirem suas compras com os pais.

Visitas aos arredores

Programe uma aula para checar vários negócios do comércio da comunidade. Você pode agendar uma visita a uma loja de *frozen yogurt* e estudar como o iogurte é produzido e do que é feito. Uma loja de alimentos saudáveis é outro local ótimo para visitar. Neste caso, peça aos alunos para analisarem o conteúdo de gordura, açúcar e sódio de vários alimentos das prateleiras. Em seguida, programe uma visita a uma academia local. Talvez, as crianças possam participar de uma aula de *step* aeróbico. Por fim, visite um restaurante local que ofereça itens saudáveis para o coração e observe o modo como os *chefs* preparam os alimentos, bem como aquilo que faz esses alimentos serem bons para a saúde do coração. Feito isso, os alunos podem experimentar os alimentos e descobrir o quão saborosos os alimentos saudáveis para o coração podem ser.

Young at Heart (Jovens de coração)

Trata-se de um programa que angaria a ajuda dos cidadãos da terceira idade da comunidade, para serem parceiros de exercício de alunos de 1º ou 2º anos. Compareça às reuniões dos cidadãos da terceira idade locais para explicar seu propósito e os principais objetivos da sua iniciativa. Nas 1ª e 3ª sextas-feiras de cada mês (ou no dias que forem mais convenientes para o seu esquema), esses cidadãos visitam a escola, caminham e praticam exercícios com seus parceiros. Enquanto estiverem se exercitando, discutem como estão se sentindo e o que está acontecendo em suas vidas. Quando a caminhada terminar, a classe deve retornar para a sala de aula, onde os idosos irão ler para os alunos durante cerca de 30 minutos. Esse programa pode ser especialmente significativo para as crianças que perderam os avós ou cujos avós vivem longe da cidade. Esse programa também é uma forma diferente de dar retorno à comunidade.

Coleta de alimentos

Colete alimentos não perecíveis junto à comunidade para ajudar os sem teto ou as vítimas de desastres naturais. Assumir a responsabilidade cívica de ajudar uma instituição de caridade é uma ótima forma de estabelecer relações com o público. Divulgue o seu interesse por alimentos saudáveis com baixo teor de gordura, açúcar e sódio, destacando o seu apoio aos alimentos saudáveis. Os alunos também podem aproveitar as latas de alimentos na execução de exercícios de resistência (p. ex., flexões de antebraço) ou para estudar e analisar os rótulos.

Arrecadação de fundos

Quando há muitas pessoas na comunidade que têm consciência do seu programa de educação física, elas tendem mais a apoiá-lo financeiramente. As pessoas e os negócios que costumam participar das atividades da comunidade ficarão satisfeitos em patrocinar as crianças nos eventos de arrecadação de fundos, como o *Jump Hope for Heart* e o *Step for Heart*, bem como em realizar sorteios para compra de equipamento. A American Cancer Association (ACA) e a AHA promovem vários eventos para arrecadação de fundos ao longo do ano. As escolas norte-americanas podem participar de um desses eventos e compartilhar um percentual das doações.

Depois que você desenvolver um programa abrangente de envolvimento da comunidade, será mais fácil inscrever a escola em programas de financiamento locais, estaduais ou nacionais. Fale com o departamento de saúde e educação física da universidade local. É possível que os professores estejam interessados em usar sua escola como modelo de intervenção de saúde e atividade física nas pesquisas deles. Os fundos podem ser disponibilizados para estagiários, equipamento e material educativo por meio da universidade. Como já mencionamos, o comércio local pode se interessar em patrocinar os programas baseados na comunidade. Eles podem ser voluntários na adoção de uma turma da escola para custear os materiais do conteúdo, equipamentos de atividade física, triagem de colesterol e eventos especiais. Para obter informação adicional, leia *Promoting physical activity: a guide for community action,* 2. ed. (Centers for Disease Control and Prevention, 2010).

RESUMO

Trabalhe em conjunto com os pais de alunos e as organizações da comunidade para expandir suas oportunidades de desenvolver estilos de vida fisicamente ativos e saudáveis nas crianças. Tenha em mente que a influência da família e da comunidade exercem impacto significativo sobre os comportamentos de saúde das crianças. Canalize essas influências incluindo os pais e a comunidade em seus planos de educação física. De fato, jamais se deve subestimar o poder do envolvimento dos pais e da comunidade. No fim das contas, o tempo que for investido em comunicação e na construção de uma ponte de ligação com os pais e a comunidade será convertido em ganhos excelentes para o seu programa de educação física. E lembre-se: é preciso uma comunidade inteira para criar uma criança.

Parte III

Atividades para aptidão física

Capítulo 11

Exercícios de desenvolvimento

"Que desgraça é para um homem envelhecer sem jamais ver a beleza e a força de que o próprio corpo é capaz."

Sócrates

Como você sabe, a resistência cardiorrespiratória, a aptidão muscular, a flexibilidade e a composição corporal são todas essenciais à saúde e ao bem-estar das crianças – e, na verdade, de todos nós. Ao planejar seu programa, inclua uma variedade de exercícios de desenvolvimento a partir desses componentes de aptidão física associada à saúde, enfocando também a necessidade de um estilo de vida fisicamente ativo, no decorrer do ano letivo. Recomendo que você reveja as informações básicas sobre cada componente fornecidas no Capítulo 4, bem como as diretrizes para exercícios específicos, para que possa implementar com segurança as atividades descritas neste capítulo em seu programa curricular de educação física.

A resistência cardiorrespiratória, a aptidão muscular e os exercícios de flexibilidade descritos neste capítulo são apenas alguns dos vários exemplos apropriados em termos de desenvolvimento para crianças. Apresente esses exercícios de forma aberta e personalizada, permitindo que os alunos tomem decisões e assumam a responsabilidade individual pelo próprio progresso. Isso lhes propiciará a experiência prática na tomada de decisões de que necessitam para se tornarem defensores da atividade física pelo resto de suas vidas. Em contraste, enfatizar um regimento e uma estrutura de classe rígida pode acarretar atitudes negativas em relação ao exercício e, assim, produzir efeitos adversos sobre a participação na atividade física em longo prazo.

Conforme discutido no Capítulo 4, as recomendações para prescrição de exercício e os esquemas de treino formais frequentemente indicados para adultos podem ser inadequados para as crianças em idade escolar. As crianças respondem melhor a atividades do tipo intervaladas, à espontaneidade e às brincadeiras em grupo, que são formas divertidas de aumentar seus níveis de atividade e, portanto, a aptidão física geral.

Adapte os exercícios e as atividades para atender às necessidades individuais de seus alunos. Além disso, garanta que cada aluno de sua classe se sinta verdadeiramente incluído e tenha a oportunidade de ser bem-sucedido em cada tarefa que realizar. Vamos começar, então, avaliando exercícios específicos para o desenvolvimento da resistência cardiorrespiratória.

RESISTÊNCIA CARDIORRESPIRATÓRIA

Primeiro, vamos rever brevemente as quatro técnicas básicas utilizadas para aumentar a resistência cardiorrespiratória: atividade contínua, atividade de intervalo, percurso *fartlek* e percurso de circuito, além das atividades correlatas específicas.

Atividade contínua

Como implica o nome, a atividade contínua diz respeito aos movimentos executados pelos grandes grupos musculares e sustentados durante períodos prolongados. A atividade pode variar em termos de intensidade, mas permanece contínua durante vários minutos. As atividades apropriadas para alunos do ensino fundamental são a corrida leve, caminhada, pular corda, dança, dança aeróbica, *step* aeróbico e jogos de basquete e futebol. As atividades físicas que você talvez queira recomendar para as crianças e seus pais fora da escola são as seguintes:

- Andar de bicicleta.
- Natação.
- Pedestrianismo.
- Patinação (no gelo e *in-line*).
- Remo.
- Caminhadas em família.
- Exercícios com DVDs.
- Corrida leve e caminhada.
- Dança.

Veja exemplos adicionais de atividade contínua nos Capítulos 12 e 13.

Corrida aleatória

Peça às crianças para andar ou correr devagar em qualquer direção, durante um período de tempo especificado. Ao seu sinal, a classe deve voltar para o ponto de partida.

Companheiros de caminhada

Faça os alunos encontrarem um colega de classe para caminharem juntos durante um determinado tempo. Se ambos concordarem, permita que também corram devagar ou rápido. Incentive os alunos a permanecerem juntos, interagirem um com o outro e trabalharem como parceiros nessa atividade de aprendizado cooperativo.

Corrida em fila

Forme filas de 5 ou 6 alunos, todos voltados para a mesma direção. Faça-os começar a correr devagar ou caminhar em qualquer direção, sem sair das filas. Ao seu sinal, o último aluno de cada fila deve correr para a frente e se tornar o líder da fila. Continue até que todos tenham tido chance de ser o líder.

Estimativa

Avise aos alunos que você irá cronometrar o tempo enquanto eles caminham ou correm devagar percorrendo 3 vezes o percurso que você traçou. Antes de começar, faça os alunos anotarem em fichas as suas estimativas de tempo para completar o percurso. Declare vencedor o aluno que conseguir chegar mais perto da própria estimativa de tempo final. As bases dispostas ao redor da parte central do campo de softbol funcionam bem como rotas para essa atividade.[1] A movimentação em torno dessas bases é eficiente como atividade de aquecimento, antes da aula de softbol. Você também deve escolher um ponto de referência aleatório em seu campo para definir a rota (p. ex., correr até uma árvore e voltar).

Atividades intervaladas

As atividades intervaladas melhoram a resistência cardiorrespiratória das crianças em idade escolar. As crianças normalmente trabalham duro, descansam e se recuperam rápido durante a atividade física. Como você pode lembrar, essa abordagem emprega movimentos contínuos envolvendo grandes grupos musculares, que você alterna com diminuição e aumento da intensidade, variação da distância ou do tempo de recuperação, ou modificação do número de repetições ou séries. Você pode fazer suas escolhas a partir de uma variedade de atividades. A seguir, é fornecido um exemplo de atividade física de intervalo de corrida leve, apropriada para o nível III.

Corrida leve com intervalos

Aquecimento	5 min
Caminhada rápida	46 metros
Corrida leve, a 75% da velocidade total	137 metros
Caminhada rápida	46 metros
Corrida leve, a 75% da velocidade total	137 metros
Caminhada rápida	46 metros
Corrida leve, a 75% da velocidade total	137 metros
Caminhada rápida	46 metros
Volta à calma	5 min

---

[1] N.E.: A distância entre essas bases é de cerca de 60 m. Uma referência em relação a essa medida seria o comprimento de uma quadra poliesportiva, que é comum nas escolas (cerca de 30 m).

Pular corda com intervalos

Pular corda é uma rotina de intervalo particularmente divertida. Dê uma corda a cada aluno (as cordas de sisal ou de náilon são as mais comuns e mais adequadas para crianças, por serem fáceis de controlar). Veja o seguinte exemplo apropriado para o nível II:

Aquecimento.	3-5 min
Peça aos alunos para formarem várias letras com suas cordas e imitarem os formatos das letras com as partes do corpo.	3-5 min
Peça aos alunos para colocarem a corda em linha reta no chão. Em seguida, eles devem andar, correr devagar, saltar e, então, pular uma vez em torno da corda.	2 min

Toque música (124 bpm) durante a próxima sequência de atividades. Quando a música acabar, as crianças devem fazer uma pausa e ouvir a próxima instrução.

Com a corda ainda no chão, os alunos devem pular para trás e para a frente, por cima da corda.	15-20 s
Pular corda com um pé, para trás e para a frente.	15-20 s
Andar como se as pernas fossem "pedaços de espaguete".	15-20 s
Andar como se as pernas fossem duras como aço.	15-20 s
Oscilações laterais: segurar a corda com as duas mãos sobre a lateral esquerda do corpo e oscilar a corda de maneira ritmada.	15-20 s
Fazer um *step* básico com os dois pés: pular corda com os dois pés (inclusive no passo de rebote, quando a corda estiver acima da cabeça).	15-20 s
Oscilações laterais: lado direito.	15-20 s
Fazer um *step* básico com os dois pés.	15-20 s
Oscilações laterais: da esquerda para a direita, em movimento cruzado.	15-20 s
Fazer um *step* básico com os dois pés.	15-20 s
Volta à calma.	3-5 min

Se os alunos sentirem desconforto ao realizarem o *step* básico com os dois pés, permita-lhes segurar a corda com uma das mãos de um lado do corpo e virá-la enquanto pulam ao ritmo da música, ou deixe-os pular sobre as linhas pintadas no chão do ginásio.

Percurso *fartlek*

Um percurso *fartlek* é similar a uma atividade de intervalo. Entretanto, a intensidade e a velocidade não são controladas. O percurso da atividade varia para tensionar diferentes grupos musculares, e isso é feito com a alternação frequente dos níveis e da direção. A Figura 11.1 mostra um percurso *fartlek* adaptado para os níveis escolares II e III. O percurso inclui oito movimentos diferentes. Coloque cartões de tarefa em cada área de movimento nova, a fim de identificar a atividade, bem como setas para lembrar os alunos da próxima direção que devem seguir.

Percurso de circuito

Um percurso de circuito é uma atividade contínua que inclui treino corporal geral, desenvolvendo vários componentes de aptidão física associada à saúde, tais como resistência cardiorrespiratória, aptidão muscular e flexibilidade. Mais uma vez, coloque cartões de tarefa em cada estação, descrevendo a tarefa específica e as técnicas corretas. Incluir imagens pode ser útil em algumas estações, para lembrar os alunos do modo de execução e do alinhamento correto do corpo (p. ex., abdominais). As estações devem ficar separadas umas das outras, a uma distância de 14-18 m. Incentive os alunos a se moverem em seus próprios ritmos, mas lembre-os de que a velocidade não é o principal objetivo da atividade (Fig. 11.2).

APTIDÃO MUSCULAR

Como você sabe, força muscular e resistência muscular não são sinônimos. A força muscular é a capacidade de um músculo ou grupo muscular exercer força máxima contra uma resistência. A resistência muscular é a capacidade de um músculo ou grupo muscular exercer força por determinado período contra uma resistência que é inferior à resistência máxima que você é capaz de mover. Utilizo o termo *aptidão muscular* para evitar confusão, pois as crianças não devem realizar exercícios relacionados à força. Diante do perigo de lesões por uso excessivo, tensão nas principais articulações e desequilíbrio muscular, supervisione atentamente os alunos do ensino fundamental que se engajarem na prática de exercícios de resistência. (Ver nos Caps. 1 e 4 uma explicação completa sobre os exercícios de resistência.)

Existe uma ampla variedade de exercícios para intensificação da resistência muscular, a partir da qual você pode fazer suas escolhas. As atividades descritas aqui desenvolverão amplamente a resistência muscular. Para manter o equilíbrio muscular, é importante cobrir todos os principais grupos musculares: ombros, braços, dorso, tronco e pernas. Além disso, garanta que seus alunos executem os exercícios do mesmo modo para cada lado do corpo e que mantenham o alinhamento correto do corpo em cada atividade.

A Tabela 11.1 lista os níveis de desenvolvimento apropriados para iniciar cada atividade. Os sinais de "visto" denotam os níveis mais apropriados para incorporação.

Exercícios

Incorpore os seguintes exercícios para aptidão muscular ao longo de todo o seu programa de educação física. Sempre que possível, escrevo as instruções que podem ser

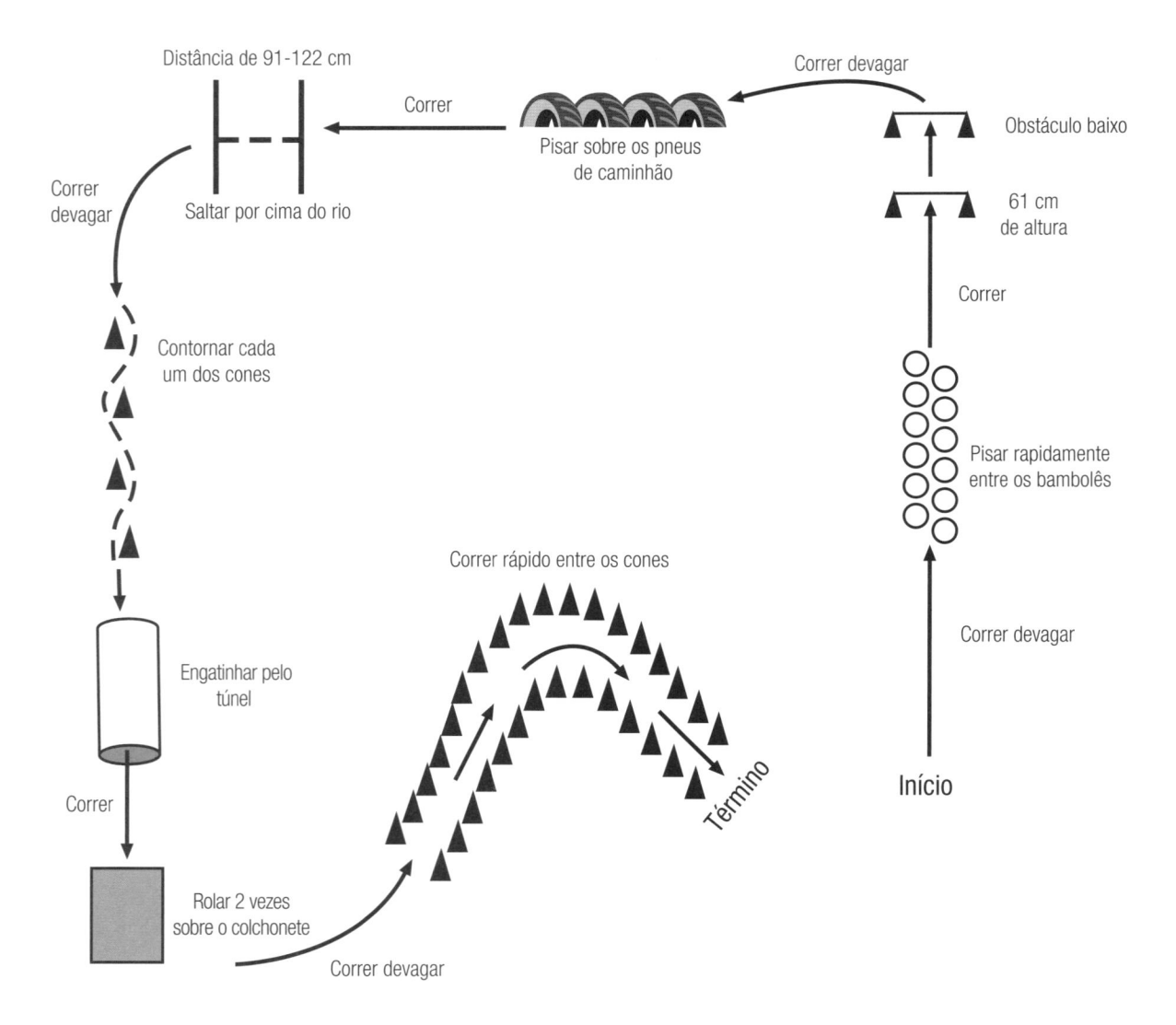

Figura 11.1 Exemplo de percurso *fartlek* para os níveis II e III.

ditas diretamente aos alunos, pois isso torna o seu uso imediato mais acessível. Examine as fotos com atenção e demonstre a técnica correta, a fim de garantir que seus alunos executem o exercício com segurança.

Caminhada da foca

Deite sobre o seu abdome, com as mãos posicionadas diretamente embaixo dos ombros, apontando levemente para fora, e os braços retos e os pés afastados 8-10 cm um do outro. Mova as mãos para a esquerda, direita, esquerda, direita e, ao mesmo tempo, arraste as pernas pelo chão. (Grupos musculares: braços e ombros; Fig. 11.3.)

Caminhada do caranguejo

Deitado no chão sobre o dorso, apoie o peso do corpo sobre as mãos e os pés. Para começar, mova simultaneamente a mão direita e o pé esquerdo à frente. Certifique-se de que as mãos estejam apontando para os pés, a fim de aliviar a tensão imposta aos ombros. Mova seu corpo lateralmente, para a frente ou para trás. (Grupos musculares: braços e ombros; Fig. 11.4.)

Movimento de serra

Os alunos devem formar duplas. Os alunos de cada dupla devem manter uma distância de 20-30 cm entre si

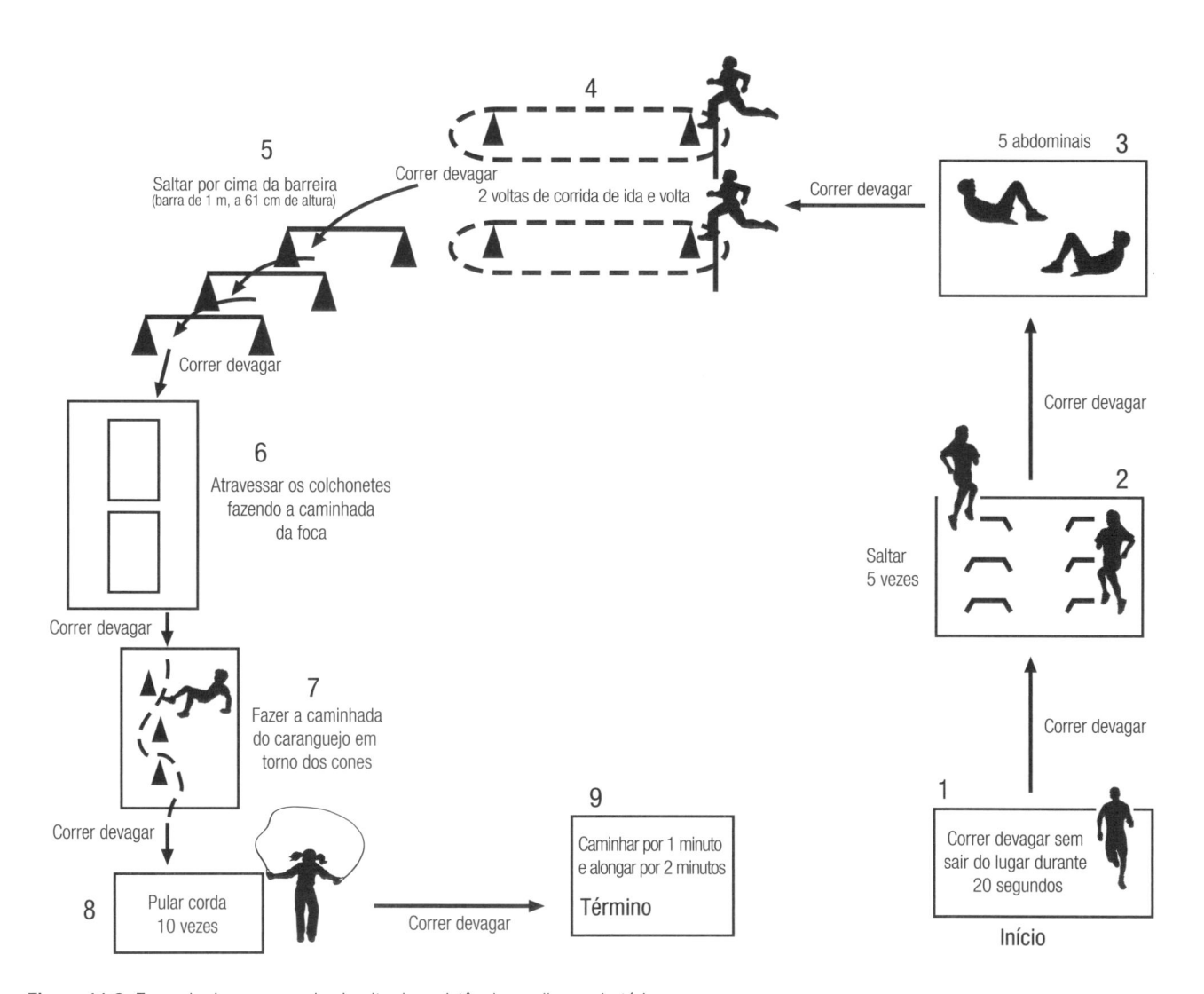

Figura 11.2 Exemplo de percurso de circuito de resistência cardiorrespiratória.

Tabela 11.1 Aptidão muscular por nível de desenvolvimento

Atividade	Nível I	Nível II	Nível III
Exercícios			
Caminhada da foca	✓		
Caminhada do caranguejo	✓		
Movimento de serra	✓		
Caminhada da tartaruga	✓		
Flexão		✓	✓
Minhoca	✓		
Desafio do abdome	✓		
Cegonha ou "número 4"	✓		
Esteira	✓	✓	
Abdominal	✓	✓	✓
Abdominal com rotação de tronco			✓
Abdominal para oblíquos			✓
Atividades com tecidos (paraquedas)			
Abdominal	✓	✓	✓
Elevação do paraquedas	✓	✓	✓
Flexão de punho	✓	✓	✓
Flexão		✓	✓
Furacão	✓	✓	
Cúpula gigante	✓	✓	✓
Bolha	✓	✓	✓
Nuvem flutuante	✓	✓	✓
Pipoca	✓	✓	✓
Golfe de paraquedas			✓
Cabo de guerra		✓	✓
Atividades com *medicine ball*			
Passe de peito			✓
Abdominal com lançamento			✓
Passe por cima da cabeça			✓
Passe com meia-rotação			✓
Exercícios com elásticos e faixas de resistência			
Flexão de cotovelo		✓	✓
Extensão de cotovelo com elástico		✓	✓
Elevação lateral dos ombros		✓	✓
Remada alta		✓	✓
Extensão de cotovelo com tonificador		✓	✓
Supino em pé utilizando elástico		✓	✓
Compressão com bola/elástico		✓	✓

(continua)

Tabela 11.1 Aptidão muscular por nível de desenvolvimento *(continuação)*

Atividade	Nível I	Nível II	Nível III
Passo de marcha com faixa		✓	✓
Coice		✓	✓
Elevação cruzada		✓	✓
Exercícios de sustentação do corpo			
Elevação do calcanhar	✓	✓	✓
Agachamento apoiado na parede	✓	✓	✓

Figura 11.3 Caminhada da foca.

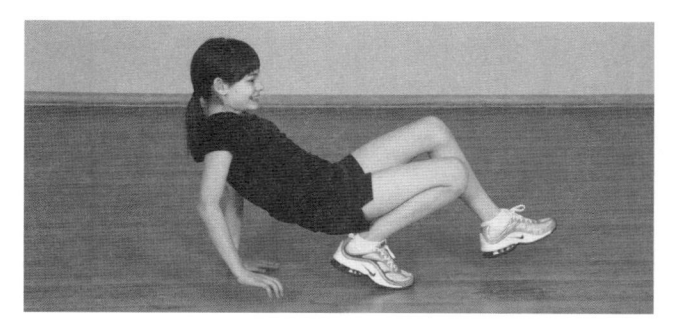

Figura 11.4 Caminhada do caranguejo.

Figura 11.5 Movimento de serra

e devem permanecer um de frente para o outro. Em seguida, ambos seguram as mãos um do outro, mantendo os punhos estabilizados. Para começar o exercício, cada um deve empurrar a mão direita e puxar a mão esquerda, em um ritmo estável e controlado, como se estivessem serrando uma árvore. (Grupos musculares: braços e ombros; Fig. 11.5.)

Caminhada da tartaruga

Deite com a face voltada para baixo e as mãos apoiadas horizontalmente no chão. Os braços devem ficar estendidos, e os joelhos longe do chão. Mantenha os braços e as pernas levemente mais afastados do que a distância entre os ombros. Mova o braço e a perna da direita ao mesmo tempo. Em seguida, faça o mesmo com o braço e a perna esquerdos. Mova-se para a frente, para trás ou para os lados. Faça movimentos pequenos, a fim de diminuir a tensão imposta aos músculos e às articulações. (Grupos musculares: braços e ombros; Fig. 11.6.)

Flexão

Deite com o tórax no chão (ou colchonete). Posicione as mãos embaixo dos ombros e mantenha seu corpo em linha reta. Para começar, levante o corpo apenas estendendo os braços. Em seguida, desça até o tórax ficar a uma distância aproximada de 7,6 cm do chão, ou até os cotovelos formarem um ângulo de 90 graus. (Grupos musculares: braços e ombros; Fig. 11.7.)

Use a flexão modificada com os joelhos flexionados para diminuir o grau de dificuldade (Fig. 11.8).

Para aumentar a dificuldade do exercício, experimente essas modificações:

- Flexão com as mãos abertas (postura de afastamento).
- Flexão com as mãos fechadas (afastadas em 10 cm).
- Permanecer na posição de elevação durante 10 segundos.

Figura 11.6 Caminhada da tartaruga.

Figura 11.7 Flexão.

Figura 11.8 Flexão modificada com os joelhos flexionados.

- Flexão com movimento lento.
- Apoiar apenas um dos pés no chão.
- Flexão com palmas.
- Flexão com cadeiras (apoiar as mãos, uma em cada assento) (Fig. 11.9).
- Flexão em uma caixa (Fig. 11.10).
- Flexão na parede. (Posicione-se a uma distância de 0,6-0,9 cm da parede, com as mãos apoiadas na parede, as pernas estendidas e o dorso na vertical. Empurre a parede, afastando o corpo.)

Desafio do abdome

Faça uma série de perguntas aos alunos, tais como: "Em decúbito dorsal (demonstre) e com os joelhos flexionados, vocês conseguem erguer a perna esquerda, abaixá-la, erguer a perna direita e abaixá-la? Vocês conseguem levantar o joelho esquerdo até o nível do tórax? Vocês conseguem erguer os dois joelhos até o nível do tórax? Com os joelhos flexionados, vocês conseguem levantar a cabeça e continuar olhando para cima? Vocês conseguem levantar

Figura 11.9 Flexão com cadeiras.

Figura 11.10 Flexão em uma caixa.

os ombros afastando-os alguns centímetros do colchonete? Vocês conseguem levantar a cabeça e trazer o joelho esquerdo até o tórax?" (Grupo muscular: abdominais.)

Minhoca

Sente-se no chão, com os braços cruzados no nível do tórax. Para se mover, puxe as nádegas e o quadril para a frente enquanto empurra o chão com os calcanhares. (Grupos musculares: quadril e pernas; Fig. 11.11.)

Cegonha ou "número 4"

Em pé, coloque as mãos no quadril. Dobre levemente o joelho direito. Posicione o pé esquerdo suavemente contra a parte interna do joelho direito. Permaneça nessa posição por 5-10 segundos. Essa atividade ajuda a fortalecer suas pernas e também pode desenvolver suas habilidades de equilíbrio. (Grupo muscular: pernas; Fig. 11.12.)

Esteira

Fique em posição de engatinhar. Traga uma perna ao nível do tórax e estenda a outra para trás. Comece a se mover alternando as pernas, em um padrão rítmico e estável. Mantenha a parte superior do corpo imóvel e a cabeça erguida. Comece a cronometrar o tempo durante intervalos curtos (20-30 segundos). (Grupos musculares: pernas e abdominais; Fig. 11.13.)

Abdominal

Deite no chão e dobre os joelhos formando um ângulo aproximado de 140 graus, com os pés apoiados horizontalmente no chão (demonstre). Posicione seus braços junto às laterais do corpo, com as palmas das mãos voltadas para baixo. Erga a cabeça e os ombros, formando um ângulo de 45 graus com o chão (demonstre; Fig. 11.14). Abaixe lentamente a cabeça e os ombros, até as escápulas tocarem o chão. (Grupo muscular: abdominais; Fig. 11.14.)

Abdominal com rotação de tronco

Deite de costas e dobre os joelhos, com os pés horizontalmente apoiados no chão. Cruze os braços sobre o tórax. Comece o exercício fazendo um abdominal e, em seguida, vire para um lado fazendo uma rotação com a parte superior do tronco. Volte para a posição reta e deite. Repita o exercício alternando os lados. (Grupos musculares: abdominais, oblíquos e flexores do quadril; Fig. 11.15.)

Figura 11.11 Minhoca.

Figura 11.12 Cegonha ou "número 4".

Figura 11.13 Esteira.

Figura 11.16 Abdominal para oblíquos.

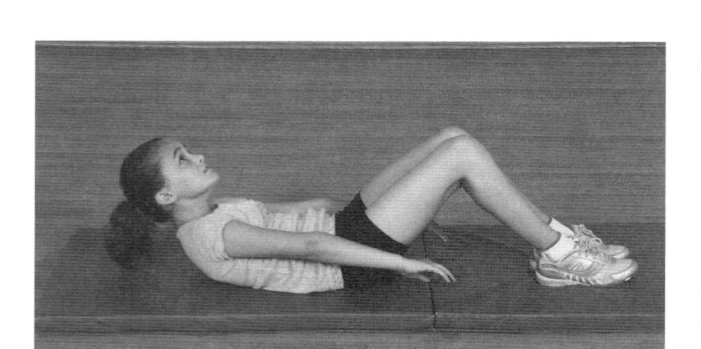

Figura 11.14 Abdominal.

Atividades com tecidos (paraquedas)

O paraquedas (ou uma peça de tecido grande, no mesmo formato) pode ser um excelente equipamento para promoção de força e resistência muscular. Por meio do trabalho em equipe e da cooperação, a classe inteira poderá participar de jogos altamente ativos, realizar movimentos locomotores, fazer formações e executar exercícios.

Abdominal

Todos devem se sentar com os joelhos flexionados e devem manter o paraquedas no nível da cintura, segurando-o com as palmas das mãos voltadas para baixo (pegada pronada). (Divida a classe em dois grupos iguais.) Metade da classe deve se deitar de costas para fazer o abdominal, enquanto a outra metade deve se inclinar para a frente para dar uma folga. Alternem (Grupo muscular: abdominais.)

Figura 11.15 Abdominal com rotação de tronco.

Abdominal para oblíquos

Deite sobre uma das laterais do corpo, com uma perna em cima da outra e os joelhos flexionados. A parte inferior da escápula deve estar horizontalmente apoiada contra o colchonete. Coloque uma das mãos atrás da cabeça para sustentar o pescoço. Faça a contração do abdome até que a parte inferior da espátula se afaste do tapete. Repita, alternando os lados. (Grupos musculares: abdominais e oblíquos; Fig. 11.16.)

Elevação do paraquedas

Cada aluno deve manter o paraquedas no nível da cintura, segurando-o com as palmas das mãos voltadas para baixo (pegada pronada). O afastamento dos pés não pode ultrapassar a largura dos ombros. Agora, todos juntos, ergam o paraquedas acima da cabeça. Ao sinal, coloquem o paraquedas novamente na cintura, usando apenas os braços e os ombros. (Grupos musculares: braços e ombros.)

Flexão de punho

Cada aluno deve segurar o paraquedas diretamente com as palmas das mãos voltadas para baixo (pegada pronada). Em seguida, enrolam o paraquedas lentamente em direção ao centro sem deixá-lo afrouxar, enquanto se inclinam de leve para trás. (Grupos musculares: punhos e antebraços.)

Flexão

Cada aluno deve erguer o paraquedas acima da cabeça. Em seguida, abaixam o paraquedas e realizam flexões até que todo o paraquedas chegue ao chão. (Grupo muscular: braços.)

Furacão

Cada aluno deve agarrar o paraquedas e erguê-lo acima da cabeça. Comecem fazendo ondas moderadas (de tamanho mediano), movimentando o paraquedas para cima e para baixo. (Descreva a aproximação de uma tempestade, enquanto os alunos vão movimentando o paraquedas em resposta a sua descrição.) "O céu está começando a escurecer, o vento está aumentando, as ondas estão ficando cada vez maiores e com vales mais profundos. Agora, o vento está formando um redemoinho. As ondas tornaram-se pequenas e encrespadas. Oh, não! O furacão chegou!" Movam o paraquedas para cima e para baixo, o mais rápido que puderem. (Agora, faça-os se acalmarem descrevendo como a tempestade está indo embora e tudo está em segurança e voltando ao normal.) (Grupos musculares: braços e ombros.)

Cúpula gigante

Ao sinal "levantar", todos devem erguer o paraquedas acima da cabeça. Ao sinal "abaixar", todos devem descer o paraquedas até o chão. Observem o paraquedas formar uma cúpula. (Grupos musculares: braços e ombros.)

Bolha

Essa atividade começa com o paraquedas no chão. Cada aluno deve se agachar, pegar o paraquedas com as palmas das mãos voltadas para baixo (pegada pronada). Ao sinal, devem erguer o paraquedas acima da cabeça e ao mesmo tempo andar rápido para o centro, formando uma grande bolha. (Grupos musculares: braços e ombros.)

Nuvem flutuante

Segurem o paraquedas com as palmas das mãos voltadas para baixo (pegada pronada). Ao sinal, ergam o paraquedas acima da cabeça. Ao comando "soltar", soltem o paraquedas. (Grupos musculares: braços e ombros.)

Pipoca

Serão colocados vários tipos de bola sobre o paraquedas. Todos devem segurá-lo com as palmas das mãos voltadas para baixo (pegada pronada). Ao primeiro sinal, "aquecer", agitem o paraquedas, criando pequenas ondulações. Ao segundo sinal, "fritar", façam as bolas se moverem rapidamente, oscilando um pouco mais as ondulações. Ao último sinal, "pipoca", façam ondulações grandes e rápidas, agitando os braços e saltando para cima e para baixo para atirar as bolas para cima – mas tentando manter a pipoca na panela. (Para que a atividade chegue ao ponto máximo, peça aos alunos para fazerem as bolas saltarem para fora do paraquedas.) (Grupos musculares: braços e ombros.)

Golfe de paraquedas

(Divida a classe em dois times, vermelho e amarelo, posicionados em torno de um paraquedas. Posicione todos os alunos de cada time ao lado do paraquedas. Coloque uma bola vermelha e outra amarela dentro do paraquedas.) Ao sinal, todos, como uma equipe, devem mover o paraquedas para que a bola da cor do time entre no centro do buraco. As mãos não podem ser utilizadas para mover a bola. O primeiro time que conseguir marcar três pontos será o vencedor. (Grupos musculares: braços e ombros.)

Cabo de guerra

(Divida a classe em dois grupos iguais.) Ao sinal "puxar", cada lado deve puxar o paraquedas diretamente para trás. O time que puxar o paraquedas até cruzar a linha curva, marcada a 0,9-1,2 m logo atrás de cada grupo, será o vencedor. Não é necessário que o time inteiro cruze a linha. (Use seu próprio julgamento para decidir quando um time venceu. Cuidado para não danificar o paraquedas. Verifique sempre se o paraquedas apresenta rasgos ou orifícios antes de cada uso.) (Grupos musculares: braços e ombros.)

Atividades com *medicine ball*

As *medicine balls* estão disponíveis em cores e tamanhos variados, além de serem pesadas para desenvolver a força da mão, do braço e da parte superior do tronco. As bolas modernas e aprimoradas são macias, flexíveis e possuem enchimento feito de uma fibra especial de estofamento. Os três tipos de *medicine ball* mais apropriados para o nível do ensino fundamental são:
- *Medicine ball* de 1,8 kg e diâmetro de 18 cm.
- Bola de plástico em PVC de 1 kg e diâmetro de 15 cm.

- *Medicine ball* com alça de 0,9 kg e diâmetro de 15 cm.

Os exercícios descritos a seguir podem ser usados na rotina com *medicine ball*.

Passe de peito

Todos devem ficar em pé, com afastamento dos pés igual à distância entre os ombros e a uma distância de dois passos de um colega. Empurrem a bola devagar a partir do tórax, com as palmas das mãos voltando-se para fora. Mantenham os joelhos e a coluna vertebral levemente inclinados. O pegador recebe a bola com as palmas das mãos voltadas para cima, os joelhos flexionados e as mãos afastadas a uma distância equivalente à distância entre os ombros. (Grupos musculares: braços e ombros; Fig. 11.17.)

Abdominal com lançamento

Deite de costas e dobre os joelhos. Segure uma *medicine ball* junto ao tórax, com os braços levemente flexionados. Faça um abdominal devagar, elevando a cabeça e tirando os ombros do colchonete, ao mesmo tempo que contrai (comprime) a musculatura abdominal. Jogue suavemente a *medicine ball* para o seu parceiro. Este, por sua vez, deve jogá-la de volta para você realizando um movimento leve e sem quebrar a continuidade do movimento de abdominal. (Grupos musculares: abdominais, braços e ombros; Fig. 11.18.)

Passe por cima da cabeça

Fiquem de costas um para o outro, a uma distância aproximada de 20 cm e com os joelhos levemente flexionados. O aluno que estiver com a bola deve passá-la diretamente por cima da cabeça ao colega. Este pega a bola com as palmas das mãos voltadas para cima e com as mãos em afastamento equivalente à distância entre os ombros. (Grupos musculares: braços e ombros; Fig. 11.19.)

Passe com meia-rotação

Fiquem de costas um para o outro, com os joelhos flexionados. O aluno que estiver com a bola deve segurá-la ao nível da cintura. Ao sinal, ambos devem realizar uma meia-rotação suave. O aluno que estiver com a bola deve rotacionar para a direita, enquanto o outro deve rotacionar para a esquerda e pegar a bola, sempre ao nível da cintura. Repitam o exercício, alternando os lados. (Grupos musculares: abdominais e oblíquos; Fig. 11.20.)

Exercícios com elásticos e faixas de resistência

O uso de elásticos e faixas de resistência é uma forma inovadora e criativa de aumentar a força e a resistência muscular dos alunos do ensino fundamental.

São acessórios leves, duráveis e que podem diversificar o seu programa. As faixas de resistência são codificadas com cores distintas que denotam os níveis de resistência, permitindo-lhe adaptar exercícios específicos às

Figura 11.17 Passe de peito com *medicine ball*.

Figura 11.18 Série de abdominal com lançamento utilizando *medicine ball*.

Figura 11.19 Passe por cima da cabeça com *medicine ball*.

necessidades de aptidão física individuais. Além disso, esse acessório oferece resistência moderada sem impor tensão indevida sobre os músculos e articulações, o que é comum com o uso de outros equipamentos com carga usados na execução dos exercícios. Durante a utilização de equipamentos de resistência, lembre seus alunos das seguintes diretrizes:

- Jamais prenda dois elásticos para usá-los juntos.
- Antes de cada aula, inspecione atentamente os elásticos à procura de rachaduras.
- Respire normalmente – jamais prenda a respiração.
- Ao ficar em pé, execute o exercício movimentando-se devagar e de forma controlada, com o corpo alinhado de modo correto e os joelhos levemente flexionados.
- Faça o mesmo número de repetições com cada braço ou perna, a fim de evitar o desequilíbrio muscular.
- Descanse por pelo menos 10 segundos entre as séries de exercícios.
- Ao ficar em pé, pise firmemente sobre o elástico de exercício, segurando-o com a parte mediana do pé e mantendo os joelhos levemente flexionados.
- Durante o exercício, deve haver uma distância aproximada de 1,2 m entre cada aluno, a fim de evitar acidentes.

Os exemplos descritos a seguir são de exercícios realizados com elásticos e faixas de exercício. Lembre-se de garantir que os alunos sempre ancorem o elástico sob o peito de um ou de ambos os pés (para aumentar a resistência), com ambos os joelhos levemente flexionados.

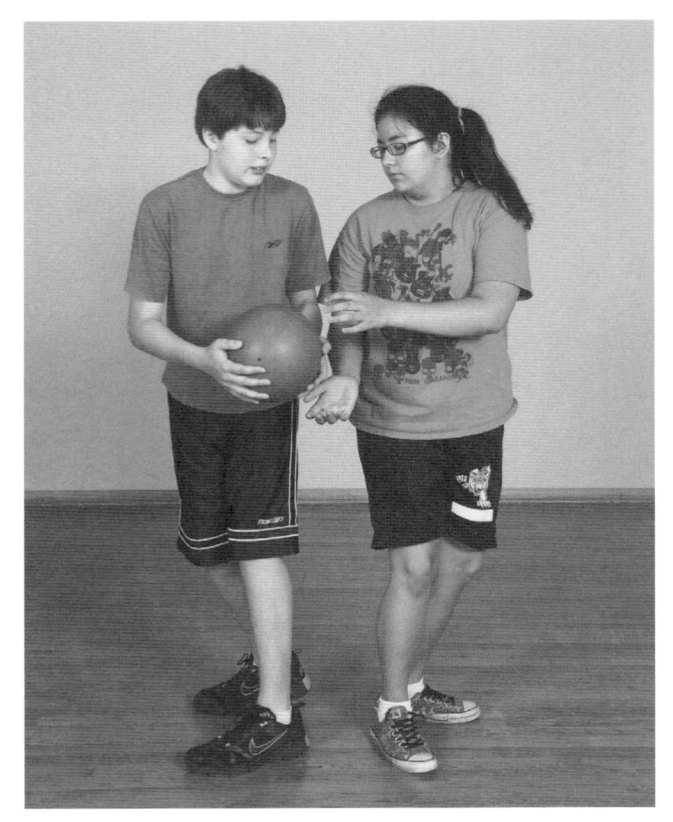

Figura 11.20 Passe com meia-rotação com *medicine ball*.

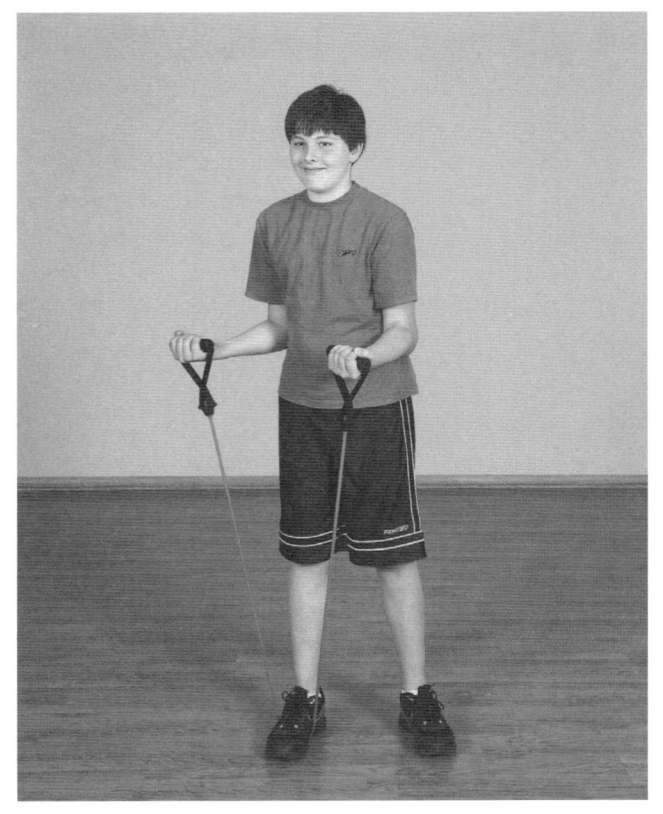

Figura 11.21 Flexão de cotovelo com elástico de exercício.

Flexão de cotovelo

Segure as alças de um elástico de exercício, uma em cada mão, com as palmas voltadas para cima, e os braços e cotovelos junto às laterais do corpo. Flexione ambos os antebraços na direção do tórax, ao mesmo tempo que mantém os cotovelos unidos às laterais do corpo. Retorne devagar à posição inicial. (Grupo muscular: bíceps; Fig. 11.21.)

Extensão de cotovelo com elástico

Fique em pé, em posição de afundo (demonstre), e coloque o elástico sob o pé que estiver na frente. Cruze o elástico e agarre a alça com a mão do braço em repouso, descansando-a sobre a parte superior da perna. Incline-se para a frente, a partir da cintura, apoiando o peso da parte superior do corpo sobre o braço em repouso. Segure a alça, mantendo o braço em exercício próximo ao quadril e com a palma da mão voltada para trás. Mantendo o punho firme, endireite lentamente o braço que está sendo exercitado, finalize com a palma da mão voltada para cima e volte devagar à posição inicial. (Grupo muscular: tríceps; Fig. 11.22.)

Elevação lateral dos ombros

Segure uma alça em cada mão. Mantenha os cotovelos levemente flexionados e junto às laterais do corpo. Erga os cotovelos afastando-os das laterais do corpo, ao mesmo tempo que mantém os punhos e antebraços firmes. Volte devagar à posição inicial. (Grupo muscular: deltoides; Fig. 11.23.)

Remada alta

Segure as alças com as duas mãos e posicione os braços em linha reta, na frente das coxas. Flexione os cotovelos e puxe as mãos para cima, até o nível do tórax. Volte devagar à posição inicial. (Grupo muscular: deltoides; Fig. 11.24.)

Extensão de cotovelo com tonificador

Este exercício e o supino em pé utilizando elástico são mostrados com auxílio do equipamento tonificador emborrachado de resistência da *SPRI Quik-Fit for Kids* (ver o *site* no Apêndice B), mas você também pode realizá-los usando qualquer tipo de faixa de resistência.

Segure o tonificador com a mão esquerda e posicione-o atrás do dorso, com o cotovelo flexionado e a palma da mão voltada para fora. Posicione o braço em exercício sobre o ombro, com a palma da mão voltada para cima.

Figura 11.22 Extensão de cotovelo com elástico de exercício.

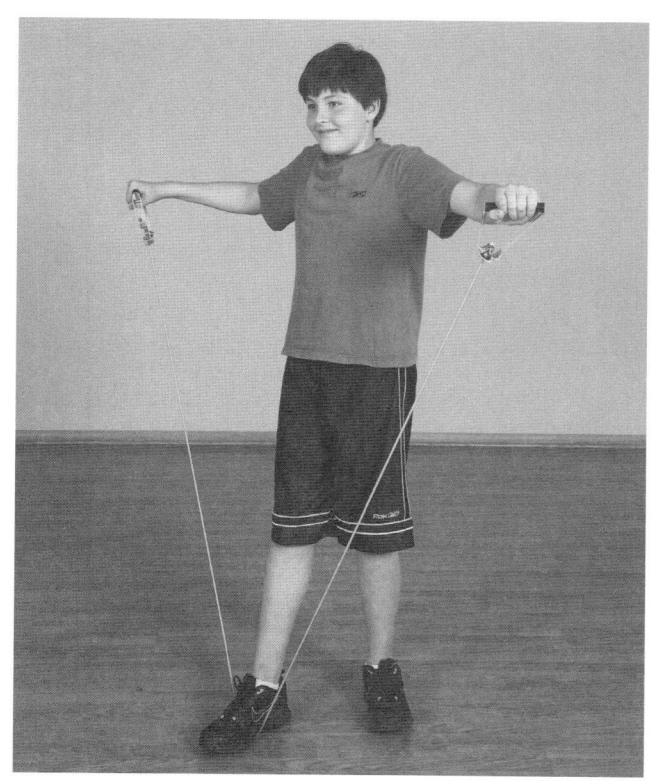

Figura 11.23 Elevação lateral do deltoide utilizando elástico de exercício.

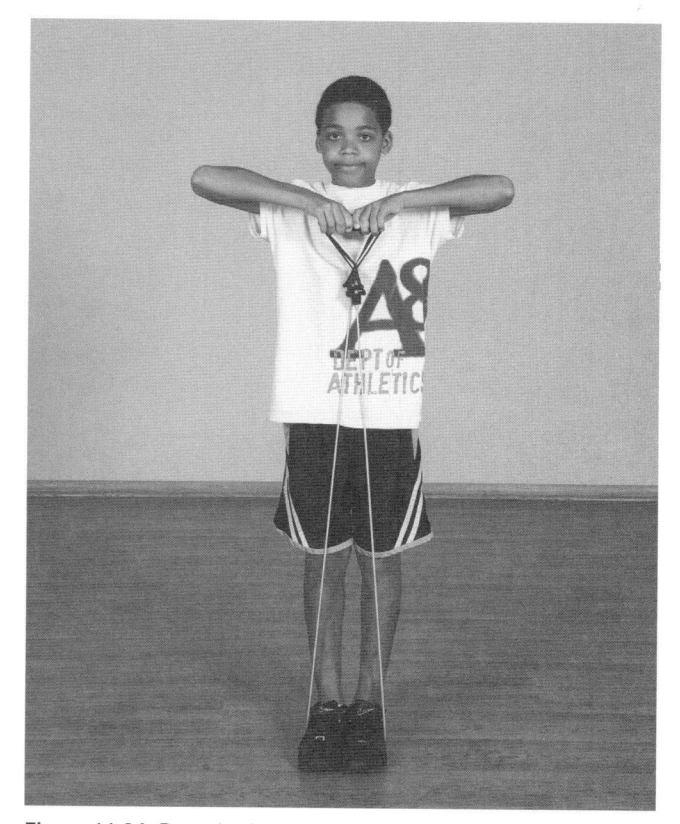

Figura 11.24 Remada alta com elástico de exercício.

Segurando a alça do tonificador, puxe lentamente o braço que está sendo exercitado (direito), afastando-o do ombro, e volte. Faça o mesmo número de repetições para cada lado. (Grupos musculares: tríceps e ombros; Fig. 11.25.)

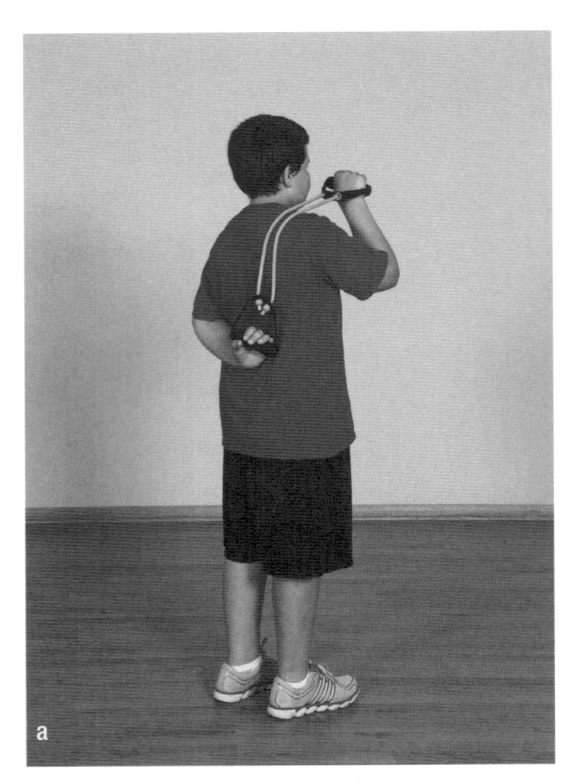 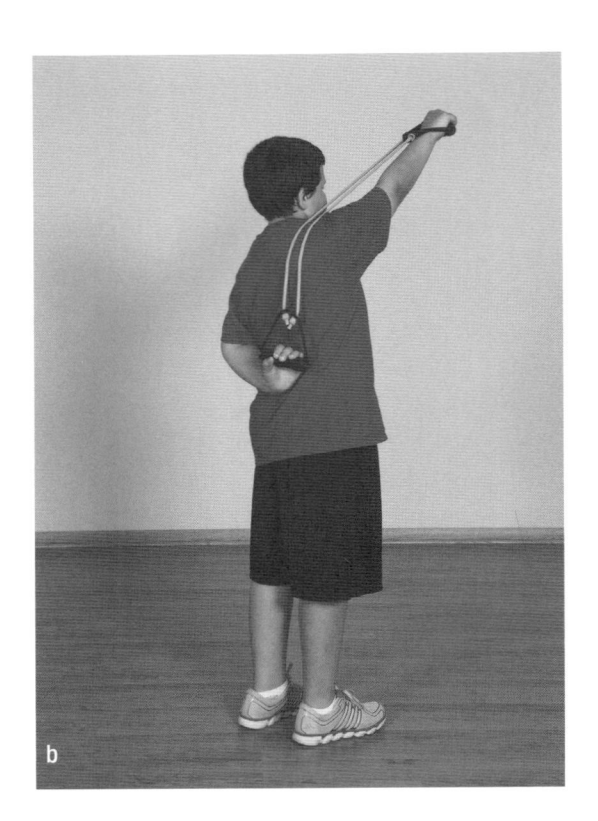

Figura 11.25 Extensão de cotovelo com tonificador.

Supino em pé

Fique em pé, com os pés em afastamento um pouco maior que a distância entre os ombros e com os joelhos flexionados. Posicione o elástico no dorso, com o coxim emborrachado na região mediana. Segure as alças com as palmas das mãos voltadas para fora. Estenda os braços para frente. Mantenha os cotovelos levemente flexionados. Retorne devagar à posição inicial. (Grupos musculares: torácicos e tríceps; Fig. 11.26.)

Compressão com bola/elástico

(Forneça a cada aluno uma bola emborrachada, com o tamanho aproximado de uma bola de tênis.) Aperte a bola com a mão direita e permaneça assim por 3 segundos. Alterne as mãos. Ou, então, dobre algumas vezes um bastão de exercício, segure-o com uma mão e aperte. Alterne as mãos. (Grupos musculares: mãos, punhos e antebraços.)

Passo de marcha com faixa

Posicione a faixa de resistência em volta dos tornozelos. Flexione levemente os joelhos. Flexione a perna que está sendo exercitada e erga-a a alguns centímetros do chão. Coloque as mãos no quadril, mantendo os múscu-los do quadril e do tronco contraídos. Volte lentamente à posição inicial. (Grupos musculares: quadríceps e flexores do quadril; Fig. 11.27.)

Coice

De pé, coloque a faixa elástica ao redor dos tornozelos. Equilibre-se sobre a perna que não está sendo exercitada, flexionando levemente o joelho. Flexione a perna em exercício e erga o calcanhar desta perna afastando-o do chão. Erga devagar e force a perna em exercício para trás, mantendo o joelho levemente flexionado. Os dedos do pé devem apontar para o chão. Permita que o quadril gire discretamente para fora. Evite curvar excessivamente a região lombar. Volte lentamente para a posição inicial. Adaptação: para intensificar a resistência, mova a faixa mais para cima da perna. (Grupo muscular: posteriores da coxa; Fig. 11.28.)

Elevação cruzada

Coloque a faixa em volta da região inferior da perna. Equilibre-se sobre a perna que está em repouso, flexionando levemente o joelho. Coloque as mãos sobre o quadril, para evitar que tanto as mãos quanto a região lombar se movimentem demais. Mantenha os ombros e o

Figura 11.26 Supino em pé utlizando elástico.

Figura 11.27 Passo de marcha com faixa elástica para exercício.

quadril estáveis (parados). Devagar, erga e mova a perna que está sendo exercitada, cruzando-a na frente do corpo e mantendo o joelho levemente flexionado. Volte devagar à posição inicial. Descanse os dedos do pé no chão entre as repetições. Adaptação: para aumentar a resistência, mova a faixa mais para cima da perna. (Grupo muscular: parte interna das coxas e flexores do quadril; Fig. 11.29.)

Exercícios de sustentação do corpo

Os exercícios de sustentação do corpo podem ser uma maneira fácil e eficiente de incluir exercícios de aptidão muscular sem usar equipamento adicional. Os alunos também podem praticar esses exercícios em casa.

Elevação do calcanhar

Fique de pé sobre uma prancha ou em cima de um livro grosso, com os calcanhares tocando no chão. Se precisar, use uma cadeira para se apoiar e ajudar a manter o corpo alinhado. Erga-se devagar sobre os dedos do pé e

Figura 11.28 Coice com faixa elástica para exercício.

Figura 11.29 Elevação cruzada com faixa elástica para exercício.

Figura 11.30 Elevação do calcanhar.

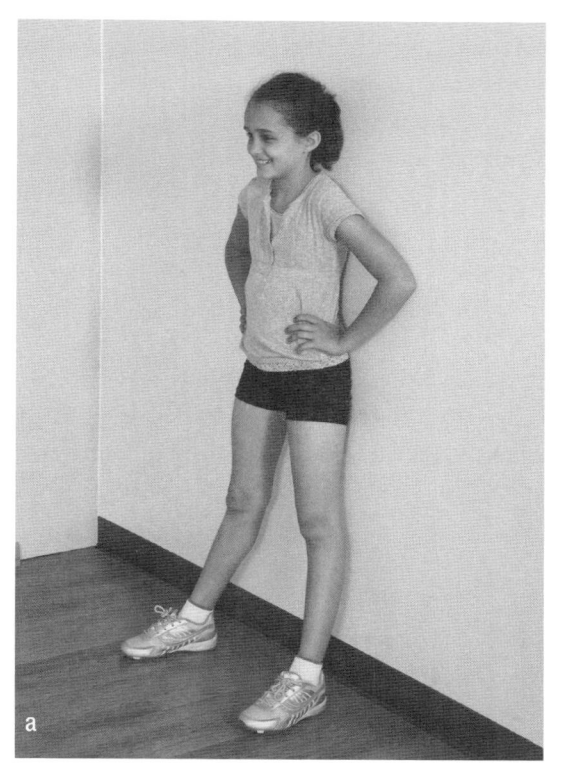

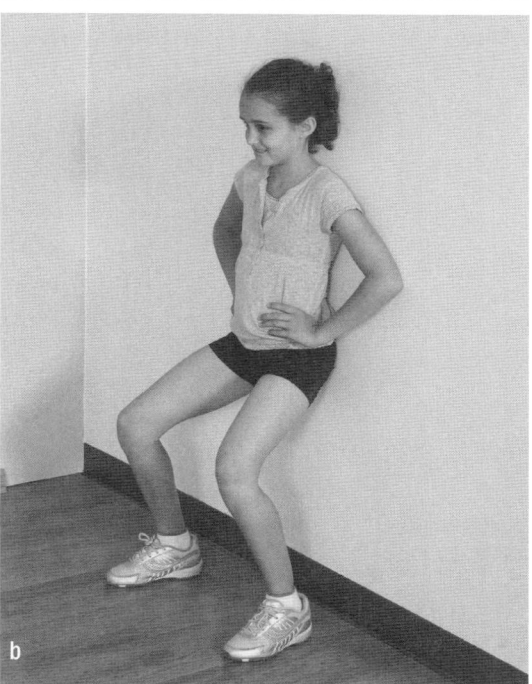

Figura 11.31 Agachamento apoiado na parede.

permaneça nessa posição por 3 segundos. Volte então para a posição inicial. (Grupo muscular: panturrilhas; Fig. 11.30.)

Agachamento apoiado na parede

Posicione-se em pé com as costas contra a parede, os pés afastados um pouco além da distância entre os ombros e com as mãos posicionadas no quadril. Flexione lentamente os joelhos, deslizando a coluna dorsal 10-15 cm para baixo, na parede. Mantenha o corpo alinhado para que o quadril e o restante do corpo fiquem voltados diretamente para a frente. Permaneça nessa posição por 10-15 segundos e, então, erga-se devagar até voltar à posição inicial. Repita. (Grupo muscular: quadríceps; Fig. 11.31.)

FLEXIBILIDADE

Lembre-se de que a flexibilidade consiste na habilidade de mover as articulações de modo irrestrito e em toda a amplitude de movimento. O melhor momento para aumentar a flexibilidade é durante o relaxamento, depois de atividade física contínua com duração mínima de 15 minutos, quando os músculos já estão aquecidos.

Tenha em mente que a flexibilidade é específica à articulação. Isso significa que um aluno cujos músculos posteriores da coxa são flexíveis pode não apresentar o mesmo grau de flexibilidade na região do ombro. Por esse motivo, os exercícios de flexibilidade incluídos no seu programa devem abranger uma ampla gama de grupos musculares.

O exercícios descritos a seguir ilustram movimentos de alongamento estático – a abordagem mais segura e controlada de desenvolvimento da flexibilidade, que é apropriada para todos os alunos do ensino fundamental. Por motivos de segurança, evite os solavancos e movimentos abruptos e irregulares do alongamento balístico.

Avaliações de base

De acordo com Corbin, Welk e colaboradores (2011), os seis exercícios descritos adiante podem ser úteis como medidas de avaliação de base da região lombar, das panturrilhas, dos quadríceps, dos flexores do quadril, do pescoço e dos ombros.

Região lombar

Com as duas mãos, puxe as coxas até o tórax. (As coxas devem tocar de leve o tórax; Fig. 11.32.)

Panturrilha

Apoie um calcanhar no chão e eleve o restante do pé. Repita o movimento com o outro pé. (O peito do pé deve ficar a uma distância mínima de 5 cm do chão; Fig. 11.33.)

Quadríceps

Segure o pé direito com a mão direita. Flexione a perna direita até o calcanhar encostar nas nádegas. Repita o exercício com a perna esquerda. (O calcanhar deve encostar nas nádegas; Fig. 11.34.)

Flexores do quadril

Puxe a coxa esquerda para junto do corpo. Sua perna direita deve permanecer estendida e posicionada de modo plano no chão. Mude a perna e repita o exercício (Fig. 11.35).

Pescoço

Incline o pescoço para a frente. (O queixo deve ser afastado aproximadamente 5 cm da parte superior do tórax; ver Fig. 11.36.)

Figura 11.32 Avaliação de base da flexibilidade lombar.

Figura 11.33 Avaliação de base da flexibilidade da panturrilha.

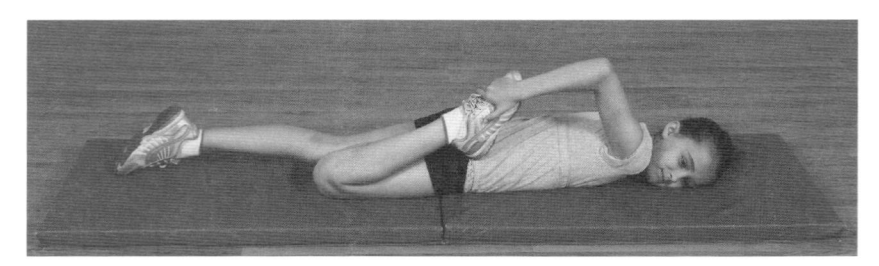

Figura 11.34 Avaliação de base da flexibilidade do quadríceps.

Figura 11.35 Avaliação de base da flexibilidade dos flexores do quadril.

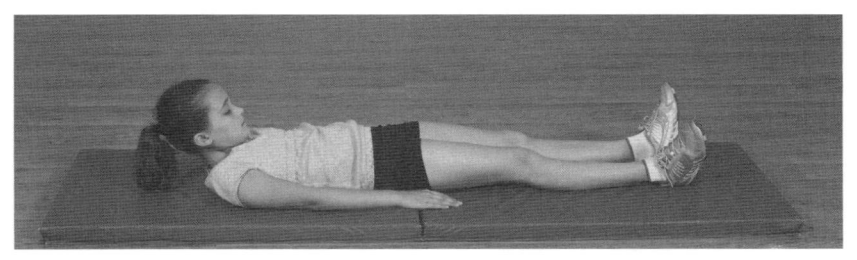

Figura 11.36 Avaliação de base da flexibilidade do pescoço.

Ombros

Coloque a mão direita sobre o ombro direito, até onde for possível alcançar. Com a mão esquerda, alcance o dorso e toque a mão direita. Os dedos da mão direita devem ao menos tocar os dedos da mão esquerda. Inverta a posição das mãos para alcançar o ombro esquerdo (Ver Fig. 2.5, na p. 23.)

Exercícios de flexibilidade

Faça os alunos realizarem os exercícios descritos a seguir, empregando uma técnica de alongamento estático. Os alunos devem permanecer em cada posição de alongamento durante cerca de 15 segundos, e cada alongamento deve ser feito devagar e de maneira deliberada, com o corpo corretamente alinhado. É importante concluir sempre os exercícios em ambos os lados, esquerdo e direito. Jamais permita que as crianças façam movimentos circulares completos com a cabeça nem hiperestendam o pescoço. (Ver exercícios de flexibilidade adicionais em Corbin et al., 2011.)

Flexão do pescoço

Para aumentar a flexibilidade cervical, incline a cabeça para a frente, encostando o centro do queixo sobre o tórax (Fig. 11.37).

Rotação do pescoço

Esse exercício alonga os músculos do pescoço. Mantendo os ombros estabilizados, vire a cabeça para a esquerda e

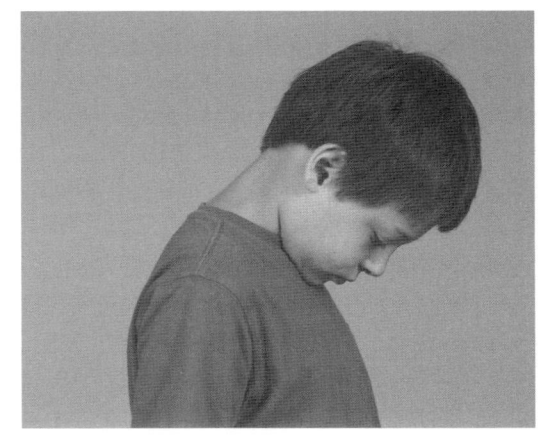

Figura 11.37 Flexão do pescoço.

olhe por cima do ombro esquerdo. Em seguida, vire a cabeça para a direita e olhe por cima do ombro direito (Fig. 11.38).

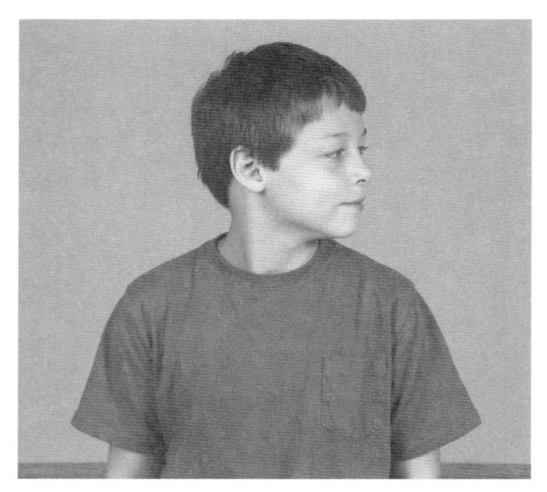

Figura 11.38 Rotação do pescoço.

Flexão lateral

Encoste a orelha no ombro (Fig. 11.39).

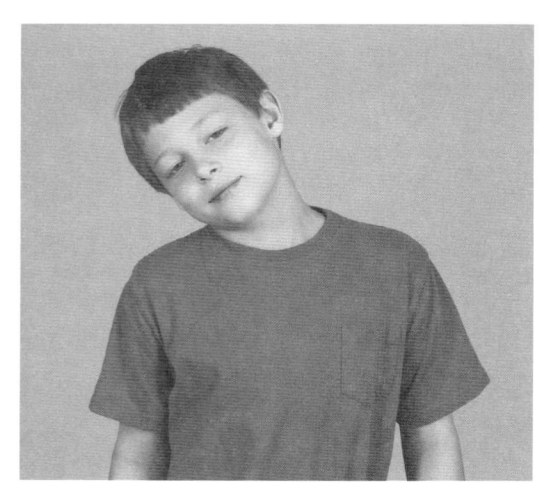

Figura 11.39 Flexão lateral do pescoço.

Alongamento dos ombros para cima

Para aumentar a flexibilidade dos ombros, estenda os braços para cima e pressione as palmas das mãos juntas, uma contra a outra. Alongue os braços para cima e, em seguida, levemente para trás (Fig. 11.40).

Alongamento unilateral do ombro

Este exercício alonga os ombros. Cruze o braço direito sobre o tórax, apoiando o cotovelo direito com a mão esquerda. Com a mão esquerda, conduza suavemente o

cotovelo direito ao longo do tórax (Fig. 11.41). Repita o exercício do outro lado.

Alongamento do tríceps

Para alongar o ombro e o tríceps, eleve um dos braços acima da cabeça, com o cotovelo flexionado. Com a mão do lado oposto, mantenha o cotovelo nessa posição. Puxe suavemente o cotovelo do braço em exercício para trás da cabeça. Permaneça nessa posição. Em seguida, repita o alongamento com o outro braço (Fig. 11.42).

Alongamento do gato e do camelo

Esse exercício ajuda a aumentar a flexibilidade dorsal. Sente no colchonete (ou na grama). Para fazer a posição do camelo, curve levemente a coluna dorsal relaxando os músculos da região lombar, erguendo o queixo, contraindo os músculos abdominais e expandindo o tórax. A posição do gato começa com o alinhamento das mãos e dos joelhos com o quadril. Gire suavemente a parte superior da coluna dorsal, enquanto contrai os músculos abdominais e pélvicos. Ao mesmo tempo, abaixe a cabeça, mantendo o pescoço e os ombros relaxados. Permaneça nessa posição (Fig. 11.43).

Figura 11.40 Alongamento dos ombros para cima.

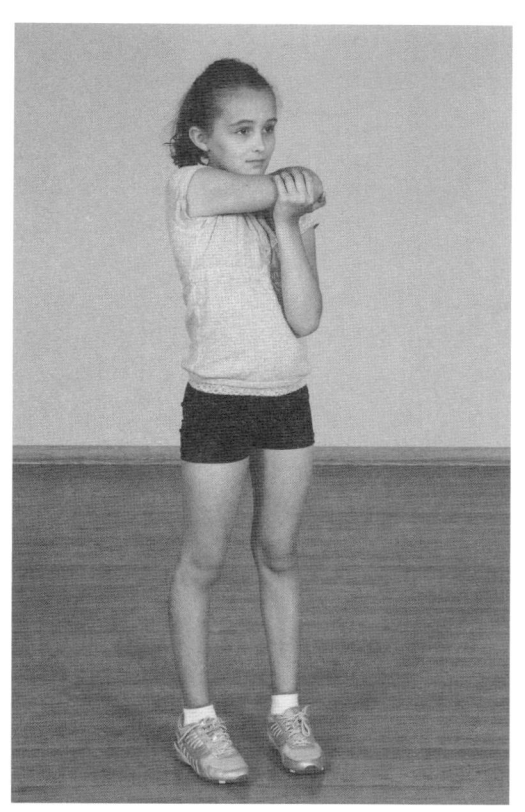

Figura 11.41 Alongamento unilateral do ombro.

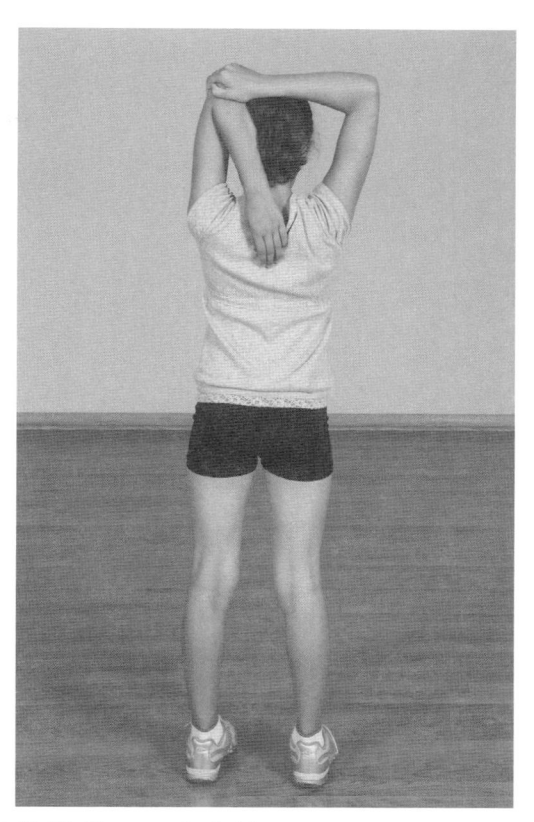

Figura 11.42 Alongamento do tríceps.

Figura 11.43 Alongamento do gato e do camelo.

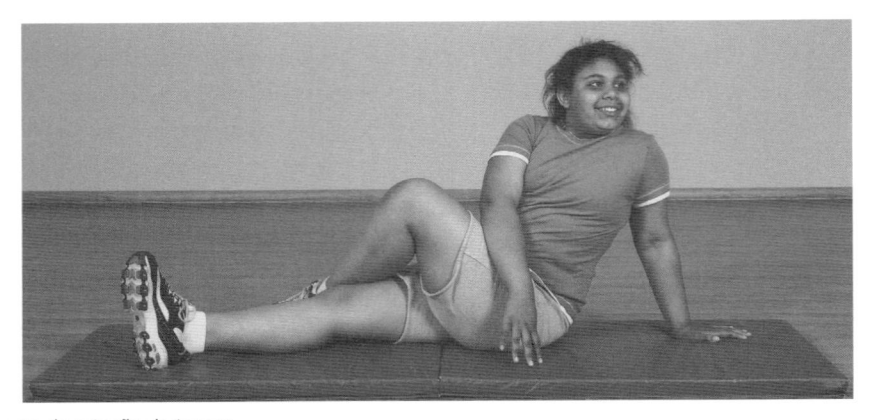

Figura 11.44 Alongamento de rotação do tronco.

Alongamento de rotação do tronco

Esse exercício alonga a região dorsal mediana, o tronco e a região externa do quadril. Sente-se com a perna direita estendida e o joelho levemente flexionado. Cruze a perna esquerda sobre o joelho direito, flexionando a perna esquerda. Cruze o braço direito sobre a perna esquerda, enquanto gira o tronco. Empurre o cotovelo direito contra o joelho direito. Repita o exercício com o lado oposto (Fig. 11.44).

Abraço das pernas

Para alongar a região lombar, puxe os joelhos para junto do tórax. Segure atrás dos joelhos. Faça um abdominal encolhendo-se como uma bola e encostando o queixo levemente no tórax (Fig. 11.45).

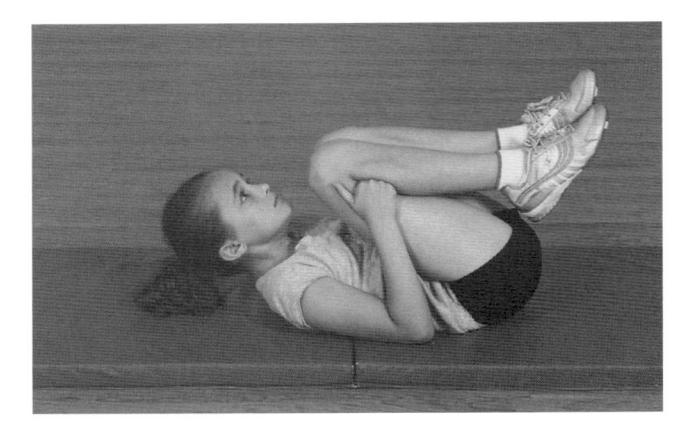

Figura 11.45 Abraço das pernas.

Alongamento dos adutores

Para alongar os músculos da parte interna da coxa, sente-se e mantenha a parte de baixo dos pés unidas. Pressione suavemente os joelhos contra o chão e permaneça nessa posição (Fig. 11.46).

Alongamento dos posteriores da coxa

Deite de costas, apoiando um dos pés no chão e com o joelho flexionado. Puxe o outro joelho para junto do tórax. Coloque uma das mãos sobre a panturrilha e a outra sobre a coxa. Alongue o joelho devagar, até o músculo isquiotibial enrijecer. Nunca estenda totalmente nem trave o joelho. Repita o exercício com a outra perna (Fig. 11.47). Você pode colocar uma toalha em volta do pé que estiver sendo exercitado, para ajudar a manter a perna posicionada.

Figura 11.46 Alongamento dos adutores.

Figura 11.47 Alongamento dos posteriores da coxa.

Alongamento do quadríceps

Para alongar o quadríceps (parte frontal da coxa), fique em pé e repouse a ponta de um dos pés em cima de uma cadeira, banco ou suporte baixo colocado atrás de você. Flexione o joelho da frente, mantendo o quadril e a coluna dorsal estabilizados e alinhados com a perna de sustentação. Permaneça nessa posição. Repita o exercício com a outra perna (Fig. 11.48).

Alongamento dos flexores do quadril e quadríceps

Para alongar os flexores do quadril e o quadríceps, flexione a perna direita mantendo o joelho direito alinhado com o tornozelo direito. Alongue a perna esquerda para trás e encoste o joelho esquerdo no chão. Pressione o quadril para a frente e para baixo, e permaneça nessa posição. Repita o exercício com a outra perna (Fig. 11.49).

Figura 11.49 Alongamento dos flexores do quadril e quadríceps.

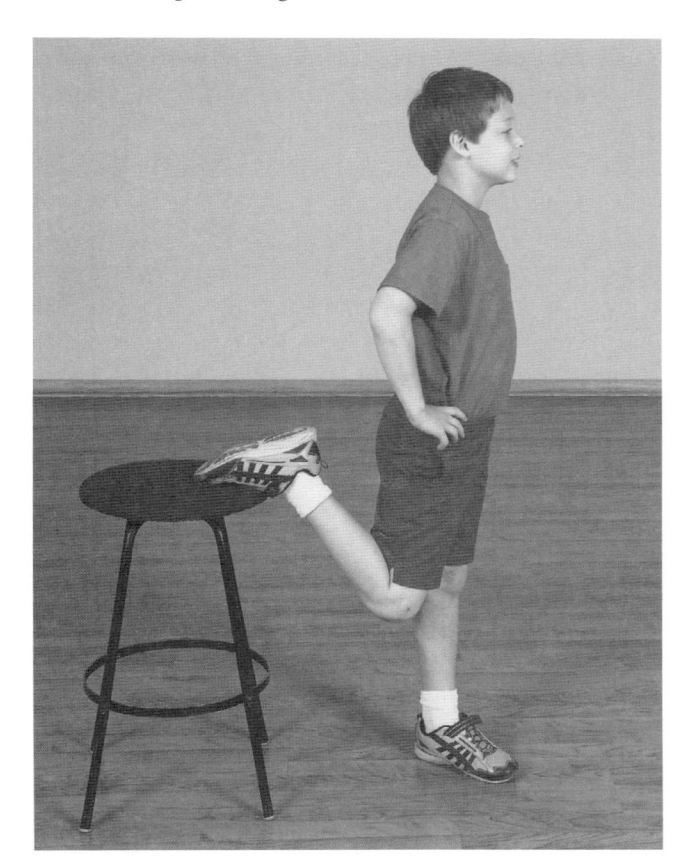

Figura 11.48 Alongamento do quadríceps.

Alongamento da panturrilha

Para alongar a panturrilha, fique de frente para alguma coisa firme em que você possa se apoiar, como uma parede. Flexione um dos joelhos e aproxime-o do suporte. Mantenha a perna de trás estirada, com o pé apoiado horizontalmente no chão e os dedos apontando direto para a frente. Mova lentamente o quadril para a frente, mantendo a perna de trás estendida e o calcanhar para baixo. Repita o exercício com a outra perna (Fig. 11.50).

Figura 11.50 Alongamento da panturrilha.

EXERCÍCIOS A SEREM EVITADOS

A execução dos exercícios descritos a seguir não é segura. Muitos desses exercícios tensionam indevidamente as principais articulações e podem produzir efeitos adversos sobre a saúde dos alunos.

Arado

O *arado* pode tensionar nervos e discos nas regiões cervical e dorsal (Fig. 11.51). Alternativas: exercício de abraço das pernas e alongamento do gato e do camelo.

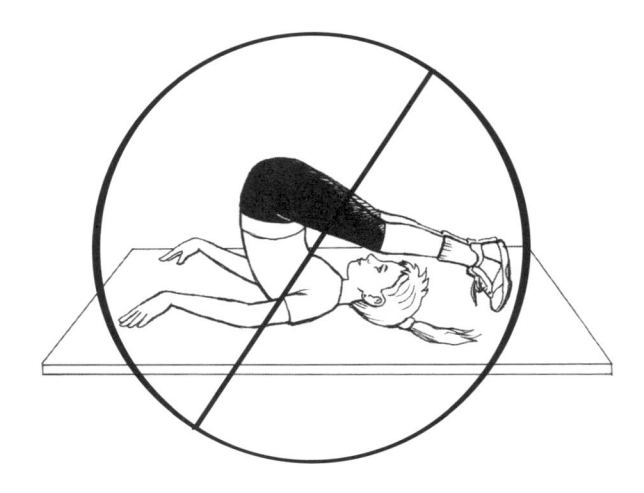

Figura 11.51 Arado.

Tocar os dedos dos pés

Tocar os dedos dos pés estando em pé pode causar distensão severa na região lombar (Fig. 11.52). Alternativa: alongamento dos posteriores da coxa.

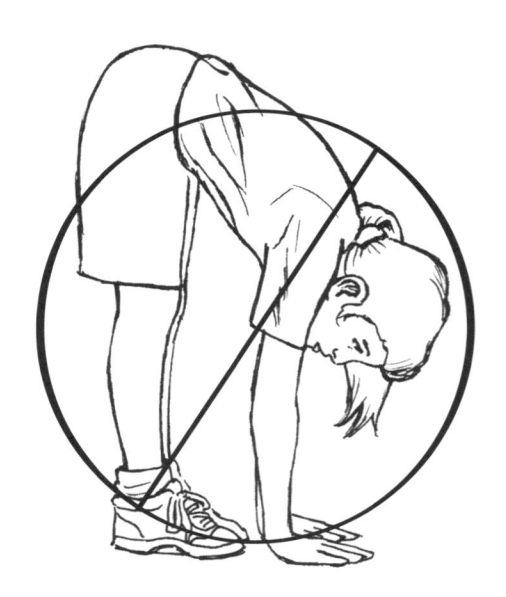

Figura 11.52 Tocar os dedos dos pés.

Agachamento total

Os agachamentos totais podem impor uma tensão excessiva sobre os ligamentos do joelho (Fig. 11.53). Alternativa: agachamento apoiado na parede.

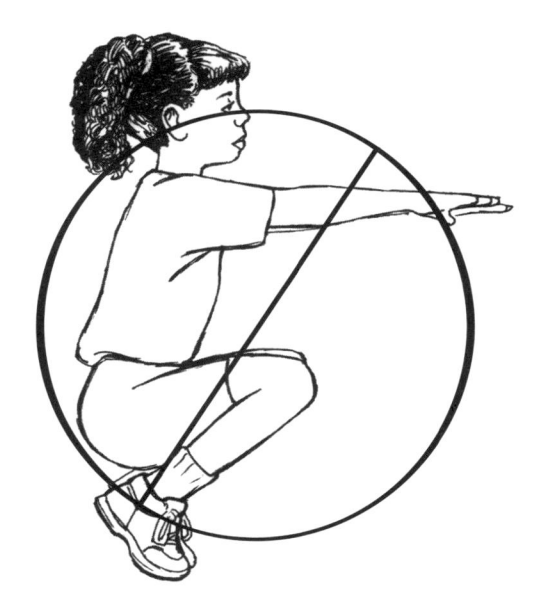

Figura 11.53 Agachamento total.

Elevação de pernas

As elevações de perna causam tensão na região lombar ao comprimirem os discos (Fig. 11.54). Alternativa: abdominais.

Figura 11.54 Elevação de pernas.

Giro do pescoço

Os giros cervicais (fazer um círculo completo com o pescoço) podem comprimir os nervos localizados no pescoço e irritar os discos (Fig. 11.55). Alternativas: flexão, rotação e flexão lateral do pescoço.

Figura 11.55 Giro do pescoço.

Círculos com os braços

O movimento de círculos com os braços na horizontal, com as palmas das mãos voltadas para baixo, tensiona os ligamentos e as articulações do ombro (Fig. 11.56). Alternativa: fazer o movimento de rotação para trás, com as palmas das mãos viradas para cima.

Figura 11.56 Círculo com os braços.

Moinho

Este exercício causa tensão na região lombar e irritação nos discos (Fig. 11.57). Alternativas: alongamento dos posteriores da coxa e alongamento de rotação do tronco.

Abdominal completo

Os exercícios abdominais completos (subindo o tronco do solo em direção ao encontro com as pernas) realizados com as mãos colocadas atrás do pescoço tensionam as regiões dorsal e cervical (Fig. 11.58). Alternativa: abdominal curto (em posição deitada).

Figura 11.57 Moinho.

Figura 11.58 Abdominal completo.

RESUMO

Use os diversos exemplos de exercícios de resistência cardiorrespiratória, aptidão muscular e flexibilidade descritos neste capítulo para oferecer uma variedade ampla e bem equilibrada de oportunidades de atividade física aos seus alunos. Tente incorporar esses exercícios a uma unidade relacionada a qualquer habilidade ou relacionada ao esporte em seu conteúdo programático, a fim de manter os níveis de aptidão e atividade física ao longo de todo o ano letivo. Além disso, use as fotos mostradas neste capítulo como lembretes visuais dos modos corretos de execução e alinhamento corporal. Por fim, evite os exercícios perigosos listados, optando por alternativas mais seguras para promover uma atividade física adequada ao nível de desenvolvimento.

Capítulo 12

Jogos ativos

"É preciso notar que os jogos infantis não são meramente jogos e deveriam ser considerados a atividade mais séria das crianças."
Michel de Montaigne

Os jogos são uma excelente forma de aumentar os níveis de atividade física no ensino fundamental. A maioria das crianças vê na participação em um jogo ativo uma recreação – é divertido! Por esse motivo, os jogos são uma ótima forma de motivar as crianças a se tornarem mais ativas fisicamente. Sua tarefa consiste em manter o entusiasmo que as crianças sentem em relação aos jogos, sem comprometer os sólidos princípios educativos. Dessa forma, você deve evitar jogos que eliminam jogadores ou causam constrangimento nas crianças com baixos níveis de aptidão ou jogos que pouco contribuem para o desenvolvimento dos seus objetivos.

CARACTERÍSTICAS DOS JOGOS DESENVOLVIMENTISTAS

Para maximizar as experiências de aprendizado dos seus alunos, faça com que o jogo seja compatível com o nível de desenvolvimento deles. Para tanto, você pode modificar as demarcações ou a formação do jogo, o método de pegar (pega-pega), as regras e assim por diante. Exemplificando, para aumentar o nível de atividade física, você pode aumentar a distância que as crianças devem percorrer no jogo expandindo as demarcações. Alternativamente, você pode variar os movimentos locomotores para mudar o tempo e desenvolver diversos grupos musculares (p. ex., fazer os alunos saltarem, em vez de correr

rem o tempo todo). Além disso, você pode modificar as regras de um jogo para que todos se sintam incluídos e tenham a oportunidade de obter sucesso. Exemplificando, premiar com pontos por cada tarefa concluída com sucesso em um jogo incentiva a participação do aluno. Ao escolher e modificar os jogos, tenha em mente as características descritas a seguir dos jogos considerados adequados em termos de desenvolvimento.

São baseados em objetivos

Cada jogo deve ter objetivos educativos, fazendo com que você tenha um foco educativo, em vez de deixar que o jogo em si se torne o único propósito da aula. Exemplificando, os objetivos primários que um jogo deve ter para promover a interação social, melhorar uma habilidade, aplicar técnicas de solução de problemas, aumentar os níveis de atividade física ou concretizar uma determinada combinação de objetivos.

São humanísticos

Escolha jogos que desenvolvam sentimentos positivos em seus alunos. As atividades que promovem a cooperação e o bom comportamento esportivo ajudarão seus alunos a enxergarem o valor da atividade física. Citando um exemplo, use o material de educação física (p. ex., bolas, *frisbees*, saquinhos de feijão) para desenvolver habilidades – e não para golpear nem atirar em outros alunos como parte do jogo.

São inclusivos

O jogo deve incluir cada criança da classe, sempre. Modifique as regras, material ou procedimentos do jogo, a fim de garantir que cada uma das crianças seja um participante ativo e capaz de ser bem-sucedido. Nunca elimine alunos do jogo por terem sido malsucedidos em algum momento.

São interessantes

Os alunos devem passar a maior parte do tempo executando a tarefa. As crianças que passam tempo demais em filas ou esperando em inatividade não podem atingir todo o potencial físico que possuem. De fato, um elevado percentual do tempo passado fora da execução da tarefa é uma forma de exclusão. Organize um jogo para que as crianças sejam verdadeiramente beneficiadas pela atividade, por permanecerem envolvidas de modo ativo e contínuo chutando, correndo, arremessando, pegando – seja qual for o objetivo com que você tenha estruturado o jogo.

São ativos

Lembre-se de ser inclusivo com relação ao nível de atividade. Pergunte a você mesmo: "Todos os meus alunos estão tendo oportunidade de se movimentar de modo contínuo no decorrer do jogo?" Se o jogo for dominado por alguns alunos ativos, mude os procedimentos para que os outros participem mais ativamente. Exemplificando, você pode estabelecer uma rotação de posições ou de responsabilidades do jogador para garantir atividade para a classe toda. Então, para ajudar a manter as crianças interessadas em participar, varie os níveis de atividade dos jogos que você incorporar ao seu programa, bem como os componentes de aptidão física associada à saúde enfocados.

São voltados para o sucesso

A melhor forma de garantir que um jogo seja humanístico, inclusivo, interessante e ativo é estruturá-lo para que cada um possa se sentir vencedor. No contexto do jogo, proporcione numerosas oportunidades de marcação de pontos ou de conclusão de tarefa que possam ser úteis para o time. Essa abordagem confirmará a todos os alunos que eles deram uma contribuição positiva para o time. No jogo VBS (pp. 193-194), por exemplo, você pode premiar com um ponto por cada base transposta com sucesso, em vez de premiar apenas quando os alunos marcarem ponto para o time. Além disso, garanta que cada aluno da classe tenha a habilidade ou o desenvolvimento físico para participar com sucesso do jogo. Se não tiverem, ensine a habilidade ou modifique ainda mais o jogo.

Promovem uma competição positiva

A maioria dos jogos, até certo ponto, requer competição. No entanto, você pode estruturar esse aspecto de um jogo para proporcionar uma experiência positiva para as crianças. Primeiro, não enfoque o time, grupo ou indivíduo bem-sucedido. Em vez disso, enfatize as habilidades aprendidas e o divertimento proporcionado pelo jogo. Ensine às crianças como competir dentro de um espírito de jogo limpo, promovendo a cooperação e o trabalho em equipe e a sensibilidade aos outros alunos da classe. Adicionalmente, trabalhe para reforçar entre os seus alunos o conceito de que participamos de jogos de condicionamento ativo em princípio para obter os benefícios relacionados à saúde. Exemplificando, peça aos alunos para monitorarem suas frequências cardíacas antes e após o jogo, e discutirem quais músculos foram os mais envolvidos na atividade. Ajude seus alunos a verem os jogos como atividades saudáveis e divertidas, e não como experiências competitivas entre colegas de classe.

Contam com material e instalações apropriados

O material deve ser compatível com o nível de desenvolvimento dos aprendizes. Forneça à classe uma gama de materiais que sejam compatíveis com o tamanho e a força dos alunos. Ajuste os equipamentos padrões, como as cestas de basquete, numa altura conveniente (2-2,4 m). Avalie constantemente as áreas e as demarcações de jogo quanto à compatibilidade com o nível de desenvolvimento de cada classe.

São seguros

Segurança em primeiro lugar! A segurança dos seus alunos durante os jogos deve ser sempre sua prioridade número um. Quando eu lecionava, o primeiro item da minha lista matinal de tarefas era checar o equipamento de *playground* e o local quanto à existência de perigos. É importante arranjar espaços seguros e amplamente abertos para a realização dos jogos altamente ativos. De modo específico, reserve no ginásio uma área de segurança de 2,4-3 m, localizada entre a área de jogo e as paredes, tablado, portas e similares. Marque seu campo claramente com cones cor de laranja. Certifique-se de que toda e qualquer superfície de jogo seja plana e esteja seca e limpa. Cheque diariamente para garantir que as crianças estejam usando calçados adequados (tênis e meias esportivas) e sem joias/bijuterias. Ensine as crianças a se movimentarem em seus próprios espaços pessoais e a respeitarem os espaços dos outros, revendo as técnicas de manejo corporal como parar, mudar de direção e acelerar.

São divertidos

Para as crianças, um jogo só é jogo quando é divertido. Você jamais deve perder de vista esse aspecto essencial. Embora as crianças não tenham que berrar, dar vivas nem gritar para se divertirem, um jogo bem desenvolvido e desafiador pode ser uma inclusão positiva e estimulante ao seu currículo.

PROMOVENDO A ATIVIDADE FÍSICA POR MEIO DE JOGOS ATIVOS

Neste capítulo, estão os jogos que selecionei para ajudá-lo a aumentar os níveis de atividade dos seus alunos no decorrer de todo o ano letivo, de forma humanística e divertida. Use-os como atividades de aquecimento ou segmentos de encerramento para aulas voltadas para a habilidade, e não como a essência das aulas. Ajude as crianças a reconhecerem o modo como os jogos promovem uma atividade física saudável. Para evitar frustração desnecessária, porém, ensine primeiro qualquer tipo de habilidade manipulativa especializada requerida pelo jogo.

O propósito primário dos jogos apresentados neste capítulo é promover os níveis de atividade física. Para facilitar o planejamento para você, os jogos foram divididos

de acordo com o nível de desenvolvimento e foram adotados os seguintes símbolos para indicar o nível de intensidade física de cada jogo:

♡ Aquecimento

◗ Moderadamente ativo

♥ Altamente ativo

JOGOS PARA NÍVEL DE DESENVOLVIMENTO I

Lembre-se de que as atividades do nível de desenvolvimento I são destinadas aos alunos da educação infantil e do 1º ano. Ao adicionar novos jogos ao seu conteúdo programático, mantenha-se atento às características apropriadas para o nível de desenvolvimento relatadas no início deste capítulo.

Amarelinha com bambolê ♡

Arranje pelo menos 60 bambolês em seis configurações distintas (a Fig. 12.1 mostra três delas). Peça para cada aluno jogar um saquinho de feijão dentro de um dos bambolês. Em seguida, peça-lhes para pular amarelinha através dos bambolês, pulando numa perna só e pegando o saco de feijão ao longo do percurso. As crianças devem pular uma vez em cada bambolê ao atravessarem o percurso pulando amarelinha.

Adaptação: aumente o nível de dificuldade fazendo os alunos passarem rápido através dos bambolês.

Zoológico ♡

Arranje os alunos em duas filas paralelas, afastadas a uma distância de 12-15 m. Coloque dois conjuntos de imagens de diferentes animais em duas caixas e dê uma caixa para cada equipe. Os alunos de cada fila escolhem a imagem de um animal entre as que estão na caixa da equipe. Ao sinal, os alunos devem começar a andar devagar na direção uns dos outros, fazendo os sons que os animais escolhidos fazem (p. ex., porco, vaca, cavalo, cobra, macaco, gato, carneiro, tigre) e tentando encontrar seus pares. Quando os alunos encontrarem seus pares, devem imitar os sons produzidos pelo animal e também seus movimentos físicos. Repita o procedimento. Esse jogo também promove o movimento expressivo e a criatividade.

Figura 12.1 Configurações possíveis para a amarelinha com bambolê.

 ### Assumindo formas

Esse jogo promove flexibilidade, bem como consciência corporal e movimento criativo. Você precisará de uma caixa cheia de imagens variadas (p. ex., cadeira, lápis, televisão, sofá, máquina de lavar, liquidificador, bola, escrivaninha, carro) montadas em fichas de anotação (8 × 13 cm). Certifique-se de ter pelo menos 10 fichas de imagens a mais do que o número de alunos da classe. Peça para cada aluno escolher uma ficha de imagem de dentro da caixa. Em seguida, faça-os tentar moldar o próprio corpo para imitar as imagens selecionadas. Dê tempo suficiente para que cada aluno crie a formação especial escolhida. Diga então "Novas formas!" para sinalizar aos pequenos grupos de alunos para irem até a caixa e trocarem suas fichas por outras novas.

Pulando ilhas

Espalhe os bambolês pela área do jogo, deixando uma distância aproximada de 3 m entre eles. Garanta que cada aluno tenha um bambolê. No início da aula, diga para cada aluno encontrar uma ilha própria pulando dentro de um bambolê. Peça aos alunos para escolherem uma atividade de movimento e realizá-la dentro de seus bambolês. Feito isso, diga-lhes para realizar um movimento fora dos bambolês. Então, peça-lhes para pular de volta para dentro de suas ilhas. Toque uma música infantil popular e peça para os alunos andarem, correrem ou desviarem dos bambolês por toda a área de jogo, sem pisar dentro das ilhas. Quando a música acabar, diga-lhes para pular dentro de uma ilha que não seja a deles. Dê então 10-15 segundos para escolherem e realizarem um exercício, movimento ou alongamento. Toque a música e repita o procedimento. Para acrescentar variedade, toque uma música que tenha batidas diferentes e peça para os alunos realizarem os movimentos acompanhando o ritmo da música. Alterne as atividades físicas a cada vez ou deixe um aluno decidir pela classe. Para realizar as atividades fechadas, peça aos alunos para voltarem para suas ilhas originais. Como esse jogo permite amplamente a escolha pessoal, também desenvolve as habilidades de tomada de decisão na atividade física.

Linha da vida

Divida a classe em grupos de 3-4 alunos. Em cada grupo, um aluno deve segurar a ponta de uma corda de pular padrão (a linha da vida). Ao sinal "Vá!", o aluno que está segurando a corda deve correr pela área do jogo arrastando e agitando a corda no chão. Os alunos do grupo tentam pegar a extremidade livre da corda. O aluno que está segurando a ponta da linha da vida, então, começa a correr com a corda. Deixe cada aluno do grupo ter uma chance de correr com a linha da vida. Lembre à classe: "A corda de pular é chamada de 'linha da vida' porque pular corda é um bom exercício para o coração e o exercício irá melhorar suas vidas e mantê-los saudáveis." Lembre as crianças de que a corda deve permanecer sempre junto ao chão.

♥ Roda de *fitness*

Use giz ou fita adesiva colorida para delinear dois círculos grandes, um dentro do outro. (O tamanho exato dos círculos depende do número de crianças em cada grupo.) Posicione o mesmo número de crianças em torno de cada círculo. Diga: "Ao sinal 'Vá!', aqueles que estiverem no círculo de fora devem correr em sentido horário [mostre o sentido] e aqueles que estiverem no círculo de dentro devem correm em sentido anti-horário [mostre o sentido]. Ao sinal 'Pare!', todos devem se virar e ficar de frente para o parceiro." Faça os alunos cumprimentarem seus parceiros com toques na palma da mão. Agora, dê 10-15 segundos para as crianças escolherem e realizarem um exercício adicional com seus pares. Repita o procedimento.

Adaptação: varie os movimentos locomotores (p. ex., andar, desviar, pular).

♥ Costas com costas

Faça um número ímpar de alunos se dispersarem ao redor da área de jogo. Diga: "Ao sinal 'Vá!', encontrem um parceiro e fiquem juntos de costas um para o outro. O aluno que ficar sem par irá dizer a próxima atividade que a classe deverá fazer, como pular corda, desviar ou andar. Este aluno irá bater palmas 2 vezes para iniciar a rodada seguinte." Se o número de alunos da classe for par, faça com que os alunos fiquem com um parceiro diferente a cada rodada e alterne aqueles que deverão dizer o próximo tipo de movimento. Modifique o jogo dizendo para usarem diferentes partes do corpo (p. ex., cotovelo com cotovelo, pé com pé, punho com punho).

Esse é um jogo ótimo para reforçar a postura correta em pé. Quando os alunos encontrarem seus parceiros, lembre-os de permanecerem em pé, com a cabeça e os ombros para trás, o tórax para fora e os pés apontando para a frente. Demonstre ou mostre a todos uma imagem de postura correta em pé. Pergunte "Quais trabalhos exigem que as pessoas permaneçam em pé durante a maior parte do dia?" (Policiais, garçons, vendedores, professores.) Comente: "A boa postura é especialmente importante para esses adultos." Como atividade final, cada aluno deve fazer a "caminhada entrelaçada": "Fiquem de costas com costas com o parceiro e, com cuidado, travem seus cotovelos e saiam andando juntos para a frente e para trás." Incentive a cooperação e a unidade (Fig. 12.2).

Figura 12.2 Caminhada entrelaçada.

♥ Veias e artérias

Revise os conceitos básicos, segundo os quais as veias transportam o sangue para dentro do coração e as artérias levam o sangue para fora. Reforce o fato de que o exercício manterá as veias e artérias saudáveis. Com um giz ou fita adesiva colorida, delineie os contornos de um coração com diâmetro aproximado de 3 m, incluindo as veias e as duas artérias principais. Marque uma área dentro do coração e uma área segura fora do coração, cada uma com 4 cones. Selecione 2-4 alunos que serão os "pegadores" e identifique-os com camisetas vermelhas. Explique: "Comecem a andar pela área de jogo. Ao sinal 'Veias!', todos devem tentar correr de volta para dentro do coração (marcado com cones) sem serem pegos pelas 'coisas'. Ao sinal 'Artérias!', corram do coração para a área segura (marcada com cones). Os alunos pegos passarão a ser as 'coisas' e vestirão camisetas vermelhas." (Esse jogo pode ser mais apropriado para os alunos avançados do nível I.)

JOGOS PARA NÍVEL DE DESENVOLVIMENTO II

Os jogos para o nível de desenvolvimento II são destinados aos alunos do 2º e 3º anos. Introduzindo pequenas modificações, você também pode experimentar usar esses jogos para os alunos do nível III.

Fitness Las Vegas

Essa é uma atividade motivacional que funciona muito bem como rotina de aquecimento de 5 minutos. Faça os alunos formarem um círculo amplo. Escolha um aluno para lançar um grande dado de espuma. Cada um dos números a seguir (1 a 6) representa um exercício diferente.

1. Dar uma volta no ginásio saltando
2. Flexões ou apoio de flexões
3. Saltos verticais
4. Elevações do dedo do pé
5. Segundos na posição de caminhada da foca
6. Abdominais

Depois que o primeiro aluno fizer o lançamento e escolher o exercício, faça-o lançar dois dados para determinar o número de repetições ou segundos a serem realizados pela classe. Após o término das repetições do primeiro exercício, escolha outro aluno para fazer o lançamento e determinar o exercício e o número de repetições/segundos.

Siga o mestre

Substitua a antiga formação da rotina de calistênicos por esta ótima atividade de aquecimento. Faça os alunos formarem um círculo grande. Primeiro, escolha aque-

le que será o adivinhador. Este aluno deve sair do ginásio ou virar-se de costas para o círculo e fechar os olhos. Agora, escolha um mestre que mudará o exercício fazendo um novo antes do restante do grupo a cada 10-15 segundos. Traga o adivinhador, com os olhos abertos, de volta para o centro do círculo. A classe começa a se exercitar e o adivinhador deve tentar descobrir quem é o mestre. Mantenha-se a par dos alunos que ainda não tiveram sua vez como adivinhadores e mestres, e assegure que eles também tenham suas chances nas próximas aulas.

Círculo dinâmico

Experimente essa atividade de aquecimento interessante. Divida a classe em círculos de 7-8 alunos. Em cada círculo, dê um número a cada aluno (1 a 8). Faça os alunos passarem algum tempo decidindo qual exercício ou movimento físico farão individualmente. Então, faça os alunos demonstrarem suas escolhas para a classe, começando pelo número 1 e seguindo a ordem. Os outros alunos devem correr devagar sem sair do lugar, em seus pequenos grupos de círculo. Quando eles ouvirem seu número sendo chamado, irão realizar primeiro o exercício que acabou de ser concluído pelo aluno do grupo deles e só então executarão o exercício que eles próprios tiverem escolhido. Os demais alunos continuam correndo no lugar. O aluno que começar o jogo pode copiar um exercício que você tiver demonstrado primeiro.

Encontre um amigo

Essa é uma ótima atividade para fazer no início do ano letivo. Os alunos devem se dispersar por toda a área de jogo. Escolha dois alunos para serem os "pegadores" e, em seguida, faça-os vestir camisetas coloridas. Explique: "Ao sinal 'Vá!', os "pegadores" devem escolher um número de 1 a 5 e chamá-lo, dizendo a você quantos alunos devem estar de mãos dadas num grupo. Se o número 4 for chamado, por exemplo, forme grupos de 4 alunos de mãos dadas. Os "pegadores" tentarão pegar quaisquer alunos que não estiverem nos grupos. Eles podem começar a caçar assim que o número for chamado. Os primeiros 2 alunos que forem pegos passarão a ser os novos "pegadores". Quando estiverem em um grupo, cumprimentem-se com um aperto de mãos e apresentem-se uns aos outros. Esse jogo é chamado 'Encontre um amigo', pois todos os alunos da classe são amigos trabalhando e brincando juntos."

Pontapé

A classe é dividida em grupos de 6-7 alunos e os grupos ficam dispersos pelo ginásio. Cada grupo recebe 2 bolas macias (22 cm) e um gol é posicionado do lado oposto à parede e delimitado por dois cones afastados a uma distância aproximada de 1,8 m. Cada grupo recebe um cone de marcação pequeno e colorido (25 cm) específico. No meio do ginásio, devem ser colocados cerca de 15 cones de plástico alinhados e numerados de 1 a 15. Você também precisará de um aparelho de som para tocar música.

Ao sinal "Vá!", o primeiro aluno de cada fila tenta marcar gol a partir de uma linha marcada a 9-11 m de distância do gol. O aluno que chutar também tentará recuperar a bola para passar ao próximo jogador. Os alunos que marcarem gol deverão correr até o meio do ginásio e avançar seus cones de marcação coloridos em um nível ao longo dos cones de plástico numerados. Em seguida, quando a música começar, todos os alunos devem encontrar uma linha no ginásio e realizar passos de esqui (saltos curtos, lado a lado, com os pés juntos) sobre essa linha (em geral, por 10-15 segundos). Quando a música acabar, os alunos devem voltar para seus times e continuar a marcar gols, um de cada vez. Use a música durante o jogo inteiro ou mais ou menos a cada 3 minutos.

Variação: posicione um pino de boliche em cada canto dos gols. Os jogadores que derrubarem um pino deverão avançar seus marcadores em duas posições, no meio do ginásio.

Circulando

Explique aos alunos que esse jogo aumentará o nível de intensidade de modo semelhante à corrida leve. Ao aumentarem suas frequências cardíacas, os alunos estão intensificando a circulação. Peça-lhes para medirem a frequência cardíaca antes, durante a após o jogo.

Faça os alunos formarem um círculo grande ao redor de um pino de boliche de plástico grande. Divida o círculo em duas metades iguais, que serão os times A e B. Faça os alunos de cada time fazerem a chamada, começando pelo número 1, de modo que cada aluno de um time compartilhe um número com alguém do outro time. Inicie o jogo pedindo para todos andarem em volta do círculo. Passados alguns segundos, chame um número. Explique: "Os dois jogadores com o mesmo número devem correr, tentar roubar o pino de plástico e voltar correndo para qualquer lugar no círculo, sem ser pego pelo outro jogador. Se um dos jogadores conseguir, seu time ganhará 2 pontos. Se o jogador que roubar o pino for pego pelo outro jogador antes de voltar para o círculo, o jogador que conseguiu pegá-lo ganhará 1 ponto para o time dele. Enquanto isso, os demais jogadores devem continuar andando no círculo."

Para adicionar variedade ao jogo, mude o movimento locomotor a cada rodada (p. ex., caminhada, corrida leve, desvios, saltos). Alternativamente, você pode apenas acrescentar problemas cujas respostas formem o número a ser chamado (p. ex., chame 3 + 2, e os alunos com o número 5 serão os que deverão tentar roubar o pino). Peça aos alunos para checarem suas frequências cardíacas quando a aula chegar à metade e também no fim da aula, para em seguida compararem ambas. Chame a atenção para o fato de que a movimentação dos alunos em torno do círculo é semelhante ao movimento realizado pelo sangue ao circular pelos corpos deles, e que o exercício melhora a circulação.

Coração saudável

Discuta o fato de que a corrida ajuda a diminuir os níveis de colesterol ruim (LDL) e a aumentar os níveis de colesterol bom (HDL). Divida a classe em 4 grupos iguais e posicione um grupo em cada canto da área de jogo. Coloque um arco em cada canto, com 5 sacos de feijão e 5 bolas de tênis. Rotule os sacos de feijão com "LDL (colesterol ruim)" e as bolas de tênis com "HDL (colesterol bom)". Diga: "Ao sinal 'Vá!', corram até o canto de outro time para pegar tantas bolas de tênis quanto conseguirem e trazê-las de volta para suas bases. Ao mesmo tempo, tentem tirar os sacos de feijão (colesterol ruim) que estiverem em seus cantos e colocá-los no arco de outro time. Mas vocês podem pegar apenas 1 bola de tênis ou 1 saco de feijão de cada vez. Não podem ficar defendendo suas bases, roubar as bolas de tênis que os outros alunos tiverem pegado nem interferir quando alguém colocar sacos de feijão em seus arcos." Decorridos 3 minutos do tempo de jogo, dê o sinal "Congelar!". O time que tiver mais colesterol bom (HDL) e menos colesterol ruim (LDL) será o vencedor. Comente: "O exercício ajuda a acumular colesterol bom e a diminuir o colesterol ruim que, por sua vez, pode vir a se acumular caso vocês não se exercitem e comam muita gordura."

Pega-pega triangular

Divida a classe em grupos de 4 alunos. Faça com que 3 alunos de cada grupo se deem as mãos, formando um triângulo. Um desses alunos será o "pegador". O aluno que ficar fora do triângulo também será "pegador". Explique: "O 'pegador' que estiver fora do triângulo tentará pegar o 'pegador' que está dentro. Os alunos que estiverem formando o triângulo devem permanecer juntos, mantendo a formação triangular enquanto estiverem sendo caçados." Alterne os alunos que assumem o papel de "pegador" até todos terem tido uma chance. Você pode variar a atividade – por exemplo, os alunos em formação triangular podem pular com um pé só, andar rápido, correr na ponta dos pés ou correr na ponta do calcanhar. Ao final da atividade, chame a atenção para o fato de toda a classe ter realizado cerca 7-10 minutos de atividade física vigorosa e saudável durante esse jogo. Lembre todos de que o tempo total diário de atividade física recomendado é 30 minutos. Pergunte: "Qual atividade física vocês farão após o horário da aula, hoje?" (Dê alguns minutos para essa discussão importante.)

Pega-pega dos fatores de risco

Faça os alunos se dispersarem pela área de jogo. Escolha três alunos que serão "pegadores". Cada "pegador" deverá vestir uma camiseta de cor diferente, e sinalizar um fator de risco de cardiopatia e o nome de um exercício.

- Tabagismo: abdominais (10 segundos)
- Inatividade: correr sem sair do lugar (10 segundos)
- Colesterol alto: sentar e alcançar (5 segundos para cada perna)
- Pressão arterial elevada: saltos verticais (5 vezes)
- Obesidade: passos de marcha (10 passos)
- Diabetes: polichinelos (5 vezes)

Os alunos que forem pegos devem parar e realizar o exercício designado para o fator de risco e, em seguida, continuar a jogar. Decorridos 3-4 minutos, mude os pegadores. Se os alunos estiverem tendo dificuldade para lembrar o exercício designado para cada fator de risco, cole um cartão com fita adesiva na camiseta, contendo o nome do fator de risco, o nome do exercício e o número de repetições ou a duração.

Cauda do dragão

Essa atividade é ótima para aproximar a classe. Divida a classe em grupos de 7-8 alunos e faça cada grupo permanecer de pé, lado a lado, com os alunos de mãos dadas. O último aluno da fila enrola um lenço atrás de si, no cós da roupa. Uma parte do lenço (46 cm) deve ficar pendurada abaixo da linha da cintura. Diga, "Ao sinal 'Vá!', o aluno que estiver na frente da fila deverá tentar pegar o último aluno da fila agarrando-lhe a 'cauda do dragão', mas sem desfazer a fila." Alterne as posições e repita a atividade. Como atividade de finalização, experimente formar uma fila única com a classe inteira. Enfatize o trabalho em equipe e a cooperação necessários ao sucesso desse jogo. (Reserve alguns cintos elásticos para os alunos cujas roupas não tiverem cós.)

Cones malucos

Arranje 10 cones a mais do que o número de alunos da classe e coloque-os dispersos por toda a área de jogo. Derrube metade dos cones. Divida a classe em dois grupos iguais: lenhadores e fazendeiros. Explique: "Quando a música começar, os lenhadores tentarão derrubar os cones que estão em pé, enquanto os fazendeiros tentarão levantar os cones que estiverem tombados. Após 1 minuto, inverteremos os papéis e repetiremos a atividade."

Adaptação: peça aos lenhadores para derrubarem os cones empregando partes diferentes do corpo (p. ex., joelho, cotovelo, pé). Use embalagens plásticas de leite ou garrafas plásticas de refrigerante de 2 L, caso não disponha de cones em quantidade suficiente.

Caranguejos e bagres

Explique que os caranguejos e os bagres são varredores e comem quase tudo que encontram no fundo do oceano. Divida a classe em quatro grupos – dois grupos marcados como caranguejos e dois grupos como bagres – e posicione-os nos 4 cantos do ginásio ou na área da quadra. Coloque um bambolê grande junto de cada grupo. Espalhe sacos de feijão e tampas de plástico por toda a área de espaço aberto (oceano). Ao sinal "Vá!", todos os alunos (caranguejos e bagres) devem se mover pelo "oceano" coletando seus alimentos.

Os caranguejos devem se mover do mesmo modo como fazem os caranguejos ao andar. Quando coletarem um pedaço de comida, deverão colocá-lo no abdome e voltar para casa, junto de seus bambolês. Os bagres devem se mover em quatro apoios, com as mãos e pés discretamente elevados. Os bagres colocam seu alimento na parte de trás do corpo e voltam para suas casas, junto dos bambolês.

Os alunos podem coletar apenas um pedaço de comida de cada vez. Ao fim de 1 minuto, os alunos de cada equipe devem contar o número de sacos de feijão ou tampas que acumularam. Some as contagens dos dois grupos de bagres e, do mesmo modo, dos dois grupos de caranguejos. Na próxima rodada, inverta os papéis dos alunos: aqueles que foram bagres tornam-se caranguejos e vice-versa. Dê um intervalo de pelo menos 1 minuto entre as rodadas. Explique para as crianças que esse jogo, além de ser divertido, é um ótimo exercício para todos exercitarem braços e ombros.

JOGOS PARA NÍVEL DE DESENVOLVIMENTO III

Os jogos para o nível de desenvolvimento III destinam-se aos alunos do 4º ao 6º anos. Continue reforçando os conceitos de aptidão física associada à saúde ao longo dos jogos.

Nós de problemas

Essa atividade desenvolve as habilidades de solução de problemas em grupo e pode melhorar a flexibilidade. Divida a classe em círculos de 5-7 crianças, que devem ficar juntas, ombro com ombro. Os alunos devem se mover tentando alcançar a frente e agarrar as mãos dos outros jogadores que estão no círculo, conforme mostra a Figura 12.3. É possível que os alunos não segurem ambas as mãos de um mesmo jogador ou segurem a mão de um aluno à esquerda e a mão de outro aluno à direita. Faça os alunos se esforçarem para desemaranhar as mãos formando um círculo e lembre-os de não soltarem as mãos. Além disso, alerte-os para terem cuidado e não torcerem o punho nem o ombro de outro aluno.

Linha esportiva

Antes da aula, estabeleça um minicircuito adjacente ao campo de jogo. Divida a classe em dois times. O time defensivo deverá jogar nas posições de softbol tradicionais. Já o time ofensivo deverá receber uma ordem de rebatida. Diga: "Antes de jogar cada entrada no ataque, o time ofensivo deve completar o percurso de minicircuito cronometrado. Para terem a vez, vocês têm que pisar no *home plate* e fazer um lançamento, *punt* ou *placekick* com a bola de futebol americano *nerf*. Em seguida, devem correr pelas 4 bases sem parar. O trabalho do time da defesa é fazer a linha atrás do jogador que pegar ou rebater a bola. O líder, então, passa a bola por cima até que esta chegue no último jogador. Este, por sua vez, deve correr para a frente da linha e, enfim, todos podem se sentar. O

Figura 12.3 Nós de problemas.

corredor da base marca 1 ponto para cada base que conseguir passar antes de o time defensivo concluir a linha." Faça os alunos trocarem de lado depois que todos os jogadores do primeiro time atacante tenham tido sua vez. Adaptações: use outras habilidades esportivas, como chutes de futebol, bater com precisão uma bola *wiffle* ou de borracha, ou fazer um saque de vôlei.

Percurso de circuito

1. Abdominais no colchonete (15 segundos)
2. Flexões (15 segundos)
3. Pular corda (15 segundos)
4. Correr até a árvore e voltar no campo direito (total: 90 m)
5. Fazer 3 flexões de antebraço usando bastão de exercício (opções de cores: amarelo, verde, vermelho)

VBS (vôlei, basquete, softbol)

Para esse jogo, você precisará de 6-8 bolas de vôlei, 6-8 bolas de tênis, 6-8 bolas de basquete, 4 bases e 1 cesta de basquete. Estabeleça o jogo nos moldes de um campo de softbol dentro do ginásio, com o *home plate* posicionado diretamente na frente da cesta de basquete. Faça o time da defesa jogar nas posições tradicionais de softbol. Atribua uma ordem de rebatida ao time atacante. Explique: "Para ter a vez, vocês têm que pisar no *home plate* e acertar um saque com a bola de vôlei. Em seguida, deverão correr por todas as bases sem parar. O objetivo do time de defesa é pegar a bola, lançá-la para 2 bases quaisquer – em qualquer ordem – e então lançar de volta para o pegador no *home plate*. O pegador, em seguida, deverá tentar marcar ponto fazendo uma bandeja com a bola de basquete, antes de o corredor passar pelo *home*. Se o pegador falhar, então o corredor marca ponto. Um jogador está fora quando o pegador faz uma bandeja a tempo, se o próprio jogador acertar uma bola fora, ou se um jogador da defesa pega uma bola no ar."

Faça os alunos jogarem 2-3 *outs* por entrada. Cada entrada roda as posições defensivas para dar a cada um a chance de praticar habilidades de interceptação de bola (*fielding*) e bandejas. Para manter todos ativos e envolvidos, faça os jogadores esperarem a vez de jogar realizando uma série de treinos de habilidades diferentes (p. ex.,

vôlei [rebater e séries], softbol [pegar e lançar bolas de tênis] ou basquete [passes de peito e picado]), porém correlacionadas, ao lado do campo de jogo.

Adaptação: o time marca 1 ponto para cada base que o corredor conseguir passar antes de o pegador fazer a bandeja.

Desafio de futebol-golfe

Para esse jogo, você precisará de 2 cones, 3 pinos de boliche, 1 balde de lixo grande, 1 bambolê, 1 minigol, 1 caixa de papelão e 1 ficha pautada com lápis para cada aluno. Faça os alunos se agruparem em trios. Um trio, em que cada aluno deve ter uma bola de futebol, deverá começar na estação 1, conforme ilustra a Figura 12.4. Diga: "Prestem atenção no número de chutes necessários para concluir a tarefa em cada buraco (estação). Anotem o número para cada estação, na ficha pautada. Se vocês não completarem uma tarefa após 5 chutes, registrem um escore igual a 6 ou mais e sigam para a próxima estação. Tentem melhorar seus próprios recordes." Quando o pri-

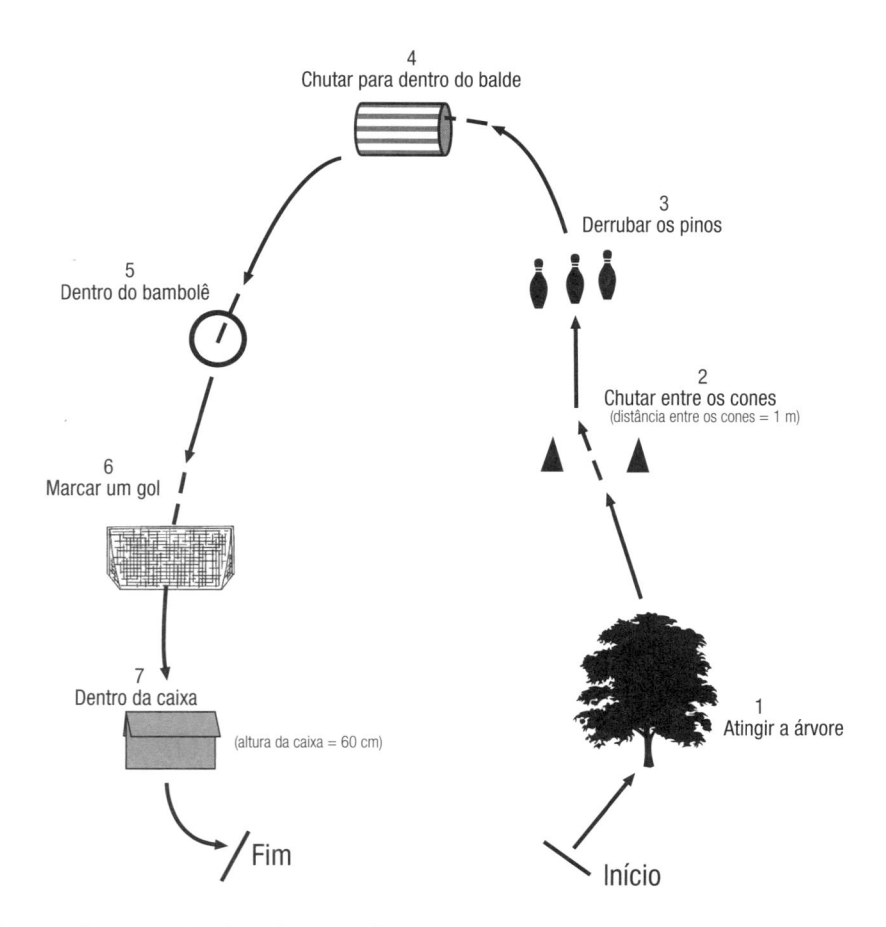

Figura 12.4 Arranjo das estações para o desafio de futebol-golfe.

meiro grupo tiver concluído a estação 2, faça o segundo grupo de jogadores começar. Você pode até optar por ter uma pequena participação no trabalho da classe na realização dessa atividade, enquanto o restante da classe joga futebol num campo adjacente.

Eis aqui uma lista de possíveis estações que você pode estabelecer, posicionadas a uma distância aproximada de 27 m umas das outras:

1. Chute uma bola em uma árvore.
2. Chute uma bola entre 2 cones separados por uma distância de 1 m.
3. Chute uma bola para derrubar pinos de boliche.
4. Chute uma bola dentro de um grande balde de lixo deitado no chão.
5. Passe a bola dentro de um bambolê.
6. Marque um ponto no minigol.
7. Levante uma bola chutando-a com o pé dentro de uma caixa de papelão.

Bola ao alvo

Esse jogo aumenta a aptidão muscular, além de promover a cooperação e o trabalho em equipe. Divida a classe em 2 times, que devem se posicionar de pé, ao lado de um pedaço de tecido grande, cada um de um lado oposto ao do outro. Coloque uma câmara de ar e 2 bolas de cores diferentes sobre o tecido, próximo do centro. Diga: "Ao sinal 'Vá!', cada time deve tentar agitar o tecido para fazer sua bola entrar na câmara de ar. O primeiro time que conseguir marcar 3 pontos vence o jogo."

Adaptação: coloque mais de uma bola para cada time dentro do paraquedas.

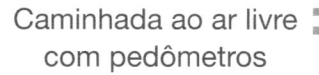

Caminhada ao ar livre com pedômetros

Ensine as crianças a usarem os pedômetros. Dê um pedômetro a cada uma delas e verifique se os dispositivos estão corretamente posicionados e presos. Feito isso, divida a classe em grupos de 4 alunos. Para cada grupo, forneça uma prancheta e uma lista de itens encontrados na natureza (p. ex., folhas, seixos, pedras, galhos finos, ramos, ervas, sementes) que você quer que eles coletem durante a caminhada ao ar livre. Forneça uma sacola de plástico para cada grupo, na qual os itens deverão ser trazidos. Depois que os alunos terminarem a caminhada ao ar livre, os grupos devem voltar para uma determinada área designada. Em cada grupo, os alunos devem anotar suas contagens individuais de passos e, então, somar os valores dos 4 integrantes para encontrar a soma total de passos do grupo. Feito isso, peça aos alunos para dividirem a soma total do grupo por 4, a fim de calcular a média da contagem de passos por aluno. Certifique-se de ter estabelecido os limites do percurso e tenha sempre uma visibilidade clara de todos os alunos no decorrer de toda a caminhada. Essa atividade é ótima para integrar as habilidades de matemática, a apreciação da natureza e a diversão proporcionada pela atividade física realizada com os amigos.

Fitnopoly

Esse jogo desenvolve o trabalho em equipe, as habilidades de matemática e a aptidão física geral. Projete um tabuleiro de jogo grande ou coloque cartões laminados individuais ($21,6 \times 27,9$ cm) espaçados pela área central da quadra, em formato de retângulo. Você precisará determinar cerca de 30 espaços, numerados de 1 a 30. Em cada cartão, você deve escrever um exercício (p. ex., polichinelos, meio-agachamentos, salto vertical, abdominais). Em vários espaços, escreva instruções como *"Volte 2 espaços"*, *"Siga em frente 3 espaços"* e *"Faça 2 repetições com dado"*.

Agora, divida a classe em 4 times e posicione-os nos 4 cantos do ginásio, perto de um cone grande e de um bambolê. Cada time deve ter um dado diferente e um pequeno cone de marcação colorido. Ao sinal "Vá!", o primeiro aluno de cada grupo deve lançar o dado e, então, correr para o centro da quadra, para avançar o pequeno cone do time pelo número de espaços determinado pelo dado. Em seguida, o aluno volta correndo para junto do time e o grupo todo realiza a atividade de exercício especificada no espaço onde o cone foi colocado, completando o número de repetições estabelecido pelo dado (1 a 6). Em seguida, o próximo aluno lança o dado do time. Faça os alunos prosseguirem, até que todos tenham participado pelo menos 1, 2 ou 3 vezes. O primeiro time que completar 2 viagens ao redor do tabuleiro será o vencedor.

Corrida estimada

Para ajudar seus alunos a terem maior consciência do ritmo durante as corridas de distância, projete um percurso de 1,2-1,6 km que passe ao longo da escola, bem como uma área de *playground* em volta da qual eles possam correr. Para tanto, posicione cones grandes com setas indicando o caminho. Certifique-se de que o terreno seja plano e sem obstáculos. Antes de começar, faça os alunos estimarem o tempo que levarão para percorrer todo o trajeto e anotarem em suas fichas pautadas. Conduza-os andando ao longo do percurso, até que eles percebam a distância. Libere grupos de 10-15 alunos, separados por um intervalo de 35-40 segundos para evitar o congestionamento da via. Determine o tempo dos alunos utilizando um cronômetro. O aluno cujo tempo real estiver mais próximo do tempo estimado será o vencedor.

Loteria do coração saudável

Liste por escrito vários itens alimentares para um coração saudável (p. ex., cenouras, iogurte, arroz integral, frango, peru, leite com baixo teor de gordura) em folhas de papel branco separadas. Escreva em 2 folhas um item de *junk food* (p. ex., doce, biscoito, batata frita, *cheeseburger*). Amasse as folhas de papel formando bolas individuais e coloque-as dentro de uma caixa. Faça cada aluno escolher uma bola de papel e começar a correr devagar em um círculo. Explique: "Ao sinal 'Loteria coração saudável!', desamassem suas bolas de papel e leiam o alimento nelas escrito. Os alunos que pegarem as bolas de papel com itens de *junk food* serão o 'pegador' e tentarão pegar os outros alunos. Se forem pegos, ficarão congelados e gritarão 'Eu sou coração saudável!'. Então, outro aluno virá até vocês e fará 10 polichinelos com vocês para que o *junk food* se solte do seu corpo. Enquanto estiverem fazendo polichinelos, vocês estarão numa zona de segurança e não poderão ser pegos." A cada 2-3 minutos, comece uma nova rodada de jogo. No início e no fim da atividade, reforce a diferença entre os alimentos amigos do coração e os alimentos prejudiciais à saúde.

Drible do arco

Faça os alunos se dispersarem em pares pela área do jogo. Prenda firmemente uma corda de pular padrão em um arco ou bambolê e dê a cada dupla. Explique: "Um aluno arrasta o arco pela quadra a uma velocidade lenta a moderada. O outro aluno deve tentar driblar ou quicar uma bola no centro do arco em movimento."

Rebater e correr

Divida a classe em grupos de 8 alunos. Em cada grupo, 7 alunos devem formar um círculo que será marcado com cones pequenos e fita adesiva. Conduza o oitavo aluno para o meio do círculo. Diga: "Para aquecer, rebatam a bola de vôlei em torno do círculo. Em seguida, os alunos que estiverem no círculo devem começar a dar passos para o lado em volta do círculo, enquanto o aluno posicionado no meio do círculo com a bola de vôlei sinaliza 'Rebater e correr!'. Cada vez que um jogador que estiver fora do círculo rebater a bola de volta para o centro, deverá dar uma volta completa correndo em torno do círculo e voltar para seu lugar de origem." Adicione mais jogadores ao círculo, para manter o exercício contínuo. Faça os alunos contarem quantas vezes os integrantes de seu grupo rebateram e correram. Incentive os grupos a competirem pela melhor pontuação e não uns contra os outros.

RESUMO

Incorporar jogos ativos ao seu conteúdo de educação física pode ser uma forma estimulante de promover níveis mais altos de atividade física. As crianças adoram jogos bem-planejados e dinâmicos, e muitas vezes comentam que se divertem muito quando jogam com os colegas de classe. Aproveite a vantagem desse entusiasmo natural por jogos para ensinar às crianças os benefícios proporcionados pela atividade física, bem como para comprovar que a atividade física é divertida, que a cooperação é um esforço conjunto da equipe e que todos podem ser incluídos nas atividades de educação física.

Para maximizar as experiências de aprendizado de seus alunos, tenha em mente as características dos jogos apropriados para os níveis de desenvolvimento discutidos neste capítulo. Evite os jogos que eliminam jogadores, causam constrangimento às crianças e envolvem baixos níveis de atividade. Em vez disso, promova níveis de atividade física moderados a vigorosos para alcançar os objetivos da sua aula. Use os jogos ativos descritos neste capítulo para intensificar as aulas, enquanto se esforça para aumentar o grau de atividade física em suas aulas de educação física.

Capítulo 13

Dança e atividades rítmicas

"A dança é a mais elevada, comovente e bela das artes, pois não é mera tradução nem abstração da vida – é vida em si mesma."

Havelock Ellis

As atividades de dança e ritmo contribuem naturalmente para as metas de um programa de educação física equilibrado no ensino fundamental. É uma forma excelente de desenvolver as habilidades motoras, a autoexpressão, a criatividade e a apreciação estética, bem como de aumentar os níveis de atividade física. Quando você ensina uma dança criativa, atividades de *tinikling*[1], danças com tecidos ou passos de aeróbica, o propósito é sempre o mesmo: fazer as crianças se movimentarem ativamente seguindo o ritmo.

A dança e os ritmos inerentemente ajudam as crianças a melhorarem seus autoconceitos, expressarem seus sentimentos e conhecerem o potencial do próprio corpo. A dança e os ritmos com certeza podem desenvolver a consciência corporal, à medida que a criança explora o espaço realizando movimentos locomotores (p. ex., andar, pular e desviar) e não locomotores (p. ex., inclinar, alongar, girar e balançar).

Ensinar uma variedade de danças e atividades rítmicas é uma estratégica excelente para a promoção da consciência cultural e étnica. Se você tiver alunos de ascendência hispânica, por exemplo, ensine uma variedade de

danças e ritmos latinos. Isto ajudará seus alunos a se sentirem mais confortáveis durante a aula. Como benefício extra, você estará cultivando um elo pessoal com esses alunos, que se estenderá pelo resto do ano letivo. Todavia, ensine também algumas danças típicas, para que todos – independentemente da herança cultural – desenvolvam um entendimento e uma apreciação acerca da herança rítmica deste país. De fato, você deve proporcionar uma variedade de experiências para incentivar seus alunos a apreciarem outras culturas e grupos étnicos, promovendo assim uma melhor comunicação e compreensão entre todos.

PRECAUÇÕES DE SEGURANÇA

Você precisa atentar para as medidas de segurança ao planejar ensinar dança e atividades rítmicas para crianças em idade escolar. Primeiro, inclua atividades adequadas de aquecimento e relaxamento para cada aula de dança e ritmos. Em seguida, permita que os alunos tenham períodos de descanso intermitente durante a atividade da aula, usando esses momentos como oportunidades para reforçar os benefícios proporcionados pela dança como atividade física saudável.

Em seguida, evite movimentos que resultem na hiperextensão de qualquer articulação, pois isso irá impor uma tensão significativa sobre as articulações. Não repita um

---

1   N.T.: *Tinikling*, ou dança do bambu, é uma dança popular na Índia e nas Filipinas, que envolve pular habilmente por cima e entre duas varas de bambu manipuladas por 2 ou 4 homens.

movimento mais de 4 vezes seguidas com a mesma perna; em vez disso, varie o movimento no mínimo a cada 4 contagens. Evite qualquer tipo de chute, movimentos espasmódicos dos braços, cabeça ou pernas que possam causar distensão muscular durante as transições entre os passos avançados e que possam requerer uma sequência de movimentos antes de uma mudança de direção. Além disso, é importante evitar movimentos que incluam a flexão do tronco para a frente, pois esses movimentos podem impor uma tensão indevida sobre a região lombar. Tenha cuidado com os movimentos de dança com passo cruzado, que pode estressar os pronadores – os músculos estendidos durante a fase de sustentação do peso do cruzamento. Garanta que todos os alunos mantenham corretamente a postura e o alinhamento corporal enquanto estiverem realizando os movimentos de dança variados, a fim de evitar desequilíbrios estruturais. Inicialmente, ensine uma dança em ritmo lento, sem música, e aumente gradativamente até atingir o nível normal, seguindo do simples para o avançado.

Alerte as crianças quanto ao vestuário adequado, com bastante antecedência em relação a cada aula. Impeça os alunos de usarem joias/bijuterias de qualquer tipo e insista para que usem calçados apropriados para o treino variado geral que confiram sustentação, bem como meias adequadas para absorver o suor e promover sustentação durante as atividades de dança e ritmo. Não permita que as crianças usem calçados próprios para corrida, que podem constringir os movimentos laterais e causar lesão no tornozelo ou joelho.

PLANEJAMENTO DE ATIVIDADES EM CONFORMIDADE COM O DESENVOLVIMENTO

Uma das formas mais significativas de garantir a segurança e a diversão consiste na introdução da dança e dos ritmos seguindo uma evolução que seja adequada ao nível de desenvolvimento, de modo similar ao modo de abordagem que você adota para outras áreas do programa. Estude as atividades para os três níveis de desenvolvimento descritas neste capítulo, a fim de discernir quais tipos de dança e atividades rítmicas são adequados e motivadores para os alunos de cada nível.

Projetei e testei em campo as atividades aqui descritas, para garantir que fossem atividades acessíveis e apropriadas em termos de desenvolvimento. Use e adapte essas ins-

truções simples para as suas aulas. Tenha em mente que você não precisa ser instrutor de dança para incorporar atividades rítmicas ao seu programa de atividade física.

DANÇA E ATIVIDADES RÍTMICAS PARA NÍVEL DE DESENVOLVIMENTO I

A música e a dança nem sempre são necessárias para melhorar o desenvolvimento rítmico em seu conteúdo programático. Desviar, saltar, lançar uma bola – a maioria dos movimentos que envolvem grandes grupos musculares é inerentemente rítmica e fornece a base para iniciar as experiências de movimento rítmico. Nesse nível, enfatize a movimentação das crianças no espaço, explorando as variações e o desenvolvimento da consciência corporal por meio da realização de movimentos locomotores e não locomotores. Para demonstrar o quão agradável a atividade física pode ser na vida de uma criança, incorpore a dança criativa, jogos com cantoria e atividades rítmicas, usando fitas, arcos, bastões, varas e bolas nesse nível.

A batida continua

Essa atividade melhora o movimento expressivo relacionado a ritmo, tempo e habilidades locomotoras básicas. Explique aos alunos que eles deverão se movimentar acompanhando a batida de um tambor. Peça a eles para decidirem como se mover baseados em suas interpretações da batida (pesada, suave, rápida, lenta, de ritmo regular ou irregular). Aqui vão algumas sugestões:

1. Toque o tambor em ritmo regular, contando 4 batidas.
2. Bata de leve no tambor, contando 4 batidas.
3. Bata com força no tambor, contando 4 batidas.
4. Combine batidas leves e pesadas.
5. Faça os alunos moverem-se acompanhando a batida do tambor, dando um passo para cada batida (regular, contando 4 batidas).
6. Faça os alunos movimentarem-se acompanhando uma batida irregular.
7. Faça os alunos movimentarem-se acompanhando uma batida rápida (mude o tempo).
8. Faça os alunos movimentarem-se acompanhando uma batida lenta.
9. Faça os alunos realizarem uma variedade de movimentos rápidos e angulares com os braços e as pernas a cada batida, em um ritmo de 4 batidas.

10. Faça os alunos moverem-se acompanhando a batida do tambor de vários modos (p. ex., andando sobre os calcanhares, andando na ponta dos pés, dando passos para o lado, imitando o movimento da foca).

Passeio de domingo

Essa atividade criativa consiste numa dramatização de um passeio de domingo, que emprega a atividade física para promover a autoexpressão e as habilidades locomotoras. Diga à classe que todos farão um passeio de domingo pelo campo. Dê a cada aluno um lenço para se proteger do tempo ruim (peça-lhes para guardá-lo no bolso) e um arco para usar como direção de carro. Use o diálogo a seguir ou crie algo semelhante: "Andem rápido pela área de jogo, usando seus arcos para virarem seus carros. Agora ponham os arcos no chão. OK – esta foi uma longa jornada. Vamos nos alongar. Fiquem dentro do arco e alonguem o corpo para cima o máximo que conseguirem." Continue com as seguintes instruções:

Encolham o corpo ao máximo.

Ampliem o corpo tanto quanto puderem.

Vamos estacionar nossos carros aqui e ir caminhar pelo campo.

Mostrem-me como vocês andariam para subir uma colina... e para descer uma colina.

Como vocês andariam se estivessem carregando uma mochila pesada?

Vamos fazer uma pausa para tomar lanche e beber um pouco de água. Qual lanche vocês estão comendo? Nozes, uma banana, cenoura em pedaços... bom!

OK, vamos indo.

Está começando a esfriar. Cubram a cabeça com seus lenços.

Como vocês andariam num dia frio?

Vocês estão sentindo o vento soprar? Como vocês andariam num dia frio e de ventania, com o vento soprando com força no rosto?

Estiquem a mão e vejam se há gotas de chuva. Sim! Está começando a chover. Vamos entrar naquela caverna (colchonetes verticalmente posicionados em um canto do ginásio)!

Todos estão aqui? Bom, vamos esperar até parar de chover.

Vejam o arco-íris! Que cores vocês veem?

OK, o sol já está de volta. Vamos continuar.

Olhem para as árvores movendo-se suavemente com a brisa.

Vamos fingir que somos árvores. Nossos braços e dedos das mãos são os ramos se agitando na brisa.

Vamos voltar para os carros. Andem com cuidado.

Vamos dar um grande salto por cima das poças.

Olhem, um coelho está pulando na grama.

Tentem, cada um de vocês, imitar o coelho pulando pela grama.

OK, estamos de volta em nossos carros. Cada um de vocês tem que encontrar o próprio arco.

Liguem seus motores. Vamos dirigir de volta para casa! Que passeio de domingo maravilhoso pelo campo!

Fitas rítmicas

Essa atividade de movimento rítmico reforça as habilidades de manipulação e formações de contorno, ao mesmo tempo que desenvolve a resistência muscular dos braços e ombros. Dê uma fita a cada aluno e faça-os se dispersarem pela área de jogo, lembrando que todos devem permanecer em seus espaços pessoais e de frente para você. Incentive seus alunos a acompanharem a música enquanto giram as fitas (Fig. 13.1).

Algumas sugestões de ritmos de contagem de quatro batidas:

Círculos à esquerda (4 vezes; Fig. 13.1*a*)

Círculos à direita (4 vezes)

Círculo frontal com a mão esquerda (4 vezes; Fig. 13.1*b*)

Círculo frontal com a mão direita (4 vezes)

Forma de "8" (4 vezes; Fig. 13.1*c*)

Laço sobre a cabeça com a mão esquerda (4 vezes)

Laço sobre a cabeça com a mão direita (4 vezes; Fig. 13.1*d*)

Repetir

Depois que os alunos estiverem familiarizados com essa rotina, varie os movimentos. Use, por exemplo, a música *"Firework"*, de Katy Perry (Capitol Records).

Dança da estátua

Essa atividade desenvolve as habilidades de tomada de decisão e agilidade estimulando a prática de atividade física contínua em segmentos curtos. Faça seus alunos se dispersarem pela área de jogo. Incentive-os a movimentarem-se acompanhando o ritmo da música *"Turn the Beat Around"* (Gloria Estefan, Epic Records), realizando quaisquer movimentos locomotores que escolherem (an-

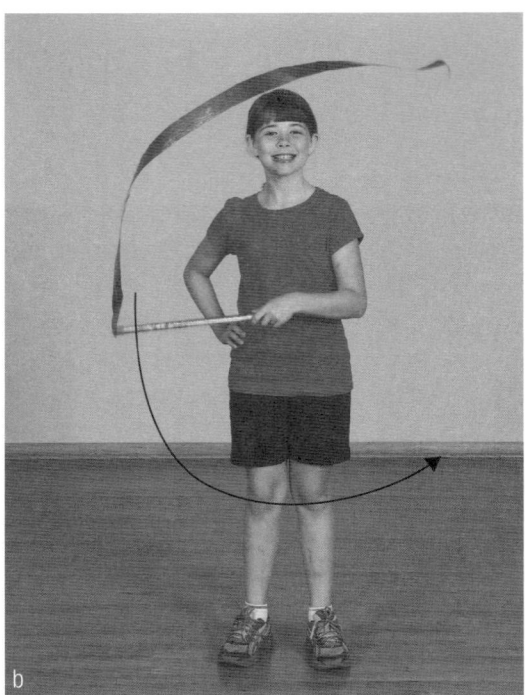
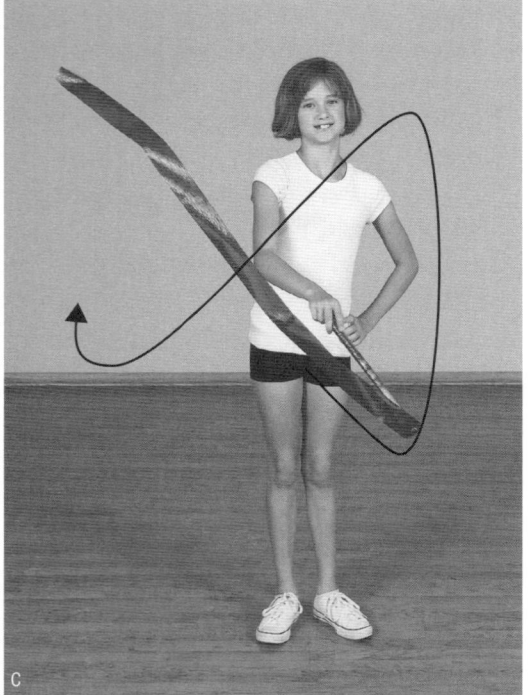

Figura 13.1 Fitas rítmicas.

dar, saltar, desviar, galopar) por toda a área de jogo. Explique: "Quando vocês ouvirem eu tocar o tambor (dando duas batidas rápidas), mudem de direção. Quando a música parar, congelem como se fossem estátuas e permaneçam assim por 5 segundos." Repita.

══════════ Seu Lobato ══════════

Experimente usar esse clássico antigo com uma letra adaptada para o tema saúde e vida ativa. Use essa música para ajudar as crianças a identificarem as partes do corpo e também como uma forma interessante de atividade de aquecimento. Faça os alunos ficarem em pé, formando um grande círculo e voltados para o centro. Toque a música tradicional "Seu Lobato" e desenvolva a letra, por exemplo, do seguinte modo:

Seu Lobato tinha saúde, ia, ia, ô!
E seus braços eram fortes, ia, ia, ô!
Era flexão pra cá, era flexão pra lá!
Era exercício todo dia, ia, ia ô!
Seu Lobato tinha saúde, ia, ia, ô!
E suas pernas eram fortes, ia, ia, ô!
Era caminhada aqui, era caminhada ali!
Ele caminhava para todo lado, ia, ia, ô!
Seu Lobato tinha saúde, ia, ia, ô!
E seu coração era forte, ia, ia, ô!
Ele corria para cá! Ele corria para lá!
Ele corria para todo lado, ia, ia, ô!
Seu Lobato tinha saúde, ia, ia, ô!

DANÇA E ATIVIDADES RÍTMICAS PARA NÍVEL DE DESENVOLVIMENTO II

Você pode introduzir combinações simples de movimentos locomotores e não locomotores nesse nível. Todavia, é preciso que as combinações incluam no máximo três habilidades motoras distintas. Introduza uma variedade de atividades que envolvam experiências individuais, em parceria, em grupos pequenos e com a classe inteira. Experimente introduzir atividades como o *tinikling*, danças com tecidos, movimento de dança expressiva, pular corda, danças típicas simples e passos de dança básicos.

A dança da galinha

Faça os alunos dispersarem-se pela área de jogo, sempre voltados de frente para você. Primeiro, pratique os movimentos para a música "*The Chicken Dance*". Descreva e demonstre os movimentos para as crianças: "Comecem estalando os dedos 4 vezes, com as mãos elevadas acima dos ombros. Em seguida, batam as asas 4 vezes com os braços para cima e os cotovelos flexionados, realizando movimentos para cima e para baixo. Agora, vocês devem sacudir o corpo 4 vezes, com os joelhos flexionados e a região lombar arqueada, oscilando discretamente a cintura e a região do tronco. Por fim, batam palmas 4 vezes, permanecendo em pé e sem sair do lugar. Repetiremos os 4 movimentos 3 vezes." Após a terceira repetição da série, os alunos deverão encontrar um parceiro. De

mãos dadas, ambos devem andar 16 passos ou desvios em um círculo, movendo-se em sentido anti-horário.

California dreamin'

Essa atividade rítmica inclui caminhada, corrida leve, passos laterais, movimentos de braço e movimentos expressivos. Para começar, os alunos devem formar uma fila única.

Marcha da Califórnia
(dança em fila única ao som de "**California Dreamin'**"*, de Mamas and Papas, Capitol Records)*

- Andar para a frente (4 contagens); bater palmas.
- Andar para trás (4 contagens); bater palmas.
- Dar passos à direita (4 contagens); bater palmas.
- Dar passos à esquerda (4 contagens); bater palmas.
- Correr sem sair do lugar (16 contagens); bater palmas.
- Repetir a série.

Irmãos do surfe
(para a música "**Surfin' U.S.A.**"*, do The Beach Boys, Capitol Records)*

Faça os alunos dispersarem-se pela área de jogo. Diga-lhes para fingirem que estão, cada um, sobre uma prancha de surfe (Fig. 13.2). Participe com a classe liderando as ações:

Figura 13.2 Movimentos de surfe.

- Passem cera em suas pranchas de surfe imaginárias.
- Saltem nas pranchas.
- Flexionem os joelhos para abaixar.
- Inclinem-se para a direita.
- Inclinem-se para a esquerda.
- Surfem com a perna direita... Agora com a esquerda.
- Movam-se pelo ginásio, fingindo que estão surfando.
- Saltem de suas pranchas e nadem:
  - *crawl;*
  - costas;
  - peito.
- Repitam os movimentos de natação.
- Para terminar, pulem para cima e para baixo e joguem água!

Todos dançando conga

Essa atividade enfatiza os ritmos latinos, bem como a caminhada e a mudança de direção. Faça os alunos formarem duas filas e colocarem as mãos nos ombros do colega da frente. Toque as músicas "*Conga*" e "*Rhythm Is Gonna Get You*" (Gloria Estefan, Epic Records). Explique a dança: "Quando a música começar, todos deverão começar a andar juntos dando o primeiro passo com o pé direito. Vocês devem dar 3 passos e chutar com o pé esquerdo. Então, deem mais 3 passos e chutem com o pé direito. Agora, deem 3 passos à esquerda e, então, 3 passos à direita. Ao sinal 'Mudar!', cada um de vocês deverá se virar e seguir para a direção oposta. A fila do conga continua e o último aluno da fila passará a ser o líder." Conclua a atividade com a classe toda formando uma longa fila única. Os alunos deverão sair do ginásio e dançar conga em volta do *campus* da escola, sempre tomando cuidado para não atrapalhar as outras classes.

Dança do chapéu mexicano

Nessa dança, os alunos aprendem o passo *La Raspa*, acompanhando a música. Com os alunos em pé e segurando um paraquedas grande, faça-os formar uma roda. Explique o passo *La Raspa*: "Saltem com o pé esquerdo e rapidamente pisem no chão com o calcanhar do pé direito, apontando os dedos do pé para cima. Agora, saltem com o pé direito e pisem no chão com o calcanhar do pé esquerdo, apontando os dedos para cima. Saltem com o pé esquerdo e pisem no chão com o calcanhar direito, apontando os dedos para cima, e permaneçam nessa posição. Assim, o passo foi esquerda-direita-esquerda e parado. O próximo passo *La Raspa* será direita-esquerda-direita e parado." Faça os alunos darem 8 passos *La Raspa*

sem sair do lugar. Quando a música estiver no refrão, os alunos deverão correr devagar em sentido anti-horário, agarrando o paraquedas com a mão esquerda. Repita, mudando os movimentos locomotores a cada refrão (p. ex., desviando, saltando, galopando). Quando a música acabar, cada aluno deverá erguer o paraquedas diretamente para cima, ir até o centro da roda e imitar uma nuvem.

Tinikling

Há anos um pássaro-do-arroz oriundo das ilhas Filipinas desenvolveu o estranho hábito de saltar e chutar as pernas para não se enroscar nas ervas daninhas existentes nos pântanos alagadiços. Os passos da dança *tinikling* foram criados para reproduzir os movimentos desse pássaro e melhorar a agilidade e o acompanhamento rítmico. Divida a classe em grupos de 4 alunos (2 dançarinos, 2 batedores) e faça os alunos se dispersarem pela área de jogo. Diga aos batedores para ajoelharem enquanto seguram 2 varas de bambu (2,1-2,5 m de comprimento; 7,5 cm de diâmetro) afastadas a uma distância aproximada de 40 cm, repousando as varas sobre 2 blocos transversais de madeira (60 cm de comprimento; 5 cm de diâmetro). Se desejar, toque uma valsa em 3/4 do tempo. Diga: "O movimento das varas permanece o mesmo durante toda a dança. Os batedores devem bater as varas 2 vezes contra os blocos transversais. Em seguida, devem deslizar as varas juntas e bater 1 vez." Demonstre a ação e dê aos batedores tempo suficiente para praticar (Fig. 13.3).

Figura 13.3 *Tinikling* (a dança do bambu).

Explique e demonstre: "Do lado esquerdo do corpo voltado para uma vara, faça os dedos do pé tocarem o chão 2 vezes entre as 2 varas. Em seguida, erga a perna flexionada e permaneça nessa posição. Repita esse movimento 6 vezes. Então, começando com o pé esquerdo, pule no meio das varas com o pé esquerdo, pule no meio das varas com o pé direito e pule para fora das varas com o pé esquerdo, indo para o lado oposto. Repita o movimento, agora começando com o pé direito."

Trabalhando em duplas, faça os alunos moverem-se em direções opostas através das varas de bambu, porém ambos no meio das varas. Depois de praticarem a dança dos pares, faça os dançarinos e os batedores trocarem seus papéis. Adaptação: você pode modificar os passos de *tinikling* para obter um ritmo de 4/4 com as varas abertas para 2 contagens e fechadas para 2 contagens (fechar, fechar, bater, bater). Você também pode usar elásticos de pular para representar movimentos de passos de dança similares.

DANÇA E ATIVIDADES RÍTMICAS PARA NÍVEL DE DESENVOLVIMENTO III

As atividades em grupo caracterizam o nível III. Com tempo suficiente para praticar, os alunos desse nível podem aprender passos avançados, como o *grapevine* ou o *two-step*. A maioria dos alunos estará motivada a participar de danças modernas, bem como de atividades mais tradicionais, como a dança aeróbica, *step* aeróbico e dança em fila (p. ex., *Electric Slide* e Macarena).

═══ Dança aeróbica de baixo impacto ═══

O termo *baixo impacto* significa que um pé permanece sempre em contato com o chão, impondo menos tensão às articulações e criando uma atividade física contínua por meio de movimentos de dança básicos executados ao som de música. Faça seus alunos se dispersarem por toda a área de jogo, voltados de frente para você. Certifique-se de ter escolhido cuidadosamente uma música com tempo apropriado. Se a música for rápida demais, os alunos ficarão frustrados e desistirão; se for lenta demais, você não promoverá o nível de atividade desejado e os alunos ficarão entediados. As diretrizes listadas a seguir o ajudarão a medir o tempo apropriado:
- Aquecimento (3-5 minutos): 120-125 batidas por minuto (bpm).
- Evento principal (15-20 minutos): 128-145 bpm.
- Volta à calma (3-5 minutos): 120-125 bpm.

Monte a coreografia dos passos de dança básicos descritos a seguir, ao som de uma música popular. Os passos de dança devem permanecer simples e você deve construir suas rotinas ao longo do ano letivo, conforme os alunos forem ganhando experiência e confiança.

Passos de aquecimento

1. Toques: comece sustentando o peso do corpo sobre o pé esquerdo e dê um passo para o lado com o pé direito. Feche com o pé esquerdo, tocando a planta do pé no chão. Inverta (Fig. 13.4).

2. Toques atrás: comece sustentando o peso do corpo sobre o pé direito e tocando o pé esquerdo no chão, atrás, com a planta do pé. Dê um passo para o lado com o pé esquerdo. Leve o pé direito para trás de você. Repita (Fig. 13.5).

3. Toques de calcanhar: dê toques alternados com o calcanhar na frente do seu corpo, mantendo os joelhos levemente flexionados. Repita (Fig. 13.6).

Passos de dança

1. Passo de marcha: eleve um dos joelhos mantendo-o em paralelo com o chão, apontando os dedos do pé para baixo e oscilando os braços opostamente às pernas (o braço esquerdo é levantado quando o joelho direito estiver para cima), mantendo a cabeça erguida e os ombros para trás (Fig. 13.7).

2. Passo de corrida: mantenha os braços ao nível da cintura, com os cotovelos flexionados e as mãos semicerradas. Toque o chão com o calcanhar, deslize para fora e empurre com a planta do pé por último (Fig. 13.8).

3. Toques de *plié*: alongue os braços para a direita e, ao mesmo tempo, leve o pé esquerdo para o lado tocando o chão, com os joelhos flexionados. Oscile os braços em frente do corpo e, em seguida, alongue-os para o lado esquerdo, levando o pé direito para o lado e tocando o chão (Fig. 13.9).

4. Passo *grapevine* simples: dê um passo à direita com a perna direita, flexionando os braços até as mãos atingirem os ombros. Dê um passo para trás com a perna esquerda, ao mesmo tempo que alonga os braços acima da cabeça. Dê um passo à direita com a perna direita e flexione os braços até as mãos alcançarem os ombros. Toque o lado esquerdo com o calcanhar esquerdo, ao mesmo tempo que alonga os braços acima da cabeça. Então, inverta e dê um passo para o outro lado (Fig. 13.10).

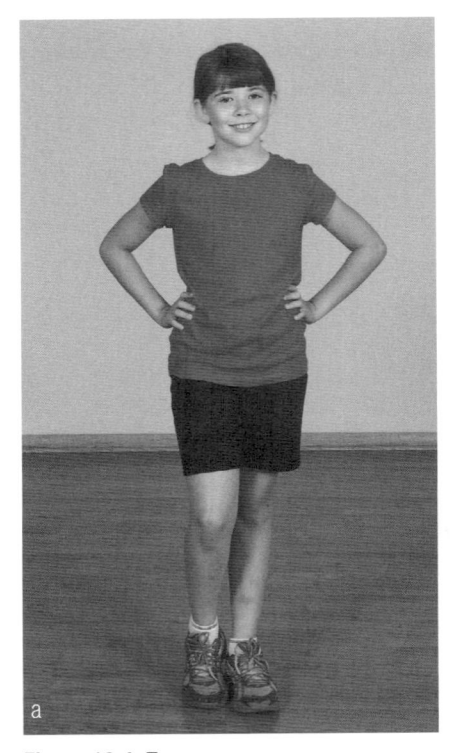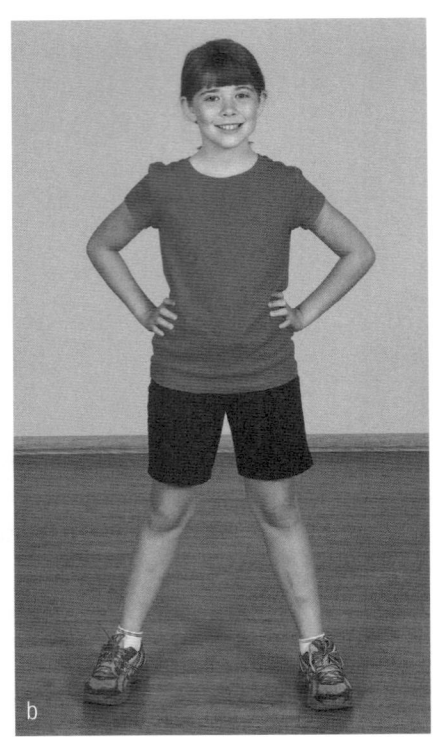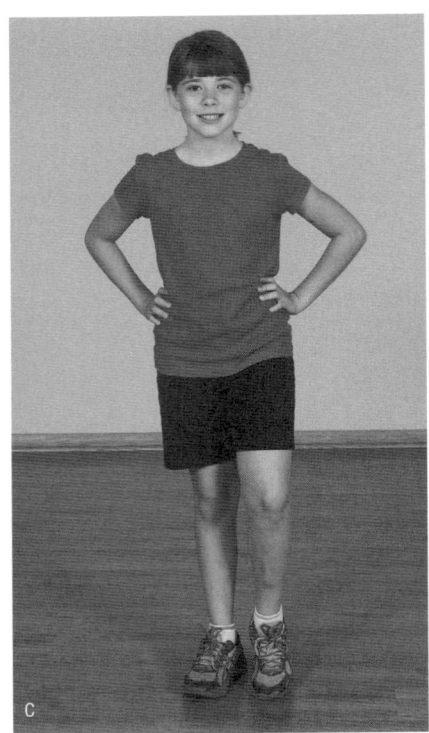

Figura 13.4 Toques.

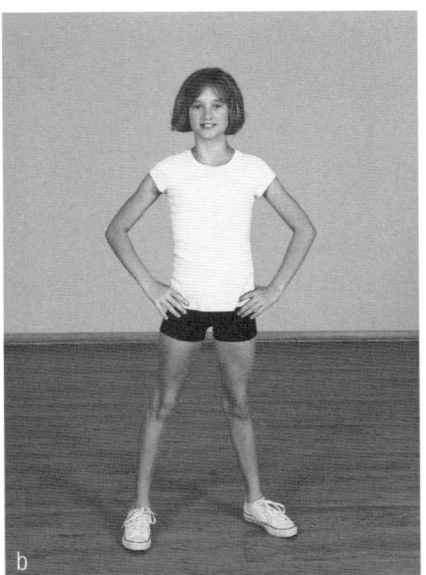

Figura 13.5 Toques atrás.

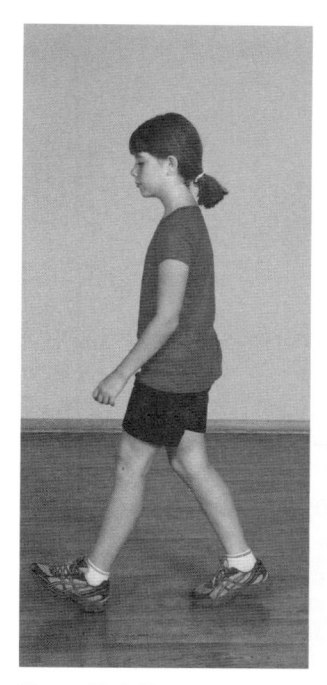

Figura 13.6 Toques de calcanhar.

Figura 13.7 Passo de marcha.

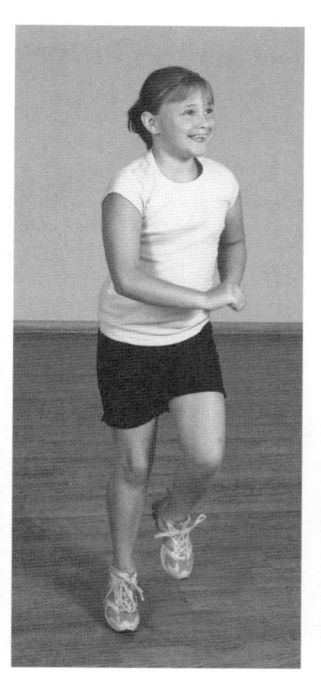

Figura 13.8 Passo de corrida.

Figura 13.9 Toque de *plié*.

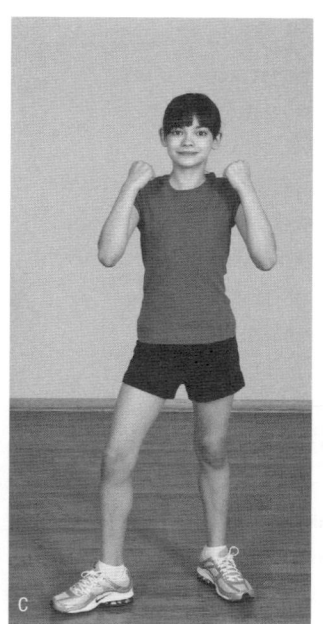

Figura 13.10 Passo *grapevine* simples.

5. Toque cruzado com cotovelo: dê um passo à frente com o pé direito, elevando o joelho esquerdo de encontro ao cotovelo direito. Inverta (Fig. 13.11).

6. Passos de chute: pise com o pé esquerdo. Em seguida, dê um chute com o pé direito, apontando dos dedos do pé para baixo e mantendo ambos os joelhos levemente flexionados. Estenda os braços para as laterais, com os cotovelos discretamente flexionados. Inverta (Fig. 13.12).

7. Pancadinha no calcanhar e estalo: leve a perna esquerda para trás do corpo e toque com a mão direita na perna esquerda. Agora, estenda a perna para fora e estale os dedos da mão direita. Inverta (Fig. 13.13).

Volta à calma

Você pode usar os passos de aquecimento para fazer o relaxamento.

Step aeróbico

O *step* aeróbico é uma adaptação da dança aeróbica e costuma ser considerado de baixo impacto. Entretanto, os níveis de intensidade podem exceder os da dança aeróbica, pois os alunos sobem e descem de um *step* enquanto executam vários passos de dança (Fig. 13.14).

Você pode usar músicas populares ou mais antigas, com tempos de 118-122 bpm. Escolha músicas com uma batida nítida. O *step* deve ter 15-20 cm de altura. Embora alguns professores adotem alternativas ao *step*, por motivos de segurança, recomendo que você use um *step* fabricado por uma empresa confiável.

Faça os alunos considerarem as seguintes diretrizes:

- Manter uma postura correta.
- Manter os joelhos soltos (e nunca travar as articulações) alinhados com os dedos do pé.
- Manter os glúteos contraídos.
- Alinhar os ombros ao quadril.
- Subir no *step* de maneira suave e controlada.
- Permanecer junto ao *step* quando descer.
- Não oscilar nem rotacionar o joelho ou a perna que estiver sustentando o peso do corpo.
- Fazer 3-5 minutos de aquecimento e relaxamento.

Use o seguinte código ao estudar as instruções descritas adiante: D = direita; E = esquerda.

1. Movimento básico para a frente: comece dando um passo à frente, subindo com o pé D, em seguida com o pé E; descendo com o pé D e, em seguida com pé E, por 4 contagens. Com os braços estendidos, dê um soco

Figura 13.11 Toque cruzado com cotovelo.

Figura 13.12 Passo de chute.

à frente quando subir no *step* e, ao descer, recue o punho (Fig. 13.15). Repita, começando com o pé E.

Figura 13.13 Pancadinha no calcanhar e estalo.

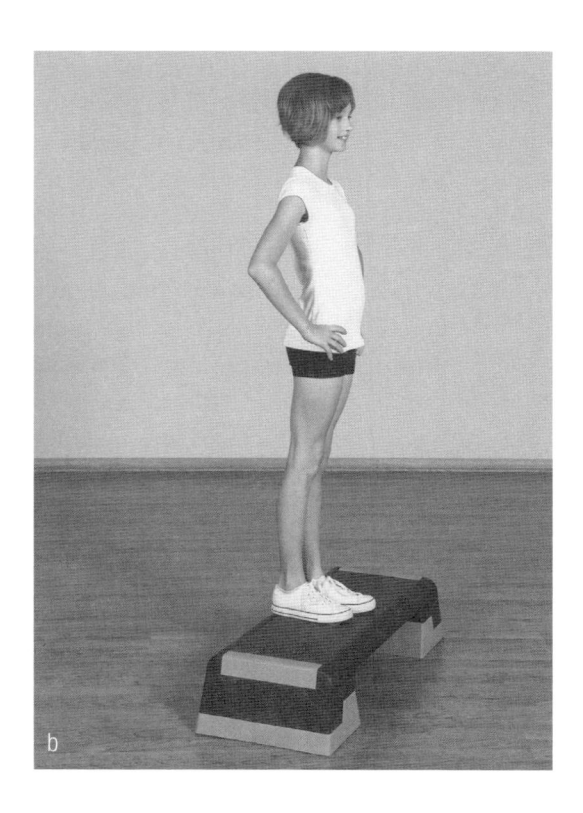

Figura 13.14 Técnica para subir no *step*.

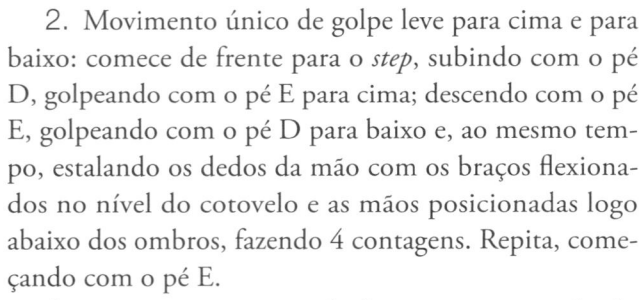

Figura 13.15 Movimento básico para a frente.

2. Movimento único de golpe leve para cima e para baixo: comece de frente para o *step*, subindo com o pé D, golpeando com o pé E para cima; descendo com o pé E, golpeando com o pé D para baixo e, ao mesmo tempo, estalando os dedos da mão com os braços flexionados no nível do cotovelo e as mãos posicionadas logo abaixo dos ombros, fazendo 4 contagens. Repita, começando com o pé E.

3. Passo em V: comece de frente para o *step*, dando um passo amplo para subir com o pé E, em seguida com o pé D; descendo com o pé E ao centro, em seguida com o pé D e, ao mesmo tempo, contraindo o bíceps do mesmo lado da perna que estiver à frente (Fig. 13.16), por 4 contagens. Repita, começando com o pé D.

4. Passo de coice: comece de frente para o *step*, subindo com o pé D e dando um coice com a perna E; então desça pisando com o pé E no chão e, em seguida, com o pé D. Durante o movimento de coice, realize a flexão de cotovelo com ambos os braços (Fig. 13.17), por 4 contagens. Repita, começando com o pé E.

5. Elevação lateral da perna: comece na ponta do *step*, movendo o pé D para subir e levantando a perna E lateralmente; então, desça pisando no chão com o pé E, seguido do pé D, por 4 contagens. Repita começando com o pé E. (Erga os dois braços durante o levanta-mento lateral da perna e abaixe-os ao descer do *step*; Fig. 13.18.)

6. Subida lateral: comece ao lado do *step*, subindo com o pé E, seguido do pé D; descendo pelo lado oposto com o pé E, seguido do pé D, por 4 contagens. Mova os braços do seguinte modo: 1ª batida, cotovelos para cima; 2ª batida, cruzar os braços; 3ª batida, cotovelos para cima; 4ª batida, cruzar os braços (Fig. 13.19). Repita, começando com o pé D.

The electric slide

Essa é uma dança em fila, que envolve atividade física moderada e passos de dança simples. Será útil para a execução tocar a música "*The Electric Slide*". Divida a classe em três filas afastadas a uma distância aproximada de 2,7 m e voltadas de frente para você. Faça os alunos começarem com os pés juntos e o peso do corpo uniformemente distribuído.

Movimentos

1 a 4:   Dê passos para o lado direito, aproximando o pé esquerdo do direito.

Dê passos para o lado esquerdo, aproximando o pé direito do esquerdo.

Toque o chão com a ponta do pé esquerdo.

Figura 13.16 Passo em "V" no *step*.

Figura 13.17 Passo de coice com flexão de cotovelo.

Figura 13.18 Elevação lateral da perna no *step*.

5 a 8: repita os mesmos movimentos, começando pela esquerda.

9 a 12: mova-se para trás, movendo o pé direito.

Aproxime o pé esquerdo do direito.

Dê um passo à direita e toque com o calcanhar esquerdo o pé direito.

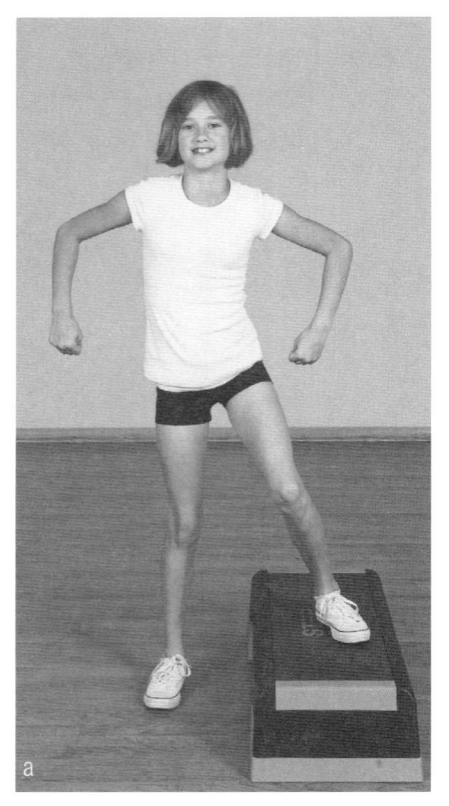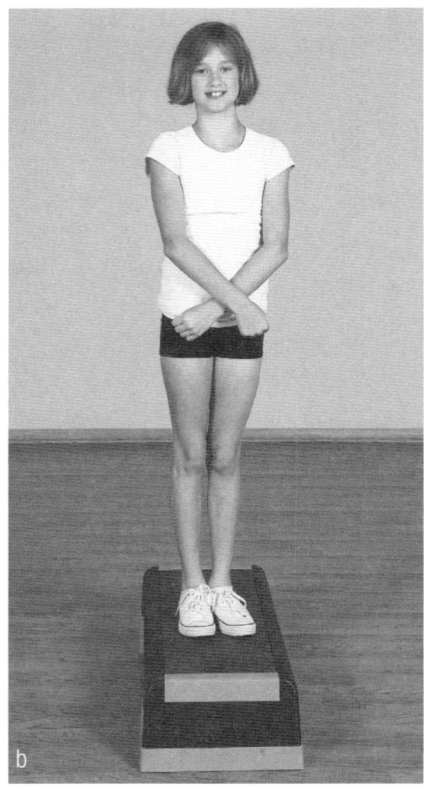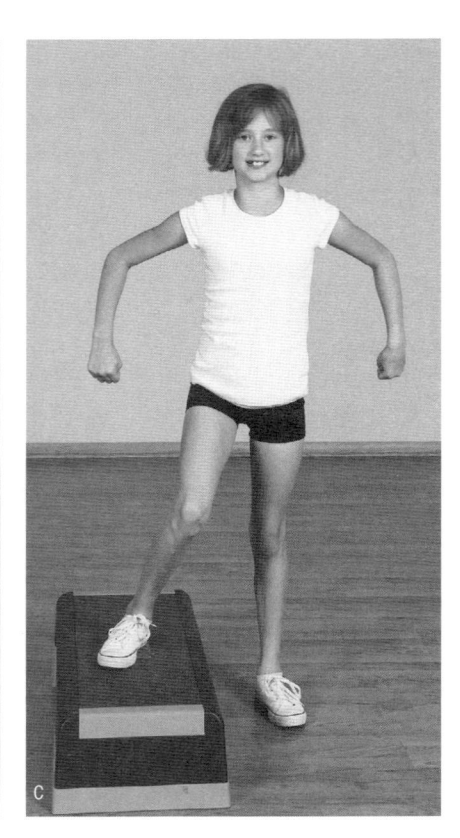

Figura 13.19 Subida lateral no *step*.

13 e 14: balance o corpo para a frente apoiando-se no pé esquerdo, com o pé direito tocando o chão e sem sair do lugar, fazendo um movimento de "abrir caminho" (pode movimentar o braço direito em arco).

Incline-se e toque o chão na frente do pé esquerdo, "escavando" (joelhos flexionados).

15 e 16: balance o corpo para trás, apoiando-se com o pé direito.

17 e 18: dê um passo com o pé esquerdo; dê um quarto de volta à esquerda e mova o pé direito para a frente, rente ao chão (2ª contagem).

Repita os movimentos 1 a 18.

Zumba

A zumba é uma dança aeróbica de alto impacto que incorpora alguns ritmos latinos e movimentos de dança. É uma combinação de passos de execução simples, que alternam ritmos lento, moderado e rápido para manter uma frequência cardíaca elevada ao longo de toda a rotina. A salsa, o merengue e a cumbia são danças latinas tradicionais que foram incorporadas no padrão de dança da zumba. A zumba é uma forma de atividade de intervalo, pois as séries de dança variam de lentas a rápidas no decorrer de uma sessão.

Com as crianças em nível de desenvolvimento III, você deve começar ensinando passos de dança simples ao som de uma música popular com a qual elas possam estar familiarizadas e que seja tocada por músicos famosos. À medida que as crianças adquirirem mais confiança e experiência, inclua passos e movimentos corporais de dança latina mais avançados para acompanhar a música da Zumba. Experimente esta rotina para iniciantes em sua próxima aula de educação física.

Aquecimento

Música sugerida: "*Waka Waka (This Time for Africa)*", de Shakira, que foi a música oficial da Copa do Mundo de 2010 da Fifa.

• Marche acompanhando a batida da música no início, 12 passos (Fig. 13.20*a*).

• Verso 1:

• Dê 2 passos à esquerda e, ao mesmo tempo, traga o braço direito até o tórax (Fig. 13.20*b*).

• Dê 2 passos à direita trazendo o braço esquerdo até o tórax (Fig. 13.20*c*).

Figura 13.20 Passos de aquecimento para zumba.

• Marche elevando os joelhos, em alta intensidade; todos os versos restantes e a ponte (Fig. 13.20*d*).
• Repita a série de aquecimento.

Evento principal

Música sugerida: "*Let's Get Loud*", de Jennifer Lopez.
• Dê 3 passos à direita; erga o pé esquerdo (Fig. 13.21*a*).
• Erga o pé direito (Fig. 13.21*b*).
• Erga o pé esquerdo (Fig. 13.21*c*).
• Mantenha as mãos cerradas e traga os braços para junto do tórax durante o levantamento de cada perna.
• Dê 3 passos à esquerda; erga o pé direito (Fig. 13.21*d*).
• Erga o pé esquerdo (Fig. 13.21*e*).
• Erga o pé direito (Fig. 13.21*f*).
• Mantenha as mãos cerradas e traga os braços para junto do tórax ao elevar cada perna.
• Versos e ponte:
• Endireite os braços em linha reta para o lado esquerdo do corpo, apontando o pé esquerdo e trazendo os braços diretamente para baixo (Fig. 13.21, *g* e *h*).

• Endireite os braços em linha reta para o lado direito do corpo, apontando o pé direito e trazendo-os diretamente para baixo (Fig. 13.21, *i* e *j*).
• Faça 10 rotações de quadril.
• Endireite os braços em linha reta acima da cabeça e gire o quadril (Fig. 13.21*k*).

Relaxamento

Música sugerida: "*Smooth*", de Santana.
• Olhe para a esquerda e dê um passo à frente com o pé direito (Fig. 13.22*a*).
• Dê um passo para trás com o pé direito (Fig. 13.22*b*).
• Dê um passo para a frente com o pé direito, 4 vezes (Fig. 13.22*c*).
• Olhe para a direita e dê um passo à frente com o pé esquerdo (Fig. 13.22*d*).
• Dê um passo para trás com o pé esquerdo (Fig. 13.22*e*).
• Dê um passo para a frente com o pé esquerdo, 4 vezes (Fig. 13.22*f*).
• Refrão
• Dê 2 passos para a esquerda (Fig. 13.22*g*).

 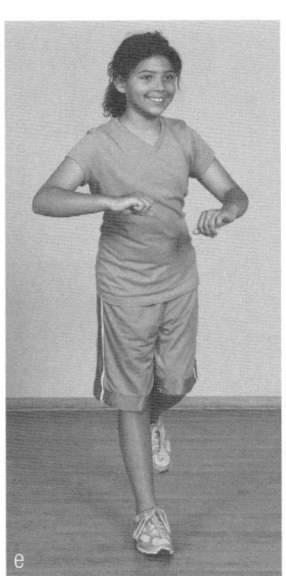  

Figura 13.21 Passos do evento principal.

- Dê 2 passos para a direita (Fig. 13.22*h*).
- Verso e ponte

Passos adicionais

À medida que todos os alunos estiverem mais familiarizados com a zumba, acrescente os seguintes passos: arrasta-pé de zumba, marcha de merengue e cumbia.

- **Arrasta-pé de zumba:** fique de pé, com os pés afastados na distância dos ombros e os joelhos flexionados. Posicione as palmas das mãos na sua frente, com a palma da mão esquerda voltada para baixo e a palma da mão direita voltada para cima. Gire o quadril para a esquerda e, ao mesmo tempo, aponte as mãos para a direita. Em seguida, inverta os lados girando o quadril para a direita,

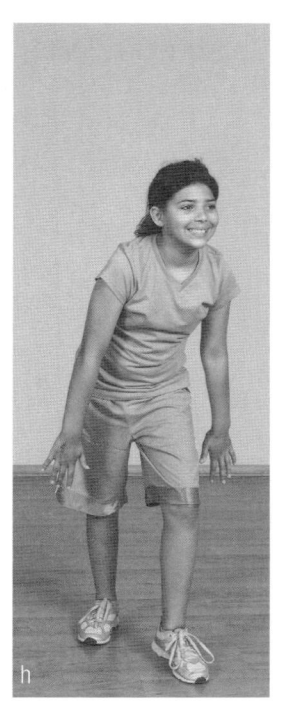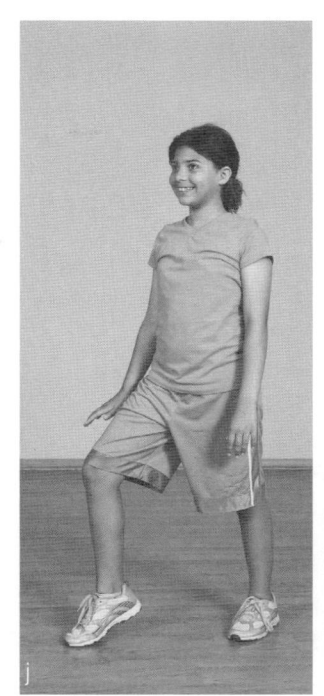

Figura 13.21 *(continuação)*

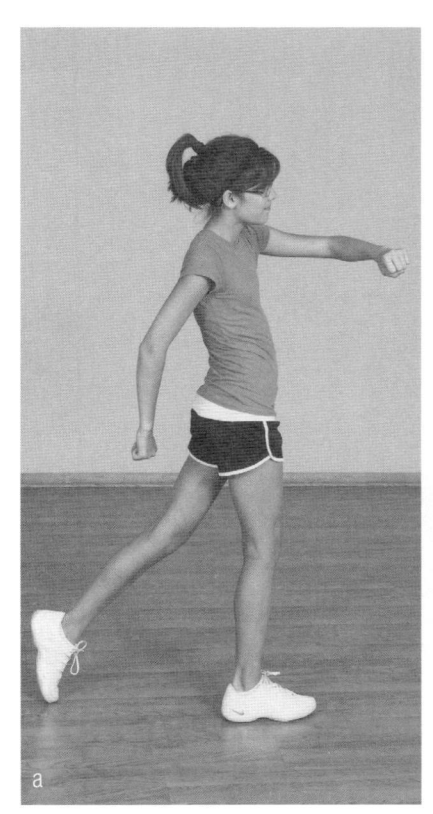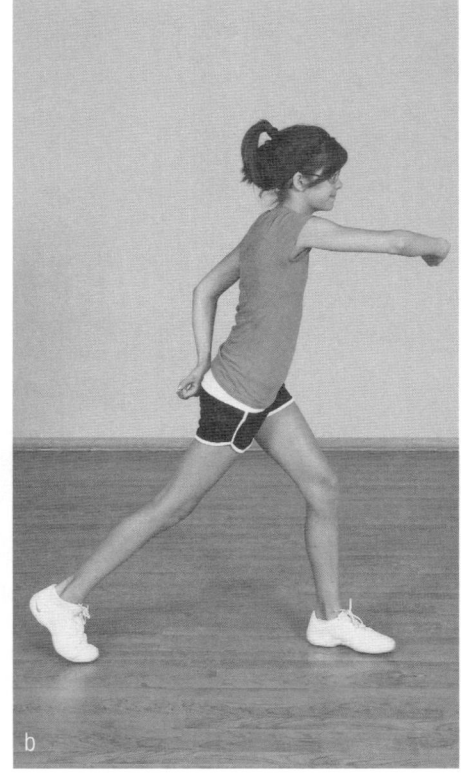

Figura 13.22 Movimentos de relaxamento.

Figura 13.22 *(continuação)*

desta vez com a palma da mão direita voltada para baixo e a mão esquerda apontando para a esquerda. Repita esse movimento de arrasta-pé para a direita 2 vezes, mudando de volta para a esquerda (Fig. 13.23).

• **Marcha de merengue:** comece a marchar sem sair do lugar, com passos bem pequenos – direita-esquerda, direita-esquerda. A parte da frente (ou planta) do pé deverá tocar o solo primeiro, para então abaixar o calcanhar. Conforme o calcanhar de um pé for descendo, o lado oposto do quadril deverá apontar para fora. Agora, balance o quadril de um lado para outro acompanhando o ritmo dos passos da marcha. Eleve os braços até o nível do tórax. Estenda o braço esquerdo para o lado e flexione o braço direito ao nível do cotovelo. Em seguida, estenda o braço direito para o lado e flexione o braço esquerdo ao nível do cotovelo. (Para variar o passo, mude os movimentos de braço ou faça os alunos se moverem em direções diferentes.)

• **Cumbia:** para executar os movimentos da cumbia, comece unindo os pés e posicionado os braços junto às laterais do corpo, com os cotovelos flexionados. Bata o pé direito atrás de você e, em seguida, bata o pé esquerdo no lugar. Volte o pé direito para a posição inicial e repita os mesmos movimentos do lado esquerdo. Ao pisar atrás, gire o corpo para o lado.

Macarena

Essa dança latina é originária da Espanha. Instrutores de Miami (Flórida, EUA) popularizaram a dança que acabou percorrendo o mundo inteiro. Forme três filas, com os alunos posicionados lado a lado e de frente para você. Faça-os dançar ao som da música "*Macarena Club Cutz*" (RCA Records).

Movimentos

1. Estenda a mão direita, em seguida a mão esquerda, com as palmas voltadas para baixo (Fig. 13.24*a*).

2. Vire a palma da mão direita para cima e, em seguida, a palma da mão esquerda.

3. Coloque a mão direita sobre o braço esquerdo; em seguida, coloque a mão esquerda sobre o braço direito (Fig. 13.24*b*).

Figura 13.23 Arrasta-pé de zumba.

Figura 13.24 Passos de macarena.

4. Coloque a mão direita atrás da cabeça.

5. Coloque a mão esquerda atrás da cabeça (Fig. 13.24*c*).

6. Coloque a mão direita sobre o lado direito do quadril; em seguida, coloque a mão esquerda sobre o lado esquerdo do quadril (Fig. 13.24*d*).

7. Balance o quadril suavemente de um lado para o outro, repetindo 3 vezes (Fig. 13.24*e*).

8. Salte (Fig. 13.24*f*).

9. Dê um quarto de giro à direita e comece tudo de novo.

Faça os alunos tentarem dançar a macarena em posição de flexão, eliminado os passos 8 e 9.

RESUMO

A incorporação dessas atividades de dança e ritmo adequadas ao nível de desenvolvimento ao seu programa de educação física é uma excelente maneira de promover níveis de aptidão física mais altos. Use essa breve visão geral sobre planejamento de atividades de dança e ritmo, descrita no presente capítulo, e siga as medidas preventivas de segurança específicas para criar aulas produtivas. Use a dança e os movimentos rítmicos como um componente para um trabalho integral em seu conteúdo de Educação Física. E não esqueça de ensinar às crianças a alegria de se movimentar ao som de uma música – para se divertirem e para ganharem condicionamento.

Capítulo 14

Yoga para crianças

"A yoga é fortalecimento no relaxamento, liberdade na rotina, confiança por meio do autocontrole, energia dentro e fora."

Ymber Delecto

Desde o início dos anos 1990, pais, professores e administradores vêm adquirindo uma consciência cada vez maior acerca dos benefícios da yoga para as crianças. Diante do ritmo acelerado de nossa sociedade, das avaliações de alto nível das escolas e da ênfase na competição esportiva, muitos profissionais têm descoberto as experiências educativas positivas que a yoga proporciona às crianças.

A palavra *yoga* significa "união" – a união entre pensamento e corpo para criar um sentido de equilíbrio e harmonia na vida das pessoas. Durante muitos anos, a yoga foi considerada uma atividade mais voltada para adultos, cujo objetivo era aliviar o estresse e a ansiedade. Recentemente, os educadores passaram a aceitar a yoga como uma adição restauradora às atividades tradicionais de movimento e exercício ensinadas na escola.

A yoga é uma experiência física e mental não competitiva, que pode ser realizada individualmente, em grupos pequenos, em dupla ou em grupos grandes. Pode ser realizada no ginásio ou na sala de aula e requer pouco espaço e materiais.

Os praticantes relatam as seguintes vantagens educativas proporcionadas pela yoga:
- Aumento da atenção.
- Consciência corporal.

- Autoconfiança.
- Aumento da capacidade de concentração.
- Criatividade.
- Calma ou paz interior.
- Diminuição do estresse.
- Melhora da capacidade de interação social.

A yoga pode ajudar as crianças a recentralizarem suas energias, valorizarem seus corpos e refletirem sobre suas vidas diariamente. A yoga tem sido usada nas escolas para ajudar crianças a enfrentarem vários desafios, como autismo e transtorno do déficit de atenção e hiperatividade (TDAH), bem como outros aspectos emocionais e físicos.

Do ponto de vista físico, a yoga possui um perfil de usos e benefícios. Em geral, pode melhorar:
- Condicionamento físico.
- Equilíbrio.
- Estabilidade.
- Flexibilidade.
- Coordenação.
- Consciência corporal.

A yoga foi originalmente desenvolvida em torno de uma série de posturas que imitavam os animais. Partiu-

---

Este capítulo foi adaptado, com permissão, de Virgilio, 2006, *Active start for healthy kids* (Champaign, IL: Human Kinetics), 191-205.

-se do princípio de que, se as pessoas fizessem os mesmos exercícios e executassem os mesmos movimentos do modo como fazem os animais, também seriam fortes, flexíveis e saudáveis. Mais recentemente, a yoga evoluiu para incluir numerosas interpretações. Tente delinear a sua própria interpretação ou deixe as crianças o ajudarem a criar diferentes imagens que levem a novas posturas. Forneça-lhes imagens, como a de um gato bravo, de uma cadeia de montanhas, uma árvore e assim por diante, que elas possam imitar.

Os alunos em níveis de desenvolvimento I e II (educação infantil ao 3º ano do ensino fundamental) gostam de usar a fantasia e a imitação para explorarem suas emoções e criarem movimentos físicos. Ajude-os a adquirirem gosto pela yoga contando-lhes histórias ou imitando movimentos de animais. Incentive-os a criarem posturas de objetos na escola, no *playground* ou em casa. As crianças estão aprendendo a cooperar nesse nível, por isso planeje posturas de yoga que elas possam executar em duplas e em grupos pequenos, a fim de mostrar-lhes como pode ser divertido trabalhar com os colegas. Se você estiver trabalhando com alunos que estejam nesses níveis de desenvolvimento, considere o planejamento de vários temas no decorrer de suas aulas de yoga – tais como honestidade, cooperação, conhecer outras culturas e generosidade.

No nível de desenvolvimento III (4º a 6º anos), a fase da fantasia começa a acabar e as crianças passam a se interessar mais pelas experiências da vida real. Elas querem saber mais sobre o que acontece fora de casa e da escola. É uma ótima fase para ensinar as técnicas de yoga. Nesse nível, as crianças conseguem realizar diversas posturas e movimentos que são mais difíceis para as crianças em níveis de desenvolvimento I e II. Considere a possibilidade de ensinar posturas como o pavão dançante (p. 231). As crianças que estão nesse nível de desenvolvimento gostam dos desafios físicos, mentais e emocionais proporcionados pela yoga. Entretanto, mantenha-se atento ao entusiasmo delas e estabeleça um ritmo de exercícios que seja adequado ao nível de desenvolvimento. Lembre as crianças dessa faixa etária de que a yoga não é competitiva nem esportiva. O objetivo deve ser aproveitar a aula de yoga e trabalhar mais o autoaperfeiçoamento. Você pode incluir atividades realizadas em grupos amplos, de 6 ou mais alunos, como o buquê de flores (p. 228), ou um jogo como 'Estátua de yoga" (p. 231) ou hóquei aéreo (p. 232).

Atenção! Muitas posturas encontradas em livros populares sobre yoga e yoga para crianças incluem exercí-

cios contraindicados ou movimentos que podem produzir efeitos prejudiciais. Alguns movimentos de yoga impõem tensão indevida ao pescoço, à coluna vertebral e a outras articulações importantes, como o joelho (ver "Exercícios a serem evitados", no Cap. 11).

DICAS ÚTEIS

Tenha em mente as seguintes dicas úteis, para que a yoga seja uma experiência positiva para as crianças (Virgilio, 2006):

1. Planeje a atividade de yoga para uma aula inteira ou introduza as posturas ou jogos em seu conteúdo.

2. As atividades de yoga devem começar com o aquecimento dos grandes grupos musculares, com passos de marcha ou corrida sem sair do lugar, seguidos de movimentos dinâmicos com braços e pernas (Cap. 11). Em seguida, siga para um segmento calmante, exercícios respiratórios, uma série de posturas desde as mais simples até as mais avançadas, posturas de relaxamento e, por fim, movimentos meditativos.

3. Apresente os movimentos de yoga de uma forma positiva e sensível. Seja flexível e compreensivo em relação às diferentes necessidades e habilidades de seus alunos. Tente ser receptivo às ideias e aos comentários deles. Peça-lhes para criarem suas próprias posturas e imitações de animais.

4. Desenvolva uma atmosfera social positiva na classe. Ajude as crianças a conhecerem umas às outras por meio de jogos de yoga simples (ver "Cantando nomes", p. 232).

5. Todas as posturas devem ser realizadas empregando movimentos lentos e controlados. Cada pose deve ser mantida durante vários segundos ou pelo tempo que a criança se sentir confortável.

6. Incentive as crianças a relaxarem, respirarem lentamente e pensarem positivo. Toque uma música de fundo.

7. Certifique-se de que as crianças não estejam forçando os movimentos nem indo além de suas limitações.

8. Nunca compare as crianças. Algumas podem ser mais flexíveis do que outras. A prática contínua tornará a execução dos movimentos mais fácil. Lembre-se de que todas as interpretações são corretas.

9. A yoga deve ser realizada sobre um colchonete ou superfície acarpetada, e as crianças devem tirar os calçados, se possível, e as joias/bijuterias. Também devem evitar comer por pelo menos 1 hora antes da execução dos movimentos de yoga, para que seus corpos fiquem estabilizados e calmos.

As posturas descritas neste capítulo são apresentadas começando pelos exercícios de respiração e, então, por ordem de posicionamento do corpo (em pé, ajoelhado, sentado, deitado), terminando com os movimentos de sustentação. A última seção descreve alguns jogos que podem acrescentar um pouco de diversão e interesse às atividades de yoga.

POSTURAS DE RESPIRAÇÃO

As posturas descritas a seguir enfocam a respiração para ajudar a regular a frequência cardíaca e conduzir o corpo ao equilíbrio.

Vela

Faça as crianças sentarem com as pernas cruzadas e a postura correta, com o queixo levemente abaixado e com os ombros e o pescoço relaxados. Em seguida, faça-os assumirem a postura elevando as mãos ao nível da cabeça, abrindo os dedos e apontando-os para cima. Diga às crianças para fingirem que suas mãos são uma vela e os dedos, a chama da vela. Faça-as fechar os olhos, respirar fundo e soltar o ar devagar, abaixando os braços lentamente. Elas devem continuar a respirar regularmente durante 1-2 minutos e permanecerem bem quietas, com as mãos pousadas sobre as pernas. Peça-lhes para pensarem em algo de que gostem e em por que isto as deixa feliz (Fig. 14.1).

Respiração do balão

Faça as crianças deitarem de costas e relaxarem. Peça-lhes para fingirem que estão com um balão no abdome e que, ao inspirarem, enchem lentamente seus abdome com ar. Ao expirarem, o balão esvazia e seus abdomes se tornam achatados. Tente colocar um balão em cima do abdome de cada aluno e faça-os praticar uma respiração abdominal lenta e relaxada. Peça-lhes para controlarem o balão que está sobre o abdome deles com a respiração (Fig. 14.2).

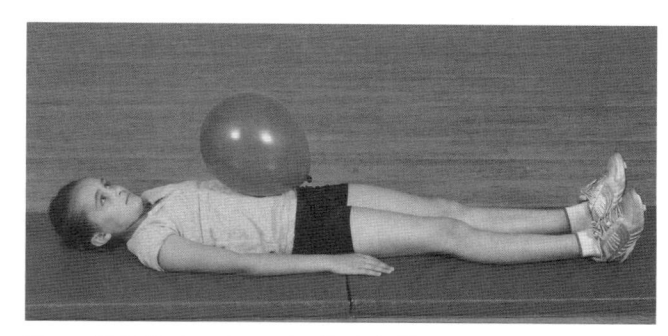

Figura 14.2 Postura da respiração do balão.

POSTURAS EM PÉ

As posturas descritas a seguir são executadas em pé e irão melhorar o equilíbrio e a simetria corporal.

Postura ereta

Prenda balões de hélio (em número suficiente para que cada aluno tenha um balão) em tiras de barbante. Amarre a extremidade do barbante na região da cintura de cada aluno, de tal modo que a tira fique posicionada paralelamente à coluna vertebral. Peça aos alunos para imaginarem suas colunas dorsais eretas e a cabeça erguida, com os ombros para trás e as mãos junto às laterais do corpo. Isso os ajudará a lembrar como é a sensação de estar com a postura correta. Sempre que eles começarem a se encurvar, poderão assumir a postura com balão novamente e recordar a sensação produzida (Fig. 14.3).

Árvore

Em pé, as crianças flexionam o joelho direito para fora e o levantam. Em seguida, faça-as deslizarem o pé direito para dentro da região interna da coxa e descansarem suavemente nessa posição. Em seguida, faça-as levantarem os braços lateralmente, para imitarem os ramos de uma árvore (Fig. 14.4). Depois que conseguirem manter

Figura 14.1 Postura da vela.

Figura 14.3 Postura ereta.

Figura 14.4 Postura da árvore.

a estabilidade, devem erguer ambos os braços diretamente acima da cabeça para representar os ramos mais altos.

As crianças menores podem ser mais bem-sucedidas na execução do movimento de cruzar uma perna na frente da perna de sustentação, na postura da árvore júnior.

Montanha

Instrua as crianças a permanecerem ao máximo de cabeça erguida e eretas, mantendo os pés firmemente apoiados no chão. Peça-lhes para fingirem que seus ombros são montanhas e que suas cabeças são o pico da montanha. Elas devem manter os braços junto às laterais do corpo e apontar os dedos das mãos diretamente para o chão. Faça-as respirarem profundamente e, em seguida, soltarem o ar e relaxarem. Diga-lhes, então, para permanecerem bem quietas e eretas, como uma montanha (Fig. 14.5).

Figura 14.5 Postura da montanha.

Herói

Faça as crianças ficarem em pé, com os pés amplamente afastados. Dê instruções para que virem o pé esquerdo para o lado esquerdo, flexionando levemente o joelho e virando o corpo na mesma direção (o joelho não deve ultrapassar o pé esquerdo). Em seguida, faça-as erguerem ambos os braços lateralmente, permanecerem nessa posição e, então, trocarem de lado (Fig. 14.6).

Figura 14.6 Postura do herói.

Figura 14.7 Postura do pássaro.

Pássaro

Faça as crianças ficarem de pé, com os braços junto às laterais do corpo. Elas, então, deverão levantar os braços para trás com as palmas das mãos voltadas para o céu. Em seguida, faça-as ficarem na ponta do pé, mantendo a cabeça erguida, e fingirem que são pássaros voando pelo ar. Instrua-as a olharem diretamente para a frente e focar um objeto. Em seguida, devem se equilibrar e permanecer na posição (Fig. 14.7).

POSTURAS AJOELHADAS

A execução das posturas descritas a seguir começa em posição ajoelhada, para melhorar o equilíbrio usando várias partes do corpo em um nível próximo ao chão.

Figura 14.8 Postura do gato.

Gato e camelo
Gato

As crianças devem começar a postura apoiando-se sobre as mãos e os joelhos. Peça-lhes para girarem a parte superior do dorso e, ao mesmo tempo, firmarem e contraírem os músculos abdominais. Em seguida, faça-as abai-

xar lentamente a cabeça, mantendo o dorso e os ombros relaxados (Fig. 14.8).

Camelo

Partindo da posição do gato, as crianças devem relaxar suavemente o dorso e nivelá-lo, mantendo a coluna vertebral reta. Em seguida, devem arquear discretamente

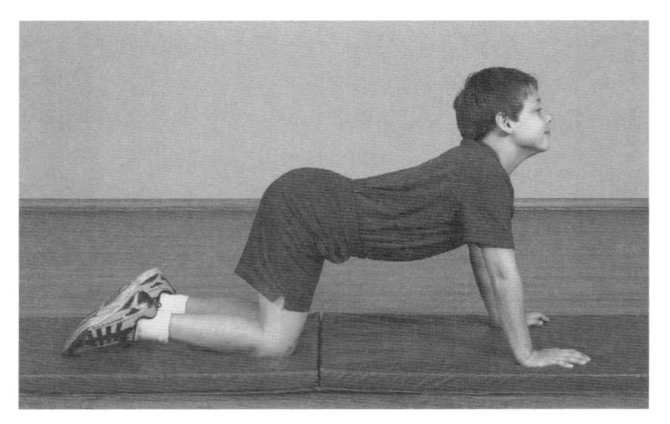

Figura 14.9 Postura do camelo.

o dorso relaxando a região lombar, levantando o queixo e empurrando o abdome na direção do chão (Fig. 14.9).

Esquilo

Dê instruções para que as crianças iniciem a postura sentando sobre os calcanhares e, em seguida, levantando-se devagar até ficarem de joelhos. Em seguida, faça-as flexionar ambos os braços e elevar as mãos, trazendo-as para baixo do queixo, com as palmas voltadas para fora e os dedos posicionados no formato de uma xícara (Fig. 14.10).

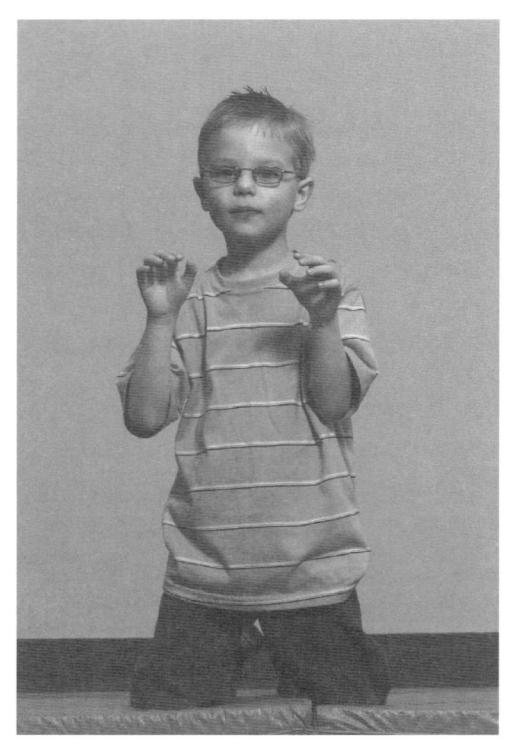

Figura 14.10 Postura do esquilo.

Avestruz

A partir da postura inicial com o corpo apoiado sobre as mãos e os joelhos, faça as crianças trazerem as mãos à frente, em afastamento aproximadamente igual à distância dos ombros. As palmas das mãos devem estar totalmente apoiadas no chão e voltadas para dentro, com os dedos de uma mão apontando para os dedos da outra. Dê aos seus alunos instruções para manterem os joelhos unidos. Em seguida, faça-os flexionar levemente os cotovelos e inclinar para a frente. Diga-lhes então para erguer os pés, mantendo os joelhos apoiados no chão, e a cabeça e o dorso eretos. Faça-os permanecer nessa postura, depois soltar o corpo sentando devagar sobre os calcanhares e, em seguida, repetir o movimento (Fig. 14.11).

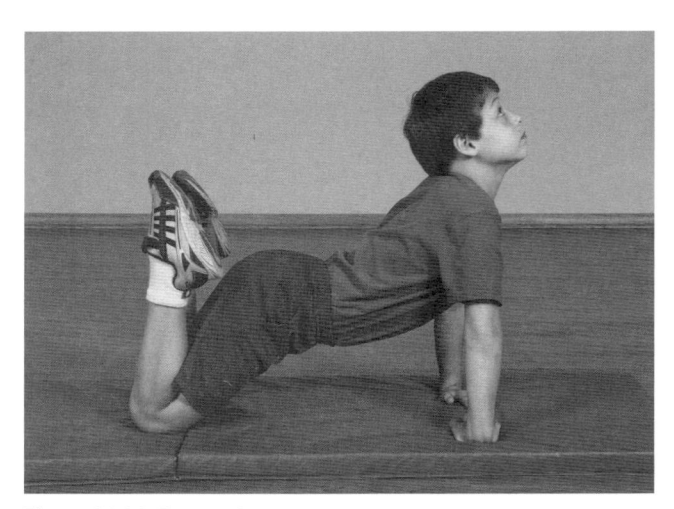

Figura 14.11 Postura do avestruz.

POSTURAS SENTADAS

As próximas posturas são realizadas partindo de uma posição inicial sentada, para melhorar a estabilidade e a criatividade.

Estrela

Peça para as crianças sentarem com os joelhos flexionados e as solas dos pés unidas. Faça-as sobrepor os dedos das mãos atrás da cabeça, apontando os cotovelos lateralmente para fora. Certifique-se de que elas estejam mantendo uma postura correta (Fig. 14.12).

Figura 14.12 Postura da estrela.

Flor

Faça as crianças iniciarem essa postura sentadas, com as solas dos pés unidas. Dê-lhes instruções para que coloquem os braços lentamente por baixo das pernas (o braço esquerdo embaixo da perna esquerda, e o braço direito embaixo da perna direita) e segurem delicadamente a parte frontal de suas pernas. Em seguida, faça-as endireitar o dorso e manter a cabeça erguida. As crianças devem permanecer nessa postura e, então, soltar um braço de cada vez (Fig. 14.13).

Figura 14.13 Postura da flor.

Rotação do corpo em dupla

Peça aos alunos de cada dupla para olharem uns para os outros, enquanto permanecem sentados com as pernas cruzadas e os 4 joelhos em contato. Cada criança deve colocar o braço direito atrás do pescoço. Agora, faça-os afastar a mão esquerda e segurar a mão direita do parceiro. Em seguida, as crianças devem rotacionar o corpo devagar, olhando por cima do ombro direito, e permanecer sentadas com a cabeça erguida, respirando naturalmente. Faça as crianças permanecerem nessa postura por 5-7 segundos, para então voltarem à posição neutra e soltarem o corpo.

Agora, faça-as trocar de lado (o braço esquerdo deverá ficar atrás do dorso, enquanto a mão direita é estendida transversalmente e segura a mão esquerda do parceiro) (Fig. 14.14).

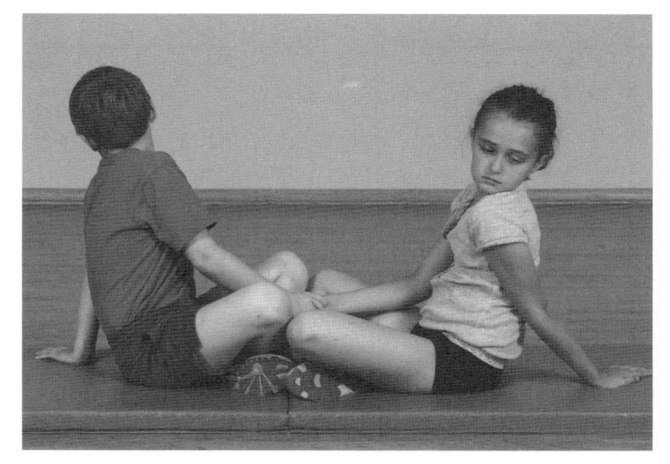

Figura 14.14 Postura da rotação do corpo em dupla.

Buquê de flores

Forme grupos de 3-5 alunos sentados juntos, formando uma roda. Inicie o exercício fazendo-os praticar a postura da flor. Lembre às crianças de que um grupo de flores é chamado buquê (ou ramalhete). Em seguida, as crianças devem levantar as pernas e inclinar lentamente a coluna vertebral. Então, diga-lhes para segurarem entre as pernas as mãos dos colegas que estiverem sentados ao lado – a mão esquerda segura a mão direita da criança que estiver à esquerda, e a mão direita segura a mão esquerda da criança sentada à direita. Por fim, elas devem inclinar o corpo para trás e relaxar, mantendo a cabeça erguida, de modo que todo o grupo consiga manter o equilíbrio (Fig. 14.15).

Modificação: você pode amarrar uma corda longa formando um círculo, para que as crianças segurem e pos-

Figura 14.15 Postura do buquê de flores.

sam se inclinar para trás, mantendo as pernas levantadas e sem perder o equilíbrio.

Pavão

As crianças devem iniciar essa postura em posição sentada e com as pernas estendidas ao máximo para fora. Dê-lhes instrução para apontar os dedos dos pés para cima e manter a coluna vertebral ereta. Em seguida, faça-as colocar as mãos no chão, na frente e próximo ao corpo delas, com as palmas voltadas para baixo. Então, elas devem fazer uma pressão suave para baixo, a fim de alargar os ombros (Fig. 14.16).

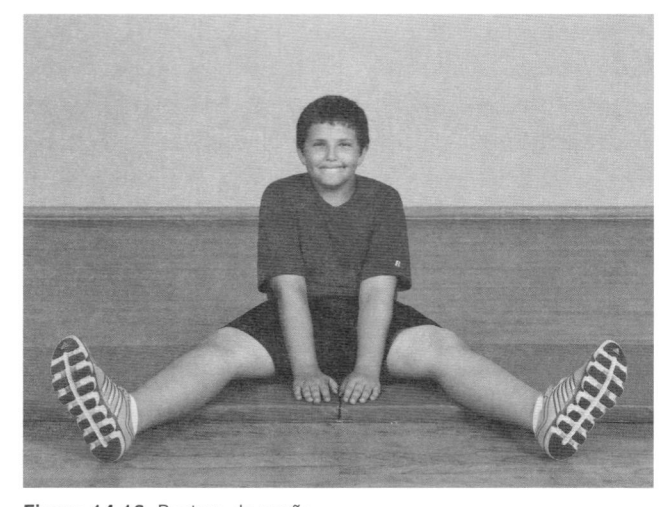

Figura 14.16 Postura do pavão.

POSTURAS DEITADAS

As posturas descritas nesta seção são realizadas em posição deitada, para melhorar a movimentação no solo, bem como a concentração e a estabilidade.

Nuvem

Faça as crianças deitarem sobre um tapete ou colchonete, em decúbito dorsal com as mãos ao lado do corpo. Peça para que afastem amplamente seus braços e pernas. Lembre às crianças de relaxar (podem ficar de olhos abertos ou fechados) e permanecer calmas e quietas. Peça-lhes para fingirem que são nuvens flutuando no céu, dizendo: "Seus corpos estão muito leves e se deslocam pelo céu. Vocês estão flutuando no ar, sentindo-se muito felizes e relaxados." Em seguida, as crianças devem respirar fundo e exalar o ar lentamente (Fig. 14.17).

Borboleta

Peça às crianças para deitarem de costas. Agora, elas devem encostar as solas dos pés e afastar bem os joelhos. Em seguida, peça-lhes para alongarem os braços acima da cabeça e estenderem as mãos, com as palmas voltadas para cima e os dedos estendidos. Faça-as relaxar nessa posição, durante 3 respirações. Agora, peça-lhes para se moverem como as borboletas, movimentando os joelhos (asas) para cima e para baixo, num movimento suave, controlado e ritmado, e para agitarem os dedos (antenas) (Fig. 14.18).

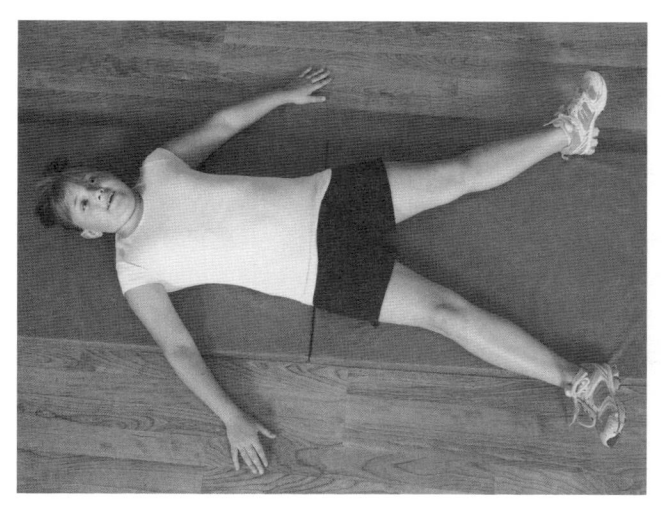

Figura 14.17 Postura da nuvem.

Figura 14.18 Postura da borboleta.

Estrela-do-mar

Conduza as crianças para deitarem sobre o tapete ou colchonete, em decúbito dorsal e os olhos fechados. Em seguida, faça-as afastar as pernas, de modo a continuarem se sentindo confortáveis, e também os braços lateralmente para fora, com as palmas das mãos voltadas para cima ou para baixo, enquanto permanecem em repouso sobre o colchonete (Fig. 14.19). Peça-lhes para fingir que são estrelas-do-mar, flutuando na água do oceano, dizendo com uma voz suave: "Sintam as ondas movendo vocês suavemente para cima, para baixo e ao redor. Relaxem e respirem com calma. Agora vocês chegaram na praia." Em seguida, faça as crianças aproximarem lentamente as pernas, os braços junto ao tronco e levantarem-se como se estivessem se desenrolando.

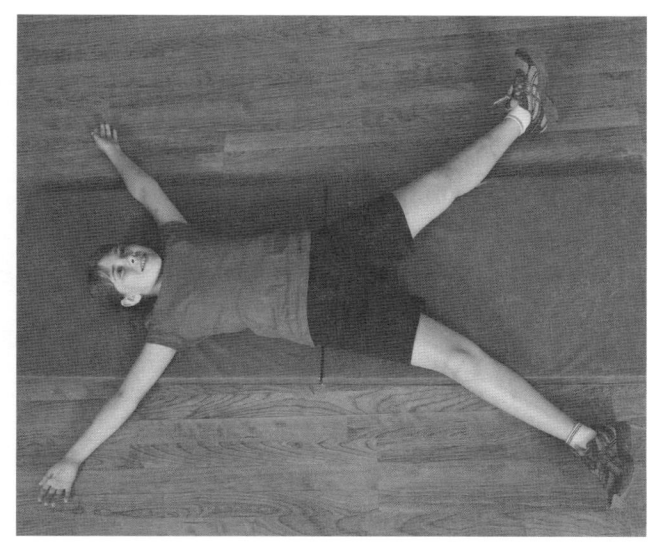

Figura 14.19 Postura da estrela-do-mar.

Cobra modificada

Peça às crianças para deitarem em decúbito ventral, com as pernas unidas e estendidas. Elas devem colocar as palmas das mãos viradas para baixo sobre o colchonete e repousar os cotovelos, mantendo as mãos próximas do tronco. Em seguida, faça-as elevar o tronco, mantendo os ombros afastados. As crianças devem tentar manter a cabeça erguida e o pescoço alongado e ereto. (*Nota:* não permita que as crianças curvem o pescoço para trás.) (Fig. 14.20).

POSTURAS COM APOIO

As posturas descritas a seguir são executadas em diversas posições de sustentação, para melhorar o equilíbrio e a estabilidade.

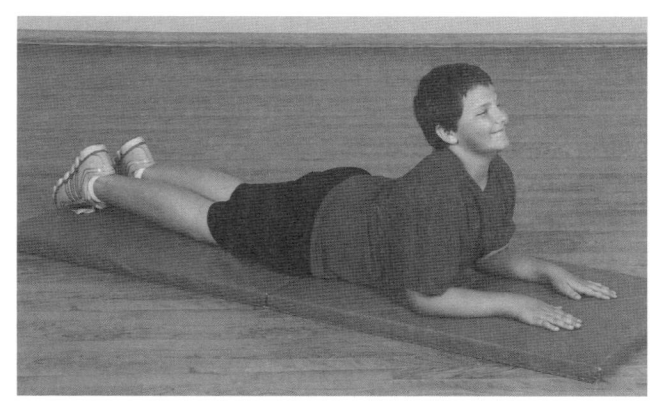

Figura 14.20 Postura da cobra modificada.

Arco-íris

Peça às crianças para deitarem em decúbito lateral esquerdo, sustentando o tronco apenas com o braço esquerdo. Dê-lhes instruções para manterem o braço estendido e estabilizado com os dedos levemente afastados, e para manterem as pernas unidas, com o pé direito em cima. Em seguida, elas devem balançar o braço direito para cima, na direção do céu, enquanto você diz: "Vocês são um arco-íris – cheio de cores e de beleza." (Fig. 14.21).

Figura 14.21 Postura do arco-íris.

Mesa

As crianças devem iniciar essa postura sentadas, com os joelhos flexionados e os pés horizontalmente apoiados no chão, com um afastamento aproximado de 8 cm. Peça-lhes então para posicionarem as mãos a uma distância de vários centímetros atrás do corpo, com os dedos apontando para os pés. Em seguida, faça-as empurrar o chão com as mãos e os pés, erguendo o quadril e nivelando o máximo possível o abdome. Peça-lhes para permanecer nessa posição e, então, relaxar suavemente (Fig. 14.22).

Figura 14.22 Postura da mesa.

Pavão dançante

Essa postura é uma série de três posições.

1. Faça as crianças ajoelharem e sentarem sobre o colchonete, com o quadril sobre os calcanhares. Faça-as repousar horizontalmente os antebraços sobre o colchonete e olhar à frente. Em seguida, elas devem afastar bem os dedos das mãos, de modo semelhante aos pés de um pavão, com os polegares encostados. Lembre-as de manter um bom equilíbrio e olhar diretamente à frente (Fig. 14.23*a*).

2. Faça as crianças permanecerem apoiadas sobre os antebraços. Agora, elas devem erguer o quadril lentamente, mantendo a cabeça erguida. Na sequência, devem estender ambas as pernas atrás, ao mesmo tempo que levantam o quadril um pouco mais alto. Agora, elas estarão apoiadas sobre as pontas dos pés. Faça-as respirar e permanecer nessa posição durante 3-5 segundos (Fig. 14.23*b*).

3. Agora, faça-as levantar devagar a perna direita, afastando-a do colchonete, com o joelho levemente flexionado, e tentar apontar para cima os dedos do pé enquanto ainda estiverem apoiadas sobre os antebraços (Fig. 14.23*c*). Faça-as manter a posição durante 2 respirações e, em seguida, abaixar a perna direita retornando à posição original.

Agora, faça as crianças repetirem essas posições usando a perna esquerda e realizando os mesmos movimentos. Explique que elas estão imitando o pavão ao abrir sua plumagem. Faça-as retornar à posição inicial e repetir a série de três etapas.

JOGOS

Os jogos descritos a seguir ajudam a trazer as posições de yoga para a vida e acrescentam diversão e interação social à experiência de aprendizado.

Estátua de yoga

Toque uma música de fundo e dê instruções para que as crianças se movam em várias direções, por toda a área de jogo. Decorridos cerca de 30 segundos, pare de tocar a música e diga o nome de uma postura de yoga (p. ex., "Árvore!"). As crianças deverão interromper o que estiverem fazendo e assumir uma posição semelhante à de uma árvore. Recomece a música e, então, diga o nome de ou-

Figura 14.23 Posturas do pavão dançante.

tra posição de yoga (p. ex., "Cobra!"), continuando assim sucessivamente.

Flores crescendo

Peça às crianças para formarem um círculo. Explique que cada uma delas será uma pequena semente que será plantada no início da primavera e, no meio do verão, irá se transformar numa bela flor. Peça então às crianças para se encolherem e diminuírem de tamanho tanto quanto possível, igual à semente de uma flor (mostre a semente de uma flor como exemplo, para reforçar como as sementes são pequenas). Diga-lhes para ajoelhar e sentar sobre os calcanhares, repousando os antebraços no chão mantendo os braços flexionados perto de seus joelhos.

Peça-lhes para imaginarem que são sementes de flor, enquanto você fala com voz suave: "À medida que o tempo esquenta, vocês levantam a cabeça devagar. Então, o sol esquenta ainda mais e vocês começam a se levantar, cada vez mais alto. A primavera agora deu lugar ao verão e vocês estão se ajoelhando e sentando sobre os seus calcanhares. Abram os braços lateralmente. Agora levantem os braços suavemente acima da cabeça. Levantem-se devagar e fiquem de pé, enquanto seus braços saúdam o sol. Permaneçam eretos e com a cabeça erguida, e alonguem o corpo verticalmente, o mais alto que conseguirem – alcancem o sol e inspirem o ar. Agora, abaixem os braços e expirem o ar. Pensem numa flor bonita que vocês gostariam de apreciar." Repita a atividade (Fig. 14.24).

Figura 14.24 Crianças fingindo serem flores crescendo.

Mímica com yoga

Com um grupo pequeno de alunos (3-4), faça cada um deles, um a um, escolher uma postura de yoga a partir de um saco/caixa e demonstrá-la. Os outros alunos devem tentar descobrir o nome do animal ou da postura de yoga.

Cantando nomes

Esse é um ótimo jogo para ajudá-lo a conhecer os nomes de seus alunos e conseguir a participação da classe. Pronuncie o nome de cada criança bem devagar e claramente, como se o estivesse cantando, acentuando cada sílaba.

Peça aos alunos para sentarem em círculo. Ande em volta do círculo e peça para cada um dizer seu primeiro nome. Em seguida, cante o nome. Agora, faça outra criança repetir o nome antes de seguir para o próximo aluno. Essa técnica é eficiente para ensinar a respiração controlada. Lembre às crianças de inspirar o ar antes de começarem a dizer o nome, e expirar lentamente o ar ao cantarem cada nome de forma bem clara.

Eis alguns exemplos:

Bárbara: Ba-r-r-r-r-b-a-r-r-r-r-a-a-a

Antônio: A-a-a-a-a-n-t-o-o-o-n-i-i-i-o-o

Hóquei aéreo

Reúna 4 ou 5 crianças sobre colchonetes, formando um círculo, deitadas de barriga para baixo. Dê a cada criança um canudo de plástico. Usar o canudo irá ensiná-las as técnicas dos movimentos respiratórios de inspiração e expiração.

Coloque uma bola de algodão pequena ou um pedaço de papel (do tamanho de uma bola de gude) na frente de um jogador. A primeira atividade consiste em fazer cada aluno passar a bola de algodão em torno do círculo, no sentido horário, de modo que cada jogador tenha a sua vez. As crianças somente podem respirar com o canudo e não podem usar as mãos nem os canudos para mover a bola de algodão. Inverta a sequência, movendo a bola no sentido anti-horário.

Em seguida, coloque a bola de algodão no meio do círculo pequeno. Ao sinal "Vá!", as crianças tentam soprar a bola de algodão através de um espaço aberto existente no lado direito ou esquerdo de outro aluno, para marcarem 1 ponto de gol (Fig. 14.25). Não controle a pontuação. As crianças devem jogar durante alguns minutos. Reforce as técnicas de respiração, tais como o uso do diafragma e da musculatura abdominal para produzir uma expiração forte, conforme as crianças exalam o ar.

Figura 14.25 Crianças jogando hóquei aéreo.

RESUMO

Use a yoga em suas aulas, no decorrer de todo o ano letivo. Adicione posturas novas e exercícios respiratórios, à medida que seus alunos forem se tornando mais habilidosos e confiantes na utilização das técnicas de yoga. Ensine-os a filosofia geral por trás da yoga, conforme eles forem conquistando os benefícios físicos proporcionados pela aptidão muscular, equilíbrio, estabilidade, flexibilidade e coordenação. Incorporar a yoga ao seu conteúdo também pode ajudar as crianças a lidarem com os diversos desafios físicos, mentais, sociais e emocionais que surgirem em suas vidas.

Capítulo 15

Eventos escolares gerais

"A educação não é uma preparação para a vida e sim a própria vida."
John Dewey

Os eventos escolares chamam ainda mais atenção para seus esforços em promover a atividade física. Quando a escola inteira está envolvida em um projeto de educação física bem organizado, a motivação e disposição das crianças se elevam, o que acaba influenciando na atmosfera da escola. Os professores de sala de aula costumam relatar que seus alunos parecem ficar mais atentos e interessados no aprendizado quando um evento especial de educação física é realizado na escola. Os eventos escolares bem-sucedidos costumam ser projetos bem planejados e altamente organizados, que incluem toda a comunidade escolar. Conquistar a aprovação e o apoio administrativo, bem como garantia de apoio financeiro é essencial para que o evento ocorra tranquilamente. Além disso, seria importante apresentar seu projeto logo no início do ano letivo e inseri-lo no calendário principal, para que assim tudo seja planejado em conformidade.

Você e seus colegas também podem usar os eventos escolares para integrar as atividades de aprendizado em sala de aula com as aulas de educação física (p. ex., a Corrida de Geografia; ver adiante, neste capítulo). Você também pode escolher ajudar os professores de sala de aula na coordenação de uma unidade temática associada à saúde com um evento escolar especial (ver Cap. 9). Seja qual for sua escolha, conduzir vários projetos escolares proporcionará muitas oportunidades de comunicação e o estabelecimento de uma rede de contatos com o corpo do-cente, funcionários e administração em sua escola de nível fundamental. Isso não só fortalecerá seu programa de educação física em si, como também indicará aos seus colegas que você de fato deseja colaborar.

Os eventos escolares também são excelentes oportunidades para angariar a ajuda e o apoio dos pais e da comunidade (Cap. 10). Se a escola organizar um comitê de eventos, não deixe de pedir a participação de pelo menos um representante dos pais. Ver esse representante no comitê irá incentivar outros pais ou membros da comunidade a participar. E lembre-se de outro recurso maravilhoso: os idosos. Eles também são altamente capazes, ávidos e disponíveis durante o dia escolar.

Estude as descrições resumidas fornecidas neste capítulo sobre os eventos escolares, a fim de promover a atividade física e manter as relações públicas positivas em benefício do seu programa de educação física. Durante a leitura, pense naquilo que você pode usar ou modifique o conteúdo para adequá-lo à sua realidade e suas necessidades. Mas não se limite a apenas um evento escolar. Incorpore essas atividades estimulantes ao longo do ano letivo. Mude os eventos escolares especiais anualmente, para evitar que se tornem monótonos ou rotineiros. Os mesmos eventos repetidos ano a ano simplesmente deixarão de ser especiais após algum tempo e certamente perderão seu impacto e o sentido vital de entusiasmo.

DIA ESPECIAL DE ATIVIDADE FÍSICA

A primavera ou o início do outono são as épocas ideais para realizar um dia especial de atividade física. Promova essa atividade com o tema central de atividade física para saúde e diversão. É interessante identificar o evento com um título especial (p. ex., "Dia de Ação, Alimentação e Diversão!"). Diferentemente dos eventos esportivos tradicionais, que enfocam a competição, o seu dia especial de atividade física deve enfatizar a participação, o desenvolvimento físico e a interação social.

Crie um comitê do dia especial de atividade física, com o intuito de ajudar a organizar esse evento. Inclua alguns professores de sala de aula, professores de áreas especiais e pelo menos dois representantes dos pais. Entre em contato com a universidade local, em busca de voluntários. Estudantes da área da saúde, educação física e pedagogia das universidades próximas são ideais para ajudar a supervisionar esse evento. Sem dúvida, os pais, avós e membros da comunidade também podem ajudar. Além disso, existe a possibilidade de recorrer às associações médicas de cardiologia e oncologia para trabalharem com alguns professores junto à escola e para ajudarem a desenvolver uma apresentação.

Use a abordagem de estações de atividades para garantir que cada turma tenha uma oportunidade de participar em cada atividade. Instale no mínimo 10 estações por toda a área externa (Fig. 15.1).

Organize o evento em duas fases: da educação infantil ao 3º ano e do 4º ao 6º ano. Considere o seguinte exemplo de programação: 8h30 às 9h, organização; 9h às 11h, da educação infantil ao 3º ano; 12h30 às 14h30, 4º a 6º anos; 14h30, limpeza. Atribua a cada turma um número de estação para começar o dia do evento. Em seguida, faça as turmas se moverem pelas estações em sequência. Use apito para sinalizar a mudança de estação a cada 11-12 minutos. Ao final do dia especial de atividade física, dê a cada participante um certificado especial de "Ação, Alimentação e Diversão!", além de uma faixa, broche ou *button*. Peça ao comércio local para doar brindes, como garrafas de água, chaveiros ou camisetas contendo uma mensagem de saúde para serem distribuídos a todos os participantes.

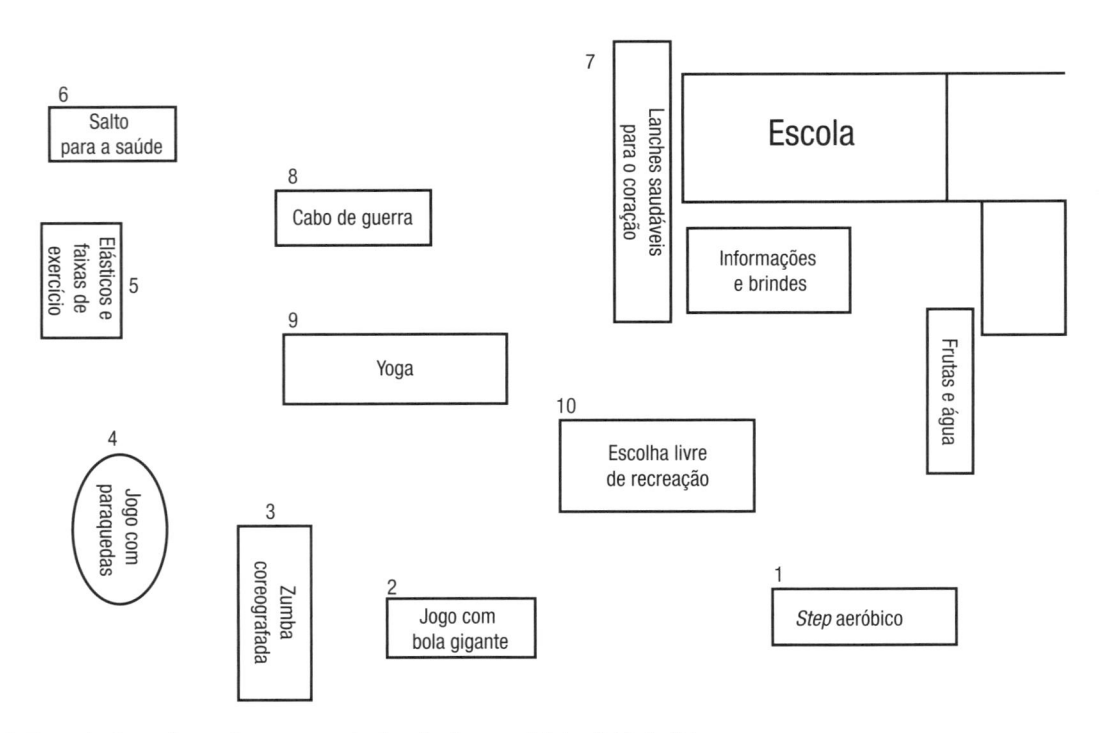

Figura 15.1 Exemplo de configuração para as estações do dia especial de atividade física.

Estação 1: *step* aeróbico

Peça a uma academia ou clube local para indicar um instrutor qualificado que esteja disposto a conduzir uma estação de *step* aeróbico no dia de atividade física. Assista a algumas aulas desse instrutor antes de convidá-lo a dar aulas na escola. Depois que o instrutor concordar em participar, marque uma reunião para conhecê-lo.

Estação 2: jogo com bola gigante

Coloque duas bolas gigantes sobre pneus de carro, afastadas a uma distância aproximada de 27 m da linha de partida. Divida a turma em dois times. Ao sinal, cada time deverá correr até a bola e rolá-la para trás, empurrando-a com as mãos, até a linha de chegada e, em seguida, colocá-la de volta dentro do pneu. O time que primeiro colocar a bola de volta no pneu será o vencedor. Mude as equipes para a segunda rodada.

Estação 3: zumba coreografada

Escolha uma música popular de zumba e organize os participantes em fileiras. Esse método é uma atividade de educação física ideal porque dispensa parceiros e os passos são fáceis, além disso todos se movem juntos e isso faz os alunos sentirem mais segurança (ver detalhes no Cap. 13).

Estação 4: jogo com paraquedas

Organize uma corrida em grupo, em que todos estejam segurando um tecido grande ou "paraquedas". Em seguida, peça para brincarem de saltar. Divida o grupo em dois times. Coloque 1-2 bolas de borracha no centro. Para marcar um ponto, os times devem tentar fazer as bolas saltarem por cima da cabeça dos jogadores adversários. Aquele que primeiro fizer três pontos será o vencedor.

Estação 5: elásticos e faixas de exercício

Incorpore o uso de eslásticos e faixas de exercício, conforme discutido no Capítulo 11. Elabore um cartão de tarefas grande, no qual esteja descrito (e, se possível, representado) o exercício que você escolheu especificamente para essa estação. Garanta o fornecimento de uma variedade de exercícios, bem como de elásticos e faixas de exercício de diversos níveis de tensão, a fim de que todos os alunos possam participar e se sintam bem-sucedidos. Incorpore música para aumentar a animação.

Estação 6: cordas para pular

Deixe os alunos pularem corda em seus próprios ritmos ou participarem dessa estação em grupos. Dê cordas longas para os grupos pequenos, em que dois alunos deverão girar a corda para outros dois pularem, um de cada vez. Se desejar, inclua cordas de espessura padrão e cordas mais grossas para oferecer atividades físicas variadas que intensifiquem a resistência dos músculos do braço.

Estação 7: lanches saudáveis para o coração

Essa estação ajudará a ensinar às crianças sobre lanches saudáveis. Peça a um voluntário de uma associação médica de cardiologia para exibir uma apresentação e oferecer uma breve explicação (2-3 minutos) sobre alimentos saudáveis para o coração. Se preferir, distribua amostras de lanches saudáveis, como iogurte, biscoitos com baixo teor de gordura e bolinhos de arroz. Peça para a associação médica de cardiologia fornecer folhetos com receitas de lanches saudáveis.

Estação 8: cabo de guerra

O cabo de guerra é uma atividade ótima para incentivar o trabalho em equipe e a cooperação. Quando possível, use cordas de fibra sintética e que sejam leves, a fim de prevenir cortes e queimaduras.

Estação 9: yoga

Nessa estação, defina um instrutor para conduzir os alunos na execução de uma série de posturas e exercícios de respiração básicos de yoga (ver descrição completa no Cap. 14).

Estação 10: escolha livre de recreação

Nessa estação, forneça diversas opções de recreação (p. ex., amarelinha, elásticos para pular, jogo de argolas, pega-varetas, *paddle ball*, prancha de equilíbrio).

Além das 10 estações básicas, você pode organizar uma estação de frutas e água supervisionada pela APM (associação de pais e mestres), organizando-a talvez como uma oportunidade de fazer uma pausa ao longo do circuito do dia, além dos lanches saudáveis da estação 7. Você também pode ter uma estação de fornecimento de informações e brindes, que funcionaria como um local de supervisão de materiais e organização central. Ao final do evento, faça todas as classes retornarem ao ponto de encontro para receber brindes de participação.

EVENTO DA BOA FORMA EM FAMÍLIA

Realize o evento da boa forma em família num sábado à noite ou na manhã de um domingo, para pais, avós e também crianças. Avise a data com antecedência de pelo menos 6 semanas, para que os pais atarefados consigam encaixar o evento em suas agendas. No primeiro comunicado, recomende aos pais que obtenham um atestado médico para participarem do evento. Angarie ajuda de estudantes universitários que estejam cursando educação física, para auxiliarem na supervisão e instrução das atividades familiares. Um exemplo de programa é destacado a seguir.

Fatos sobre aptidão física (10 minutos)

Forneça a cada um dos pais um folheto com uma lista dos benefícios da atividade física à saúde, e também material impresso, como *folders* de associações médicas ou esportivas. Peça a um professor de educação física de uma universidade local, ou a outro convidado, para falar um pouco sobre a atividade física e seus benefícios para a saúde. O palestrante pode destacar pontos específicos dos benefícios da atividade física e a importância de um programa de educação física bem equilibrado. O palestrante também pode instruir cada um dos participantes a contarem suas frequências cardíacas em repouso, a fim de envolver a plateia. Certifique-se de rever as diretrizes dietéticas vigentes (p. ex., *MyPlate* do USDA) e estabelecer a conexão com o fato de que a alimentação saudável e a atividade física caminham de mãos dadas.

Aquecimento (5 minutos)

Ao som de música, faça todos andarem sem sair do lugar, marcharem com extensão dos braços, ou correrem no lugar fazendo flexões de antebraço. Faça-os darem passos para os lados, um pé após o outro, à esquerda e depois à direita.

Atividades para a boa forma física (45 minutos)

Divida pais e alunos em três grupos. Cada grupo deverá realizar atividades diferentes relacionadas a três áreas distintas. Estabeleça um percurso de circuito no ginásio, incluindo atividades como abdominais, pular corda, uso de faixas de exercício e exercícios de basquete. Organize dança aeróbica e dança coreografada no refeitório da escola. Discuta a alimentação saudável para o coração e ofereça lanches no auditório ou em uma sala de aula ampla. Alterne os grupos a cada 15 minutos.

Relaxamento (10 minutos)

Faça todos se encontrarem novamente no ginásio. Conduza o grupo inteiro na execução de exercícios ao som de música, diminuindo gradualmente o nível de atividade. Faça uma pausa de 2-3 minutos para descanso e, em seguida, peça a todos os participantes para contarem a frequência cardíaca novamente. Enfatize a importância de uma recuperação adequada da frequência cardíaca. As frequências cardíacas dos participantes devem estar próximas daquelas em repouso, medidas no início do evento.

CORRIDA DE GEOGRAFIA

A Corrida de Geografia é um excelente programa de caminhada e corrida escolar. Os alunos podem caminhar ou correr durante a aula, em casa ou nas férias e registram a quilometragem que percorreram num tíquete de viagem. Exija que esse tíquete seja assinado pelo aluno e por um dos pais ou por outro professor. Represente a quilometragem total em um mapa amplo do país, que deve ser colocado no ginásio, corredor ou no refeitório da escola. Vá assinalando nesse mapa a distância percorrida de uma cidade para outra ou de um estado para outro. Você também pode usar mapas de outros países para adaptar a Corrida de Geografia a qualquer região.

Reúna-se com professores de sala de aula para discutir um modo de integrar a matemática, ciências, artes, língua e literatura em atividades significativas e que estejam relacionadas. Exemplificando, os professores de classe poderiam elaborar problemas de matemática para calcular a quilometragem viajada e quantos quilômetros seriam necessários para chegar ao próximo estado ou ao destino final. Eles poderiam organizar atividades para ensinar a geografia da região por onde os alunos estiverem viajando. Incentive os funcionários do refeitório da escola a prepararem almoços ou lanches especiais para representar o próximo estado ou a região do país em que os alunos irão entrar [p. ex., pizza com baixo teor de gordura para São Paulo; doce de leite *light* para Minas Gerais; pratos com pequi para Goiás; peixada para o Tocantins]. Também seria divertido decorar o refeitório ao estilo do estado por onde as crianças estiverem passando na semana.

Quando os alunos tiverem corrido ou caminhado a quilometragem necessária para chegarem ao destino final, comemore patrocinando uma festa na escola. Escolha um tema (p. ex., Festa na Praia). Incentive professores, funcionários e alunos a virem para a escola vestidos a caráter (p. ex., usando roupas do estilo "*cool*" litorâneo). Organize os alunos para decorar o refeitório baseando-se no tema da praia e toque *surf music*. Sirva sanduíches de peru com brotos e vegetais. Presenteie cada aluno que tenha participado da Corrida de Geografia com uma recompensa especial pelo trabalho bem feito (p. ex., um vale de *frozen yogurt*, um passe livre de jogo em educação física ou um certificado de participação comemorativo do evento).

FEIRA ESCOLAR SOBRE SAÚDE

Você pode realizar uma feira escolar de saúde no ginásio ou em um local multiuso. Cada classe deve ficar responsável por uma área específica da saúde. Faça os alunos planejarem uma apresentação para a feira de saúde. Reúna-se com os professores de sala de aula e pais de alunos para estabelecer as normas para a apresentação, bem como os horários e tópicos selecionados. Realize uma feira de saúde no outono e outra na primavera. Para tanto, faça os alunos da educação infantil ao 3º ano desenvolverem uma feira de saúde do outono, e os alunos de 4º a 6º anos desenvolverem o evento da primavera. Para todas as turmas, contudo, dê a oportunidade de comparecerem a ambas as feiras. Os possíveis tópicos para as apresentações são:

- Saúde cardiovascular.
- Não fume, por favor.
- Cuidados para a coluna vertebral e o pescoço.
- Lanches saudáveis.
- Atividade física diária.
- Administrando o estresse.
- Lendo rótulos de alimentos.

- Diga "Não!" às drogas.
- Dança para diversão e condicionamento.
- Prevenção do câncer.
- Controle do peso.
- Músculos em ação.
- Estou OK – todo dia!

A classe que tiver planejado a estação de saúde deverá ser responsável pela explicação de seu conteúdo aos visitantes da feira. Nas turmas com crianças menores, faça-as mostrarem seus projetos individuais, como desenhos de artes associadas à saúde ou outras experiências criativas. Reserve a última hora do dia escolar para abrir a feira de saúde à visitação dos pais e membros da comunidade. Quando possível, agende um horário após as aulas para permitir que os pais que estejam no trabalho consigam comparecer. (Ver Cap. 10.)

DESPERTAR DE MANHÃ E AGITAR À TARDE

Comece o dia da maneira certa e anime aquelas tardes que passam lentamente, pondo em prática essas ideias divertidas. Durante uma semana no outono e, novamente, por uma semana na primavera, use essas atividades para chamar a atenção de toda a escola para a atividade física. Logo em seguida aos comunicados matinais, convide todos aqueles presentes na escola (professores, alunos, pais e funcionários) para participar da atividade do "despertar de manhã". Crie uma gravação de áudio dos exercícios e uma música de fundo para tocar no sistema de comunicação da escola. Por volta das 13h30, use a mesma gravação para a atividade de "agitar à tarde".

JUMP ROPE FOR HEART, HOOPS FOR HEART, STEP FOR HEART

Experimente realizar eventos diferentes, como o *Hoops for Heart* (basquete) e o *Step for Heart* (*step* aeróbico), para promover atividades estimulantes alternativas ao tradicional (ainda que divertido) *Jump Rope for Heart*[1]. Esses eventos escolares contam com o apoio da American Heart Association (AHA) e da American Alliance for Health, Physical Education, Recreation and Dance (AAHPERD).

---

[1] N.R.T: No Brasil, um exemplo de programa semelhante é o Agita, promovido pelo CELAFISCS (www.portalagita.org.br).

Os americanos podem obter um pacote completo de informações, materiais e cartões de compromisso junto aos representantes locais da AHA. Enquanto aguardam seu pacote, reservam um dia para toda a escola participar em uma dessas atividades. Em seguida, fazem os alunos conseguirem financiamento junto à comunidade, em prol dos exercícios que realizarem. Os fundos arrecadados podem ser divididos entre a escola, a AHA e a AAHPERD. Divirta-se!

ACES: *ALL CHILDREN EXERCISING SIMULTANEOUSLY*

O ACES foi criado por Len Saunders, um professor de educação física de New Jersey. Em maio, durante o *National Physical Fitness and Sports Month*, um dia é reservado a cada ano para que milhões de crianças em todo o mundo possam se exercitar juntas, em suas escolas — estejam elas na aula de educação física, em sala de aula ou almoçando no refeitório. Para participar, cada escola organiza sua própria atividade de 15 minutos, como caminhar, correr, dançar ou fazer aeróbica. O objetivo é promover o condicionamento, a nutrição e a paz mundial. O projeto ACES é apoiado pela Youth Fitness Coalition. Esse projeto fornece material gratuito, como certificados, pôsteres, caça-palavras, palavras cruzadas e outros materiais educativos adicionais. Para obter mais informações, visite o site de Len Saunders (lensaunders. com – em inglês).

EXERCÍCIOS FÍSICOS NOS INTERVALOS

Use os intervalos de aula como tempo extra para a prática de atividade física. Estabeleça várias estações de atividades, contendo cartões de tarefa, dispostas ao redor da área de *playground*. As estações não podem ser obrigatórias. Em vez disso, deixe os alunos se voluntariarem para participarem dessa oportunidade de se tornar mais fisicamente ativos. Ofereça-se espontaneamente para ajudar a supervisionar as atividades ou angarie a ajuda de um estudante do ensino médio, pais ou idosos para apoiar essa iniciativa. Aproveite a vantagem do tempo extra para interagir com as crianças que possuem necessidades especiais (p. ex., obesidade, lesões da medula espinal, baixos níveis de atividade). Os treinos do intervalo também serão úteis para os alunos interessados em melhorar seus níveis de aptidão.

CLUBES DE ATIVIDADE FÍSICA

Organize um clube de atividade física para alunos especialmente interessados em se exercitar. Faça reuniões antes ou depois do horário das aulas ou durante os intervalos. Dê um nome interessante ao clube, como "Os Ativadores Físicos". Dê a cada aluno um portfólio detalhado, que inclua informações sobre os princípios do exercício, exercícios práticos e técnicas de treinamento recomendadas, acompanhado de planilhas de registro para seguimento dos esforços por eles realizados. Considere levar o clube a uma viagem de campo anual para um laboratório de fisiologia do exercício de uma universidade local ou para um *spa* de saúde. Além disso, você pode querer treinar os alunos do clube para ajudarem nas atividades de aptidão, auxiliarem na montagem dos equipamentos ou ajudarem outros alunos a inserirem no computador seus dados sobre alimentação e níveis de atividade física.

CAMINHADAS COM O DIRETOR DA ESCOLA

Ajude o diretor a conhecer melhor os alunos da escola. Essa atividade funciona bem para os níveis de desenvolvimento I e II, mas também pode ser apropriada para os alunos do nível III. Nessa atividade, em todas as sextas-feiras, o diretor caminha com duas turmas durante cerca de 30 minutos, percorrendo todo o prédio da escola, a área externa do *campus* ou as adjacências da escola. Quando necessário, organize pais voluntários ou outros assistentes para ajudarem a supervisionar os alunos durante as caminhadas pela vizinhança. Todavia, permaneça ao fundo durante esse evento. Deixe os alunos perceberem o diretor como o profissional que está promovendo a atividade física em benefício da saúde e do social.

FERIADOS TÍPICOS

Esse evento envolvendo toda a escola, desenvolvido por Allen (1996), chama a atenção para a atividade física durante alguns feriados, ao longo do ano. Para cada professor de sala de aula, dê tiras de papel coloridas que denotem o feriado (p. ex., laranja para o *Halloween*). Peça aos alunos para escreverem nas tiras seus nomes e a atividade física (se houver alguma) da qual estão participando fora da escola por um período total de 30 minutos. Esclareça que cada dia de atividade adequada permite ao aluno colocar novas tiras. Então, colete as tiras de papel e coloque--as em uma caixa grande, para realizar um sorteio ao final do mês. Quanto mais dias de atividade eles tiverem, maiores serão as chances de vencer. Entretanto, dê a cada aluno que entrar no sorteio um adesivo, certificado ou emblema para incentivá-lo a continuar se esforçando e participando. Explique os objetivos do seu programa aos comerciantes locais e pergunte-lhes se poderiam doar os prêmios em troca de um pouco de publicidade. Alguns exemplos de prêmios são uma abóbora gigante para o *Halloween*; um skate para o Natal; um livro de receitas saudáveis para o coração ou travesseiro em forma de coração para o dia dos namorados; e uma bola de futebol para a Páscoa.

RESUMO

Integrar os eventos escolares ao seu programa de educação física beneficia a todos, por reforçar as principais metas da atividade física associada à saúde, elevar a disposição dos alunos, despertar o entusiasmo e maior interesse em seu programa de educação física. Além disso, esses eventos criam oportunidades de relações com o público efetivas para ajudá-lo a construir a base do seu programa, bem como a instituir qualquer tipo de reforma inovadora do programa que você possa ter em mente. De fato, os pais e outros membros da comunidade que atuarem como voluntários para ajudá-lo a conduzir os eventos observarão em primeira mão como o seu programa é estimulante e como é importante intensificar a atividade física. Os eventos escolares também podem ajudá-lo a criar uma rede de contatos com o corpo docente, funcionários e administração da escola, ajudando-o, assim, a desenvolver relações profissionais positivas e duradouras, enquanto você estiver se esforçando para integrar as metas de educação física ao currículo escolar como um todo. Estude e adapte os exemplos de eventos escolares descritos neste capítulo de acordo com a sua realidade, e assim você estará no caminho certo!

Exemplo de portfólio pessoal de estilo de vida ativo

Meu compromisso de atividade física

Eu, _____, comprometo-me hoje, _____, e estou determinado a mudar meu estilo de vida e a me tornar mais ativo fisicamente.

Reconheço que preciso melhorar os vários componentes de condicionamento físico e prometo dedicar _____ minutos, na maioria dos dias da semana ou todos os dias, para fazer mudanças positivas em meu nível de aptidão física e em meus hábitos de atividade física. Farei isto na escola ou em casa.

Para mim, o melhor horário do dia para trabalhar nestas mudanças é às _____ da manhã/ da tarde/da noite.

Darei o máximo de mim para manter este compromisso, trabalhando para alcançar minhas metas pessoais de aptidão física da melhor forma possível.

Assinado (aluno) _____

Este compromisso foi testemunhado por (pai/mãe ou responsável) _____

De S.J. Virgilio, 2015, *Educando crianças para a aptidão física: uma abordagem multidisciplinar* (Barueri: Manole)

Nome _____ Sexo _____ Idade _____

Turma _____ Ano _____

Meu perfil de saúde e aptidão física

Medida	Data	Data	Data	Comentários
Peso corporal				
Estatura				
Composição corporal (% de gordura)				
Frequência cardíaca em repouso				
Flexibilidade (sentar e alcançar, flexibilidade do ombro)				
Corrida de 1 milha (1,6 km)				
PACER				
Abdominais				
Flexões				
Postura				

De S.J. Virgilio, 2015, *Educando crianças para a aptidão física: uma abordagem multidisciplinar* (Barueri: Manole)

Gráficos de aptidão física

Nome _____ Sexo _____ Idade _____

Turma _____ Ano _____

Marque seus pontos de aptidão física na linha correta do gráfico a cada vez que você medir um componente de aptidão física. Use pontos para representar seus resultados. Ligue os pontos com linhas retas para visualizar seu progresso.

Corrida de 1 milha (1,6 km)

Minutos

Melhora →

15
14
13
12
11
10
9
8
7
6
5
4
3
2
1
0

Data do pré-teste   Data do teste intermediário   Data do pós-teste

_____   _____   _____

De S.J. Virgilio, 2015, *Educando crianças para a aptidão física: uma abordagem multidisciplinar* (Barueri: Manole)

Gráficos de aptidão física

Nome _____ Sexo _____ Idade _____

Turma _____ Ano _____

Marque seus pontos de aptidão física na linha correta do gráfico a cada vez que você medir um componente de aptidão física. Use pontos para representar seus resultados. Ligue os pontos com linhas retas para visualizar seu progresso.

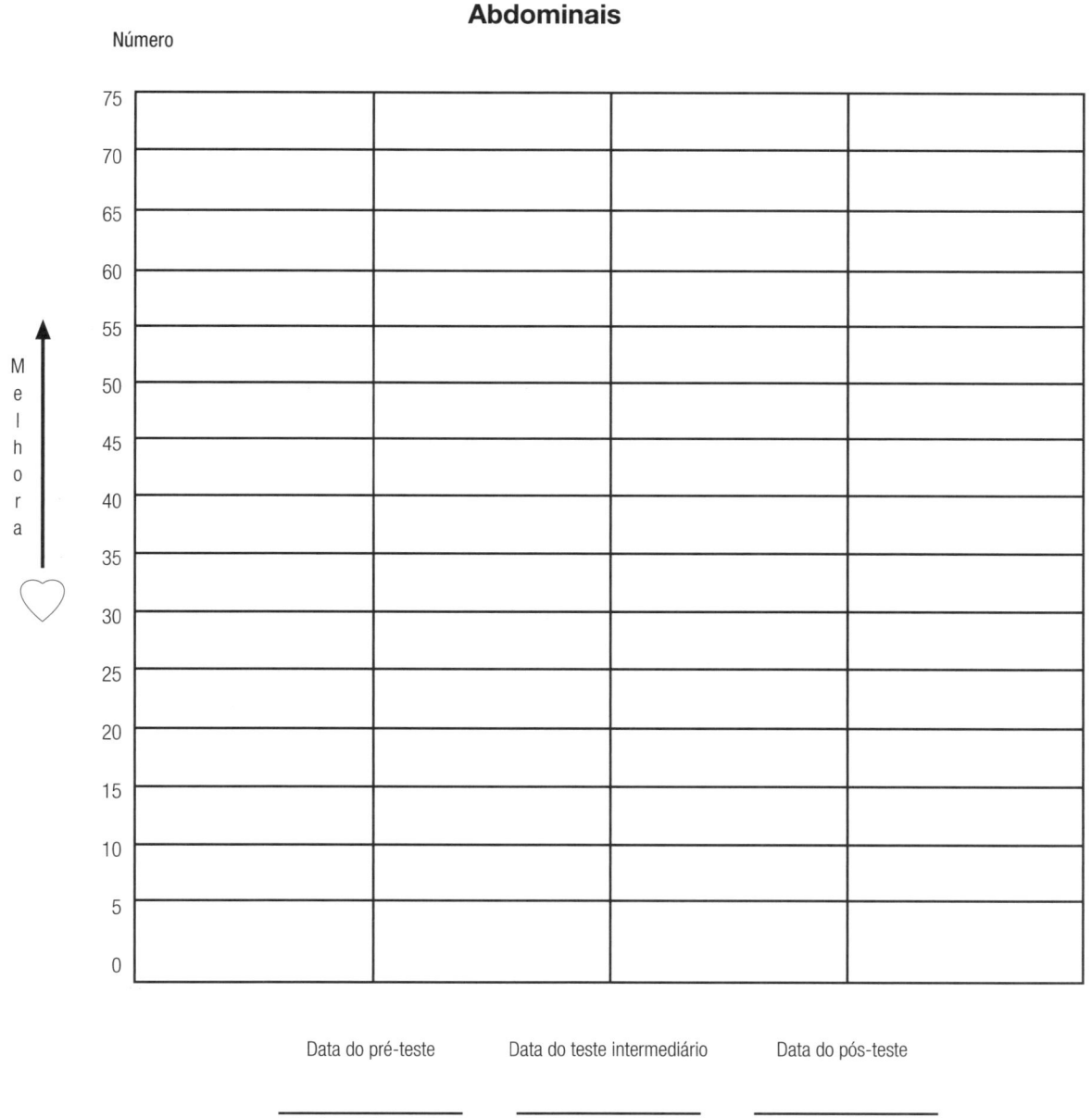

Abdominais

De S.J. Virgilio, 2015, *Educando crianças para a aptidão física: uma abordagem multidisciplinar* (Barueri: Manole)

Gráficos de aptidão física

Nome _____ Sexo _____ Idade _____

Turma _____ Ano _____

Marque seus pontos de aptidão física na linha correta do gráfico a cada vez que você medir um componente de aptidão física. Use pontos para representar seus resultados. Ligue os pontos com linhas retas para visualizar seu progresso.

Flexibilidade (sentar e alcançar)

Centímetros

Melhora

17
16
15
14
13
12
11
10
9
8
7
6
5
4
3
2
1
0

Data do pré-teste   Data do teste intermediário   Data do pós-teste

_____ _____ _____

De S.J. Virgilio, 2015, *Educando crianças para a aptidão física: uma abordagem multidisciplinar* (Barueri: Manole)

Gráficos de aptidão física

Nome _____ Sexo _____ Idade _____

Turma _____ Ano _____

Marque seus pontos de aptidão física na linha correta do gráfico a cada vez que você medir um componente de aptidão física. Use pontos para representar seus resultados. Ligue os pontos com linhas retas para visualizar seu progresso.

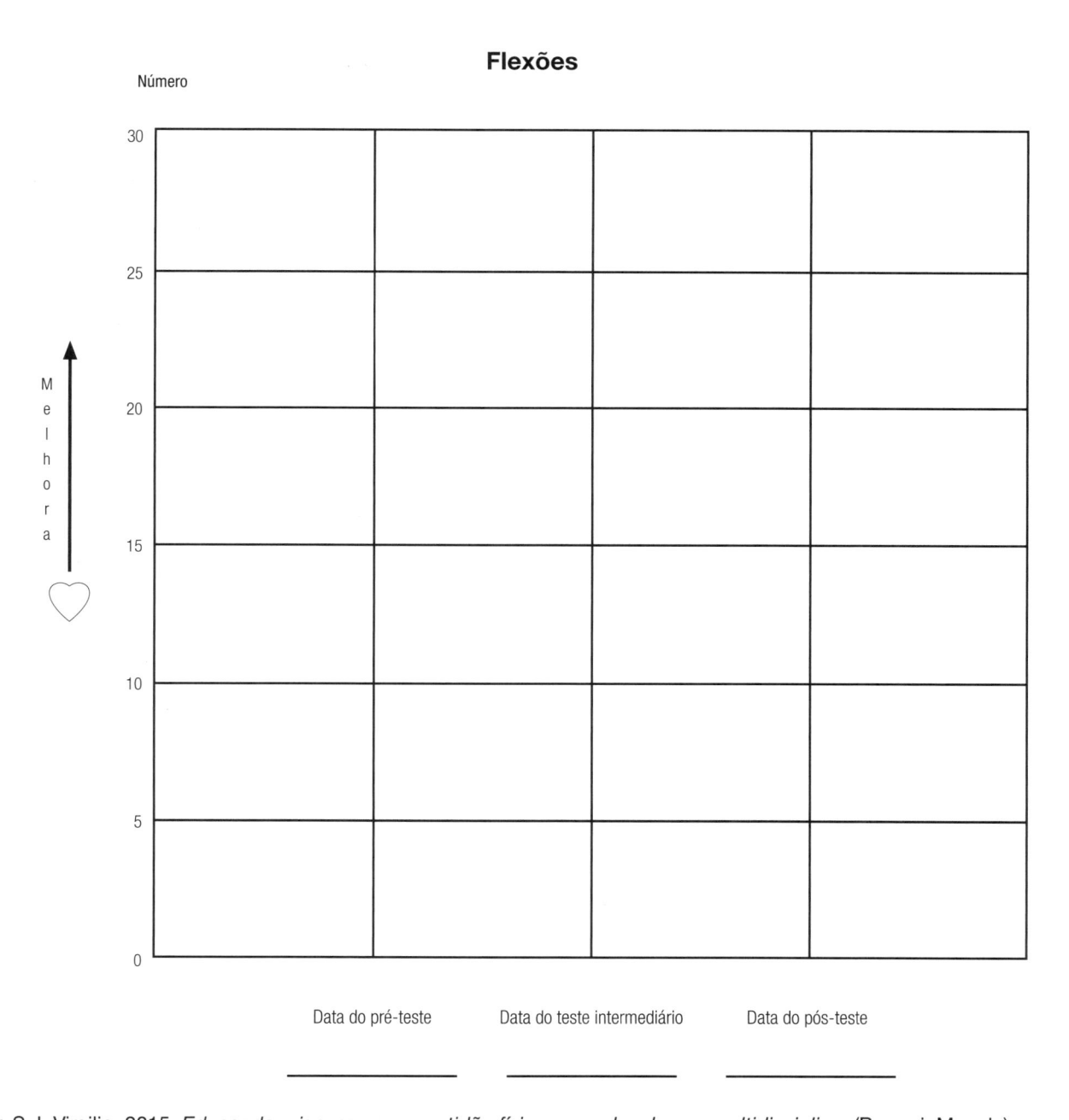

De S.J. Virgilio, 2015, *Educando crianças para a aptidão física: uma abordagem multidisciplinar* (Barueri: Manole)

Meu programa de estilo de vida ativo

Nome _____ Turma _____

Ano _____

I.   Minha meta de atividade física é _____

_____

II. As atividades de que gosto e que me ajudarão a alcançar minha meta são:

_____

_____

_____

_____

_____

_____

_____

_____

Atividades de aquecimento   **Atividades de relaxamento**

1. _____   1. _____

2. _____   2. _____

3. _____   3. _____

4. _____   4. _____

III. Meu esquema de atividade física planejado

(Planejar atividade física para no mínimo 5 dias/semana.)

Data	Dia	Horário	Atividade
_____	Segunda-feira	_____	_____
_____	Terça-feira	_____	_____
_____	Quarta-feira	_____	_____
_____	Quinta-feira	_____	_____
_____	Sexta-feira	_____	_____
_____	Sábado	_____	_____
_____	Domingo	_____	_____

De S.J. Virgilio, 2015, *Educando crianças para a aptidão física: uma abordagem multidisciplinar* (Barueri: Manole)

Meu diário de atividade física

Nome _____ Turma _____

Ano _____

Data	Atividade física	Classificação*	Minutos	Horário	Como me senti

* Classificação dos níveis de intensidade da atividade física: baixo ou fácil; moderado ou intermediário; alto ou vigoroso.

De S.J. Virgilio, 2015, *Educando crianças para a aptidão física: uma abordagem multidisciplinar* (Barueri: Manole)

Meu diário nutricional diário

Nome _____ Turma _____

Ano _____

Dia	Café da manhã	Almoço	Jantar	Lanches
Segunda-feira				
Terça-feira				
Quarta-feira				
Quinta-feira				
Sexta-feira				
Sábado				
Domingo				

De S.J. Virgilio, 2015, *Educando crianças para a aptidão física: uma abordagem multidisciplinar* (Barueri: Manole)

Minhas preferências

Nome _____ Turma _____

Ano _____

Minha atividade física favorita nas aulas de educação física da escola é _____

porque _____

_____

_____

Minha atividade física favorita em casa, com meus amigos, é _____

porque _____

_____

_____

Minha atividade física favorita em família é _____

porque _____

_____

_____

Minha atividade física favorita para fazer sozinho(a) é _____

porque _____

_____

_____

De S.J. Virgilio, 2015, *Educando crianças para a aptidão física: uma abordagem multidisciplinar* (Barueri: Manole)

Apêndice B

Sites adicionais*

Action for Healthy Kids
www.actionforhealthykids.org
Site abrangente para obtenção de informações, pesquisas, relatos, fatos e acesso a materiais de apoio para ajudar as escolas a se tornarem lugares mais saudáveis.

Active and Healthy Schools
www.activeandhealthyschools.com
Disponibiliza um acervo completo de materiais do programa para ajudar a mudar o ambiente escolar nas áreas de educação física e nutrição.

American Academy of Pediatrics
www.aap.org
Clique no link "*Health Topics*" para obter informações sobre obesidade, nutrição e saúde geral para crianças.

American Alliance for Health, Physical Education, Recreation and Dance (AAHPERD)
www.aahperd.org
Informações gerais sobre conferências, eventos, recursos e filiação.

American College of Sports Medicine (ACSM)
www.acsm.org
Organização americana destinada à promoção e integração da pesquisa científica, ensino e aplicação prática. Fornece certificações pessoais para diversos interesses e níveis.

American Dietetic Association
www.eatright.org
Fonte americana de informações confiáveis sobre nutrição e alimentos, com embasamento científico.

American Heart Association
www.heart.org
Associação americana destinada à pesquisa sobre doenças do coração. Fornece informações atualizadas e materiais saudáveis para o coração, como livros de culinária, folhetos e materiais que servem de recurso para as escolas.

Center for Interactive Learning and Collaboration
www.cilc.org
Professores podem tornar-se membros deste centro (filiação gratuita) e colaborar uns com os outros em qualquer matéria de interesse. Permite que você poste suas ideias para prestar uma colaboração específica ou responda via e-mail a outros professores que estejam procurando parceiros para colaborações de videoconferência, ao longo de todo o ano letivo.

Centers for Disease Control and Prevention
www.cdc.gov
Informações relacionadas a estudos científicos, inclusive relatórios nacionais americanos, como a declaração geral do cirurgião americano sobre atividade física e saúde.

---

* N.E.: Em inglês.

Create A Graph

http://nces.ed.gov/nceskids/createagraph

Este programa permite aos alunos criar vários tipos de gráficos utilizando seus próprios dados. Os gráficos podem ser salvos e usados em apresentações educativas ou apresentados para outros propósitos.

Discovery Education

www.discoveryeducation.com

Os distritos escolares podem se inscrever neste programa, de modo que todos os alunos podem se cadastrar. Fornece atividades educativas excepcionais para alunos do ensino fundamental e do ensino médio, incluindo vídeos na íntegra, segmentos de vídeos, passagens para leitura, *e-books* e laboratórios interativos sobre diversos tópicos curriculares relacionados à ciência.

Dole Foods

www.dole.com

Este *site* fornece informações sobre nutrição e condicionamento, além de conter seções especiais sobre jogos, história em quadrinhos, música, receitas culinárias e aptidão física para crianças. Há também uma seção à parte destinada a educadores, que inclui planos de aulas e atividades em sala de aula.

Fitness and Kids

www.fitnessandkids.com

Oferece equipamentos, livros e DVDs sobre aptidão física para crianças.

Fruits and Vegetables Matter

www.fruitsandveggiesmatter.gov

Iniciativa do CDC cujo objetivo é incentivar as pessoas a consumirem 5-9 porções de frutas e verduras a cada dia.

Health Ahead/Heart Smart

http://tulane.edu/som/cardiohealth/ahead.cfm

Um abrangente programa educativo sobre saúde (educação infantil até o 6º ano), que inclui a abordagem de atividade física *Superkids/Superfit*, livros para orientação curicular, informação geral sobre saúde, informação nutricional, habilidades de superação e o programa nutricional *Gimme 5*.

Human Kinetics

www.humankinetics.com

Líder entre as fontes de informação sobre atividade física. Produz livros, periódicos, vídeos e conferências.

KidsHealth

www.kidshealth.org

Site abrangente para pais, crianças e adolescentes.

Kimbo Educational

www.kimboed.com

Trata-se de uma excelente companhia musical, que oferece seleções ótimas de músicas para a prática de atividade física, incluindo artistas como Hap Palmer, Greg e Steve, Georgiana Stewart e Raffi.

Let's Move

www.letsmove.gov

Programa criado pela Casa Branca, nos Estados Unidos, destinado ao combate da obesidade infantil em diversos segmentos da sociedade. Fornece *links* separados para pais, crianças e escolas, entre outros.

Moving and Learning

www.movingandlearning.com

Recursos destinados a crianças pequenas, incluindo livros, CDs e materiais instrucionais para o desenvolvimento das habilidades motoras, música e movimento criativo.

MyPlate

www.choosemyplate.gov

Este site inclui as diretrizes dietéticas do USDA para uma alimentação saudável. Conta com páginas específicas voltadas para públicos diferentes, como a população em geral, gestantes, pré-escolares, crianças e pessoas que desejam perder peso.

National Association for Sport and Physical Education (NASPE)

www.aahperd.org/naspe/

Fornece projetos, materiais, padrões, declarações de posicionamento, eventos e serviços.

National Coalition for Promoting Physical Activity (NCPPA)

www.ncppa.org

Organização americana voltada para a união de esforços públicos, privados e industriais em parcerias colaborativas.

NFL Rush: Play 60

www.nflrush.com/play60

Site do NFL projetado para combater a obesidade infantil por meio de programas conduzidos na escola, pós-escola e na comunidade.

Parental Wisdom

www.parentalwisdom.com

Site destinado aos pais, que trata da saúde das crianças, estratégias de cuidados e abordagens de manejo do comportamento. Oferece uma seção mensal interativa de perguntas e respostas.

PBS Broadcasting Service

www.pbs.org/parents/childrenandmedia/

Site que direciona os pais para a obtenção de informação sobre programas de TV infantis de alta qualidade; como combater a propaganda dirigida às crianças; computadores, crianças e videogames. Um grande número de programas de rádio e televisão voltados para a alimentação e os comportamentos de atividade física.

PE Central

www.pecentral.org

Atividades, planos de aulas, avaliações e técnicas práticas para professores de educação física.

Pelinks4U

www.pelinks4u.org

Notícias atualizadas, planos de aulas, jogos e ideias para avaliação úteis para o professor de educação física.

President's Council on Fitness, Sports and Nutrition

vvww.presidentschallenge.org

Conselho nacional americano destinado a melhorar a saúde, atividade física e condicionamento de todos os americanos. Inclui informações sobre o *Presidential Active Lifestyle Award*.

Project ACES

www.lensaunders.com/aces/aces.html

O projeto ACES (*All Children Exercise Simultaneously*) é realizado na primeira semana de maio. Este *site* contém material gratuito.

Puzzlemaker

www.discoveryeducation.com/free-puzzlemaker/

Este programa oferece uma variedade de atividade de quebra-cabeças. O aluno pode usar as palavras do próprio vocabulário para criar vários tipos de quebra-cabeças, incluindo caça-palavras e palavras-cruzadas.

Skillastics

www.skillastics.com

Este *site* fornece vários kits de atividades de habilidades esportivas e de condicionamento baseadas em padrões.

SPRI Products

www.spri.com

Empresa fabricante de equipamentos de *fitness*, que oferece DVDs, materiais de instrução e um centro de ensino on-line.

Winter Feels Good

www.snowlink.com/winterfeelsgood.aspx

Introdução aos esportes realizados na neve, contendo material curricular. O propósito deste *site* é manter toda a família ativa durante os meses de inverno.

Yoga in My School

vvww.yogainmyschool. com

Site que fornece noções básicas de yoga e material para integrar totalmente essa modalidade ao currículo escolar: matemática, ciências, língua e literatura, artes, música, educação física e estudos sociais.

Referências bibliográficas

Allen, V.L. 1996. The out-of-school fitness connection. Teaching Elementary Physical Education 7 (1): 15-17.

American College of Sports Medicine (ACSM). 2006. ACSM's guidelines for exercise testing and prescription. 7th ed. Philadelphia: Lippincott Williams & Wilkins.

American Heart Association. 2010a. Heart disease and stroke statistics. www.heart.org/HEARTORG/ General/Heart-and-Stroke-Association-Statistics_ UCM_319064_SubHomePage.jsp.

American Heart Association. 2010b. Risk factors and coronary heart disease and stroke. Dallas: Author.

Anderson, K.C., and S. Cumbaa. 1993. The bones game book. New York: Workman.

Bandura, A. 1986. Social foundations of thought and action. Englewood Cliffs, NJ: Prentice Hall.

Berenson, G.S., ed. 1986. Causation of cardiovascular risk factors in children: Perspectives on causation of cardiovascular risk in early life. New York: Raven Press.

Berenson, G.S. et al. 1998. Health Ahead/Heart Smart curriculum guides K-6. New Orleans: Tulane Center for Cardiovascular Health.

Bersma, D., and M. Visscher. 2003. Yoga games for children. Alameda, CA: Hunter House.

Blahnik, J. 2002. Full body flexibility. Champaign, IL: Human Kinetics.

Blair, S.N., H.W. Kohl, R.S. Paffenbarger, D.G. Clark, K.H. Cooper, and L.W. Gibbons. 1989. Physical fitness and all-cause mortality: A prospective study in healthy men and women. Journal of the American Medical Association 262 (17): 2395-2399.

Block, M. 2007. A teacher's guide to including students with disabilities in general physical education. 3rd ed. Baltimore: Brookes.

Bouchard, C., R.J. Shephard, T. Stephens, J.R. Sutton, and B.D. McPherson, eds. 1990. Exercise, fitness and health: A consensus of current knowledge. Champaign, IL: Human Kinetics.

Centers for Disease Control and Prevention (CDC). 2006. School health policies and programs study (SHPPS). Atlanta: National Center for Chronic Disease Prevention and Health Promotion; Division of Adolescent and School Health.

Centers for Disease Control and Prevention (CDC). 2010. Promoting physical activity: A guide for community action. 2nd ed. Champaign, IL: Human Kinetics.

Centers for Disease Control and Prevention (CDC), and American College of Sports Medicine (ACSM). 1993. Summary statement: Workshop on physical activity and public health. Sports Medicine Bulletin 28: 7.

Child Nutrition and WIC Reauthorization Act. 2004. Public Law 108-265, Section 204. June 30, 2004.

Cole, J. 1991. The magic school bus: Inside the human body. New York: Scholastic.

Cooper Institute. 2010. Fitnessgram and Activitygram test administration manual. Updated 4th ed. Champaign, IL: Human Kinetics.

Corbin, C., G. Le Masurier, M. Greiner, and D. Lambdin. 2011. Fitness for life: Elementary school. Champaign, IL: Human Kinetics.

Corbin, C.B., G. Welk, W. Corbin, and K. Welk. 2011. Concepts of physical fitness. New York: McGraw- Hill.

Downey, A.M., G.C. Frank, L.S. Webber, S.J. Virgilio, D.W. Harsha, F.A. Franklin, and G.S. Berenson. 1987. Implementation of "Heart Smart": A cardiovascular school health promotion program. Journal of School Health 57 (3): 98-104.

Downey, A.M., J. Greenberg, S.J. Virgilio, and G.S. Berenson. 1989. A health promotion model: The university, the medical school, and the public health department. Health Values 13 (6): 31-46.

Dowson, A. 2009. More fun and games. Champaign, IL: Human Kinetics.

Faigenbaum, A., and W. Westcott. 2009. Youth strength training. Champaign, IL: Human Kinetics.

Finkelstein, E.A., J.G. Trogdon, J.W. Cohen, and W. Dietz. 2009. Annual medical spending attributable to obesity: Payer and service specific estimates. Health Affairs 28: 822-831.

Freedman, D.S., Z. Mei, S. Srinivasan, G. Berenson, and W. Dietz. 2007. Cardiovascular risk factors and excess adiposity among overweight children and adolescents: The Bogalusa Heart Study. The Journal of Pediatrics 150 (1): 12-17.

Gray, C. 2000. The new social story book. Illustrated ed. Arlington, TX: Future Horizons.

Hellison, D.R., and T.J. Templin. 1991. A reflective approach to teaching physical education. Champaign, IL: Human Kinetics.

Kasser, S., and R. Lytle. 2005. Inclusive physical activity. Champaign, IL: Human Kinetics.

Kelly, L.E. 2011. Spinal cord disabilities. In Adapted physical education and sport, 5th ed., ed. J.P. Winnick, pp. 311-345. Champaign, IL: Human Kinetics.

Kern, K. 1987. Teaching circulation in elementary physical education classes. Journal of Physical Education, Recreation and Dance 58 (1): 62-63.

Lark, L. 2003. Yoga for kids. Buffalo, NY: Firefly Books. Lieberman, L., and C. Wilson. 2009. Strategies for inclusion. 2nd ed. Champaign, IL: Human Kinetics.

Lockette, K.F., and A.M. Keyes. 1994. Conditioning with physical disabilities. Champaign, IL: Human Kinetics.

Meeks, L., and P. Heit. 2010. Comprehensive school health education: Totally awesome strategies for teaching health. 7th ed. New York: McGraw-Hill.

Meinbach, A., A. Fredericks, and L. Rothlein. 2000. The complete guide to thematic units: Creating the integrated curriculum. 2nd ed. Norwood, MA: Christopher Gordon.

Miller, P.D., ed. 1995. Fitness programming and physical disability. Champaign, IL: Human Kinetics.

Mosston, M., and S. Ashworth. 2002. Teaching physical education. 5th ed. San Francisco: Benjamin Cummings.

National Association for Sport and Physical Education. 2003. What constitutes a quality physical education program? (Position statement). Reston, VA: Author.

National Association for Sport and Physical Education. 2004a. Moving into the future: National standards for physical education. 2nd ed. Reston, VA: Author.

National Association for Sport and Physical Education. 2004b. Physical activity for children: A statement of guidelines for children ages 5-12. 2nd ed. Reston, VA: Author.

National Association for Sport and Physical Education. 2008. Comprehensive school physical activity programs. (Position statement). Reston, VA: Author.

National Association for Sport and Physical Education. 2009a. Active start: A statement of physical activity guidelines for children from birth to age 5. 2nd ed. Reston, VA: Author.

National Association for Sport and Physical Education. 2009b. Appropriate use of instructional technology in physical education. (Position statement). Reston, VA: Author.

National Association for Sport and Physical Education. 2011. Physical education for lifelong fitness: The physical best teachers guide. 3rd ed. Champaign, IL: Human Kinetics.

National Physical Activity Plan. 2010. www.physicalactivity-plan.org.

Ogden, C., M. Carroll, and K. Flegal. 2008. High body mass index for age among U.S. children and adolescents, 2003-2006. Journal of the American Medical Association 299 (20): 2401-2405.

Ogden, C., M. Carroll, L. Curtin, M. Lamb, and K. Flegal. 2010. Prevalence of high body mass index in U.S. children and adolescents, 2007-2008. Journal of the American Medical Association 303 (3): 242-249.

Ormrod, J.E. 2009. Educational psychology: Developing learners. Columbus, OH: Prentice Hall.

Pangrazi, R.P., and L. Beighle. 2009. Dynamic physical education for elementary school children. 16th ed. San Francisco: Benjamin Cummings.

Pate, R.R., M. Pratt, S.N. Blair, W.L. Haskell, et al. 1995. Physical activity and public health: A recommendation of changes from the Centers for Disease Control and Prevention and the American College of Sports Medicine. Journal of the American Medical Association 273 (5): 402-407.

Powers, S.K., and S.L. Dodd. 2011. Total fitness and wellness. San Francisco: Pearson Education.

Puleo, J., and P. Milroy. 2010. Running anatomy. Champaign, IL: Human Kinetics.

Ratliffe, T., and L.M. Ratliffe. 1994. Teaching children fitness. Champaign, IL: Human Kinetics.

Rimmer, J.H. 1994. Fitness and rehabilitation programs for special populations. Dubuque, IA: Brown and Benchmark.

Rink, J. 2010. Teaching physical education for learning. 6th ed. New York: McGraw-Hill.

Rink, J., T. Hall, and L. Williams. 2010. Schoolwide physical activity. Champaign, IL: Human Kinetics.

Rodgers, C.R. 1994. Freedom to learn. 3rd ed. New York: Macmillan.

Rouse, P. 2009. Inclusion in physical education. Champaign, IL: Human Kinetics.

Sallis, J.F., and T.L. McKenzie. 1991. Physical education's role in public health. Research Quarterly for Exercise and Sport 62 (2): 124-137.

Shear, C.L., D.S. Freedman, G.L. Burke, D.W. Harsha, L.S. Webber, and G.S. Berenson. 1988. Secular trends of obesity in early life: The Bogalusa Heart Study. American Journal of Public Health 78 (1): 75-77.

Sherrill, C. 2004. Adapted physical activity, recreation and sport. 6th ed. New York: McGraw-Hill.

Simons-Morton, B.G. 1994. Implementing healthrelated physical education. In Health and fitness through physical education, eds. R.R. Pate and R.C. Hohn, pp. 137-145. Champaign, IL: Human Kinetics.

Smith, A.L., and S. Biddle, eds. 2008. Youth physical activity and sedentary behavior. Champaign, IL: Human Kinetics.

U.S. Department of Agriculture (USDA). 2011. MyPlate. www.ChooseMyPlate.gov.

U.S. Department of Health and Human Services (USDHHS), and Centers for Disease Control and Prevention (CDC). 1997. Guidelines for school and community programs to promote lifelong physical activity among young people. Morbidity and Mortality Weekly Report, 46 (RR-6), 1-36.

U.S. Food and Drug Administration (FDA). 2011. How to understand and use the nutrition facts label. www. fda.gov/food/labelingnutrition/consumerinformation/ ucm078889.htm.

Vacca, R.T., and J.A. Vacca. 1996. Content area reading. New York: HarperCollins.

Virgilio, S.J. 1990. A model for parental involvement in physical education. Journal of Physical Education, Recreation and Dance 69 (18): 66-70.

Virgilio, S.J. 1996. A home, school, and community model for promoting healthy lifestyles. Teaching Elementary Physical Education 7 (1): 4-7.

Virgilio, S.J. 2006. Active start for healthy kids. Champaign, IL: Human Kinetics.

Virgilio, S.J., and G.S. Berenson. 1988. Superkids- Superfit: A comprehensive fitness intervention model for elementary schools. Journal of Physical Education, Recreation and Dance 59 (8): 19-25.

Winnick, J.P. 2011. Adapted physical education and sport. 5th ed. Champaign, IL: Human Kinetics.

Índice remissivo